新编会计学系列教材
丛书主编　汤湘希

管理会计

袁天荣　主　编

屈文彬　李成云　杨　宝　副主编

WUHAN UNIVERSITY PRESS
武汉大学出版社

图书在版编目(CIP)数据

管理会计/袁天荣主编.—武汉:武汉大学出版社,2012.2(2016.12 重印)
新编会计学系列教材
ISBN 978-7-307-09176-4

Ⅰ.管… Ⅱ.袁… Ⅲ.管理会计—教材 Ⅳ.F234.3

中国版本图书馆 CIP 数据核字(2011)第 189078 号

责任编辑:辛 凯 责任校对:黄添生 版式设计:马 佳

出版发行:**武汉大学出版社** (430072 武昌 珞珈山)
　　　　(电子邮件:cbs22@ whu. edu. cn 网址:www. wdp. com. cn)
印刷:崇阳县天人印刷有限责任公司
开本:787×1092 1/16 印张:25 字数:587 千字 插页:1
版次:2012 年 2 月第 1 版 2016 年 12 月第 4 次印刷
ISBN 978-7-307-09176-4/F · 1585 定价:35.00 元

前　言

管理会计从最早的标准成本制度、变动成本计算法、本量利分析、长短期决策以及预算与责任会计体系，发展到今天的作业成本计算与管理、零基预算、滚动预算、适时生产系统、经济增加值与平衡计分卡、战略管理会计等，无论是内容上还是方法上都发生了深刻的变化。这种变化，一方面，是由于社会经济的迅猛发展和现代科学技术的突飞猛进；另一方面，是现代管理理论的发展又进一步推动了管理会计理念、方法和技术手段的进步和创新。

现代管理会计在理论与实务上都取得了长足的进展，面临着许多新的突破，使管理会计在题材的取舍和角度的选择上面临困难。我们编写本书的原则是，结合管理会计的最新发展和实务的实际需要，保留已经成熟且符合实际需要的内容，吸收最新的研究成果，尽量做到理论与实务结合，使其具有科学性、前瞻性和新颖性。

全书共十四章，内容体系由三大部分组成，第一至五章是对管理会计基本问题的阐述，是管理会计理论与方法的基础；第六至八章属于决策会计，主要介绍经营预测、短期经营决策与长期投资决策的理论与方法；第九至十四章属于执行会计，主要介绍预算管理、成本控制、存货控制、转移定价、经济增加值与平衡计分卡以及战略管理会计。全书的核心内容是紧紧围绕着管理会计规划和控制生产经营活动的基本理论与方法展开的。

本书的主要特点表现在：（1）理论与实务并重。一方面，全面、系统地介绍管理会计的基本理论，力图展现完整的管理会计理论体系；另一方面，将管理会计实务及其各种方法的应用情况贯穿于全书中。（2）成熟理论与最新发展结合。本书内容既涵盖已经成熟的管理会计内容，又反映了该学科的最新发展，如作业成本计算与管理、适时生产系统、质量成本控制与寿命周期成本控制、经济增加值与平衡计分卡、战略管理会计等近年来形成的管理会计新的理论与方法，紧扣时代脉搏，尽可能反映最新发展趋势与成果。（3）强化长短期决策与业绩评价。在保留传统管理会计体系内容中适用的理论与方法外，扩充业绩评价的内容，增加经济增加值、平衡计分卡、战略管理会计等，尽量使管理会计的体系内容更加科学、合理。

本书由袁天荣教授任主编，屈文彬、李成云、杨宝三位老师任副主编。全书共十四章，第一章、第三章、第四章、第十二章、第十三章、第十四章由袁天荣教授执笔；第七章、第八章、第九章由屈文彬老师执笔；第二章、第五章、第六章由李成云老师执笔；第十章由杨宝老师执笔；第十一章由杨宝、曾浩老师执笔。全书由袁天荣教授总纂定稿。

由于学识水平有限，书中难免有疏漏之处，恳请读者批评指正。

编　者

2011 年 7 月

目　　录

第一章　管理会计基本理论

第一节　管理会计的产生与发展

一、管理会计的定义

管理会计是同当今经济技术环境及企业内部管理相适应的一门新兴的会计学科，它是现代管理学与现代会计学的有机融合。随着企业经营环境的变化，现代科学技术日新月异，使现代企业管理与现代企业会计的内涵和外延都发生了深刻变化，从而使人们对管理会计的认识也在不断发展和深化。

1966 年，美国会计学会（American Accounting Association，AAA）对管理会计的定义是："管理会计就是运用适当的技术和概念，对经济主体的实际经济数据和预计经济数据进行处理，以帮助管理人员制定合理的经济目标，并为实现该目标而进行合理的决策。"

1981 年，美国全美会计师协会下设的管理会计实务委员会（Institute of Management Accountants，IMA）对管理会计作出的定义为："管理会计是一个对财务信息进行确认、计量、汇总、分析、编制、解释和传递的过程，这些加工过的信息在管理中被用于内部的计划、评价和控制，并保证合理地、负责地利用企业的各种资源。"

1986 年，美国全美会计师协会管理会计实务委员会对管理会计所下的定义为："管理会计是向管理当局提供用于企业内部计划、评价、控制以及确保企业资源的合理使用和经济管理责任的履行所需财务信息的确认、计量、归集、分析、编报、解释和传递的过程。管理会计还包括编制供诸如股东、债权人、规则制定机构及税务当局等非管理集团使用的财务报表。"

1988 年，国际会计师联合会（International Federation of Accountants，IFAC）下设的财务和管理会计师委员会将管理会计定义为："在一个组织中，管理部门用于计划、评价和控制的（财务和经营）信息的确认、计量、收集、分析、编报、解释和传输的过程，以确保其资源的合理使用并履行相应的经营责任。"

1997 年，美国管理会计师协会（IMA）新的定义为："管理会计是提供价值增值，为企业规划设计、计量和管理财务与非财务信息系统的持续改进过程，通过此过程指导管理行动、激励行为、支持和创造达到组织战略、战术和经营目标所必需的文化价值。"

20 世纪 80 年代初，西方管理会计学理论被引进中国，我国学者积极地对管理会计进行研究，其中关于管理会计的定义，有以下几种具有代表性的观点。

余绪缨教授（1999）认为："管理会计是为企业内部使用者提供管理信息的会计，它为企业内部使用者提供有助于正确进行经营决策和改善经营管理的有关资料，发挥会计信息的内部管理职能。"此外，余教授在 2000 年和 2001 年的论文中分别阐述了非财务信息的重要性；在知识经济时代，现代管理会计更加注重对无形资产信息的处理和披露；文化对现代管理会计有重要影响。

李天民教授（1984）认为："管理会计是通过一系列专门方法，利用财务会计资料及其他有关资料进行整理、计算、对比和分析，使内部管理人员能够据此对整个企业或责任单元日常和未来发生的经济活动进行规划、控制、评价与考核，并帮助企业管理层做出最优决策的一整套信息处理系统。"

朱海芳教授（1996）认为："管理会计是以现代管理科学为基础，以加强内部管理、提高经济效益为目的，以多种专门技术、方法为手段，对企业的生产经营活动进行规划和控制的信息系统。"

潘飞教授（2003）认为："从管理学的角度来看，管理会计实质上是利用财务会计资料及其他相关资料，利用会计、统计和数学的方法对企业的各项管理活动进行预测、决策、规划、控制，并对实际执行结果进行评价与考核，其目的是最大限度地调动各方面的积极因素，从而取得最佳的经济效益。"

谷祺教授从狭义和广义两个角度对管理会计进行了定义："狭义管理会计是以强化企业内部经营管理、实现最佳经济效益为最终目的，以现代企业经营活动为对象，通过对财务等信息的深加工和再利用，实现对经济过程的预测、决策、规划、控制和责任考核等职能的会计分支。而广义管理会计是用于概括现代会计系统中区别于传统会计并直接体现预测、决策、规划、控制和责任考核等会计管理职能内容的范畴。"

汪家佑教授认为："管理会计是西方企业为了加强内部经营管理、实现利润最大化这一企业经营最终目标，灵活运用多种多样的方法，收集、贮存、加工和阐明管理当局合理计划和有效控制经济过程所需要的信息，并围绕成本、利润、资本三个中心，分析过去，控制现在，规划未来的一个会计分支。"

综合国内外学者的观点，我们认为，管理会计是现代企业会计的一个分支，是以现代管理理论为基础，以实现企业价值增值为目的，以多种技术、方法为手段，对企业的生产经营活动进行规划和控制的管理信息系统。

管理会计是一门从传统会计体系中分离出来的具有独立性和综合性的交叉学科，尽管它是从传统会计中分离出来的，但其本身却具有一系列相对独立而又比较完整的基本理论与基本方法；尽管它仍然属于会计大家族的一个组成部分，但其内容和职能已远远超出传统会计。而今，管理会计完全以一种全新的面貌出现在企业管理的不同领域和环节之中，在帮助企业管理者正确制定经营决策、合理利用经济资源、强化内部管理、实现战略目标等方面发挥着十分重要的作用。虽然管理会计也要像传统会计那样对企业的生产经营活动进行计量和分析，但它并不是立足于一般意义上的"反映"和"监督"，而是紧紧围绕着"规划"和"控制"这两个重要侧面展开的。就规划而言，管理会计主要是通过确立企业战略目标，拟订行动计划和制订实现计划的手段和方法，对企业未来期间的生产经营活动进行全面的安排与筹划。就控制而言，管理会计主要是通过分解目标，落实计划，明确经济责任，考评工作业绩，对企业生产经营的实际进程与结果进行严密的跟踪与监控，以保

2

证生产经营活动的顺利进行和企业战略目标的实现。

二、管理会计的形成与发展

管理会计发展的历史证明，管理会计的形成和发展受经济社会发展及经济管理理论发展的双重影响：一方面，经济社会的发展要求加强企业管理，作为规划和控制手段的管理会计适应着这种需要；另一方面，经济管理理论的发展又促进了管理会计理念、技术手段的进步。管理会计在其形成和发展的各个阶段，无不体现这两个方面的影响。

（一）管理会计的孕育与形成（20 世纪初—50 年代）

19 世纪的英国工业革命，促使企业生产规模迅速扩大，合伙经营、股份公司等企业组织形式相继出现。

20 世纪初，随着社会化大生产程度的提高，生产规模日益扩大，竞争趋于激烈，所有者和经营者都意识到，企业的生存和发展并不仅仅取决于产量的增长，而且更重要的是取决于成本的高低。也就是说，企业利润的多少在收入一定的情况下，取决于成本的高低。因此，为在激烈的市场竞争中战胜对手，必须要求企业加强内部管理，提高生产效率以降低成本、费用，获取最大限度的利润。

适应该阶段社会经济发展的客观要求，产生了泰勒的科学管理理论。该理论旨在解决如何提高企业的生产和工作效率。科学管理理论认为，对于完成每一项工作来说，总存在一个"最佳途径"，管理的职责在于为工作业绩提供明确的指导，选择最适合的方式来完成这项工作，并用最有效的方法对工人进行培训。同时，工人被假设只受经济奖励的激励。

为了提高生产和工作效率，泰勒在诸如时间研究、动作研究等科学试验的基础上，制定出在一定客观条件下可以实现并且最有效率的标准操作方法，并以此方法训练全体工人，从而制定出较高的标准。标准制定后，要求严格遵照执行，不允许浪费的存在。除了使工人掌握标准的操作方法外，还对工人使用的工具、机械、材料以及作业环境加以标准化。

科学管理理论的出现促使现代会计分化为财务会计和管理会计，现代会计的管理职能得以表现出来。该阶段，管理会计以成本控制为基本特征，以提高企业的生产效率和工作效率为目的，其主要内容包括以下几个方面：

（1）标准成本。它是指按照科学的方法制定在一定客观条件下能够实现的人工、材料消耗标准，并以此为基础，形成产品标准成本中的标准人工成本、标准材料成本、标准制造费用等。标准成本的制定，使成本计算由事后的计算和利用转为事前的计算和利用，是现代会计管理职能的一大体现。

（2）预算控制。它是指按照人工、材料消耗标准及费用分配率标准，将标准人工成本、标准材料成本、标准制造费用以预算形式表现出来，并据以控制料、工、费的发生，使之符合预算的要求。

（3）差异分析。即在一定期间终了时，对料、工、费脱离标准的差异进行计算和分析，查明差异形成的原因和责任，借以评价和考核各有关方面的工作业绩，促使其改进工作。

此外，服务于企业内部经营管理的经营分析得到一定程度的发展，如部门之间的比较分析等已开始具备管理会计的性质。

（二）管理会计的丰富与发展（20 世纪 50—80 年代）

第二次世界大战以后，由于科学技术的日新月异，社会生产力得到了迅速的发展，企业的规模也在不断扩大，跨国公司大量涌现，与此同时，市场竞争愈演愈烈，企业获利能力普遍下降。上述各个方面影响到了企业内部，使企业生产经营出现了以下变化：（1）广泛推行职能管理，利用行为科学研究的最新成果来改善人际关系，调动职工的主观能动性，以激励职工提高产品质量，降低产品成本，扩大企业盈利。（2）产品生产从重视单一品种的大批量生产转到按顾客要求进行多品种的小批量生产，以提高市场竞争力。（3）由于市场竞争的日趋激烈，迫使企业不得不重视对市场的调查研究，借助最新研究成果，加强生产经营的预测和决策工作。与此同时，进一步强化生产经营的日常控制和考评工作。（4）计算机技术的迅速发展，为定量化管理提供了保障。

由此可见，企业再简单地依靠提高生产和工作效率及内部标准化管理已显得力不从心了。于是，将企业管理的重心转到提高经济效益上来已经水到渠成。

为适应企业管理重心由提高生产和工作效率转到提高经济效益的需要，西方管理理论有了迅速的发展，各种管理理论和管理学派的出现，极大地推动了管理会计的发展。

行为科学是运用心理学、社会学、社会心理学等方面的研究成果，研究人的各种行为的规律性，分析人产生各种行为的客观原因和主观动机的一门科学。行为科学认为，不能把企业的职工看做是只追求经济利益的“经济人”，而应看做是有感情、思想、需要、爱好及主动、积极的“社会人”；企业是一个社会组织，从长远的观点看，企业的目标应该是长远健康发展。行为科学旨在创造一种适当的激励机制，激励人们确定这样的行为准则：每一个组织成员只有依靠组织才能有所作为，脱离组织则一事无成，从而在组织与组织成员之间形成一种同舟共济、患难与共的关系；每一个组织的成员只有在组织整体目标实现的同时，才能最大限度地实现个人目标；整个组织的各个方面均应以组织整体目标与组织成员个人目标的协调一致为出发点，只有这样才能充分发挥各方面的积极性和创造性，才能不断增强企业的活力和凝聚力，才能为企业长期健康发展提供有力的组织保障。

系统理论认为，组织系统的各个部分是相互联系、相互依存、相互制约的；系统内部、系统之间以及系统与外部，要进行物质、能量和信息交换，并通过交换形成一种稳定有序状态。早期的系统理论认为组织（如企业）是一个封闭系统，因而对组织的研究只限于组织内部，而不考虑其所处的环境因素。其后的一般系统理论则将组织看作一个开放的系统，因此强调组织对其所处环境的依赖性；对组织的研究不是组织的目的，而是帮助组织适应环境的手段；由于环境影响而产生的组织业绩水平的不规则性是组织实现其功能不可分割的因素，应认真进行研究。总之，一般系统理论认为，对于不同的环境而言，没有一个最佳的组织结构可以被通用。

决策理论认为：（1）决策贯彻管理的全过程，管理就是决策。（2）由于个人能力所限，只能在某时间内处理较少数量的信息，因而不可避免地显示出有限理性，当面对一个问题时，他们只寻求解决该问题的第一方式，而不会不断地寻找，直到找到最优的解决方式，这就是著名的“以满意代替最优”的思想。（3）由于一个决策者可能同时面对几个目标，有时这些目标之间还会互相冲突。这时就应该找出该期间的最主要的目标，并设法予以完成。随着时间的推移，其他目标的重要性也会显现出来，这时，就要再排一个顺序，依次予以完成，这就是所谓的"目标排序"思想。

社会经济的发展和经济理论的丰富，使得管理会计的理论体系逐渐完善，内容更加丰富，逐步形成了以预测、决策、预算、控制、考核、评价为内容的管理会计体系。

在该期间，以标准成本制度为主要内容的管理会计继续得到了强化并有了新的发展。责任会计将行为科学理论与管理控制理论结合起来，不仅进一步加强了对企业经营的全面控制（不仅仅是成本控制），而且将责任者的责、权、利结合起来，考核、评价责任者的工作业绩，从而极大地激发了经营者的积极性和主动性。

管理会计在强化控制职能的同时，开始行使预测、决策职能。管理的关键在于决策，决策的关键在于预测。随着各种预测、决策的理论和方法广泛引入会计工作，逐步形成了以预测、决策为主要特征并与管理现代化要求相适应的行之有效的管理会计系统。其主要内容包括以下几个方面：

（1）预测。它是指运用科学的方法，根据历史资料和现实情况，预计和推测经济活动未来趋势的过程，包括销售预测、成本预测、利润预测、资金需要量预测等内容。

（2）决策。它是指按照既定的目标，通过预测、分析、比较和判断，从两个或两个以上的备选方案中选择最优方案的过程，包括短期经营决策（如产品品种决策、产品组合决策、生产组织决策、定价决策）、长期投资决策等内容。

（3）预算。它是以货币形式综合反映企业未来期间生产经营活动的各项目标及资源配置的数量说明，如业务预算、投资决策预算、财务预算等。

（4）控制。它是指按预算要求，控制经济活动使之符合预算的过程，包括成本控制和责任会计等内容。

（5）考核和评价。它是指通过实际与预算的比较，确定差异，分析差异形成的原因，并据以对责任者的业绩进行评价和对生产经营进行调整的过程，这一过程往往在标准成本法、业绩评价的实施中表现出来。

可见，在该阶段，狭义管理会计的内容体系已经建立起来。

（三）管理会计的成熟与完善（20世纪80年代—至今）

进入20世纪80年代以来，社会经济发展表现出以下基本特征：

（1）竞争要求企业进行"顾客化生产"。市场全球化使企业面临更加激烈的市场竞争，企业面临的市场已从过去的已知顾客群转向包括潜在顾客群在内的多样化的顾客群体。为适应这种变化，企业的生产组织必须从以追求规模效益为目标的大批量生产方式转为能为顾客不同需求迅速作出反应的"顾客化生产"，即以顾客为中心，以顾客的满意程度为判断依据，在对顾客需要进行动态掌握的基础上，在较短的时间内完成从产品设计、制造到投放市场的全过程。

（2）科学技术的发展为"顾客化生产"提供了可能。数控机床、电脑辅助设计、电脑辅助制造、电脑管理系统等的广泛应用，使得产品的订货、设计、制造、销售等各环节综合成一个整体，设计人员可以据此取得新产品的功能、形状、成本等的最佳组合，从而实现新产品技术先进性和经济可行性的统一。这不仅为企业进行灵活多样的"顾客化生产"提供了技术上的可能，而且提高了劳动生产率和产品的市场竞争力。

（3）企业的制造环境发生了根本性的变化，企业的生产控制系统开始采用适时制，追求零质量缺陷、零库存，并开始采用合作、弹性的管理政策。

由于市场竞争的日趋激烈，人们认识到外部环境的准确预测几乎是不可能的，企业的计划必须以外部环境的变化为基础，更加留心市场变化的动态，更加密切关注竞争对手。与此相适应，战略管理的理论有了长足的发展。

战略管理是管理者确立企业长期目标，在综合分析内外相关因素的基础上，制定达到目标的战略，并执行和控制整个战略的实施过程。战略管理过程一般分为三个阶段：战略的制定、战略的实施、战略的评估和控制。战略制定的关键是在不断地审视企业内外部环境变化的前提下，寻找一个能够运用优势，抓住机会，弱化劣势和避免、缓和威胁的战略；战略实施的关键在于将企业战略具体化，使之在时间安排和资源分配上有所保障；战略评估和控制的关键在于及时、准确地将有关信息反馈到企业战略管理的各个环节上，以便企业各级领导采取必要的纠正行动。重视环境对企业经营的影响是企业战略管理的基本点。

基于这一现实，人们不仅对管理会计原有的某些不适宜的理论、方法进行了补充、更新，而且吸收、融合了更多的相关学科的内容，开辟了一些新的管理会计研究领域，如与全面质量管理相适应，形成了质量成本控制制度；与适时制相适应，形成了改善成本法；与作业管理相适应，形成了作业成本法；与战略管理相适应，形成了战略管理会计；与全面业绩评价相适应，形成了平衡计分卡等。

1. 战略管理会计

随着战略管理理论的发展和完善，著名管理学家西蒙于 1981 年首次提出了"战略管理会计"。战略管理会计是与企业战略管理密切联系的，它运用灵活多样的方法收集、加工、整理与战略管理相关的各种信息，并据此来协助企业管理层确立战略目标、进行战略规划、评价管理业绩。战略管理会计侧重于本企业与竞争对手的对比，搜集竞争对手关于市场份额、定价、成本、产量等方面的信息，以取得竞争优势。战略管理会计的体系内容是围绕外部环境分析、企业内部条件分析、竞争对手分析展开的，在具体内容上，一般包括外部环境分析、价值链分析、成本动因分析、竞争对手分析、预警分析、综合业绩评价等。

2. 平衡计分卡

20 世纪 80 年代以前，企业的业绩衡量主要是依靠财务指标。长期以来，财务指标在业绩衡量中发挥了重要作用。20 世纪 80 年代以后，人类社会进入了知识经济与信息经济时代，企业面临的内部经营条件和外部经营环境都发生了巨大变化，企业之间的竞争在空间上得到延伸，在时间上得到加强。企业要想获得长期的竞争优势，就必须在制定经营决策时具有战略眼光，不仅要考虑内部因素的改善与整合，而且更要考虑外部因素的影响与制约；不仅要重视物质资本的经营，而且更要重视知识资本的经营；不仅要重视有形资产的管理，而且更要重视无形资产的开发与利用；不仅要重视内部生产流程改善与效率提升，而且更要重视外部供应商、顾客价值的实现。

在此情形下，传统的以财务指标为主的业绩评价体系面对今天的企业经营环境却显得力不从心，一种全新的业绩评价方法平衡计分卡（The Balanced Score Card，BSC）应运而生。平衡计分卡主要是从财务、顾客、内部流程、学习与成长四个方面一系列的经营指标，把公司的战略目标转化为相互联系、相互制约的衡量目标体系，用以全面评价公司经营业绩的一种战略性业绩评价系统。它能够帮助公司把愿景和战略转化为具体的运作目标，并将企业的目标分解成财务、客户、内部经营过程、学习和成长四个方面，从而将企业的战略目标、个人的业绩目标和业务流程进行整合。它用一种结构化的方法，确保日常业务运作与企业管理高层所确定的经营战略保持一致。它成功地把企业重要的财务指标和非财务指标放在一起考虑，反映和平衡兼顾了企业长期与短期目标、外部与内部因素、结果与驱动因素等各个方面。平衡计分卡不仅是一种新的绩效管理体系，更重要的是企业管理过程的核心组织框架，成为了企业战略的有效实施工具。

上述新的管理会计理论、方法的形成，极大地丰富和完善了管理会计的主体内容，扩展了管理会计的职能，使管理会计跨入到一个新的发展阶段。这也是现代管理会计形成的重要标志。

第二节　管理会计的内容与作用

一、管理会计的内容

管理会计作为给企业管理者规划和控制生产经营活动提供信息服务的新型会计系统，几乎涉及企业生产经营的各个领域和企业内部管理的各个环节，其内容是极为丰富的。但由于每个具体企业的实际生产经营活动是错综复杂的，企业内部经营管理的水平与状况千差万别，以至于管理会计究竟应当包含哪些内容，到底应当解决哪些问题，迄今为止依旧难以定论。然而，人们一般认为，管理会计的基本内容大致可以归纳为两个方面：以对经营决策的预期效果进行综合分析评价为主体内容的决策会计和以对生产经营的整个过程进行严格监控考评为主体内容的执行会计。

（一）决策会计

决策会计主要是以现代管理科学为基础，运用一系列现代管理技术与方法，从销售、资金、成本、利润等方面的计算、分析入手，对企业未来一定期间的生产经营活动进行预测和决策，为管理者科学地筹划企业的未来而确立理想的战略目标，制定最佳的经营决策，安排缜密的行动计划，拟订有效的实现措施。决策会计的主要内容包括：

（1）经营预测与目标规划。经营预测一般包括销售预测、利润预测、成本预测和资金预测等。通过经营预测，可以了解企业生产经营前景和经济发展趋势，并在此基础上确定未来一定期间的各项具体经营目标，如销售目标、利润目标、成本目标等。

（2）短期经营决策。短期经营决策是在确定企业未来一定期间经营目标的基础上，通过对有关可行性方案的经济性进行计量、分析和比较，为最大限度地改善经营管理、提高经济效益而选取产品生产、存货取得、设备利用、产品定价等方面的最优决策行动方案。

（3）长期投资决策。长期投资决策是在确定预期投资报酬水平、考虑货币时间价值和投资风险价值的前提下，通过对有关可行性方案的经济性进行计量、分析和比较，为最大限度地发挥资金效益、提高资金回报水平而选取产品开发、技术引进、固定资产购建与更新等方面的最优决策行动方案。

（二）执行会计

执行会计主要是以现代管理科学中的行为科学理论为基础，运用一系列特定的工具与手段，通过编拟计划、制定标准、划分责任、考评业绩等方式，卓有成效地实施决策，执行计划，追踪实际进程，评价工作成绩，进而全面完成企业预订的各项经营目标。执行会计的主要内容包括：

（1）全面预算。全面预算作为企业经营目标的具体化，它既是规划与决策工作的全面综合，也是控制与执行工作的分项展开。通过编制全面预算，能以数量的形式从总体上反映由预测、规划和决策过程所确立的各项奋斗目标和工作任务，从而建立起一个包括生产、供应、销售、财务等所有内容的预算指标体系，使企业内部各部门和生产经营各环节得以在完成企业经营目标的过程中实现协调与配合。

（2）标准成本。标准成本是预先确定的生产某种产品所应当发生的成本，是分析和评价成本管理工作业绩的重要尺度。通过实际成本同标准成本的比较，可以分析成本差异产生的原因，寻求降低产品成本的途径，最终达到有效地进行成本控制的目的。

（3）业绩评价。业绩评价就是按照企业目标设计相应的评价指标体系，根据特定的评价标准，采用特定的评价方法，对企业一定经营期间的经营业绩做出公正、准确的综合判断。传统的业绩评价方法是投资报酬率、剩余收益等，20世纪90年代以来，经济增加值和平衡计分卡成为业绩评价的两大主流方法。

二、管理会计的作用

管理会计的作用主要表现在以下几个方面：

（一）为企业内部管理提供多元性信息

为了满足企业管理的需要，必须将生产经营过程中发生的各种纷繁复杂的数量关系进行计量和描述，以形成多种性质不同、功能各异，但又互相联系、相互制约的会计信息。会计信息的全面汇集、科学加工和合理运用，不仅是企业会计的一项基础工作，而且也是加强企业管理、改善生产经营、提高经济效益的一个重要条件。为了实现预定的经营目标，既需要财务会计提供历史性、总括性会计信息，也需要管理会计提供预计性、分析性会计信息。从企业未来的经营筹划和战略决策的角度上讲，预计性、分析性会计信息比历史性、总括性会计信息更为重要；用于规划、控制的会计信息比用于反映和监督的会计信息，更有利于提高企业管理水平，全面实现经营目标。因此，同财务会计信息相比，管理会计信息具有明显的多元性、时效性特征，可以在企业经营管理的广阔领域中更加充分地发挥作用。

管理会计信息的多元性，是指管理会计信息的具体内容与形式的多种多样化。通常，财务会计十分重视和强调提供总成本（费用）和单位产品（平均）成本资料，但这些信息，并不能直接为企业制定经营决策提供有效的服务。有时，原封不动地运用传统财务成本资料，还可能使管理当局作出错误的决策。例如，单位产品平均成本数据对于成本预测和特殊订货决策，产品经营净盈亏数据对于利润预测和亏损产品处理决策，事实上都是无效的信息。与此相反，管理会计却从满足企业管理者行使管理职能、制定经营决策的需要出发，提供包含多种不同经济内容、以多种不同形式出现的信息，以便将它们用来解决不同性质或不同要求的管理与决策问题。例如，管理会计根据财务会计提供的历史成本和实际产量数据，采用特定方法，把全部成本划分为固定成本和变动成本，用以揭示成本同产量之间的内在联系，为开展成本预测、短期经营决策、编制生产经营预算提供重要依据。又如，管理会计根据经营决策的不同内容和决策分析的不同要求，提出许多具有特殊含义和特定用途的决策成本信息，如差量成本、边际成本、机会成本、付现成本、沉没成本等，以满足生产决策、定价决策的需要。

管理会计信息的时效性，是指管理会计能及时地提供可直接应用于规划、控制企业生产经营活动的会计信息。管理会计可以随时随地地提供有关信息，以便及时满足企业管理的信息需要；管理会计不是特别强调会计信息的精确度，而是十分注重会计信息的相关性、可用性和有效性。只要能够有助于企业管理者有效地行使管理职能，正确地进行决策，即使有一定误差的估计数、近似值，管理会计也可将其作为决策相关信息加以传递和应用。

（二）帮助企业管理者制定科学的经营决策

管理的关键是决策。在企业制定经营决策的过程中，企业内部所有专业职能部门都必须从本部门的实际需要与可能条件出发，提出有助于管理者做出最佳决策的参谋、咨询意见。对于企业会计部门来说，这一任务自然落在管理会计肩上。管理会计中最重要的组成部分——决策会计就是为了上述目的，即为了满足企业管理当局制定决策的需要而建立起来的。这就是说，管理会计并不仅仅停留在给企业管理的有关方面提供信息这一步，而是在对企业会计部门所掌握的大量会计信息进行计量、加工和改制，并通过一系列理论和方法的适当运用，对不同备选方案的预期效益进行分析评价，然后向企业管理当局提出决策咨询意见，从而使其能够作出正确的抉择。例如，借助于差别收入、差别成本和差别利润等的确认和计量，可以对产品生产对象、产品生产数量、半成品或联产品进一步加工、现有机器设备或剩余生产能力利用等方面的可行性方案进行经济评价。借助于净现值法、内含报酬率法等，可以对设备购建、产品开发、技术引进等方案的可行性进行经济评价。

（三）追踪、监控企业的生产经营活动

为切实加强企业管理，改善生产经营，实现企业目标，必须对企业的整个生产经营过程进行跟踪、监控，将反映计划执行过程和决策实施过程的实际数据，同体现企业经营目标的预算、标准、定额等进行比较、分析和评价。这既是确保企业的经济活动按预定轨道运行的必要手段，又是衡量与矫正计划、实现企业目标的可靠保证。因此，需要借助管理会计中执行会计的理论与方法，建立起完善的控制系统，并进行全面的业绩考评。在企业供应、生产、销售全过程和资金、成本、利润各方面，管理会计可以有效地行使控制职能，利用在实际执行过程进行计量、比较和考评等反馈手段，及时发现偏差，查明偏差产生的原因，继而制定改进措施，以保证企业经营目标的实现。

总之，管理会计的主要立足点、基本理论与基本方法等，都能直接或间接地对企业的各项经营管理工作起到良好而独特的推动作用，管理会计在进一步加强企业管理、改善生产经营和不断提高经济效益等方面将发挥越来越重要的作用。

第三节　管理会计与财务会计的关系

随着社会经济的高速发展以及科学技术的不断进步，管理会计逐步从企业会计中分离出来，形成一门独立的学科，并与财务会计共同构成现代会计的两大分支。管理会计与财务会计之间既有区别又有联系，研究它们之间的关系有助于深入理解管理会计的本质和特点。

一、管理会计与财务会计的区别

（一）信息服务对象的侧重点不同

财务会计的信息服务对象主要是企业外部利益相关者，如投资者、潜在投资者、债权人、税务机关、监管机构以及政府部门等，因此财务会计也被称为"外部会计"。它主要是依据制定的标准，通过确认、计量、记录和报告等程序对企业已经发生的经济活动或事项进行加工处理，形成相关凭证、账簿，并定期编制财务报告，向企业外部利益相关者提供企业有关财务状况、经营成果和现金流量等方面的信息。企业外部利益相关者不直接参与经营管理，而是通过阅读和研究财务报告，评估企业内部管理人员的经营业绩，并作出是否参与或继续参与企业活动的决策。

管理会计的信息服务对象主要是企业内部管理人员。因此管理会计也被称为"内部会计"。它主要是运用特定的理论概念和专门的技术方法，对财务会计提供的资料以及其他来源的资料进行整理、计算、对比和分析，向企业内部管理人员提供有关经营管理和决策的信息，以便他们更好地作出预测决策、制订规划预算、实施控制考核，从而提高企业的内部管理水平和经济效益。

（二）信息作用时效不同

财务会计的信息作用时效主要在于反映过去，即对企业过去已经发生的经济活动或事项进行事后的核算和监督，以反映企业过去的财务状况、经营成果和现金流量。财务会计信息的这种特点，有助于外部利益相关者评价企业管理者受托责任的履行情况，并利用所获取的信息作出适当的经济决策。

管理会计的信息作用时效横跨过去、现在和未来三个时态，并以面向未来为主导。即管理会计以过去已经发生并生成的财务或非财务信息为基础，进行预测决策、规划控制以及责任考核。虽然利用了过去已发生的信息，但它并不是为了说明过去而是将其作为控制现在和规划未来的依据。管理会计信息的这种特点，有助于提高内部管理人员对企业经济活动的预见性和决策性。

（三）会计核算主体不同

财务会计以整个企业作为会计主体，进行统一的会计核算和监督，提供反映企业整体情况的财务会计信息，它关注的是企业的整体经济利益。

管理会计以企业内部责任单位为会计主体，它既可以是整个企业，也可以将企业划分为若干责任中心，如单个车间、单个部门、单个人员、单个项目或单个管理环节等，责任中心的划分和会计主体的选择取决于内部管理人员进行管理和决策的具体需要。管理会计的会计主体由于具有多层次性，因此管理会计需要同时兼顾企业生产经营活动的整体与局部，即不仅要根据企业的经营目标，对未来的生产经营活动进行整体规划和控制，还要从企业的局部出发，妥善处理各个责任中心存在的各种问题。

（四）信息约束标准不同

由于财务会计的信息服务对象主要是外部利益相关者，即提供的信息是一种社会化的公共产品，因此财务会计受到统一的标准约束。财务会计必须严格遵守企业会计准则和企业会计制度的规定，按照会计基础、会计信息质量要求和会计核算程序处理日常经济业务，编制凭证、账簿，并对外出具财务报告，以保证其所提供的财务信息在时间上具有一致性，在空间上具有可比性，使外部使用者能够在一个较为公平、客观的环境下来评价企业的整体状况。

管理会计是对内服务的，它不存在统一的标准或固定的规范和依据，也不受企业会计准则和企业会计制度的约束。管理会计是企业内部管理个性化需求的产物，编制的标准和方法根据具体需要而定。企业管理部门可以按照企业的特点、管理的需求、决策的类型、控制的范围等选取适当的方法获取信息、进行加工处理、计算分析以及生成各种计算表或报表。如管理会计在进行备选方案决策时，采用的是成本效益原则；在进行短期经营决策时，可以不执行客观性原则而充分考虑机会成本等因素；责任会计是以人及其所承担的经济责任为管理对象，通过考核各责任中心履行职责的情况，作为调动企业职工积极性、形成激励机制的主要依据，这大大突破了传统会计核算重物不重人的狭隘观念。

（五）信息精确程度不同

财务会计以过去实际发生的交易或事项为依据进行确认、计量、记录和报告，需要遵循客观、公正的原则，因此财务会计对其所提供信息的精确程度要求很高。

管理会计虽然以过去实际发生的财务或非财务信息为基础进行加工，但它是面向未来的，由于未来经济活动具有不确定性，在信息的处理、计算和分析过程中都需要涉及主观判断，因此，管理会计提供的信息一般只能相对精确。并且管理会计提供的信息往往不向社会公开发布，只供内部管理人员使用，故不具有法律效力。

（六）报告编制时间不同

财务会计的财务报表必须按规定的时间来编制，根据企业会计准则的规定，财务报表按照编制时间的不同分为中期财务报表和年度财务报表，其中中期财务报表包括月报、季报和半年报等。即财务报表的编制时间应为年、半年、季度和月份，以反映企业在特定时点的财务状况以及特定期间的经营成果和现金流量。

而管理会计可以根据具体的需要编制各种各样的报表，报表的编制时间也不受固定期间的限制，可以按年、数年、季度、月份来编制，也可以按周、天、小时来编制。可以编制过去期间的报表，也可以编制未来某一期间的报表。

（七）信息属性和信息载体不同

财务会计主要是向企业外部利益相关者提供以货币为计量单位的信息，企业会计准则规定，会计确认、计量、记录和报告应当选择货币作为计量单位。有些难以用货币表示的重要信息，如企业经营战略、市场竞争力等，企业可以在财务报告附注中披露有关非财务信息。财务会计的信息载体为具有统一格式和固定报告日期的财务报表。

管理会计主要是向企业内部管理人员提供满足其管理决策的特定信息，既包括定量信息，也包括定性信息；其计量单位既可以使用货币，也可以选择实物量、时间量或相对数。管理会计的信息载体为没有统一格式、没有固定报告日期、不对外公开的各种内部报告，不同的企业对报告形式的要求是不一样的。

（八）会计核算程序不同

财务会计有固定的会计核算程序，带有强制性。即从凭证生成、到登记入账、直至出具财务报告，财务会计都必须依照既定的程序进行。虽然不同的企业间实际会计管理水平可能存在较大的差异，但基本的会计核算程序还是大同小异的。管理会计的核算程序不固定，也没有强制性，企业可以根据自己的实际情况自行设计管理会计核算程序。

（九）会计核算方法不同

财务会计在核算时往往只需采用简单的算术方法。而管理会计可采用多种核算方法，提出不同的选择方案，核算时需要运用大量的现代数学知识，如回归分析法、连环替代法、矩阵模型、概率模型等。

（十）体系完善程度不同

财务会计具有相对成熟和稳定的体系，虽然随着经济的快速发展，为了应对新形势新问题，财务会计工作也在不断地发生着变革，但财务会计体系已形成了通用的会计规范和统一的会计模式。而管理会计的体系目前还缺乏规范性和统一性，正处于不断发展和完善的阶段。

二、管理会计与财务会计的联系

（一）最终目标相同

管理会计与财务会计同属于现代企业会计，二者相互依存、相互制约，共同构成现代企业会计信息系统的有机整体。虽然管理会计与财务会计信息服务对象的侧重点不同，但它们都是以企业生产经营活动为对象，以提高企业的经济效益、实现企业价值最大化为最终目标。二者是从内外两个不同的角度发挥着各自的经济职能，共同为企业的经济发展服务。财务会计在为企业外部利益相关者提供财务报告的同时，也为企业内部管理人员进行管理和决策提供了准确可靠的信息，这将有助于强化内部管理，达到提高企业经济效益的目标。而管理会计则直接参与企业的管理决策，以帮助企业改善经营管理和提高经济效益。因此，管理会计与财务会计的最终奋斗目标是一致的。

（二）相互分享部分信息

管理会计与财务会计能够相互分享部分信息。管理会计所需要的最重要、最基本的资料都是来源于财务会计，它通过对财务会计所提供的信息进行深加工和再利用，以便更好地为企业内部管理服务。同时，部分管理会计信息有时也可作为财务会计信息对外公开发表，如现金流量表最初只是管理会计进行长期投资决策时使用的一种内部报表，后来陆续被一些国家列为财务报告的必要内容。

（三）财务会计的改革将推动管理会计的发展

目前，我国正在开展一系列会计改革，如企业会计审计准则与国际趋同等，这些改革不仅有助于提升我国会计工作的质量和促进企业的发展，而且更重要的是能改变我国财务人员过去那种只重历史、单纯做账的职业观念和工作模式，使他们能够从管理的角度，以面向未来的方式审视企业会计环境，思考如何适应社会主义市场经济条件下企业经营管理的新环境，从而为开创管理会计工作的新局面创造条件。

第四节　管理会计信息的质量特征

作为企业会计系统的两个子系统，管理会计与财务会计所提供的信息在很多方面具有相同的质量特征；但作为具有不同目的和服务对象的会计子系统，两者所提供的信息的质量特征又存在很大差异。通过分析比较管理会计与财务会计信息质量特征中差别较大的方面，可以更好地理解管理会计信息质量特征的内涵。

一、相关性

会计信息的相关性，是指所提供的信息应该与使用者的决策相关，能够影响其决策。相关的会计信息能够帮助信息使用者评价企业的财务状况和经营成果、作出投资决策、改善经营管理、预测企业的未来发展前景。管理会计与财务会计对会计信息相关性的解释却大相径庭。它们之间的差别主要表现在以下几个方面：

（1）相关的对象不同。财务会计信息的相关性，主要是指会计所报告的信息应该与企业的所有者与债权人的决策需要相关。而管理会计信息的相关性，则是指管理会计所提供的信息应该与管理当局的管理需要相关，有助于提高管理者的决策能力。

（2）相关信息的内容不同。财务会计主要通过会计报表对外提供信息。信息的范围被限定在会计报表及其附注中。而管理会计所提供的信息则是广泛的，它没有固定的程式与内容。一般而言，它既包括大量的财务信息，也包括大量的非财务信息；既包括内部信息，也包括外部信息。管理会计中的相关信息具有两个特征：一是通过预测获得的未来信息。历史信息通常作为预测未来的基础信息，而不作为决策的直接依据；二是包含可供选择方案之间能用货币计量的差额。

（3）相关性所显示的侧重点不同。就财务会计而言，企业外部的信息使用者是广泛的，他们的需要也千差万别。因此，财务会计对外报告的信息并不以满足某一特定使用者的特定信息需要为目的，而是向他们提供与企业的财务状况、盈利能力、资本结构、偿债能力等相关的通用信息。而管理会计信息的相关性主要是与企业内部管理者的特定决策需要相关。它重点揭示特定方面的差别，而不是提供普遍适用的一般信息。

（4）相关性的判断标准不同。财务会计需要按照公认会计原则进行信息的加工与报告，财务会计信息的相关性体现在对公认会计原则的遵循上。管理会计信息的相关性体现在提供的信息要与管理当局的决策、控制等管理活动相关。"相关的信息"意味着所提供的信息不仅要与所决策的问题密切相关，而且还要具有能帮助管理者发现差别，从差别中作出选择和判断的特性。由此可见，信息的相关性是管理会计提供信息时所要遵循的主要原则，信息的取舍取决于信息是否与决策的目的、管理的需要相关。这与财务会计需要通过遵循公认会计原则来保证信息的相关性有很大差别。

二、及时性

会计信息的及时性，是指会计要及时地处理并报告信息。提供及时的相关信息是对管理会计与财务会计的共同要求。但在具体含义与特征上，两者之间又存在较大的差别。

（1）信息及时性的时间标准不同

财务会计信息的及时性，主要是指会计核算要讲求时效，要及时对原始资料进行加工整理，按规定的时间及时编制会计报表并对外报告。其及时性的判断标准在于是否按规定的时间定期予以报告。管理会计信息的及时性，是指管理会计必须及时、迅速地为管理当局提供可应用于规划、控制过程的会计信息。管理会计信息及时性的判断标准是能否根据管理的需要适时提供信息，而不是按照规定的时限定期地提供信息。

（2）信息及时性的优先地位不同

信息的及时性与信息的完备性、精确性有时是相冲突的。就使用而言，信息越完备越精确越好。但完备精确的信息，不仅需要更多的信息处理成本来支持，而且往往需要更多的准备时间。在财务会计中，信息的及时性是在经济业务发生后的及时反映，是以预先确定的编报日期为标准的，所报告的信息的精确性有特定的标准和要求，既不得以及时性为由偏离预先设定的精确性标准，也不允许以及时性为由牺牲信息的完备性与精确性。管理会计信息的及时性以满足管理的需要为标准，没有固定的时间标准和精确性标准。对于紧迫的问题，管理当局获取信息的速度越快，就越能迅速地作出决策。因而，在紧迫之时，如果信息的及时性与信息的完备性和精确性发生冲突，则及时性高于完备性与精确性。管理会计可以在许可范围内通过部分地牺牲信息的完备性与精确性来保证信息的及时性。这有别于财务会计信息的及时性的。

三、准确性

会计信息的准确性，是指会计信息的正确性。财务会计信息与管理会计信息准确性的差别在于判断的标准不同。财务会计信息的准确性，是指财务会计提供的信息要能真实、准确地反映企业的盈利能力、财务状况及其变动情况。财务会计在提供信息时，一定要严格遵循公认会计原则，提供的信息要真实、准确、客观。管理会计信息的准确性，是指所提供的信息在有效使用范围内必须是正确的，信息的准确性以不影响决策的正确性为标准。决策的问题不同，对信息准确程度的要求也不相同。由于企业管理中决策问题千差万别，对管理会计信息的准确性也就难以有一个统一的普遍适用的标准。"不影响决策的正确性"就是管理会计信息的"有效使用范围"。正是基于这一特性，管理会计可以采用近似的方法来获取所需信息的近似值或估计值，以此来简化信息的处理程序，降低信息的处理成本，提高信息的处理效率。

四、多元性

信息的多元性是指管理会计信息的具体内容与形式具有多样性。由于企业所面临的管理与决策问题纷繁复杂，解决这些问题需要各种不同内容和形式的信息。这些信息是广泛的，既包括经加工、改造后的财务信息，也包括大量具有特定形式和内容的非财务信息。

实际的和预计的、历史的和未来的、精确的和粗略的、综合的和详尽的、技术的和经济的等方面的信息，都包括在管理会计信息之列，这便使得管理会计的信息具有多样化特征。

与管理会计信息的多元性特征相比较，财务会计主要提供反映企业财务状况和经营成果的综合信息，在内容和形式上都较为固定，并且主要是价值信息。因此，多元性特征是管理会计有别于财务会计的一个重要信息特征。

五、成本效益性

信息的成本效益性是所有信息处理都应遵循的一般原则。但这一原则对管理会计与财务会计的信息处理具有不同的意义。

财务会计信息从对外报告出发，所报告信息的内容、格式与详尽程度都有较为规范的要求。这种信息的处理与信息的使用分属企业与外部的实际，使得信息的处理与报告主要是遵循公认会计原则而不是成本效益性原则。由于管理会计信息主要在企业内部使用，取得信息是为了通过利用该信息获取特定的经济利益。因而，成本效益性原则要求对形成某一信息所花费的代价与利用这一信息所能取得的效果进行对比分析，以提高信息的使用效益。因而，在管理会计中，信息的成本效益性不仅要求信息的处理要本着节约的原则，而且应设法降低信息的处理成本。更重要的是，管理会计必须根据这一原则来决定信息的取舍，确定信息的报告量。这一原则可以看做是确定管理会计信息质量特征的约束条件。

第五节　管理会计师的职业组织与职业道德

在会计职业发达的英美等发达国家，管理会计的职业化已有相当的程度。而我国目前尚未有专门的管理会计专门机构和独立的管理会计职业。了解发达国家管理会计职业化的发展情况，对我国管理会计的发展是大有裨益的。

一、管理会计的职业组织

为了充分发挥管理会计的职能作用，帮助企业管理当局提高经营管理水平和经济效益，英、美等发达国家的会计界一直致力于管理会计的职业化，设立有专门的管理会计职业机构，指导管理会计的研究与实务，并负责管理会计师资格考试和相应的业务培训。

在英国，特许管理会计协会的前身可追溯到 1919 年成立的成本会计师协会，1972 年更名为成本和管理会计协会，1986 年再次更名为现在的特许管理会计师协会（CIMA）。该协会负责举办特许管理会计师资格考试，出版《管理会计》月刊和《管理会计研究》季刊。该协会有正式会员和非正式会员。加入非正式会员，除需要通过规定的考试外，还需要三年的本专业工作经验。加入正式会员，除了需要满足非正式会员的条件外，还需要诸如财务经理等高层次的本专业工作经验。

美国管理会计师协会（IMA）的前身是 1919 年成立的全美会计师协会（NAA），1991 年更名为现在的管理会计师协会。该协会负责举办管理会计资格证书考试，出版美国的《管理会计》月刊和《管理会计研究》季刊，并负责发布《管理会计公告》。另外，在美国，对管理会计的发展有重要意义的另一机构是美国会计学会下属的管理会计委员会。

日本工业管理和会计协会（JIMAI）是历史最悠久的会计职业机构，其下属的管理会计委员会负责有关的成本控制方法的培训，出版《财务会计与成本会计》月刊。

二、管理会计师的知识体系与职业道德

美国全国会计师协会所属的管理会计实务委员会曾先后颁布了管理会计师道德行为准则和管理会计师共同知识体系。这两个公告对于促进管理会计教育的发展、管理会计师培养及职业水准的提高具有重要意义。

1986年，美国会计师协会所属的管理会计实务委员会颁布了有关管理会计师共同知识体系的公告。该公告将管理会计师应具备的知识体系分为三类：

（1）信息和决策过程知识。管理决策过程，包括重复性决策程序、非规划性决策程序、战略决策程序；内部报告，包括信息的搜集、组织、表达和传递；财务计划的编制和业绩评价，包括预测和预算的编制、分析和评价。

（2）会计原则和职能知识。组织结构与管理，包括会计职能的结构和管理、内部控制、内部审计；会计概念和原则，包括会计的本质和目标、会计实务。

（3）企业经营活动知识。企业的主要经营活动，包括财务和投资、项目研究和开发、生产和经营、销售和人力资源；经营环境，包括法律环境、经济环境、道德和社会环境；税务，包括税收政策、税收的结构和种类、税收计划；外部报告，包括报告准则、满足信息使用者需要；信息系统，包括系统分析和设计、数据库管理、软件应用、技术基础知识、系统分析。

为提高管理会计师的职业水准，1982年，美国全国会计师协会所属的管理会计实务委员会颁布了第IC号管理会计公告《管理会计师道德行为准则》。该准则包括基本原则和道德裁决两大部分。

（一）基本原则

（1）能力。它包括不断提高自身的知识和技能，使其职业能力达到应有的专业水准；根据有关法律、规则和技术标准履行职业职责；根据对相关、可靠的信息进行适当分析，提出完全、清晰的报告和意见。

（2）保密。除授权及法定情况外，应保守工作中获得的机密信息；在以适当方式告知下属工作中的机密时，必须监督他们保密；不得将在工作过程中获得的机密信息用于获取不正当利益。

（3）正直。避免可能出现的利益冲突，并对任何潜在的冲突提出合适的建议；不得从事道德上有害于职责履行的活动；禁止参加妨碍公正履行职责的宴请、娱乐等活动，不得接受影响执业的馈赠礼物；禁止从事违反企业规章及企业目标的活动；识别和揭示影响专业判断及管理决策的各种局限；披露有利和不利信息，揭示所有的专业判断及形成的各种观点；不得参加和支持有损职业形象的活动。

（4）客观。客观、公正地交流信息；充分披露所有相关的信息，帮助信息使用者能对报告、注释和意见获得正确的理解。

（二）道德裁决

在应用各项道德行为标准时，管理会计师必然会遇到需要判断是道德行为还是不道德行为、如何解决不道德行为，即道德裁决。当面对重大的道德冲突问题时，管理会计师会按组织已建立的关于道德冲突的解决措施办事，如果组织的这些措施不能解决这种道德冲突问题，则管理会计师会考虑下述情况：（1）立即向上级报告。如果直接主管人员牵涉该种道德冲突，那么就将问题提交到上一级管理人员；如果还得不到满意的解决，则再呈交给更高一级的管理人员，直到问题解决为止。（2）通过与客观公正的顾问进行深入的讨论，以澄清问题，确定可解决的方案。（3）如果经过所有努力后道德冲突仍然存在，则管理会计师只有向组织的合适代理人提交有关备忘录，待以后处理。

以上关于管理会计师应具备的知识体系与道德行为准则的公告，对美国管理会计师职业的发展有重要指导意义，对我国高级会计人才的培养和相关职业的发展也同样具有重要的借鉴意义。

思 考 题

1. 什么是管理会计？管理会计产生与发展的主要动因是什么？
2. 管理会计的主要内容有哪些？
3. 管理会计在企业内部管理中的主要作用是什么？
4. 阐述管理会计与财务会计的主要区别。
5. 管理会计信息应具有哪些质量特征？
6. 管理会计与财务会计的信息都具有相关性，但在相关性的内涵方面有何不同？
7. 结合我国国情，思考我国是否也需要制定管理会计师职业道德规范？

第二章　成本性态分析

为了满足管理上的不同需要，成本可按照多种不同的标准分类。其中，成本按性态分类，是管理会计中最重要的成本分类，也是变动成本计算与本量利分析的基础。

第一节　成本按性态分类

不同的成本概念反映不同的成本内涵，不同的成本信息服务于不同的管理需要。按照传统制造业成本分类，根据费用的发生与产品的关系，可以将成本划分为产品成本与期间成本；根据成本项目与成本对象的关系，可将成本分为直接成本和间接成本。但这些分类没有将成本与企业的生产经营能力挂起钩来，不利于进行成本的事前规划和控制，不便于进一步挖掘企业内部的生产潜力，不能有效地将成本信息应用于企业的内部管理与决策。为此，就管理会计而言，还应针对企业内部管理的特定需要，按照成本性态对成本进行分类。

成本性态也称成本习性，是指成本与业务量①之间的相互依存关系。研究成本与业务量之间的依存性，可以从数量上具体掌握成本与业务量之间的规律性联系，从而为企业正确地进行管理决策和改善经营管理提供有价值的资料；能帮助企业及时采取有效措施，挖掘降低成本的潜力，提高生产经营的经济效益。

全部成本按其同业务量之间的依存关系分为固定成本、变动成本和混合成本。

一、固定成本

（一）固定成本的特征

固定成本是指业务量在相关范围内变动，其总额始终保持不变的有关成本。如按直线法计提的厂房、机器设备的折旧费、管理人员工资、广告宣传费、劳动保护费、职工培训费等。固定成本的基本特征是：（1）在相关范围内，固定成本总额不受业务量变动的影响。（2）单位固定成本与业务量呈反比例变动，即随着业务量增加，单位固定成本将随之减少；反之亦然。

例1：某企业采用某设备加工 A 产品，该设备按月计提的折旧额为 20000 元，其最大生产能力为 4000 件，则 A 产品的产量在 4000 件以内变动对固定成本的影响如表 2-1 所示。

---

① 这里所指的业务量是广义的业务量，它可以表现为产量，也可以表现为机器工作小时或直接人工小时等。

表2-1

产量（件）	固定成本总额（元）	单位固定成本（元）
1000	20000	20
2000	20000	10
3000	20000	6.67
4000	20000	5

将表2-1中的数据在坐标图中表示如图2-1和图2-2所示。

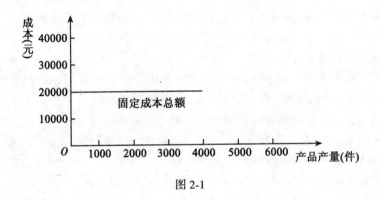

图 2-1

图2-1说明，当A产品的产量在0~4000件范围内变动时，其固定成本总额一直保持在20000元的水平上，并未因产量的变动而发生相应的变动。

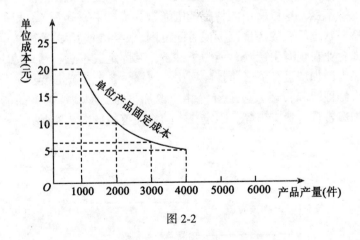

图 2-2

图2-2说明，当A产品的产量在0~4000件范围内发生增减变动时，单位产品固定成本将随之发生反比例的增减变动。

（二）固定成本的分类

固定成本按其支出数额是否受管理当局短期决策行动的影响，进一步划分为约束性固定成本和酌量性固定成本。

约束性固定成本又称"经营能力成本"，是指与企业生产经营能力的形成及其正常维护相联系的有关固定成本，如厂房、机器设备的折旧费、保险费、财产税、管理人员工资、照明费等。这类成本的基本特征是：

（1）其支出数额的大小，直接受到企业已经形成的生产经营能力和已经建立的基本组织机构的制约，在短期内很难有重大改变，将在较长时期内继续存在。因此，这部分成本具有很大的约束性，管理当局的短期决策行动不能轻易改变其数额。

（2）约束性固定成本实质上是生产经营能力成本，由于现代企业日益采用"资本密集型"、"技术密集型"的经营方式，约束性固定成本在成本中所占的比重呈不断上升趋势。因此，企业应更经济、合理地利用生产经营能力，通过提高产品产量，相对降低其单位成本，以取得更大的经济效益。

酌量性固定成本也称"随意性固定成本"，是由管理当局根据企业经营方针的要求确定一定期间（通常是一年）的预算额而形成的有关固定成本，主要包括研究开发费、广告宣传费、职工培训费、管理咨询费等。这类成本的基本特征是：

（1）这类成本的发生及其数额的多少，取决于企业不同期间生产经营的实际需要，取决于管理当局对不同费用项目所作的具体预算。也就是说，酌量性固定成本可以随企业经营方针的改变而变化。

（2）它只能在某一特定的预算期内存在和发挥作用。因此，应从严格控制费用预算入手，精打细算，厉行节约，以降低酌量性固定成本的发生额。

（三）固定成本的相关范围

固定成本总额不受业务量变动的影响是有条件的。即业务量在特定范围内变动时，其成本总额仍能保持不变。这里所说的特定范围通常称为"相关范围"。相关范围是指能使成本保持某种特定状态不变的产量范围或时间范围。一旦超过相关范围，固定成本总额也会发生变动。如企业在现有生产经营能力条件下，其固定成本总额相对稳定。一旦超过现有的生产经营能力增加产量，势必要扩建厂房、增添设备或扩充必要的人员，从而使固定资产折旧费、大修理费和管理人员工资等相应增加；为了使增加的产品能够顺利销售出去，还需要增加广告宣传费支出等。固定成本的相关范围如图 2-3 所示。

图 2-3

二、变动成本

(一) 变动成本的特征

变动成本是指随着业务量的增减变动，总数额也将发生相应的正比例变动的有关成本。如直接材料费、直接人工费、产品包装费、动力费等。变动成本的基本特征是：(1) 在相关范围内，变动成本与业务量保持正比例的变动关系，即只要业务量发生某种变动，其变动成本数额也将随之发生相应的变动，且两者变动的方向和变动的比率相同。(2) 单位变动成本在相关范围内不受业务量的影响而保持不变。

例2：仍以前例，该企业生产的 A 产品，单位变动成本为 8 元，则在相关范围内，产量变动对变动成本的影响如表 2-2 所示。

表 2-2

产量	变动成本总额（元）	单位变动成本（元）
1000	8000	8
2000	16000	8
3000	24000	8
4000	32000	8

将表 2-2 中的有关数据在坐标图中表示，则变动成本与业务量之间的关系如图 2-4 和图 2-5 所示。

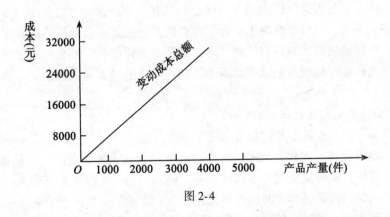

图 2-4

图 2-4 说明，当 A 产品的产量发生增减变动时，变动成本总额也发生相应的增减变动，且与产量变动的方向相同，比率相等。

图 2-5 说明，当 A 产品的产量在 0~4000 件范围内变动时，单位产品变动成本并未随之发生相应的变动，它始终保持在 8 元/件的水平上。

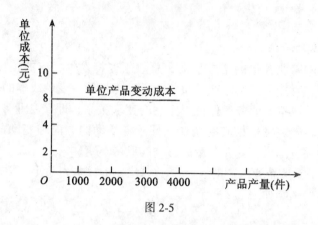

图 2-5

（二）变动成本的分类

企业一定期间内的变动成本可以进一步划分为技术性变动成本和选择性变动成本。

技术性变动成本，是指不仅同业务量保持同方向、等比例变动，而且还同业务量保持着某种特定技术联系的变动成本。这类变动成本的发生与否及数额的多少是由某种产品的特定工艺技术设计所决定的，只要技术设计不变，该产品的原材料单耗或者若干种原材料之间的配比等也将不变。显然，在该种产品所耗原材料的价格保持不变的情况下，原材料成本总额的增减必定同产品产量的增减保持同方向、等比例。如生产某型号柴油机所需外购的油嘴油泵、电脑主板等。这类成本的降低一般应通过改进产品设计、技术革新和技术革命等措施来实现。

选择性变动成本，是指一旦发生即同业务量增减变动保持同方向、等比例变动的关系，但究竟是否发生却由企业管理当局的主观意志或特定的方针政策所决定的变动成本。这类变动成本的发生与否及数额的多少，同企业现有生产经营能力的利用程度与产品产销数量并没有多大关系，它只是取决于企业管理者的意志或某一会计期间的特定经营方针和政策的要求。如按销售收入的一定比例计算、确定的销售佣金、社会福利和慈善事业捐赠费等，即属于选择性变动成本。这类成本的降低一般应通过提高决策水平、强化预算控制等措施来实现。

（三）变动成本的相关范围

变动成本总额和业务量之间的依存关系，同固定成本一样，也存在着一定"相关范围"的限制。也就是说，在相关范围内，变动成本总额和业务量之间呈完全的线性关系；一旦超过相关范围，就可能表现为非线性关系。例如，当一种产品刚开始生产时，生产批量小，单位产品的材料消耗和工时消耗可能比较多，变动成本总额与产量不一定呈正比例变动，而是表现为成本的增长幅度小于产量的增长幅度，使其总成本线呈现一定的向下弯曲（其斜率随产量的增加而缩小）；但当产量增长到一定程度后，各项材料消耗和人工消耗都比较稳定，从而使变动成本总额和业务量之间呈现出完全的线性关系，这个范围就是变动成本的"相关范围"；如果产量超出这一范围继续增产，就可能出现一些新的不经济因素，如高价采购原材料、多支付工人加班加点的工资等，使产品的单位变动成本大幅度增加，从而使变动成本总额线呈现一定的向上弯曲（其斜率随产量的增加而增大）。变动成本的相关范围如图2-6所示。

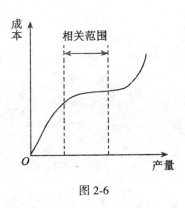

图 2-6

三、混合成本

（一）混合成本的特征

混合成本是指随着业务量的增减变动，总数额也将发生与之相应的、变动幅度不等的有关成本，如设备维修费、机械动力费、检验人员工资、水电费等。混合成本的特征是：（1）混合成本的增减变动要受业务量变动的影响，业务量增加，混合成本总额也将增加；业务量减少，混合成本总额也将减少。（2）混合成本的这种变动并不完全取决于业务量的变动，它还要受到生产经营过程中某些特定因素的影响和制约，其总额的变动通常不直接比例于业务量的变动。

（二）混合成本的类型

混合成本可以进一步区分为半固定成本、半变动成本、延期变动成本、曲线式混合成本等。

半固定成本又称阶梯式成本，是指总数额依次在不同业务量水平上保持相对固定的有关成本，如产品检验人员和货运人员的工资等。作为半固定成本，当业务量在某一特定范围内增减变动时，其总数额固定不变；当业务量一旦突破该特定范围而达到另一特定范围时，其总数额即跳跃式上升（成倍增长），随后保持不变。直到业务量再次突破这一特定范围时才又一次跳跃式上升（成倍增长）。

半固定成本的这种性状，如图2-7所示。

图2-7说明，当某产品的产量以200件的限额不断增加时，一方面，成本总额在不同产量点上（200件、400件、600件……）垂直增长，此时具有"变动"性质；另一方面，它又在不同产量范围内（0～200件、200～400件、400～600件……）分阶段地保持稳定，使之具有"固定"性质，全部成本呈阶梯状上升趋势。

半变动成本是指成本总额从某一特定基数开始，随业务量的增减而呈正比例增减的有关成本，如机器设备维修费、热处理设备能源消耗费、电话费等。作为半变动成本，当业务量为零时也有某些成本发生，其数额一般比较固定；当产品开始产出后，成本总额在原

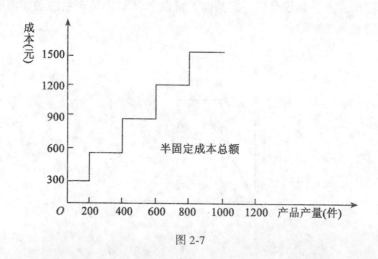

图 2-7

固定基数的基础上，伴随业务量的增减而发生相应的、等幅度的增减。例如，每月的住宅电话费包括两个部分：一部分是基费，不管该月通话与否都应支付；另一部分是根据实际通话时间的长短收取的费用，实际通话时间越长，其电话费就越多。

半变动成本的这种性状，如图 2-8 所示。

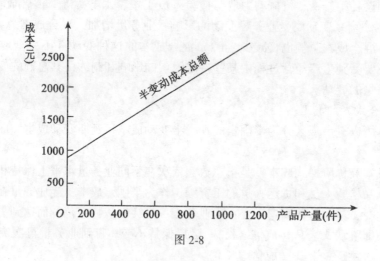

图 2-8

图 2-8 说明，当某产品的生产尚未正式开始时，成本总额已为 800 元，此时的成本具有"固定"性质；当开始生产时，且其产量分别增加到 200 件、400 件、600 件……1000 件（每次增加 200 件）时，相应地，其成本总额即在 800 元的基础上，依次增加到 1140 元、1480 元……2500 元（每次增加 340 元），此时的成本具有"变动"性质，全部成本从纵轴上的某一截点开始呈斜直线上升趋势。

延期变动成本是指成本总额在一定业务量范围内保持固定，一旦超过该范围，则随业务量增加而呈正比例增长的成本。例如，企业在正常产量情况下，支付给职工的工资是固定不变的，属于固定成本；当产量超过正常水平后，根据超产数量支付的加班费或超产奖金则属于变动成本。延期变动成本的性态模型如图2-9所示。

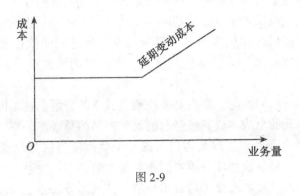

图 2-9

曲线式混合成本是指成本总额与业务量之间表现为非线性关系的成本。这类成本通常有一个基数，一般不变，相当于固定成本；在这个基数的基础上，随着业务量的增加，成本也逐步增加或减少，但两者之间的变动幅度并不一致，而是呈抛物线上升或下降的趋势。这类成本中，有的随业务量的增加而增加，且其增长率高于业务量，变化率呈递增状态，故通常称之为递增曲线成本，如累进计件工资、各种违约罚金等。递增曲线成本的变化趋势如图2-10所示。有的则于最初阶段不随业务量的增加而增加，只是当业务量增加到一定程度时才开始逐渐增加，但其增长速度却低于业务量，变化率呈递减状态，故通常称之为递减曲线成本，如电炉设备热处理电耗等。递减曲线成本的变化趋势如图2-11所示。

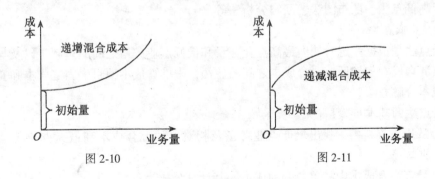

图 2-10　　　　　　　　　　　　　　　图 2-11

第二节　成本分解方法

前已述及，混合成本实际上既含有不受业务量变动影响而保持相对稳定的成本因素，又含有比例于业务量增减而相应增减的成本因素，是一种同时具有固定成本和变动成本双重特性的"中间"成本。这种既固定又不完全固定，既变动又不完全变动的双重性成本，同业务量之间的关系不甚清楚，人们无法据以对成本与业务量之间的依存性作出正确的分析和判断，因而也就不能满足企业内部管理的需要，不能为企业管理者规划、控制企业的生产经营活动提供有价值的资料。为此，必须采用一定的方法对混合成本进行适当的分解，将其所包含的固定部分和变动部分区别开来，并分别纳入前述一般意义上的固定成本和变动成本之中，以正确反映企业一定期间内全部成本同业务量之间的依存关系。通过对混合成本进行分解，可以把握成本的各个部分与业务量之间的依存关系，掌握其变动规律，为企业应用变动成本法、开展本量利分析、进行短期预决策、实施责任会计等奠定基础。

在论及混合成本分解问题时，还有必要说明总成本的分解。这是因为，对一个企业而言，它在某一会计期间的总成本或其所经营的某种产品的总成本，事实上是一种更大范围的"混合"成本。从企业内部管理的需要考虑，无疑也应当区分总成本中所包含的固定成本和变动成本部分，确认这两部分成本同业务量之间的相互关系。也就是说，对某会计期间总成本或某种产品总成本也要进行成本分解，其具体分解方法与混合成本完全相同。

在实际工作中，对成本进行分解的方法主要有历史成本分析法、账户分析法、技术测定法等。

一、历史成本分析法

历史成本分析法是根据过去一定时期内成本与业务量之间的历史资料，采用一定的数学方法对其进行加工处理，从而确定成本中固定成本和单位变动成本的一种定量分析方法。该方法认为，只要企业的生产经营不发生重大变化，历史成本信息就可以较为准确地反映企业现在和未来的成本变动趋势（规律）。该方法要求企业具有完备的历史成本资料，成本数据与业务量资料应该存在相关性。因此，该方法适用于生产条件较为稳定、成本水平波动不大，以及历史成本资料比较完备的企业。在实际工作中，常用的历史成本分析法包括高低点法、散布图法、回归分析法等。

（一）高低点法

高低点法是根据一定时期内最高点业务量和最低点业务量之间的差额，以及与之相应的最高点混合成本和最低点混合成本之间的差额，来推算成本项目中固定成本和变动成本的一种成本分解方法。

高低点法的基本步骤是：

（1）从历史资料中，找出最低点业务量及相对应的混合成本和最高点业务量及相对应的混合成本。

（2）计算混合成本中的单位变动成本。其计算公式为：

$$\text{单位变动成本} = \frac{\text{最高点混合成本} - \text{最低点混合成本}}{\text{最高点业务量} - \text{最低点业务量}}$$

（3）计算混合成本中的固定成本。其计算公式为：

$$\text{固定成本总额} = \text{最高点混合成本} - \text{最高点产量} \times \text{单位变动成本}$$

或

$$\text{固定成本总额} = \text{最低点混合成本} - \text{最低点产量} \times \text{单位变动成本}$$

（4）建立成本性态模型。

若以 Y 表示总成本，a 表示固定成本总额，b 表示单位变动成本，x 表示业务量，则成本与业务量之间的关系模型为：$Y=a+bx$

例3：某企业今年上半年设备维修费和机器工作小时之间的资料如表2-3所示。要求采用高低点法对设备维修费进行分解，并预测当7月份机器工作小时为2600机时时，其预计的设备维修费用是多少？

表2-3

月份	机器工作小时（机时）	设备维修费（元）
1	2000	1500
2	2400	1700
3	2700	1980
4	2500	1750
5	2800	1900
6	2200	1590

具体计算、分析如下：

首先，确定该企业上半年机器工作小时的最高点和最低点，以及与之相对应的设备维修费。最低点为1月份：2000机器小时，设备维修费1500元；最高点为5月份：2800机器小时，设备维修费1900元。

其次，计算单位变动成本。

$$单位变动成本 = \frac{1900-1500}{2800-2000} = 0.5 \text{（元/机时）}$$

再次，计算固定成本总额。

将上述最高点的设备维修费和机时数据代入公式：

$$固定成本总额 = 1900 - 0.5 \times 2800 = 500 \text{（元）}$$

或者，将上述最低点的设备维修费和机时数据代入公式，得出相同的结果：

$$固定成本总额 = 1500 - 0.5 \times 2000 = 500 \text{（元）}$$

设备维修费和机器工作小时之间的关系可描述为：$y=500+0.5x$

最后，预测7月份的设备维修费。

$$7月份预计设备维修费 = 500 + 0.5 \times 2600 = 1800 \text{（元）}$$

值得注意的是，采用高低点法时，选择资料应以业务量的高低为标准，而不能以成本的高低来选择。如本例中，3月份的成本虽然最高，但该期数据不能作为最高点。

高低点法的优点是计算简便，易于理解；但由于它以业务量最高和最低时期的情况来代表整体情况，使得建立起来的成本模型可能不具有代表性，其结果误差较大。这种方法主要适用于生产经营活动比较正常、成本增减变动趋势比较小的中、小型企业。

（二）散布图法

散布图法是在以横轴代表业务量、纵轴代表成本的坐标图中，分别标明一定期间内业务量及与之相应的混合成本的坐标点；然后，经目测，于坐标点中确定一条可以近似地反映业务量与混合成本之间相互关系的趋势直线，借以确定混合成本总额中固定成本和变动成本的一种成本分解方法。

散布图法的基本步骤是：

（1）根据业务量和混合成本的历史观测数据，确定相应的坐标点（散布点）。

（2）用目测法确定成本趋势直线，并使该直线上、下各方的坐标点数目大致相等。

（3）确定混合成本中的固定成本总额。成本趋势直线与纵坐标的交点即为固定成本数额。

（4）确定混合成本中的单位变动成本。根据成本趋势直线上的任何一点业务量以及与之相对应的混合成本，即可计算出混合成本中的单位变动成本。

$$单位变动成本 = \frac{混合成本总额 - 固定成本总额}{业务量}$$

（5）建立成本性态模型。

例4：某企业今年发生的维修成本和机器工作小时之间的资料如表2-4所示。要求采用散布图法对维修成本进行分解。

表2-4

本年月份	机器工作小时（机时）	维修成本（元）
1	3000	1800
2	3300	1950
3	3450	2025
4	3750	2175
5	3900	2250
6	4200	2400
7	4500	2550
8	4800	2700
9	5100	2850
10	5250	2925
11	3800	2200
12	4600	2600

具体计算、分析如下：

首先，作出直角坐标图，以横轴（x轴）表示机器工作小时，以纵轴（y轴）表示维修成本。分别标出各月份机器工作小时和与之相应的维修成本的坐标点，即散布点，如图2-12所示。

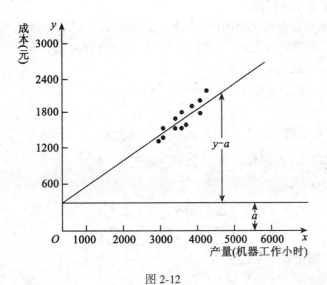

图 2-12

其次，通过目测，作出能使散布点个数上、下均等的成本趋势直线，并将其向左下方延长，使之与纵轴相交。此时，纵截距的读数即为固定成本总额，而成本趋势直线的斜率则为单位维修成本，亦即单位变动成本。

图 2-12 中，成本趋势直线同纵轴相交所形成的截距即为维修成本中的固定成本部分，其数额约为 305 元，在图中以 a 表示。根据数学原理，图中趋势直线的斜率（设以 b 表示）应为此直线倾角的正切，即图中 $y-a$ 同产量（x）相除所得的商数。因而，若令产量为 5250 机时，则

$$b=\frac{y-a}{x}=\frac{2925-305}{5250}=0.499\ (\text{元/机时})$$

这就是说，当产量为 5250 机时、维修成本为 2925 元时，固定成本部分为 305 元，变动成本总额为 3619.75 元（0.499×5250），单位变动成本为 0.499 元。为此，该企业维修成本同机器工作小时之间的相互关系可以描述为：

$$y=305+0.499x$$

散布图法的优点是形象直观，易于理解。由于考虑了所提供的全部历史资料，排除了高低点法两组资料所带来的偶然性，其计算结果比高低点法准确。但由于成本趋势直线是通过目测绘制的，目测因人而异，从而影响计算结果的客观性和准确性。

（三）回归分析法

回归分析法是根据过去一定期间业务量（x）和成本（y）的历史资料，应用最小平方原理，计算出最能代表业务量（x）和成本（y）的回归直线，借以确定混合成本中固定成本和变动成本的一种成本分解方法。如前述散布图法的基本原理，在散布点之间可以绘制许多条反映 x 与 y 之间相互关系的直线，究竟哪一条最准确呢？从数学的观点来看，与全部观测数据的误差平方和最小的直线最为准确，这条直线在数学上被称为回归直线。由于这种方法要使所有成本（y）的误差平方和最小，故也称"最小平方法"。

回归分析法的基本步骤是：

（1）确定成本与业务量之间的相互关系，并用回归方程 $y=a+bx$ 予以表示。该方程表示回归直线同观测数据"散布点"距离（误差）的平方和为最小值。

（2）求解回归方程中 a、b 参数值。

回归分析法下，回归系数 a、b 计算公式推导如下：

$$y = a + bx \qquad (1)$$

对（1）式求和，得

$$\sum y = na + b \sum x \qquad (2)$$

将（1）式乘以 x，再求和，得

$$\sum xy = a \sum x + b \sum x^2 \qquad (3)$$

将（1）、（2）两式联立方程，即

$$\begin{cases} \sum y = na + b \sum x \\ \sum xy = a \sum x + b \sum x^2 \end{cases}$$

在此基础上，即可求出系数 a 和 b。

$$a = \frac{\sum y - b \sum x}{n}$$

$$b = \frac{n \sum xy - \sum x \sum y}{n \sum x^2 - \left(\sum x \right)^2}$$

（3）建立成本与业务量之间的关系模型。

例 5：依前例 3 中表 2-3 的资料，采用回归分析法进行成本分解。

首先，对前例中的历史数据进行加工，具体结果如表 2-5 所示。

表 2-5

月份	机器工作小时（X）	设备维修费（Y）	XY	X^2	Y^2
1	2000	1500	3000000	4000000	2250000
2	2400	1700	4080000	5760000	2890000
3	2700	1980	5346000	7290000	3920400
4	2500	1750	4375000	6250000	3062500
5	2800	1900	5320000	7840000	3610000
6	2200	1590	3498000	4840000	2528100
$n = 6$	$\sum x = 14600$	$\sum y = 10420$	$\sum xy =$ 25619000	$\sum x^2 =$ 35980000	$\sum y^2 =$ 18261000

其次，计算 a、b 的值。

$$b = \frac{6 \times 25619000 - 14600 \times 10420}{6 \times 35980000 - 14600 \times 14600} \approx 0.58$$

$$a = \frac{10420 - 0.58 \times 14600}{6} \approx 325$$

$$Y = 325 + 0.58 \times x$$

最后，预测 7 月份设备维修费。

7 月份预计设备维修费 $= 325 + 0.58 \times 2600 = 1833$（元）

回归分析法的计算结果比前两种方法更为准确，但计算过程比较繁琐。如果采用计算机，则其计算过程将大为简化。

采用历史成本分析法进行成本分解时，必须强调业务量（x）与成本（y）应具有相关性。历史成本分析法最终要近似地描述成本和业务量之间的线性关系，描述的关系是否准确，除了依赖数学方法本身的科学性外，更重要的是成本与所选用的业务量是否确实存在线性联系。如果不存在线性关系，分析就失去意义。判断成本与业务量之间线性关系的程度可通过计算相关系数 r。相关系数 r 的计算公式为：

$$r = \frac{n \sum xy - \sum x \sum y}{\sqrt{\left[n \sum x^2 - \left(\sum x \right)^2 \right] \left[n \sum y^2 - \left(\sum y \right)^2 \right]}}$$

相关系数 r 的值一般在 0 与 ±1 之间，它说明 x 与 y 之间关系的密切程度。当 $r = -1$ 时，说明 x 与 y 完全负相关；当 $r = 0$ 时，说明 x 与 y 不存在任何联系，为零相关；当 $r = +1$ 时，说明 x 与 y 完全正相关，即可以用 $y = a + bx$ 来描述；当 $r \sim +1$ 时，说明 x 与 y 基本正相关，可近似地写成 $y = a + bx$ 的形式。如本例的相关系数 r 可计算如下：

$$r = \frac{6 \times 25619000 - 14600 \times 10420}{\sqrt{[6 \times 35980000 - 14600^2][6 \times 18261000 - 10420^2]}}$$

$$\approx 0.9643$$

r 接近于 1，说明设备维修费与机器工作小时之间基本呈线性关系，可近似地用回归直线来描述。

二、账户分析法

账户分析法是根据有关成本账户的性质和具体内容，结合其与业务量之间的关系，通过分析判断其属于固定成本或变动成本的一种成本分解方法。该方法所依据的成本账户可以是总账，也可以是明细账，根据明细账所确定的结果将更加准确。例如，制造费用中的间接材料费，虽不与业务量呈正比例关系，但其变动受业务量的影响较大，可视为变动成本处理。制造费用中的固定资产折旧费、设备租金、办公费等，与业务量的变动关系不甚明显，可按固定成本处理。

账户分析法的优点是使用简便，能够获得有关成本和业务量依存关系的直观认识。但由于这种方法使用的资料有限，需要分析人员作出主观判断，其结果的主观性较强，精确性较差。

三、技术测定法

技术测定法又称工程法，它是由工程技术人员测定有关成本项目的消耗量和业务量之间的关系，逐项研究决定成本高低的每一个因素，并在此基础上直接估算出固定成本和单位变动成本的一种成本分解方法。该方法的关键是将成本与业务量进行对比分析，确定单位产品的消耗定额，并把与业务量有关的部分汇集为单位变动成本，与业务量无关的部分汇集为固定成本。如热处理的电炉设备在预热过程中的耗电成本，可划归为固定成本；预热后对产品进行热处理的耗电成本，可划归为变动成本。

这种方法是根据生产过程中客观存在的投入与产出关系来进行成本分解，结果比较准确。该方法通常适用于没有历史数据可供参考或有现成的消耗定额可以利用的企业。其缺点在于，一方面，技术测定要耗用较多的人力和物力，代价较高；另一方面，它只能应用于成本的发生和业务量有直接联系，并且消耗过程能单独观察的成本项目的分析。

各种成本分解方法都将成本总额分解为固定成本和变动成本两部分，而固定成本总额的不变性和变动成本总额的正比例变动性，只存在于一定时期和一定的业务量范围内，只有分析的时期和业务量都不超过相关范围，其成本性态分析的结果才是有效的。而从长期来看，所有的成本都在变动，成本与业务量之间的关系不仅表现为线性的，更多地表现为非线性的，此时，成本性态分析的结果将失去相关性。因此，成本性态分析只能适用于短期分析，不能满足长期决策分析的需要。

前述成本性态分析是以成本只受一个业务量因素的影响为基础，由于企业的经营活动错综复杂，成本往往受多个成本动因的共同影响。成本性态分析确定了一个主要的成本动因，而忽略了其他因素，其分析结果不可能十分准确。

第三节 成本性态分析的扩展

传统的成本性态分析，根据成本同产品产销量之间的依存关系，将全部成本划分为固定成本和变动成本两大部分，从数量上揭示了成本与业务量之间的规律性联系，不仅可以把产品生产过程中发生的有关耗费明确地区分为产品成本和期间成本，为变动成本计算奠定客观基础；而且可以为开展本量利分析、经营预测和经营决策提供科学依据，在加强企业管理、改善生产经营、提高经济效益方面发挥着重要作用。然而，科学技术和社会经济的迅猛发展，使现代企业管理观念与方法发生了巨大变化，既改变了成本发生的基础，也改变了成本信息的需要，进而引发了成本性态分析的相应变化。

管理观念与管理方法的变化，使管理深入到作业层次，产生了作业管理。与作业管理的需要相适应，产生了作业成本管理，形成了作业成本制。在作业成本制下，产品生产过程中的费用消耗表现为作业的费用消耗，成本费用的发生被视为与作业相关，产品成本由作业成本构成。作业成本计算的基本思路是，产品消耗作业，作业消耗成本，生产费用应根据其产生的原因汇集到作业，计算出作业成本，再按产品生产所消耗的作业，将作业成本计入产品成本。借助作业成本计算，既可确定产品成本以满足损益计算的需要，又可确定作业成本以满足作业管理的需要。

作业成本计算的突出特点是按多个成本动因分配制造费用。成本动因，是指引起成本发生的作业或因素，成本动因驱动成本，发生的成本按成本动因进行分配。在传统的成本计算方式下，制造费用是按各产品消耗的人工工时或机器工时等的比例分配给各产品，连同直接材料、直接人工构成各该产品的产品成本，成本动因是产品消耗的某种数量。作业成本制下，成本动因是作业，发生的成本按作业的消耗量进行分配。根据这一原则，制造费用按作业的不同划分为不同的组成部分，每一部分按与之相关的作业进行分配，选用的成本动因较多。

以作业为成本动因并据以进行成本分析，使成本性态分析的内容和方法发生了显著的变化，这种变化主要集中在制造费用上。概括起来，制造费用按其同作业的关系可以分为以下四种：(1) 与作业时间相关的变动费用，如与人工时间相关的照明费、劳动保护费用及与检验时间相关的检验费用等，与机器工作时间相关的费用如动力费、固定资产维护费用等。由于与这类费用相关的作业时间通常与产品产量相关，因而这类费用与作业时间相关也就是与产品产量相关，故称为与作业时间相关的变动费用（与产量相关的变动费用）。(2) 与作业次数及产量相关的变动费用，如材料整备费用等。(3) 与作业次数相关而与产量无关的费用，如设计制图费等。(4) 与作业量及产量都不相关的固定费用，如厂房及机器设备的折旧费、租赁费等。

综上所述，在作业成本制下，全部成本按其性态可以分为三类：(1) 产品变动成本。这类成本通常既与产品量又与作业量线性相关。(2) 作业变动成本。这类成本主要是指与作业量相关但与产品量不相关的费用。(3) 固定成本。这类成本主要是与作业量及产量均不相关的费用。

为此，前述传统的成本性态模型 $y = a + bx$，即应扩展为 $y = a + bx_1 + cx_2$

式中：y 代表总成本；

　　　a 代表固定成本总额；

　　　b 代表单位产品变动成本；

　　　c 代表单位作业变动成本；

　　　x_1 代表产销量；

　　　x_2 代表作业量。

思 考 题

1. 什么是成本性态？在管理会计中为何要将成本按其性态进行分类？如何分类？
2. 什么叫固定成本？固定成本有何特点？
3. 什么叫变动成本？变动成本有何特点？
4. 什么叫混合成本？混合成本有何特点？
5. 为什么说固定成本和变动成本都存在着相关范围问题？
6. 为什么要进行成本分解？成本分解的方法有哪些？
7. 按照成本与作业的关系，构成制造费用的各项费用可以分为哪几种类型？
8. 什么是成本动因？"成本动因就是作业"这种说法是否正确？为什么？

练 习 题

1. 某企业本年 1—10 月份机器设备维修费用和机器工作小时的资料如下：

月份	机器工作小时（万小时）	设备维修费用（万元）	月份	机器工作小时（万小时）	设备维修费用（万元）
1月	50	120	6月	30	80
2月	30	110	7月	20	70
3月	10	60	8月	60	150
4月	50	150	9月	40	110
5月	40	100	10月	20	50

要求：采用回归分析法进行成本分解。

2. 某企业本年1—6月份有关产品的产销数量及物料费用资料如下：

月份	产销数量（件）	物料费用（元）
1	50000	217000
2	58000	239000
3	66000	281000
4	75000	317000
5	82000	345000
6	90000	377000

要求：采用高低点法进行成本分解，并预测当7月份的产销数量为85000件时，其物料费用应为多少？

3. 某企业生产某种产品，有关资料如下：

产品产量（件）	固定成本（元）	变动成本（元）	混合成本（元）
0	3000	0	450
500	3000	750	850
1000	3000	1500	1250
1500	3000	2250	1650
2000	3000	3000	2050

要求：

（1）计算该产品单位固定成本、单位变动成本和单位混合成本。

（2）将该产品产量同总成本、单位固定成本、单位变动成本和单位混合成本之间的相互关系分别在坐标图中予以表示。

4. 某企业本年度 1—10 月份的制造费用总额和直接人工小时资料如下：

月份	制造费用总额（元）	直接人工小时（小时）	月份	制造费用总额（元）	直接人工小时（小时）
1 月	13000	1000	6 月	13000	1100
2 月	11000	800	7 月	21000	1600
3 月	19000	1500	8 月	16000	1400
4 月	17000	1200	9 月	22000	1700
5 月	16000	1300	10 月	10000	900

要求：分别采用高低点法和回归分析法确定该企业制造费用和直接人工小时之间的相互关系。

5. 某企业制造费用及机器工作小时资料如下：

机器工作小时	16000	18000	20000	22000
制造费用：				
间接材料费	400	450	500	550
间接人工费	3000	3200	3400	3600
固定资产折旧费	5000	5000	5000	5000
管理人员工资	1000	1000	1000	1000
其他	800	900	1000	1100
合　　计	10200	10550	10900	11250

要求：通过计算，确定该企业制造费用和机器工作小时之间的相互关系。

第三章　变动成本计算法

第一节　变动成本计算法原理

一、变动成本计算法的含义

变动成本计算法也叫直接成本计算法，它是将生产过程中所消耗的直接材料、直接人工和变动性制造费用计入产品成本，而将固定性制造费用和非生产成本作为期间成本，直接由当期损益予以补偿的一种成本计算方法。变动成本计算法产生于 20 世纪 30 年代，是为了加强企业的内部管理而产生与发展起来的，成为企业进行事前规划与事后控制的重要手段。

在变动成本计算法下，固定性制造费用作为期间成本，从当期的收益中一次全部扣除。这是因为，变动成本计算法认为：（1）固定性制造费用与产品产量无关，不宜计入产品成本。一般情况下，固定性制造费用是为企业提供一定的生产经营条件而发生的，企业的生产经营条件一经形成，在短期不会发生变化。而且，不管企业生产经营条件的利用程度如何，这些费用会照旧发生。也就是说，固定性制造费用为企业带来的是生产经营条件而不是产量，其同产品的产量并没有直接联系，既不会由于产品产量的提高而增加，也不会由于产品产量的下降而减少。因此，固定性制造费用不应该计入产品成本。（2）固定性制造费用是同特定经营期间相联系的费用，如固定资产折旧费、管理人员工资等，它们都是按期间发生的，且随着时间的推移而逐渐消失，适合于按期间成本处理。

二、产品成本的构成与特点

在变动成本计算法下，所谓产品成本，实际上就是变动性生产成本，是指某种产品在其生产过程中直接发生的、同产品产量保持正比例变动关系的有关耗费，如直接材料、直接人工和变动性制造费用。作为变动成本计算法下的产品成本，一般具有以下两个明显的特征：

（1）产品成本同某种产品的实际形成或产出直接相关，只要有产品产出，就一定有成本发生，两者之间存在着内在的、必然的联系。

（2）产品成本同某种产品生产数量（实际产出数量）的增减变动直接相关，产品生产数量增加或减少，产品成本总额亦将相应增加或减少，且两者之间增减变动的比率完全相同。

三、期间成本的构成与特点

所谓期间成本，从一般意义而言，是指非制造成本，即应从某一会计期间的"边际贡献"中扣除的、不计入产品成本的本期费用，如一般管理费用、销售费用和财务费用等。

在变动成本计算法下，期间成本的确切含义与上述内容略有不同。按照变动成本计算方法的要求，期间成本除包括销售费用、管理费用和财务费用之外，还包括产品生产过程中所发生的固定性制造费用，即全部制造费用中同产品产量的增减变动没有直接联系的部分。之所以在变动成本计算法下把一部分制造费用也列入期间成本，是因为这种成本计算方法认为，期间成本是指为形成和维护一定的产品生产和销售能力而发生的有关耗费，是为企业从事一切生产经营活动准备条件所必需的成本。从这一意义上讲，固定性制造费用同管理费用、销售费用、财务费用的性质一样，有了这些费用支出，有了这些"准备"，企业现有的生产经营能力才能加以利用。因此，变动成本计算法下的期间成本具有以下特征：

（1）期间成本同企业生产经营能力的形成及正常维护紧密相关，只要有产品生产和销售活动的发生，就会有相应的成本发生，而不论产品生产和销售数量的多寡。

（2）期间成本同企业生产经营持续期的长短与流逝紧密相关，期间成本发生额的多少，取决于生产经营持续期的长短，两者之间增减变动的方向一致。

基于期间成本的上述特点，我们不难看出，一旦某一会计期间或某一生产经营持续期过去，该期的产销能力也就随之消失，其效益不会因时间推移而递延到相邻的下一期间；现有产销能力未被利用部分的成本没有必要结转下期。因此，不论是固定性制造费用，还是销售费用、管理费用和财务费用，全部都应从某一特定会计期间的销售收入中进行补偿，全额一次性地从边际贡献总额中予以扣除。

四、期间损益的计算

变动成本计算法下期间损益的计算方法与程序不同于完全成本计算法。在完全成本计算法下，通常是从当期营业收入总额中扣除全部销售成本，求得销售毛利；再从销售毛利中扣除当期非生产成本（期间成本），得到税前利润。而在变动成本计算法下，一般是从当期营业收入中扣除全部变动成本，求得边际贡献总额；再从边际贡献总额中扣除全部固定成本，得到税前利润。现举例说明变动成本计算法下的损益计算方法。

例1：某企业本年经营 A 产品，生产量和销售量均为 50000 件。该产品单位售价 20元，单位直接材料费 4 元，单位直接人工费 5 元，单位变动性制造费用 3 元，单位变动性销售及管理费用 2 元。全年固定性制造费用 150000 元，全年固定性销售及管理费用90000 元。

要求：采用变动成本计算法计算该企业本年的利润总额。

在变动成本计算法下，该企业本年的损益计算结果如表3-1所示。

表 3-1　　　　　　　　　　　利润表　　　　　　　　金额单位：元

项目	金额
营业收入	1000000
营业成本	
期初存货	0
本期产品生产成本	600000
期末存货	0
小计	600000
变动性销售及管理费用	100000
边际贡献	300000
固定成本	
固定性制造费用	150000
固定性销售及管理费用	90000
税前利润	60000

第二节　变动成本计算法与完全成本计算法的区别

完全成本计算法是与变动成本计算法相对应的一种成本计算方法，在我国称为制造成本法。完全成本计算法是以成本按其经济用途分类为基础，将直接材料、直接人工和制造费用作为产品成本，将销售费用、管理费用等非生产成本作为期间成本，从而计算损益的一种成本计算方法。该方法净收益的确定能满足会计准则和会计制度的要求，是编制对外财务报表的通用方法。完全成本计算法与变动成本计算法所提供的成本与收益资料对于企业管理有不同的意义。两种成本计算方法的区别主要表现在以下几个方面。

一、提供信息的用途不同

变动成本计算法能够确定企业在一定期间进行产品产销活动获得的边际贡献，从而明确揭示了产品的盈利能力同其销售量、成本和利润之间的内在联系，以满足企业内部管理特别是预测、决策工作的需要。而完全成本计算法确定企业在一定期间进行产品产销活动获得的销售毛利和净利润，从而满足企业对外提供财务报告和纳税申报的需要。

二、成本分类的标准不同

变动成本计算法以成本性态分析为前提条件，首先要求把企业的全部成本按其性态划分为固定成本和变动成本两大部分。其中，变动成本主要包括直接材料、直接人工、变动性制造费用、变动性销售及管理费用等；固定成本主要包括固定性制造费用、固定性销售费用及管理费用等。而完全成本计算法要求将全部成本按其经济用途划分为生产成本和非

38

生产成本。其中，生产成本主要包括直接材料、直接人工和制造费用；非生产成本主要包括销售费用和管理费用等。

三、产品成本和期间成本的构成内容不同

在变动成本计算法下，产品成本实际上就是变动性生产成本，具体内容包括直接材料、直接人工和变动性制造费用；期间成本则包括固定性制造费用和全部非生产成本。而在完全成本计算法下，其产品成本实际上就是生产成本，具体内容包括直接材料、直接人工、变动性制造费用和固定性制造费用；期间成本则是全部非生产成本。变动成本计算法与完全成本计算法在产品成本、期间成本构成内容上的差别，关键在于对固定性制造费用的认识和处理方法不同。变动成本计算法认为，于产品生产过程中发生的固定性制造费用只是与生产经营持续期直接相关，不应纳入产品成本，而应作为期间成本处理。而完全成本计算法则认为，于生产过程中发生的固定性制造费用，也是生产或形成产品不可缺少的先决条件，应当与变动性制造费用一起纳入产品成本。

为便于理解，下面举一简例加以说明。

例2：某企业本年只经营一种产品，有关资料如下：

年产销量	40000 件
单位直接材料费	7 元
单位直接人工费	5 元
单位变动性制造费用	3 元
全年固定性制造费用	240000 元

分别采用变动成本计算法和完全成本计算法计算的单位产品成本如表3-2所示。

表3-2　　　　　　　　　　　　　单位产品成本计算表　　　　　　　　　单位：元

项目	变动成本计算法	完全成本计算法
直接材料	7	7
直接人工	5	5
变动性制造费用	3	3
固定性制造费用		6（240000/40000）
单位成本	15	21

表3-2计算结果说明，完全成本计算法比变动成本计算法的单位产品成本多6元，其原因是前者每件产品"吸收"了固定性制造费用6元所致。

四、存货计价原则不同

存货成本的计价应以产品成本的构成内容为依据。在变动成本计算法下，产成品、半成品和在产品存货价值的确定，应按变动性生产成本即直接材料、直接人工和变动性制造费用进行计价；而在完全成本计算法下，存货价值的确定应按全部生产成本即直接材料、直接人工、变动性制造费用和固定性制造费用进行计价。也就是说，对某一特定存货进行

计价，按变动成本计算法确定的存货单位成本要小于按完全成本计算法确定的存货单位成本，其差额就是完全成本计算法下单位产品应负担的固定性制造费用。

在例 2 中，假定该企业本年生产的 40000 件产品中，已销售 35000 件，尚有 5000 件的期末存货。则

变动成本计算法下的期末存货成本 = 5000×15 = 75000（元）

完全成本计算法下的期末存货成本 = 5000×21 = 105000（元）

完全成本计算法下的期末存货成本比变动成本计算法下的期末存货成本多 30000（105000-75000）元，这是因为完全成本计算法下期末存货负担了 30000（5000×6）元的固定性制造费用所致。

五、损益计算结果可能不同

当某一特定期间的产品产销不均衡时，采用变动成本计算法与完全成本计算法所确定的期间损益可能是不相同的。就某一特定期间而言，两种成本计算方法下的营业收入、变动性生产成本、销售费用、管理费用和财务费用等的计算数额都是相同的，不同的是由于两种成本计算方法对固定性制造费用的处理方式不同，导致两种方法当期扣除的固定性制造费用的数额可能不同。在变动成本计算法下，当期发生的固定性制造费用作为期间成本，全额计入当期利润表，直接由当期已销产品负担。而在完全成本计算法下，固定性制造费用作为产品成本的构成内容，当期由已销产品负担的固定性制造费用的数额，不仅受到当期发生的固定性制造费用水平的影响，而且还受到期末存货与期初存货负担的固定性制造费用水平的影响。这就是说，在有存货存在的情况下，两种成本计算方法当期扣除的固定性制造费用的数额可能是不同的。两种成本计算方法当期扣除的固定性制造费用的差额，也就是两种成本计算方法下当期利润的差额。或者说，两种成本计算方法下当期利润的差额，实际上就是完全成本计算法下期末存货和期初存货所负担的固定性制造费用的差额。

现举例说明两种成本计算方法对损益的影响。

例 3：某企业经营 A 产品，2009 年至 2011 年连续三年的产销量及成本、费用资料如表 3-3 所示。

表 3-3　　　　　　　　　　**2009 年至 2011 年产销量及成本费用资料**

项目	2009 年	2010 年	2011 年
期初存货量	0	300	100
本期生产量	1500	1200	1000
本期销售量	1200	1400	1000
期末存货量	300	100	100

A 产品单位售价 50 元，单位变动性生产成本 20 元，单位变动性销售及管理费用 4 元，全年固定性制造费用 18000 元，全年固定性销售及管理费用 50000 元。存货计价采用

先进先出法。

要求：分别按变动成本计算法和完全成本计算法计算 2009 年至 2011 年的利润，并具体说明两种成本计算方法利润结果产生差异的原因。

具体计算分析如下：

按变动成本计算法与按完全成本计算法确定的 2009 年至 2011 年税前利润如表 3-4 和表 3-5 所示。

表 3-4　　　　　　　　　　**2009 年至 2011 年变动成本计算法的利润表**　　　　单位：元

项目	2009 年	2010 年	2011 年
营业收入	60000	70000	50000
营业成本			
期初存货	0	6000	2000
本期生产成本	30000	24000	20000
期末存货	6000	2000	2000
小计	24000	28000	20000
变动性销售及管理费用	4800	5600	4000
边际贡献	31200	36400	26000
固定成本			
固定性制造费用	18000	18000	18000
固定性销售及管理费用	5000	5000	5000
税前利润	8200	13400	3000

表 3-5　　　　　　　　　　**2009 年至 2011 年完全成本计算法的利润表**　　　　单位：元

项目	2009 年	2010 年	2011 年
营业收入	60000	70000	50000
营业成本			
期初存货	0	9600	3500
本期生产成本	48000	42000	38000
期末存货	9600	3500	3800
小计	38400	48100	37700
销售毛利	21600	21900	12300
销售及管理费用	9800	10600	9000
税前利润	11800	11300	3300

表 3-4 和表 3-5 的计算结果表明，A 产品 2009 年至 2011 年按两种计算方法计算的利润不等。其利润差异产生的原因分析如下：

2009 年没有期初存货，期末存货为 300 件。在完全成本计算法下，这 300 件存货分担的固定性制造费用 $3600\left(\dfrac{300\times18000}{1500}\right)$ 元应转入 2010 年，2009 年应由已销产品负担的固定性制造费用为 14400（18000-3600）元；而在变动成本计算法下，当期发生的固定性制造费用 18000 元全部作为期间成本，由当期已销产品负担。所以，2009 年完全成本计算法比变动成本计算法少分摊固定性制造费用 3600（18000-14400）元，因而，其净利润多 3600 元。

2010 年期初存货量为 300 件，期末存货量为 100 件。在完全成本计算法下，期初存货带来的 2009 年的固定性制造费用 $3600\left(\dfrac{300\times18000}{1500}\right)$ 元，应在 2010 年扣除；期末存货分摊的固定性制造费用 $1500\left(\dfrac{100\times18000}{1200}\right)$ 元，应转入 2011 年，2010 年应由已销产品负担的固定性制造费用为 20100（3600+18000-1500）元。而在变动成本计算法下，2010 年应由已销产品负担的固定性制造费用为 18000 元。所以，完全成本计算法比变动成本计算法多分摊固定性制造费用 2100（20100-18000）元，因而其净利润自然少 2100（20100-18000）元。

2011 年期初存货量为 100 件，期末存货量也为 100 件。在完全成本计算法下，期初存货量 100 件带来 2010 年固定性制造费用 $1500\left(\dfrac{100\times18000}{1200}\right)$ 元，应在 2011 年扣除；期末存货量 100 件分摊的固定性制造费用 $1800\left(\dfrac{100\times18000}{1000}\right)$ 元，应转入 2012 年。2011 年应由已销产品负担的固定性制造费用为 17700（1500+18000-1800）元。而在变动成本计算法下，2011 年应由已销产品负担的固定性制造费用为 18000 元。所以，完全成本计算法比变动成本计算法少分摊固定性制造费用 300（17700-18000）元，其净利润少 300 元。

第三节　变动成本计算法的特点与应用

一、变动成本计算法的优点

变动成本计算法的产生，突破了传统的、狭隘的成本观念，为加强企业内部管理、提高经济效益开创了新路。变动成本计算法的优点，主要表现在以下几个方面：

（一）明确揭示了产品销售量、成本、利润之间的规律性联系，为规划、控制企业的经营活动提供科学的依据

变动成本计算法以成本划分为固定成本和变动成本为前提，其产品成本只包括生产过程中发生的变动成本，将生产过程中发生的固定成本和非生产成本排斥在产品成本之外。在这种特殊的处理方法下，任何产品的销售数量同利润之间的相互关系都将明白无误地显露出来，任何产品的营业收入同边际贡献之间均按相同比例增减变动的趋势亦将充分地表

现出来。此外，由于在变动成本计算法下，边际贡献是营业收入与全部变动成本之间的差额，而利润又是边际贡献扣除全部固定成本的结果，所以，任何一种产品的营业收入、变动成本、边际贡献、固定成本、利润等各个基本因素之间的内在联系可以得到清晰地反映和说明。而由变动成本计算法所揭示的上述各种关系与规律，有利于管理当局开展经营预测、制定经营决策（特别是短期经营决策）、实施经营控制、考评经营业绩等。

（二）能为企业内部管理者提供更有价值的会计信息

会计信息的使用者大体上可分为两类：企业外部关系人和企业内部使用者。一般而言，完全成本计算法在计算产品成本，并进而在确定分期损益的意义上，主要是为企业外部关系人提供信息服务。而企业内部管理者在对企业未来的生产经营活动进行规划和控制的过程中，则较少采用完全成本计算法提供的有关资料。非但如此，完全成本计算法所提供的某些信息，还有可能给企业管理者施加错误、有害的影响。

相比之下，变动成本计算法在计算产品成本，并进而在确定分期损益的意义上，则主要是为企业内部管理者提供信息服务。它在预测、决策、计划、控制等方面能发挥较完全成本计算法更为广泛、更为积极的作用，能为企业管理者提供更加相关、更加有用的会计信息。比如，变动成本计算法下的产品成本，实际上就是变动性生产成本，它比完全成本计算法下的产品成本的内容更"单纯"，概念更明确。因而，这类信息更能为管理者所接受，更能有效地应用于企业的内部管理。再比如，在变动成本计算法下，利润增减变动的数额同产品销售数量之间具有密切的联系。某一期间产品的销售数量增加，该期间的利润亦会相应增加；某一期间产品的销售数量减少，该期间的利润则会相应减少；某一期间产品的销售数量最大，则该期间的利润一定最高。无疑，这种情况对于管理者预计未来一定期间销售量和利润增减变动趋势，制定短期产品生产决策和定价决策是十分有用的。然而，在完全成本计算法下，由于掺杂了人为计算上的因素，使得分期损益的数额与销售量之间的增减变动却有可能出现有悖于"常理"的情况：在某产品的销售价格和成本保持不变的情况下，随着产品销售数量的增加，当期利润数额不仅不相应增加，反而可能有所减少；而随着产品销售数量的减少，当期利润的数额不仅不相应减少，反而可能有所增加。显而易见，假如直接将这类信息提供给有关管理当局，将极有可能诱使其作出错误的判断或决策。

例4：某企业只经营甲产品，第一年生产量50000件，销售量45000件，第二年生产量45000件，销售量50000件。甲产品的单位售价40元，单位变动性生产成本15元，单位变动性销售费用8元，全年固定性制造费用450000元，全年固定性销售及管理费用140000元。

现要求采用变动成本计算法和完全成本计算法计算该企业第一年和第二年的利润，并分析这两年利润增减变化的具体原因。

具体计算分析如下：

（1）在变动成本计算法下：

第一年利润=45000×（40-15-8）-450000-140000

　　　　　=175000（元）

第二年利润=50000×（40-15-8）-450000-140000

$$=260000（元）$$

在变动成本计算法下，第二年利润比第一年增加 85000（260000-175000）元。原因是，第二年销售量比第一年增加 5000 件，边际贡献增加 85000［5000（40-15-8）］元，而固定成本总额保持不变，所以，利润增加 85000 元。

（2）在完全成本计算法下：

第一年利润 = 175000+5000×450000÷50000

$$=220000（元）$$

第二年利润 = 260000+（0-5000×450000÷50000）

$$=215000（元）$$

在完全成本计算法下，第二年销售量比第一年增加 5000 件，其利润不仅没有增加，反而减少 5000（21500-22000）元。具体原因分析如下：

第二年比第一年增加营业收入 5000×40=200000

第二年比第一年增加变动成本：

变动性生产成本 5000×15=75000

变动销售及管理费用 5000×8=40000

第二年比第一年增加边际贡献 85000

第二年比第一年增加固定成本：

第一年实际负担固定性制造费用 450000-5000×450000÷50000=405000

第二年实际负担固定性制造费用 450000+5000×450000÷50000=495000

第二年比第一年净增固定性制造费用 495000-405000=90000

第二年比第一年减少利润 5000

在完全成本计算法下，第二年与第一年相比，随着产品营业收入的增加，边际贡献也相应增加 85000 元，只是由于计算上的原因，才使得第二年的固定成本比第一年增加 90000 元，从而导致最终的利润减少 5000 元。由此可见，在完全成本计算法下，利润和销售量之间是相互脱节的，利润的计算结果同企业生产经营的实际情况是不相符合的。这样，它提供的有关资料就自然难于为企业管理部门所理解、掌握和使用。

（三）可简化成本核算，有助于提高成本信息质量

按照变动成本计算法的要求，产品成本只包括生产过程中发生的变动成本，如直接材料费、直接人工费和变动性制造费用，而不包括固定性制造费用。这样一来，在计算、确定产品成本时，就无须对固定费用或间接费用进行分配，从而减少了大量的费用分摊工作量，避免了成本计算上的主观随意性，相应地提高了产品成本信息的准确性和客观性。不仅如此，按照变动成本计算法所确定的产品成本，还可在一定程度上防止利用间接费用的分配，人为地调整企业盈亏现象的发生，为最终解决乱挤、乱摊成本和盈亏不实问题提供可能。

二、变动成本计算法的局限性

（一）变动成本与固定成本的划分是相对的

一般来说，只有直接追溯到产品的成本才能使计算的产品成本正确，人为地划分都具

有一定的臆断性，特别是对混合成本的划分。对同一项混合成本的分解，采用高低点法、散布图法、回归分析法所得到的分解结果是不同的。所以说，将某种产品成本划分为变动成本和固定成本两部分，所求的两个值，实际上都是近似值，而不是精确值。

（二）不符合传统的成本观念及对外报告的要求

按照传统的成本观念，产品成本是指为生产产品而发生的全部生产成本，既包括变动性生产成本，也包括固定性制造费用。长期以来，这种观念在世界范围内得到广泛的认同，并被作为对外报告的标准。但是，变动成本计算法所确定的产品成本只包括变动性生产成本，其所提供的成本资料不符合通用会计报表编制的要求。

（三）不能适应长期决策的需要

尽管变动成本计算法提供的信息能在短期经营决策中发挥重要的作用，但不能解决诸如增加或减少生产能力、扩大或缩小经营规模等长期决策问题。同时，从长期来看，由于技术进步、通货膨胀及企业经营规模变化等的影响，单位变动成本和固定成本总额很难固定不变，一旦突破相关范围，成本性态发生变化，变动成本计算法提供的信息就失去相关性。

三、变动成本计算法与完全成本计算法的结合应用

如前所述，变动成本计算法与完全成本计算法各有其优缺点。在实际工作中，两种成本计算方法提供的信息可以互相结合，互相补充，共同实现企业会计的职能。一般地，企业会计具有两个方面的基本职能：一方面，应定期编制财务报表，为企业外部的投资人、债权人和其他有关机构服务；另一方面，要通过灵活多样的方法和手段，为企业的内部经营管理提供决策、规划、控制等诸多方面的有用信息。为了能同时兼顾企业内、外两个方面的需要，对两种成本计算方法关系的处理有两种方案：一是采用"双轨制"，即对外报告按完全成本计算法进行，对内管理则采用变动成本计算法，设置两套账进行平行核算。这种处理方法工作量太大，会造成人力、物力、财力资源的极大浪费。二是采用"单轨制"，即建立以一种成本计算方法为主，辅之以另一种成本计算方法的统一成本计算体系。到底应该以何种成本计算方法为主呢？这就需要从工作量的大小和对管理的重要性来确定。既然企业内部的管理工作是大量的、经常的，并且满足内部经营管理的需要又占据首要地位，而对外编制财务报表，通常一年只有一次，这就理所当然地应以变动成本计算法为基础，同时，对它作适当的调整和变通，以适应对外报告的需要。单轨制核算既满足了对内、对外两方面的需要，又可以大大简化核算的手续和工作量，避免了重复劳动，比较合理。

在单轨制下，日常核算以变动成本计算法为主，将生产成本项目按成本性态分类，在产品、产成品成本均按变动性生产成本反映；同时，增设"变动性制造费用"和"固定性制造费用"账户，用以归集日常发生的各种制造费用；其他会计科目的内容可按会计制度的要求进行核算。到期末，将"固定性制造费用"和"管理费用"、"销售费用"、"财务费用"的本期发生额作为期间费用，就可编制变动成本计算法下的利润表。期末编制对外报表时，将"固定性制造费用"按比例在已销产品、产成品、在产品之间进行分配，应由本期销售产品负担的部分转入"产品销售成本"账户，并列入利润表内作为本

期营业收入的扣减项目。单轨制的核算过程如图 3-1 所示。

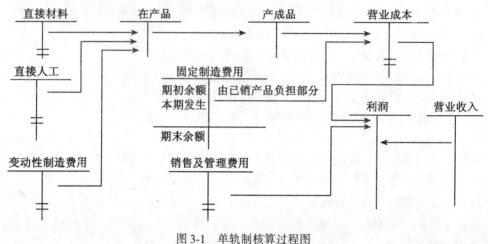

图 3-1　单轨制核算过程图

四、变动成本计算法的应用领域

(一) 应用于利润和销售预测

"费用与收益相配比"原则是国际上公认的会计原则。变动成本法把成本分为变动成本和固定成本两大类,将随产品增减变动的变动成本作为产品成本,将已销售产品的那部分变动成本转做营业成本,与营业收入相配比。

在预测分析中,特别是在进行利润、销售等预测时,变动成本法可以发挥其特有的作用。这是因为,变动成本计算法的基本理论和程序清晰地揭示了利润、成本、产量之间的内在联系,从而可以直接利用"销售数量×单位边际贡献-固定成本=利润"的计算公式,迅速而准确地预测未来一定期间的利润,而无需通过比较复杂的成本分析和烦琐的计算程序来达到这一目的;同时,亦可以利用变动成本计算法所提供的边际贡献、固定成本等资料,预测企业经营的损益平衡点及实现目标利润的产品生产(或销售)数量。此外,还可以在确定目标销售量(或销售额)及目标利润的基础上,经综合评价其他有关因素的影响之后,预测企业未来一定期间内开展正常生产经营活动所需要的资金量,为资金的筹集与利用提供依据。

(二) 应用于产品生产和价格决策

变动成本法揭示了成本、业务量之间的内在变化规律,在进行经营决策时,特别是在进行生产和价格决策时,变动成本计算法可以有效地发挥作用。变动成本法将产品生产(制造)过程中间接发生的固定性制造费用排斥于产品成本之外,提供了能够正确衡量产品盈利能力的标志即边际贡献,从而既可以利用这一重要指标对有关产品进行营利性分析,为企业管理者制定正确的产品生产、增产、停(转)产等各项决策提供科学依据;又可将变动成本、边际贡献等指标用来对有关产品的销售价格进行经济性评价,以帮助企业管理者做出能在特定条件下实现最大销售,进而获得最高盈利的产品价格决策。此外,生产设备的购置与替换、生产用零（部）件的自制与外购等决策问题也需要利用变动成本计算法提供的信息。

（三）应用于成本控制和业绩考核

由于产品成本中只含有变动成本而无固定成本，在实施内部控制尤其是在开展成本控制和工作绩效考评的过程中，变动成本计算法可以起到重要的作用。变动成本计算法集中地反映了业务量、成本、利润三者之间的相互关系，并将营业收入与生产成本、销售数量与销售利润直接联系在一起，既可以在利润和销售预测的基础上确定为实现目标利润所必须控制的成本限额（即必须达到的成本目标），进而为加强成本控制指明方向；又可以有意识的将企业未来一定期间的产品生产和销售活动紧密衔接，对生产、销售、采购、供应等业务（职能）部门的日常工作实施必要的监控和指导，并对他们各自取得的工作成绩进行适当的评价和考核。

五、对变动成本计算法的再认识

同前述成本性态分析的扩展问题一样，为了适应现代科技的迅速发展与广泛应用，以及管理观念和管理方法的全面变革，变动成本计算法也应当进行重新认识与评价。

在高新技术条件下，不仅产品品种结构多样化，而且产品成本结构也发生了巨大的变化。自动化设备的应用，许多人工被机器取代，直接人工成本的比重大为下降，固定性制造费用的比重大幅度增加，存货成本亦相应减少。仍旧像过去那样以直接材料、直接人工等直接成本为重点，制造费用仍按单一标准进行分配，将使成本信息严重失真，有可能导致成本控制失效，经营决策失误。同时，由于适时制和制造单元的出现，使得许多制造费用由间接费用变为直接费用，而与数量无关成本动因的采用，使许多不随产量变动的间接成本可以方便地分摊到各产品，成本的可归属性明显增强；由于零库存目标的确立，使产品存货降至最低限度甚至为零，制造成本均列入发生期，产品成本（包括固定性制造费用）均具有期间成本的性质，将成本划分为期间成本和产品成本已失去意义。这一切，都从不同侧面动摇了变动成本计算法的基础，使得这种成本计算方法的重要性日渐下降。这是因为：第一，在制造成本总额中，变动成本的比重越来越小，固定成本的比重越来越大，以变动成本为重点将不能反映产品生产耗费的全貌；第二，把各项固定费用按期间汇集处理已不能为控制日益增长的固定成本提供良策；第三，作业成本计算进一步区分了与产量变动无关但与作业变动相关的费用，兼容了变动成本计算法和完全成本计算法的优点而弥补了它们的不足。

会计发展史上，用变动成本计算法否定完全成本计算法曾是成本管理会计的进步。在新制造环境下，变动成本计算法与完全成本计算法的损益计算趋于一致，其区别仅在于成本的表达方式不同，变动成本计算法按成本的性态分类，完全成本计算法按成本的用途分类。完全成本计算法以前受到的非难有可能消失，其可再次引起成本管理会计师的兴趣而取代变动成本计算法，以完全成本计算法为基础建立成本能核算系统更能使成本核算与新制造环境相适应。

思 考 题

1. 什么叫变动成本计算法？其产生的理论基础是什么？

2. 什么叫产品成本？变动成本计算法下产品成本包括哪些内容？为什么？

3. 什么叫期间成本？在变动成本计算法下，产品生产过程中的哪些耗费应作为期间成本？为什么？

4. 什么叫完全成本计算法？这种成本计算方法同变动成本计算法有哪些主要区别？这两种成本计算方法的根本区别是什么？

5. 采用变动成本计算法和完全成本计算法所确定的某会计期间的利润是否会产生差异？为什么？

6. 简述变动成本计算法的主要优缺点。

7. 试说明变动成本计算法与完全成本计算法如何结合应用？

练 习 题

1. 某企业经营某种产品，2011 年和 2012 年的生产量分别为 3 万件和 4 万件，销售量分别为 2 万件和 3 万件，存货计价采用"先进先出法"。该产品单位售价 15 元，单位变动性生产成本 5 元，全年固定性制造费用总额 18 万元，固定性销售及管理费用 2.5 万元（假设无变动性销售及管理费用）。

要求：分别采用变动成本计算法和完全成本计算法计算该企业 2011 年和 2012 年的利润总额。

2. 某企业经营某种产品，2011 年和 2012 年的生产量分别为 17 万件和 14 万件，销售量分别为 14 万件和 16 万件，存货计价采用"先进先出法"。该产品单位售价 5 元，单位变动性生产成本 3 元，变动性销售及管理费用为当年营业收入的 5%，全年固定性制造费用 15 万元，固定性销售及管理费用 6.5 万元。

要求：分别采用变动成本计算法和完全成本计算法计算该企业 2011 年和 2012 年的利润总额。

3. 某企业经营某种产品，2011 年、2012 年和 2013 年的生产量都是 8000 件，销售量分别为 8000 件、7000 件和 9000 件，存货计价采用"先进先出法"。该产品单位售价 12 元，单位变动性生产成本 5 元，全年固定性制造费用 24000 元，固定性销售及管理费用 25000 元（假设无变动性销售及管理费用）。

要求：分别采用变动成本计算法和完全成本计算法计算该企业 2011 年、2012 年和 2013 年的利润总额。

4. 某企业 2011 年至 2013 年完全成本计算法下的利润表如下：

该企业所经营的该产品单位售价 16 元，单位变动性生产成本 8 元，单位固定性制造费用 2 元。

单位：元

项目	2011年	2012年	2013年
营业收入	192000	160000	144000
营业成本	120000	100000	90000
销售毛利	72000	60000	54000
销售及管理费用	40000	40000	40000
利润总额	32000	20000	14000

2011年期初存货2000件，金额20000元，2011年至2013年的产销量如下表所示：

项目	2011年	2012年	2013年
销售量（件）	12000	10000	9000
生产量（件）	10000	10000	10000

要求：采用变动成本计算法计算各年利润总额，并对两种成本计算法下利润差额产生的原因进行分析。

5. 某企业生产、销售甲产品，有关资料如下：

（1）产销存情况：

项目	3月份	4月份	5月份	6月份
期初存货（件）	—	—	20000	5000
生产数量（件）	50000	60000	40000	50000
销售数量（件）	50000	40000	55000	55000
期末存货（件）	—	20000	5000	

（2）成本及价格情况：

单位产品直接材料费　　　　　　2.00元

单位产品直接人工费　　　　　　1.00元

单位产品变动性制造费用　　　　0.50元

单位产品固定性制造费用　　　　1.50元

单位产品变动性销售及管理费用　　　1.00元

固定性销售及管理费用总额　　　1000000.00元

单位产品销售价格　　　　　　　10.00元

（3）其他情况：

甲产品正常生产能力　　　　50000件

固定性制造费用总额　　　　75000 元

要求：分别采用变动成本计算法和完全成本计算法计算甲产品各个月份的利润总额。

6. 某企业经营 A 产品，年产销量 50000 件，单位销售价格 18 元，单位产品变动成本 10 元，其中，直接材料费 6 元，直接人工费 2.5 元，制造费用 1 元，销售费用 0.5 元。每月固定成本 278500 元，其中，制造费用 198000 元，销售费用 40500 元，管理费用 30000 元，其他费用 10000 元。

要求：计算、确定下列指标：

（1）A 产品在变动成本计算法和完全成本计算法下的单位产品成本。

（2）A 产品在变动成本计算法和完全成本计算法下的利润总额。

7. 某企业经营 A、B、C 三种产品，本年度某月份按变动成本计算法计算的利润总额及其详细计算步骤如下：

项目	A 产品	B 产品	C 产品	合计
营业收入	500	300	200	1000
变动性生产成本	200	180	140	520
边际贡献（制造）	300	120	60	480
变动性销售管理费用	40	30	10	80
边际贡献（最终）	260	90	50	400
可追踪固定成本：				
制造部分	90	36	6	132
销售管理部分	20	24	4	48
产品经理边际	150	30	40	220
共同性固定成本＊：				
制造部分	40	24	16	40
销售管理部分	20	12	8	80
利润总额	90	(6)	16	100

＊共同性固定成本按营业收入比例进行分配。

要求：根据所给数据，扼要说明"边际贡献"在企业内部管理中的重要意义。

（提示：可从亏损产品应否继续经营、为获得预期利润所需要的产品销售数量、因增加销售费用而需要的销售额、降低售价以增加销售量或提高售价而减少销售量是否可以增加盈利等方面进行分析说明。）

8. 某企业经营 C 产品，单位销售价格 15 元，单位变动性生产成本 5 元，全年固定性制造费用总额 180000 元（单位产品分配额 6 元），全年固定性销售及管理费用总额 25000 元。其余有关资料如下：

项目	第一年	第二年
产品生产数量（件）	30000	20000
产品销售数量（件）	20000	30000

要求：

（1）分别计算、确定 C 产品第一年和第二年在完全成本计算法下的利润总额。

（2）说明 C 产品在两个年度中利润总额增减变动趋势和产生的原因。

（3）分别计算、确定 C 产品第一年和第二年在变动成本计算法下的利润总额，并说明两年中利润总额增减变动同销售量增减变动之间的相互关系。

9. 某企业产销 B 产品，1~3 月份的有关资料如下：

（1）单位产品变动成本 9 元，其中：直接材料费 4 元，直接人工费 2 元，变动性制造费用 2 元，变动性销售费用 1 元。

（2）全年固定性制造费用 600000 元，固定销售及管理费用 300000 元，它们都在年度内均衡发生。

（3）B 产品 1~3 月份的生产量分别为 50000 件、40000 件和 40000 件，销售量分别为 40000 件、40000 件和 30000 件。B 产品单位售价 12 元。

（4）该企业存货计价采用先进先出法。

要求：计算、确定下列指标：

（1）变动成本计算法和完全成本计算法下 B 产品每月单位产品成本。

（2）变动成本计算法和完全成本计算法下 B 产品每月利润总额。

10. 某企业经营某种产品，2011 年生产量为 2000 件，销售量为 1800 件，单位售价 80 元。有关资料如下：

成本项目	成本数额
直接材料费用	360000
直接人工费用	180000
制造费用：	
变动性制造费用	200000
固定性制造费用	250000
固定性销售及管理费用	300000

要求：计算、比较变动成本计算法和完全成本计算法下该种产品的单位成本和期末存货价值。

11. 中亚公司是一家刚刚成立的生产新型电子设备的公司，方平任公司经理，公司营运一年就取得了良好的业绩，如果公司在第二年的利润上升 10%，方平就可以获得一笔高额的奖金。公司在第二年销量上升了 25%，但利润却有所下降。对这种现象不懂会计的方平十分不理解。两年的相关数据如下表所示。

生产成本相关数据

	第一年	第二年
生产量（件）	6000	3000
销售量（件）	4000	5000
单价（元）	500	500
单位产品变动制造成本（元）	300	300
单位产品变动销售成本（元）	20	20
固定制造费用（元）	180000	210000
固定销售费用（元）	100000	140000

公司对存货采用先进先出法计价，两年的利润如下表所示。

中亚公司利润表（完全成本法）

	第一年	第二年
营业收入	2000000	2500000
营业成本	1320000	1770000
毛利	680000	730000
产品销售费用	180000	240000
净利润	500000	490000

要求：

（1）按照变动成本法重新计算两年的利润。

（2）分析两种成本计算方法在各年的利润差异原因。

（3）试给方平解释为什么不能获得奖金，并分析哪种成本计算方法更适合评价方平的业绩，为什么？

12. 蓝凌公司是一家生产打印机的制造商，该公司生产一种新型的多功能打印机，该产品的相关成本资料如下：

原材料成本	200 元/台
直接人工成本	100 元/台
每年固定制造费用	30000000 元
单价	800 元/台

该公司在 2011 年的销量比 2010 年多出了 30000 台，因此，企业经理乐观地预计 2011 年的利润将会上升。但是财务结果出来以后，2011 年的利润竟然下滑了。

企业经理对这样的财务结果十分不解，你作为公司的管理会计师，请你帮助解释这种情况。经过调查，发现公司 2010 年期初的存货为 88000 台，生产了 150000 台，销售了 110000 台；2011 年生产了 100000 台。公司采用完全成本法，对固定制造费用采取预定分配率 200 元/台进行分配。分摊过高或者过低的固定制造费用计入当年的损益。

要求：

（1）根据相关数据，请你采用完全成本法计算两年的利润额。

（2）如果按照变动成本法，则两年的利润额将分别是多少？

（3）两种成本计算方法下利润差异的原因是什么？哪种方法更适合评价经理人员的业绩？

案例分析

利凯工艺制品有限公司业绩考核案例①

利凯工艺制品有限公司宣告业绩考核报告后，二车间负责人李杰情绪低落。原来，二车间主任李杰任职以来，积极开展降低成本活动，严格监控成本支出，考核却没有完成责任任务，严重挫伤了工作积极性。财务负责人了解情况后，召集了有关成本核算人员，寻求原因，将采取进一步行动。

利凯工艺制品有限公司自成立并从事工艺制品加工销售以来，一向"重质量、守信用"，在同行中管理效果与经营业绩较好。近期，公司决定实行全员责任制，寻求更佳的效益。企业根据近年来的实际成本资料，制定了较详尽的费用控制方法。

材料消耗实行定额管理，产品耗用优质木材，单价定额 6 元；工人工资实行计件工资，计件单价 3 元；在制造过程中需要专用刻刀，每件工艺品限领一把，单价 1.3 元；劳保手套每生产 10 件工艺品限领用一副，单价 1 元。

当月固定资产折旧费 8200 元，推销办公费 800 元，保险费 500 元，当期计划产量 5000 件。

车间实际组织生产时，根据当月订单组织生产 2500 件，车间负责人李杰充分调动生产人员工作积极性，改善加工工艺，严把质量关，杜绝了废品，最终使材料消耗由定额的每件 6 元降低到每件 4.5 元；领用专用工具刻刀 2400 把，共 3120 元。但是在业绩考核中，却没有完成任务，出现了令人困惑的结果。

试用管理会计相关理论分析出现这一考核结果的原因。

---

① 资料来源：http://wenku.baidu.com/view/542a2a87ec3a87c24028c42f.html.

第四章 本量利分析

第一节 本量利分析原理

一、本量利分析的含义

本量利分析（cost-volume-profit analysis），即成本—业务量—利润关系分析，是以成本性态分析为基础，揭示一定期间固定成本、变动成本、业务量和利润之间的内在规律性联系，为企业预测、决策、规划提供信息的一种经济分析方法。成本性态分析和变动成本法是进行本量利分析的前提与基础。

最早的本量利分析出现在 1904 年的美国，1922 年美国哥伦比亚大学的一位教授提出了一套完整的保本分析理论，20 世纪 50 年代以后，本量利分析技术在西方企业中得到广泛使用，其理论愈加完善，成为管理会计的重要组成部分。

本量利分析有着丰富的内容和广泛的应用。本量利分析的内容一般包括盈亏平衡分析、企业经营的安全性分析、利润的预测决策分析等。本量利分析可以应用于确定企业的盈亏平衡点，并以此为基础进行利润的预决策分析；可以与企业的经营风险分析相联系，分析企业经营的安全程度，促使企业努力降低经营风险；本量利之间的依存关系，可以为企业进行生产决策、定价决策、存货决策等提供依据；企业还可以将其应用于弹性预算、成本控制、业绩评价等方面。

二、本量利分析的基本假设

本量利分析对企业进行经营预测、经营决策和经营控制有着重要的意义，但这种分析是以若干假定作为前提条件的。这些假定包括：

（1）成本性态分析假定。假定成本按其与业务量之间的相互关系可明确划分为固定成本和变动成本两部分。产品成本中只包括变动生产成本，而所有的固定成本包括固定性制造费用，均作为期间成本直接计入当期损益。成本性态分析是否符合企业的实际情况直接影响到本量利分析的准确性。

（2）相关范围和线性假定。假定在一定时期或特定的业务量范围之内，产品的单位售价、固定成本总额和单位变动成本均保持相对稳定，营业收入总额、成本总额与业务量之间保持线性关系。这一假定排除了超过相关范围，各生产要素的价格、生产效率、技术条件、市场条件等变动的可能性。但在实际工作中，这些因素保持不变只是暂时的和相对的，一旦这些因素发生变化，就只能进行非线性和非确定条件的本量利分析。

（3）产销平衡与品种结构稳定假定。假定在只生产一种产品的条件下，生产出来的产品可以顺利实现销售，实现产销平衡，不考虑存货水平变动对利润的影响；对于多产品生产企业，产品生产组合或产品的品种结构保持不变，即当企业同时生产两种以上的产品时，各产品的营业收入占全部营业收入的比重保持相对稳定。该假设可以使分析人员更关注价格、成本以及业务量对利润产生的影响。

（4）不考虑企业所得税与融资成本的假定。假定不考虑企业所得税，一是为了讨论方便，二是企业所得税也仅影响企业的净利润，通过简单的数学变化，就可以消除其对本量利分析产生的影响。而融资成本是由企业财务活动和财务政策产生，同生产经营的关系不直接。同时，融资成本由于具体的融资方式不同，可以简单地分为债务融资成本和权益融资成本，前者可以作为一种固定成本来考虑，后者则是净利润形成之后的问题。因此，为了简化讨论过程，这里也就不考虑企业的融资成本。

三、本量利基本关系式

进行本量利分析，应正确认识成本、业务量和利润之间的规律性联系。业务量是引起成本和利润发生变动的成本动因。在传统管理会计中，最主要的成本动因，一般是指生产量和销售量。但在新制造环境下，由于作业管理研究的深入，影响成本和利润变动的成本动因很多，如生产量、销售量、存货储存天数、设备调整准备次数等。企业应根据具体情况，选择对成本和利润影响最大的业务量作为成本动因，进行本量利分析。

在成本性态分析的基础上，本量利之间的关系可用下列关系式来描述：

$$税前利润 = 营业收入 - 总成本$$
$$= 营业收入 - 变动成本 - 固定成本$$
$$= 单价 \times 销售量 - 单位变动成本 \times 销售量 - 固定成本$$
$$= （单价 - 单位变动成本） \times 销售量 - 固定成本$$

由于本量利分析模型是在上述公式的基础上建立起来的，故将上式称为本量利关系式。

四、边际贡献及相关指标

边际贡献是指产品的营业收入与相应变动成本之间的差额，又称贡献毛益，是衡量产品盈利能力的重要指标，在本量利分析、短期经营决策中广泛使用。除了以总额形式表示外，还有单位边际贡献和边际贡献率两种形式。

单位边际贡献是指产品的销售单价减去单位变动成本后的差额，亦可用边际贡献总额除以销售量得到。边际贡献率是指边际贡献总额占营业收入总额的百分比，又等于单位边际贡献占单价的百分比。边际贡献的这些形式可以相互换算。其公式如下：

$$边际贡献总额 = 营业收入 - 变动成本$$
$$= 销售量 \times （单价 - 单位变动成本）$$

$$单位边际贡献 = 单价 - 单位变动成本 = \frac{边际贡献总额}{销售量}$$

$$边际贡献率 = \frac{边际贡献总额}{营业收入总额} = \frac{单位边际贡献}{单价}$$

$$变动成本率 = \frac{变动成本}{营业收入} = \frac{单位变动成本}{单价}$$

变动成本率是与边际贡献率相对应的概念，即变动成本与营业收入之间的比率。由于营业收入被分为变动成本和边际贡献两个部分，前者是产品自身的耗费，后者是给企业的贡献，变动成本率和边际贡献率之和应当为1。即：

$$变动成本率 + 边际贡献率 = 1$$

变动成本率与边际贡献率之间是一种互补关系，产品的变动成本率高，则边际贡献率低，创利能力小；反之，产品的变动成本率低，则边际贡献率高，创利能力高。

例1：假设某企业产销一种产品，下一年度计划销售 50000 件，每件售价 40 元。该企业的费用预算如表 4-1 所示。

表 4-1　　　　　　　　　　　　　　费用预算表

制造成本	
原材料（10 元/件）	500000
直接人工（6 元/件）	300000
变动性制造费用（2 元/件）	100000
固定性制造费用	600000
合计	1500000
销售费用	
变动部分（1 元/件）	50000
固定部分	50000
合计	100000
管理费用	
变动部分（1 元/件）	50000
固定部分	100000
合计	150000
费用合计	1750000

在上例中，边际贡献总额的计算如下：

营业收入（50000×40）		2000000
减：变动成本		
变动性制造成本（500000+300000+100000）	900000	
变动性销售费用	50000	
变动性管理费用	50000	1000000
边际贡献总额		1000000

通过计算可以确定边际贡献总额为 1000000 元。单位边际贡献为 20 元，这既可以通

过边际贡献总额与销售量的比值计算出来（1000000÷50000），也可以根据单位产品售价40元与单位产品变动成本20元（10+6+2+1+1）的差额确定出来。

$$边际贡献率=\frac{20}{40}×100\%=\frac{1000000}{2000000}×100\%=50\%$$

$$变动成本率=\frac{20}{40}×100\%=\frac{1000000}{2000000}×100\%=50\%$$

$$变动成本率+边际贡献率=1$$

第二节　盈亏平衡分析

一、盈亏平衡的含义

所谓盈亏平衡，是指企业经营的某种产品或劳务所获得的收入，同其所发生的成本保持相等，整个生产经营处于既无盈利也无亏损的特定状态。在这种特定经营状态下，有关产品或劳务的营业收入总额减去其变动成本总额之后的余额，即边际贡献总额，正好同该产品或劳务的固定成本总额保持相等，因而其利润为零。一旦边际贡献总额同固定成本总额之间存在着这种特殊关系，则企业的生产经营活动当处于盈亏平衡状态。此时：

边际贡献总额＝固定成本总额

利润（亏损）＝0

与此相联系，只要企业在某一会计期间或其所经营的某种产品处于盈亏平衡状态，则该企业或该产品的收入总额必然等于其成本总额。

所谓盈亏平衡分析（break-even analysis），是以盈利额或亏损额为零作为基点，揭示产品或劳务的销售量、成本和利润三者之间内在联系的一种经济分析方法。借助于这种分析，可以揭示企业的盈亏界限，分析企业的经营状况，进而为利润的预测决策提供重要依据。盈亏平衡分析的关键是确定盈亏平衡点。

二、盈亏平衡点的确定

盈亏平衡点（break-even point）又称保本点，是指能使企业的营业收入总额同其成本总额保持相等时的产品产销量水平。亦即企业在一定期间内经营某种或若干种产品，为使其全部耗费（包括固定成本和变动成本）都能得到补偿所必需实现或达到的产品产销数量或营业收入。一般地，盈亏平衡点既可以用实物单位来表示，称为盈亏平衡销售量，也可以用金额单位来表示，称为盈亏平衡销售额。现分别说明单一产品和多种产品盈亏平衡点的计算。

（一）单一产品盈亏平衡点的确定

单一产品盈亏平衡点的确定是在企业只经营一种产品的条件下进行的。根据变动成本计算法，企业的利润可以通过下式确定：

$$P=V（SP-VC）-FC$$

其中：P 表示期间利润；　　　　　　　　V 表示产销量；

SP 表示单位产品售价；　　　　　　VC 表示单位产品变动成本；
FC 表示期间固定成本。

企业的边际贡献首先要用来补偿特定期间发生的固定成本，若补偿后还有剩余才构成企业的利润；补偿不足，就会发生亏损。

根据定义可以推知，在盈亏临界点，企业的边际贡献刚好等于其固定成本，企业处于不盈不亏的状态，以公式表示如下：

$$BE（SP-VC）-FC=0$$

或者　　$$BE=\frac{FC}{SP-VC}$$

其中：BE 表示盈亏临界点的业务量

所以，　　　　　$$盈亏平衡销售量=\frac{固定成本总额}{产品单位边际贡献}$$

$$盈亏平衡销售额=盈亏平衡销售量×单价$$

$$=\frac{固定成本总额}{产品单位边际贡献}×单价$$

$$=\frac{固定成本总额}{产品边际贡献率}$$

例2：某企业在某期间经营甲产品，预计该产品单位售价 21 元，单位变动成本 12.6 元，固定成本总额 21000 元。则：

单位边际贡献=21-12.6=8.4（元）

边际贡献率=8.4÷21×100%=40%

盈亏平衡销售量=21000÷8.4=2500（件）

盈亏平衡销售额=21000÷40%=52500（元）

以上计算结果也可通过盈亏平衡图表示。所谓盈亏平衡图，是反映企业在一定期间内不同经营活动的近似利润或亏损的图形。通过绘制盈亏平衡图，可以集中而直观地说明企业在一定期间内成本、产销量和利润之间的相互关系，为企业管理者规划、控制未来的生产经营活动提供可信而形象化的信息。盈亏平衡图可按总体和单位两种形式进行绘制。

总体式盈亏平衡图是按照有关产品的总收入、总成本指标进行绘制，用以反映其总体盈亏情况的图形。现根据例2的有关资料，该企业甲产品总体式盈亏平衡图的具体绘制方法如下：

（1）绘制坐标图。坐标图如图 4-1 所示，以横轴表示销售量，纵轴表示营业收入和成本。

（2）绘制营业收入线和总成本线。

（3）确定盈亏平衡点。营业收入线和总成本线的交点（2500，52500）即为盈亏平衡点。即甲产品盈亏平衡销售量为 2500 件，盈亏平衡销售额为 52500 元。也就是说，甲产品销售数量超过 2500 件或营业收入超过 52500 元就会实现盈利；如果销售达不到这一水平，则将发生亏损。

单位式盈亏平衡图是按照有关产品的单位售价和单位产品成本指标进行绘制，用以反映单位产品利润或亏损的图形。由于产品单位完全成本随产销量的增加而减少，其变化情

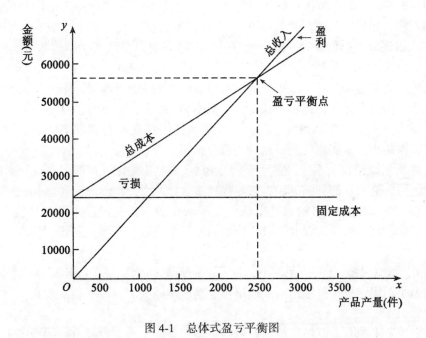

图 4-1　总体式盈亏平衡图

况在坐标图上表现为一条曲线；而当产品单位售价保持不变时，其基本趋势则呈直线状态。根据例 2 的有关资料，该企业甲产品的单位式盈亏平衡图的绘制结果，如图 4-2 所示。

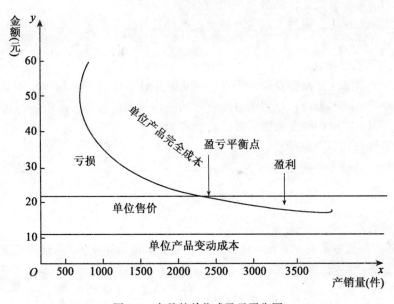

图 4-2　产品的单位式盈亏平衡图

在图 4-2 中，单位产品售价线同单位产品完全成本线的交点即为甲产品的盈亏平衡点。此图表明，当甲产品的产销数量不足 2500 件时，即单位产品完全成本（变动成本和固定成本）始终高于单位售价，整个经营呈亏损状态。而当该产品产销数量超过 2500 件时，其单位完全成本低于单位售价，经营活动处于盈利状态。

从上述两种基本形式的盈亏平衡图中可以看出，它们从不同侧面集中而形象地反映了有关因素之间的相互关系，揭示了销售量、成本和利润之间的规律性联系：

（1）盈亏平衡点不变，销售量或销售额越大，能实现的利润越多，或亏损越少；销售量或销售额越小，能实现的利润越少，或亏损越多。

（2）销售量或销售额不变，盈亏平衡点越低，能实现的利润越多，或亏损越少；盈亏平衡点越高，能实现的利润越少，或亏损越多。

（3）在销售总成本既定的条件下，盈亏平衡点的高低受产品单位售价变动的影响。产品单位售价越高，表现为营业总收入线的斜率越大，盈亏平衡点越低；反之，盈亏平衡点越高。

（4）在营业总收入既定的条件下，盈亏平衡点的高低取决于固定成本总额和单位变动成本的大小。固定成本总额越高，或单位变动成本越大，盈亏平衡点越高；反之，盈亏平衡点越低。

明确上述基本关系，能够促使企业根据主客观条件，采取稳妥有效的措施实现扭亏增盈，提高经营活动的经济效益。

（二）多种产品盈亏平衡点的确定

当企业同时经营两种或两种以上的产品或劳务时，由于各种产品的实物形态、单位售价、单位变动成本、边际贡献等不尽相同，要进行整个企业的盈亏平衡分析，就不能借助于有关产品的实物数量指标，而必须利用能够综合反映各种产品销售量的金额指标，即营业收入。在实际工作中，多种产品盈亏平衡点的计算方法主要包括综合边际贡献率法、联合单位法、分算法等。

1. 综合边际贡献率法

综合边际贡献率法是根据企业的综合边际贡献率计算多种产品盈亏平衡点的方法。这种方法对各种产品同等看待，不要求分配企业的固定成本，将各产品创造的边际贡献视为补偿企业全部固定成本的收益来源。其计算步骤为：

（1）计算综合边际贡献率。

（2）计算综合盈亏平衡销售额。

$$综合盈亏平衡销售额 = \frac{固定成本总额}{综合边际贡献率}$$

（3）计算各产品盈亏平衡销售额。

各产品盈亏平衡销售额 = 企业综合盈亏平衡销售额 × 各产品销售比重

（4）计算各产品盈亏平衡销售量。

$$各产品盈亏平衡销售量 = \frac{各产品盈亏平衡销售额}{各产品单位售价}$$

例 3：某企业经营甲、乙、丙三种产品，其有关资料如表 4-2 所示。

表 4-2

项目	甲产品	乙产品	丙产品
预计产销数量（件）	10000	7000	5000
单位产品售价（元）	16	20	40
单位变动成本（元）	12	14	22.4
固定成本总额（元）	119000		

现要求根据上述资料，计算该企业综合盈亏平衡销售额和各产品盈亏平衡销售量。

具体计算步骤如下：

（1）计算该企业综合边际贡献率。

方法一：直接按全部产品边际贡献总额计算综合边际贡献率。

全部产品营业收入 = 10000×16+7000×20+5000×40 = 500000（元）

全部产品变动成本 = 10000×12+7000×14+5000×22.4 = 330000（元）

边际贡献总额 = 500000－330000 = 170000（元）

综合边际贡献率 = 170000/500000×100% = 34%

方法二：在各产品边际贡献率基础上，计算加权平均综合边际贡献率。

甲、乙、丙三种产品的销售比重分别为32%、28%和40%

甲、乙、丙三种产品的边际贡献率分别为25%、30%和44%

企业综合边际贡献率 = 32%×25%+28%×30%+40%×44% = 34%

两种方法计算的综合边际贡献率相同。

（2）计算该企业综合盈亏平衡销售额。

企业综合盈亏平衡销售额 = 119000÷34% = 350000（元）

（3）计算各产品盈亏平衡销售量。

企业的促销工作要落实到各具体产品，确定各产品的盈亏平衡销售量。为此，在计算出该企业综合盈亏平衡销售额以后，可以按各产品的销售比重，分别计算出各产品的盈亏平衡销售量。

甲产品盈亏平衡销售量 = 350000×32%÷16 = 7000（件）

乙产品盈亏平衡销售量 = 350000×28%÷20 = 4900（件）

丙产品盈亏平衡销售量 = 350000×40%÷40 = 3500（件）

2. 联合单位法

如果多品种企业所生产的各种产品的实物产销量之间存在着比较稳定的数量关系，而且产品的销路都有保障，就可以用联合单位代表按实物量比例构成的一组产品。例如，A、B、C三种产品的产销量比为3∶1∶2，则一个联合单位相当于3个A产品、1个B产品、2个C产品，其中，B产品为标准产品。根据这种产销量比，可以计算出每一联合单位的联合单位边际贡献和联合单位变动成本，以此计算整个企业的联合盈亏平衡销售量以及各产品盈亏平衡销售量。其计算公式为：

$$联合单价 = \sum 某产品单位售价 × 该产品产销量比$$

$$联合单位变动成本 = \sum 某产品单位变动成本 \times 该产品产销量比$$

$$联合盈亏平衡销售量 = \frac{固定成本总额}{联合单价 - 联合单位变动成本}$$

$$某产品盈亏平衡销售量 = 联合盈亏平衡销售量 \times 该产品产销量比$$

例4：根据例3的资料，采用联合单位法进行盈亏平衡分析。

（1）确定产品产销量比。

甲∶乙∶丙=2∶1.4∶1

（2）确定联合单位边际贡献。

联合单价=16×2+20×1.4+40×1=100（元）

联合单位变动成本=12×2+14×1.4+22.4×1=66（元）

联合单位边际贡献=100-64=34（元）

（3）确定联合盈亏平衡销售量和各产品盈亏平衡销售量。

联合盈亏平衡销售量=119000÷34=3500（联合单位）

甲产品盈亏平衡销售量=3500×2=7000（件）

乙产品盈亏平衡销售量=3500×1.4=4900（件）

丙产品盈亏平衡销售量=3500×1=3500（件）

3. 分算法

分算法是指将整个企业的固定成本总额按一定标准在各产品之间进行分配，分别确定各产品的固定成本数额，然后按单一产品盈亏平衡点的计算方法计算各产品的盈亏平衡点。在确定各产品固定成本时，专属固定成本应直接计入，共同固定成本则应选择适当的分配标准进行分配。由于固定成本需要由边际贡献来补偿，一般采用边际贡献作为共同固定成本的分配标准较为合理。

例5：根据例3的资料，采用分算法进行盈亏平衡分析。

具体计算、分析如下：

（1）计算各产品应分摊的固定成本数额。

固定成本分配率=119000÷170000=0.7

甲产品应分担的固定成本=10000×（16-12）×0.7=28000（元）

乙产品应分担的固定成本=7000×（20-14）×0.7=29400（元）

丙产品应分担的固定成本=5000×（40-22.4）×0.7=61600（元）

（2）计算各产品的盈亏平衡销售量。

甲产品盈亏平衡销售量=28000÷（16-12）=7000（件）

乙产品盈亏平衡销售量=29400÷（20-14）=4900（件）

丙产品盈亏平衡销售量=61600÷（40-22.4）=3500（件）

三、企业经营安全程度分析

在盈亏平衡分析的基础上，可以结合安全边际指标进一步分析企业经营的安全程度或面临的经营风险程度。评价企业经营安全程度的指标包括安全边际、保本作业率、销售利润率等。

（一）安全边际

安全边际包括安全边际和安全边际率。

1. 安全边际

安全边际是指某种产品的实际或预计销售量或销售额超过其盈亏平衡点的差额。它的经济含义是指现有的业务量再降低多少企业就将从盈利状态转入亏损状态。安全边际越大，表明企业经营越安全；如果企业的产销量下降了，但只要下降幅度不超出安全边际范围，则企业仍有利润。安全边际是衡量有关产品的经营活动处在何种安全程度或面临多大经营风险的重要标志之一。该指标既可以用实物量单位表示，也可以用金额单位表示。其计算公式为：

$$安全边际 = 实际（预计）销售量或销售额 - 盈亏平衡点$$

由于盈亏平衡销售收入刚好弥补取得该收入的变动成本及企业的全部固定成本，企业盈利主要来自于超过盈亏平衡销售量或销售额部分所提供的边际贡献。某种产品的安全边际越大，说明提供利润的销售量越多，该产品实现的利润越大，企业经营的安全程度就越高，面临的经营风险就越小。

2. 安全边际率

安全边际率是指某种产品的安全边际同其实际或预计销售量或销售额之间的比率。它是从另一侧面衡量有关产品经营活动处在何种安全程度或面临多大风险的重要标志之一。某种产品的安全边际率越大，其经营的安全程度就越高，面临的经营风险就越小。该指标的计算公式为：

$$安全边际率 = \frac{安全边际}{实际或预计销售量（销售额）}$$

（二）保本作业率

保本作业率亦称保本销售率，是指盈亏平衡销售量或销售额同实际或预计销售量或销售额之间的比率，说明企业要实现盈利所必须达到的最低销售水平。借助于该指标，可以从另一侧面衡量企业经营的安全或风险程度。保本作业率越低，说明企业只需用较小的产销能力就能实现保本，大部分的产销能力可以为企业带来较大的利润，企业经营的安全程度就越高，面临的经营风险就越小。该指标的计算公式为：

$$保本作业率 = \frac{盈亏平衡点}{实际或预计销售量或销售额}$$
$$= 1 - 安全边际率$$

（三）销售利润率

从以上有关指标的分析说明中可知，只有超过盈亏平衡销售量或销售额的安全边际才能为企业提供利润。安全边际部分的销售收入减去其变动成本后的差额，是安全边际提供的边际贡献，也就是企业的利润。这是因为，安全边际部分的销售收入已无须负担任何固定成本，只要从中扣除变动成本之后还有剩余，虽然仍可称其为边际贡献，但它实际上就是利润。公式推导过程如下：

$$销售利润率 = \frac{销售利润}{销售收入}$$

$$= \frac{（实际业务量-盈亏临界点业务量）×（单价-单位变动成本）}{实际业务量×单价}$$

$$= \frac{（实际业务量-盈亏临界点业务量）}{实际业务量} × \frac{（单价-单位变动成本）}{单价}$$

$$= 安全边际率×边际贡献率$$

利润 = 安全边际销售量×单位产品边际贡献

　　 = 安全边际销售额×边际贡献率

例 6：某企业生产 B 产品，年正常销售量 5000 件，单位售价 50 元，单位变动成本 25 元，固定成本总额 40000 元。

要求计算 B 产品的安全边际、安全边际率、销售利润及销售利润率。

具体计算如下：

单位边际贡献 = 50-25 = 25（元）

边际贡献率 =（50-25）÷50×100% = 50%

盈亏平衡销售量 = 40000÷（50-25）= 1600（件）

安全边际销售量 = 5000-1600 = 3400（件）

安全边际率 = 3400÷5000×100% = 68%

保本作业率 = 1600÷5000 = 32%

利润 = 3400×25 = 85000（元）

销售利润率 = 68%×50% = 34%

四、因素变动对盈亏平衡点的影响

前述盈亏平衡分析，不论是单一产品还是多种产品，都是在有关产品的销售价格、单位变动成本、固定成本总额、产品产销结构等基本因素始终保持不变的条件下进行的。然而，在实际工作中，企业面临的经营环境千变万化，一旦某些因素发生变化，一定会引起相应的连锁变动，必定会对前述盈亏平衡分析的计算结果产生影响。为了借助盈亏平衡分析而对企业管理当局提供有用的会计信息，有必要对有关因素发生变动对盈亏平衡点产生的影响加以适当地说明。

（一）产品单位售价的变动

产品单位售价的上升或下降，是影响企业盈亏平衡点的一个重要因素。在其他因素保持不变的条件下，产品单位售价提高，产品单位边际贡献增加，就会使盈亏平衡点相应减少；反之，则会使盈亏平衡点相应增加。

例 7：某企业经营甲产品，预计单位售价 25 元，单位变动成本 18 元，固定成本总额 24500 元，盈亏平衡点 3500 件。现假定甲产品单位售价因故提高 3%，其余资料保持不变。则：

单位售价提高后的盈亏平衡点 = 24500/［25×（1+3%）-18］

$$≈ 3161（件）$$

计算结果表明，当甲产品销售价格提高3%时，盈亏平衡点比原来减少339件（3500-3161）。

（二）单位产品变动成本的变动

单位产品变动成本的上升或下降，也是影响企业盈亏平衡点的一个重要因素。在其他因素保持不变的条件下，单位产品变动成本上升，就会使盈亏平衡点相应增加；反之，则会使盈亏平衡点相应减少。

若前例中，甲产品单位变动成本因故降低10%，其余资料保持不变，则：

$$单位变动成本降低后的盈亏平衡点 = \frac{24500}{25-18\times(1-10\%)}$$
$$\approx 2784（件）$$

计算结果表明，当甲产品单位变动成本降低10%时，其盈亏平衡点比原来减少716（3500-2784）件。

（三）固定成本总额的变动

固定成本总额的增加或减少，对盈亏平衡点的影响也很重要。在其他因素保持不变的条件下，固定成本总额增加，就会使盈亏平衡点相应增加；反之，则会使盈亏平衡点相应减少。

若在前例中，该企业固定成本总额因故增加5%，其余资料保持不变，则：

$$固定成本增加后的盈亏平衡点 = \frac{24500\times（1+5\%）}{25-18}$$
$$= 3675（件）$$

计算结果表明，当该企业固定成本总额增加5%时，盈亏平衡点比原来增加175（3675-3500）件。

（四）产品产销结构的变动

在同时经营多种产品的企业中，有关产品之间的产销结构如何，直接影响到企业综合的盈利水平。一旦某种产品销售比重扩大或者缩小，那么，就会引起整个企业的综合边际贡献率发生相应的变动，整个企业的盈亏平衡点也会随之发生相应变动。

例8：某企业计划同时经营A、B、C三种产品，有关资料如表4-3所示。

表4-3

项　目	A产品	B产品	C产品
计划产销数量（件）	13680	7200	4800
单位销售价格（元）	10	15	24
单位变动成本（元）	7.5	10.5	19.2
单位边际贡献（元）	2.5	4.5	4.8
边际贡献率	25%	30%	20%
固定成本总额（元）	62250		

该企业实际生产经营情况为：A 产品的产销数量为 9880 件、B 产品的产销数量为 11600 件、C 产品的产销数量为 4200 件。

现要求根据以上资料，计算该企业预计和实际的盈亏平衡点。

（1）计算该企业预计的盈亏平衡点。

该企业 A、B、C 三种产品预计的产销结构分别为 38%、30% 和 32%。

该企业预计的综合边际贡献率 $= 38\% \times 25\% + 30\% \times 30\% + 32\% \times 20\%$

$= 24.9\%$

该企业预计的盈亏平衡点 $= 62250 \div 24.9\% = 250000$（元）

（2）计算该企业实际的盈亏平衡点。

该企业 A、B、C 三种产品的实际产销结构分别为 26.45%、46.57% 和 26.98%。

该企业实际综合边际贡献率 $= 26.45\% \times 25\% + 46.57\% \times 30\% + 26.98\% \times 20\%$

$= 25.98\%$

该企业实际盈亏平衡点 $= \dfrac{62250}{25.98\%}$

≈ 239607.39（元）

计算结果表明，该企业由于这三种产品的实际产销结构发生了变化，即边际贡献率较高的 B 产品的产销比重大幅度提高，相应地，边际贡献率较低的 A、C 产品的产销比重有所降低，因而，整个企业的实际综合边际贡献率提高，实际盈亏平衡点相应降低。

第三节　盈利条件下的本量利分析

一、目标利润及确定方法

目标利润是企业在未来一定期间必须而且经过努力能够达到的利润水平，它是企业在未来期间的奋斗目标。企业管理当局应在确定盈亏平衡点的基础上，充分考虑企业的主客观条件，根据企业未来期间的生产能力、生产技术条件、成本水平等提出未来期间从事生产经营活动所应实现的利润目标。

企业在一定期间所获得的利润是其经营的有关产品产销数量、销售价格、单位变动成本、固定成本、产品产销结构等各种因素综合作用的结果。企业管理当局在确定目标利润时，必须认真研究这些影响因素之间的相互关系，以及这些因素发生变动后对利润所产生的具体影响。在实际工作中，确定目标利润的方法一般包括本量利分析法、销售利润率法、利润增长率法、经营杠杆系数法等。

本量利分析法是根据有关产品的产销数量、销售价格、变动成本和固定成本等因素同利润之间的相互关系，通过分析计量而确定企业目标利润的方法。其确定目标利润的公式是：

$$\text{目标利润} = \text{预计产品产销数量} \times \left(\text{预计产品售价} - \text{预计单位变动成本} \right) - \text{预计固定成本总额}$$

在采用本量利分析法预测目标利润时,应根据企业计划期间的生产能力、产品的市场需求、材料物资供应情况以及其他生产经营情况等,合理确定有关产品的价格水平和成本水平,然后据以计算、确定企业未来期间的利润目标。

例9:某企业经营甲产品,计划期预计销售量1500件,单位售价40元,单位变动成本15元,固定成本总额23000元,则该企业计划期的目标利润为:

$$目标利润 = 1500 \times (40-15) - 23000 = 14500（元）$$

二、目标利润的实现措施

(一) 目标利润销售量

目标利润销售量是指为实现目标利润所应达到的产品销售数量或销售收入。企业根据各种因素的综合影响,确定出目标利润后,即可进一步确定实现目标利润所需要的产销量。根据盈亏平衡销售量,可推出实现目标利润的销售量。

$$\frac{目标利润销售量}{（销售额）} = \frac{固定成本+税前目标利润}{单位边际贡献(边际贡献率)}$$

或

$$\frac{目标利润销售量}{（销售额）} = \frac{固定成本+税后目标利润 \div (1-所得税率)}{单位边际贡献(边际贡献率)}$$

例10:企业销售某产品,单位售价100元,单位变动成本60元,全年固定成本总额100000元,所得税率25%,预计税后目标利润67500元。则该企业实现目标利润的销售量为:

$$\frac{目标利润}{销售量} = \frac{100000+67500 \div (1-25\%)}{100-60}$$
$$= 4750（件）$$

(二) 目标利润的实现措施

在企业现有条件下难以实现目标利润时,需要采取必要的措施,以确保目标利润的实现。由于影响目标利润的因素较多,为实现目标利润,可以对诸因素中的某项因素采取单项措施,也可以对诸因素同时采取综合措施。

1. 单项措施

影响利润变动的主要因素有产品产销数量、单位售价、单位变动成本、固定成本总额、产品产销结构等。这些因素的任何变动,都会导致利润发生相应的变动。因此,为了实现未来一定期间的利润目标,就有必要对上述因素进行分析、计量,以确定它们的变动方向(上升或下降)和变动程度。

例11:某企业经营甲产品,本年度产销量40000件,单位售价20元,单位变动成本10元,全年固定成本总额100000元。经分析确定,该企业甲产品下年度预计利润增长率20%,现分别说明下年度实现目标利润的主要单项措施。

(1) 增加产品产销数量。当某种产品的单位售价、单位变动成本和固定成本总额保持不变时,增加或减少该种产品的产销数量,必然会使其利润发生相应的增减变动。在一般情况下,扩大产品产销规模、增加产品产销数量是实现目标利润的重要措施。

本例中，首先，计算上年度实现的利润总额和下年度的目标利润。

$$上年度实现利润总额 = 40000 \times (20-10) - 100000$$
$$= 300000 （元）$$

$$下年度目标利润 = 300000 \times (1+20\%) = 360000 （元）$$

其次，计算下年度目标利润销售量。

$$目标利润销售量 = \frac{100000+36000}{20-10}$$
$$= 46000 （件）$$

最后，计算下年度应增加的产销数量。

$$下年度应增加的产销量 = 46000 - 40000 = 6000 （件）$$

计算结果表明，该企业在现有条件下为使下年度利润增长 20%，甲产品的产销数量应在上年基础上增加 6000 件，即由 40000 件增加到 46000 件。

（2）提高产品销售价格。在产品产销数量、单位变动成本、固定成本总额等因素保持不变的条件下，产品销售价格的提高或降低，必将引起利润的增加或减少。

根据本例要求，设甲产品下年度的单位销售价格应提高到 P 元，则

$$300000 \times (1+20\%) = 40000 \times (p-10) - 100000$$
$$p = 21.5 （元/件）$$

计算结果表明，该企业为实现下年度的目标利润，应使甲产品的单位销售价格在上年基础上提高 1.5（21.5-20）元，即上升到 21.5 元。

（3）降低单位产品变动成本。在产品产销数量、销售价格和固定成本总额等因素保持不变的条件下，产品单位变动成本的上升或降低，必将引起利润的减少或增加。

根据本例要求，设甲产品下年度的单位变动成本应降低到 V 元，则

$$300000 \times (1+20\%) = 40000 \times (20-V) - 100000$$
$$V = 8.5 （元/件）$$

计算结果表明，该企业为实现下年度的目标利润，应使甲产品的单位变动成本降低到 8.5 元，即下降 1.5（10-8.5）元。

（4）降低固定成本总额。在产品产销数量、销售价格和单位变动成本保持不变的条件下，固定成本总额的上升或下降，必定导致利润的降低或升高，且二者变动的方向相反，变动的数值相等。

根据本例要求，设甲产品下年度的固定成本总额应为 F 元，则

$$300000 \times (1+20\%) = 40000 \times (20-10) - F$$
$$F = 60000 （元）$$

计算结果表明，该企业为实现目标利润，其固定成本总额应降低 40000（100000-60000）元，即固定成本总额应由 100000 元降低到 60000 元。

（5）调整产销结构。当企业同时经营两种以上产品时，为了实现未来一定期间的目标利润，在有关产品的单位销售价格、单位变动成本和固定成本总额保持不变的情况下，可以适当调整有关产品之间的产销结构比例。调整产品的产销结构，实际上是指适当扩大边际贡献率较高（亦即盈利能力较强）的某种或某几种产品的产销比例，压缩边际贡献

率较低的某种或某几种产品的产销比例。这种调整将会提高企业的综合边际贡献率，从而提高企业的获利水平。

例12：某企业经营甲、乙、丙三种产品，其中，丙产品市场已处于饱和状态。本年度销售收入总额 120000 元，固定成本总额 28800 元。经测算，该企业下年度销售收入仍维持目前水平，税前目标利润 21600 元。其他有关资料如表 4-4 所示。

表 4-4

项目	甲	乙	丙
销售比重	50%	20%	30%
边际贡献率	35%	50%	40%

现要求在企业销售收入总额保持不变的前提下，通过调整甲、乙两种产品的产销结构实现下年度的目标利润。

具体计算、分析如下：

（1）计算目前条件下全部产品的综合边际贡献率。

综合边际贡献率 = 50%×35%+20%×50%+30%×40% = 39.5%

（2）计算下年度企业为实现目标利润应达到的综合边际贡献率。

目标综合边际贡献率 = （28800+21600）÷120000×100% = 42%

（3）确定产品产销结构调整的对象与方向。

从已知条件可知，为了增加盈利，最终实现下年度的目标利润，企业应对甲、乙两种产品进行结构调整。具体的调整方向是，适当扩大边际贡献率较高的乙产品的产销比例，同时，压缩边际贡献率较低的甲产品的产销比例。

（4）计算、确定甲、乙两种产品产销结构调整（升降）幅度。

根据本例要求，设甲产品产销比重下降 x、乙产品产销比重上升 x。由于产品产销结构调整后必须达到的综合边际贡献率为 42%，故应有

$$42\% = （50\%-x）×35\%+（20\%+x）×50\%+30\%×40\%$$

$$x = 16.67\%$$

计算结果说明，该企业为实现目标利润，应将甲产品的销售比重从 50% 调整为 33%，乙产品的销售比重从 20% 调整为 37%。

2. 综合措施

上述各种实现目标利润的单项措施，只能在特定情况下对利润规划起作用。因为影响利润的各种因素是相互联系、相互制约的，而且不同因素对利润产生影响的性质和程度也不相同，如产品产销量增加，会引起销售价格的降低，而为了把产品顺利销售出去，又需增加广告宣传费等固定成本。因此，在研究实现目标利润单项措施的基础上，还应同时分析多种因素对利润变动的综合影响，拟订实现目标利润的综合措施。

例13：某企业经营甲产品，年正常生产能力 10000 件，目前年产销量 7000 件，单位销售价格 180 元，单位变动成本 100 元，固定成本总额 350000 元，预计下年度目标利润

250000 元。现分别说明实现目标利润的综合措施。

（1）增加产销数量，降低销售价格。一般来说，企业在进一步挖掘生产潜力、充分利用现有（或剩余）生产能力的基础上，可以使有关产品的产销量得到相应的增加。但考虑到市场因素的影响，为使增产后的产品也能顺利地实现销售，通常有必要将其销售价格适当降低，从而借助"薄利多销"的方式增加企业盈利。

本例中，经调查测算，甲产品的销售价格将可下降 8%。此时若降价 8%，则

甲产品销售价格 = 180×（1−8%）= 165.6（元）

甲产品目标利润销售额 = （350000+250000）÷（165.6−100）≈9146（件）

甲产品应增加产销数量 = 9146−7000 = 2146（件）

计算结果表明，该企业为实现下年度的目标利润，可在把甲产品单位售价从 180 元降低到 165.6 元的同时，将其产销数量从 7000 件增加到 9146 件。

（2）扩大产销规模，节约生产耗费。企业不仅可以在现有生产能力的限度内，尽最大努力增加有关产品的产销数量，使其产销规模不断扩大；而且可以通过采取诸如提高劳动生产率、材料代用或综合利用等手段，使有关产品的材料费用和人工费用得到不同程度的节约，从而借助"增产节约"的办法增加企业盈利。

本例中，甲产品的销售价格因市场条件限制而无法降低，企业管理当局拟通过节约 3% 的生产性开支和适当扩大产销量的途径实现下年度的利润目标。此时

甲产品单位变动成本 = 100×（1−3%）= 97（元）

甲产品目标利润销售量 = （350000+250000）÷（180−97）≈7229（件）

甲产品应增加产销数量 = 7229−7000 = 229（件）

计算结果表明，该企业为了实现下年度的目标利润，可以在将该产品单位变动成本从 100 元降低到 97 元的同时，使其产销数量在目前的基础上增加 229 件。

（3）节省材料人工消耗，压缩固定费用开支。企业在实际生产经营过程中，时常有可能因外部经营环境和市场容量的限制，使得某些产品的产销数量难以进一步扩大，其销售价格也无法降低。此时，为了实现未来一定期间的目标利润，就只能立足企业内部，千方百计地降低原材料、人工及动力耗费，尽量压缩各项固定费用开支，走企业内部挖潜和全面厉行节约之路。此时，企业可以同时采取降低单位产品变动成本和固定成本总额的办法来实现利润目标。

本例中，甲产品单位变动性生产（制造）成本可以下降 3 元，单位销售费用可以节约 0.5 元。固定成本应降低的数额为：

固定成本应降低额 = （250000−7000×80−350000）−7000×（3+0.5）

= 15500（元）

计算结果表明，该企业为了实现下年度的利润目标，在使该产品单位变动成本从 100 元降低到 96.5 元的同时，还应压缩有关的固定费用，使全年固定成本总额从 250000 元降低到 234500 元。

除上述措施之外，企业管理者还可以根据实际需要与可能条件，通过诸如"在改进

产品质量的同时提高产品销售价格"、"在增加产品销数量、削减销售价格的同时降低单位产品变动成本"等其他途径实现目标利润。

第四节　本量利分析的扩展

前述在若干假设条件下进行本量利分析,亦即通常所说的确定条件或线性条件下的本量利分析。然而,在实际工作中,由于多种因素的综合影响,上述种种假设条件并不一定存在或成立。因此,有必要将现有本量利分析的内容及范围加以扩展和延伸,即应进行不确定和非线性条件下的本量利分析。

一、不确定条件下的本量利分析

前述的本量利分析是建立在有关产品的变动成本、固定成本、销售价格、销售量等基本因素完全确定的基础之上的。但是,在实际工作中,由于企业内外部或主客观条件的影响与制约,产品价格、变动成本、固定成本等因素往往难以事先完全确定,而只能大体上预计价格、成本水平的各种可能性及其概率。因此,在这种"不确定"情况下,要进行本量利分析,就不能直接运用前面所述的有关方法,而必须采用概率分析法。

现举例说明在产品价格和成本因素存在多种可能性的条件下,采用概率分析法进行本量利分析的基本原理。

例 14:某企业经营乙产品,预计该产品单位销售价格可能是 15 元,其概率为 0.1;也可能达到 18 元,其概率为 0.9;单位变动成本可能是 8 元、9 元或 10 元,它们的概率分别为 0.7、0.2 和 0.1;固定成本总额可能是 50000 元,也可能是 40000 元,概率分别为0.8 和 0.2。现要求计算乙产品的盈亏平衡点。

乙产品盈亏平衡点的计算结果如表 4-5 所示。

表 4-5 的计算结果表明,在综合考虑乙产品销售价格、变动成本和固定成本总额的各种可能性及其相应概率的基础上,该企业最有可能的盈亏平衡销售数量为 5260 单位。

二、非线性条件下的本量利分析

在前述线性条件下,企业在某一会计期间或在某种产品的一定产销量范围内,销售收入总额和销售成本总额通常同产销数量保持着按比例增长的相互关系。不过,这种特殊比例关系的存在是有条件的。一旦"特定"条件遭到破坏,如为使产量得到较大幅度增长而进行加班加点,为弥补生产用原材料供应不足而从非正常供货渠道购买价格较高的原材料,为使产品销售量得到进一步扩大而采取适当的降价措施等。在这些条件下,有关产品总收入和总成本的变动,同其产销数量之间的变动就不再保持特定比例,它们之间的线性关系就不复存在,取而代之的则是一种非线性关系。非线性条件下的本量利分析通常分为不完全线性和完全非线性两种情形。

表4-5　　　　　　　　　　　乙产品盈亏平衡点计算表

单位产品售价	单位产品变动成本	固定成本总额	组合	盈亏平衡销售量(实物单位)	联合概率	最有可能的盈亏平衡销售量(实物单位)
		50000 $P=0.8$	1	5000	0.504	2520
	8 $P=0.7$	40000 $P=0.2$	2	4000	0.126	504
		50000 $P=0.8$	3	5556	0.144	800
	9 $P=0.2$	40000 $P=0.2$	4	4444	0.036	160
18 $P=0.9$		50000 $P=0.8$	5	6250	0.072	450
	10 $P=0.1$	40000 $P=0.2$	6	5000	0.018	90
		50000 $P=0.8$	7	7143	0.056	400
	8 $P=0.7$	40000 $P=0.2$	8	5714	0.014	80
		50000 $P=0.8$	9	8333	0.018	133
15 $P=0.1$	9 $P=0.2$	40000 $P=0.2$	10	6667	0.004	27
		50000 $P=0.8$	11	10000	0.008	80
	10 $P=0.1$	40000 $P=0.2$	12	8000	0.002	16
预计最有可能的盈亏平衡销售总量(实物单位)						5260

（一）不完全线性条件下的本量利分析

不完全线性，是指在整个业务量范围内，收入、成本与产销量不呈线性关系，但是把整个业务量划分为若干区间以后，在每个区间内收入、成本与产销数量之间的变化情况又大体符合线性关系。若将这种关系描绘在坐标图上，总收入线或总成本线会出现折点。

一般来说，"不完全线性"条件可分为两种不同情况：

其一，总收入同产销数量线性相关，而总成本却同产销数量非线性相关；或者总成本同产销数量线性相关，而总收入则同产销数量非线性相关。在这种情况下，总收入线和总成本线只有一方出现折点。

其二，总收入和总成本都同产销数量非线性相关。在这种情况下，总收入线和总成本线双方都出现折点。

不完全线性的基本情况如图 4-3 所示。

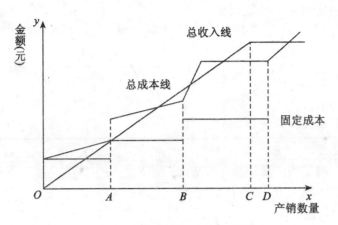

图 4-3 不完全线性的盈亏平衡图

图 4-3 表明，当该产品的产销数量在区间 $[0, D]$ 内时，总收入和总成本都与产销数量非线性相关。而当该产品的产销数量在 $[0, C]$ 区间内时，总收入与产销数量线性相关；而总成本与产销数量则分别在产销量区间 $[0, A]$、$[A, B]$、$[B, D]$ 内与产销数量线性相关。至于固定成本，只是相应地在几个较小的"相关范围"内保持不变。

在实际工作中，不完全线性条件产生的原因是多方面的。从销售收入来看，当某种产品的销售量达到一定数量以后，为扩大销路，需要给客户较多的数量折扣或者降低产品价格。在成本方面，当产品的生产数量达到一定程度时，生产工人的工作效率将有所提高，这样可以更为有效地利用人力资源，使人工成本耗费相应降低。不仅如此，当生产量扩大时，还有可能在增加原材料消耗的同时，使有关材料的采购成本得到一定程度的下降。不过，由于生产量的进一步增加，却有可能导致人工和材料供应的紧张，因而使人工成本和材料成本相应增加。即使是固定成本，也有可能因产量剧增或突破原有相关范围而发生跳跃式上升。

针对总收入、总成本同销售数量之间的这种不完全线性关系，其本量利分析通常"分段"进行。这就是说，按照总收入、总成本与产销数量之间的具体关联情况，划分若干产销数量区间，然后建立若干相应的本量利分析模型，并据以进行本量利分析。

其具体分析步骤为：

(1) 根据总成本、总收入的变化情况将产销数量划分为若干区间。

(2) 建立每一区间内的成本函数模型和销售收入函数模型。

(3) 根据已建立的函数模型，分区间进行本量利分析。

(4) 当只有各区间内总成本、总收入、总产量资料时，可采用高低点法先行计算出各区间内的平均单价、单位变动成本和固定成本总额等资料。

现举例说明不完全线性条件下本量利分析的一般方法。

例 15：某企业经营某产品，有关资料如表 4-6 所示。

表 4-6

金　额（元）＼产销量（件）／项目	1000	1001～1500	1501～4000	4001 以上
单位变动成本	20	18	18	26
固定成本总额	20000	20000	40000	40000
单位售价	40	40	40	23

现分段计算、确定该产品的盈亏平衡点。

（1）该产品产销数量在 1000 件以内时：

总收入＝产销数量×40

总成本＝产销数量×20+20000

盈亏平衡点＝20000÷40-20

　　　　＝1000（件）

（2）该产品产销数量在 1001 件至 1500 件这一区间内时：

总收入＝产销数量×40

总成本＝1000×20+（产销数量-1000）×18+20000

　　　　＝产销数量×18+22000

在这一产销数量区间内，该产品的生产经营始终处于盈利状态，并不存在盈亏平衡点。此时，利润额可由下式计算：

利润总额＝产销数量×（40-18）-22000

（3）该产品产销数量在 1501 件至 4000 件这一区间时：

总收入＝产销数量×40

总成本＝［1000×20+（1500-1000）×18］+（产销数量-1500）×18+40000

　　　　＝产销数量×18+42000

盈亏平衡点＝42000÷（40-18）

　　　　　≈1909（件）

在这一产销数量区间内，该产品的生产经营既有亏损也有盈利。此时，盈利或亏损额可由下式计算：

利润或亏损总额＝产销数量×（40-18）-42000

（4）该产品产销数量在 4001 件以上时：

总收入＝4000×40+（产销数量-4000）×23

　　　　＝产销数量×23+68000

总成本＝1000×20+（4000-1000）×18+（产销数量-4000）×26+40000

　　　　＝产销数量×26+10000

盈亏平衡点＝58000÷3

　　　　　≈19334（件）

本例中，该产品盈亏平衡分析的过程和结果，可以用图4-4表示。

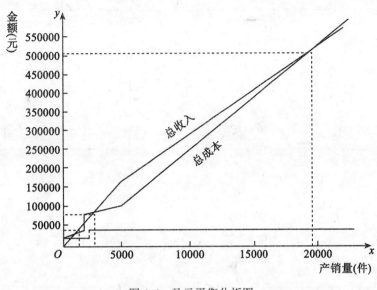

图4-4 盈亏平衡分析图

（二）完全非线性本量利分析

完全非线性条件是指在整个经营业务范围内，有关产品的总收入或总成本与产销数量之间的相互关系，通常呈现出某种曲线状态，而该曲线可以用一元二次方程（$Y=a+bx+cx^2$）进行描述。由于产品价格、成本因素的特定变化，在总收入和总成本的增减变动趋势上，有可能双方都呈曲线；也有可能一方呈曲线，而另一方却呈直线。不过，无论出现哪种情况，一定产销数量限度内的总收入线同总成本线至少应有两个交点，即应有两个或两个以上的盈亏平衡点。其分析的基本原理是，首先，判断总收入、总成本的变动趋势；然后，根据总收入、总成本的变动趋势确定能近似地反映其基本趋势的函数模型；最后，计算总收入函数与总成本函数的交点，该交点即为盈亏平衡点。存在一个以上的盈亏平衡点。

现举例说明在完全非线性条件下进行本量利分析的一般方法。

例16：某企业经营某种产品，该产品单位售价200元，其余有关资料如表4-7所示。

表4-7   单位：元

产（销）量（件）	总收入	总成本	利润（亏损）
0	0	50000	(50000)
100	20000	56500	(36500)
200	40000	64000	(24000)
300	60000	72500	(12500)

续表

产（销）量（件）	总收入	总成本	利润（亏损）
400	80000	82000	（2000）
500	100000	92500	7500
600	120000	104000	16000
700	140000	116500	23500
⋮	⋮	⋮	⋮
1300	260000	212500	47500
1400	280000	232000	48000
1500	300000	252500	47500
⋮	⋮	⋮	⋮
2200	440000	424000	16000
2300	460000	452500	7500
2400	480000	482000	（2000）
2500	500000	512500	（12500）

现要求确定该产品的盈亏平衡点。

首先，根据表4-7中所给数据作图（如图4-5所示），以反映该产品总收入、总成本与产销量之间的相互关系。从图4-5可见，该产品总收入的变动趋势呈直线，总成本的变动趋势呈曲线。

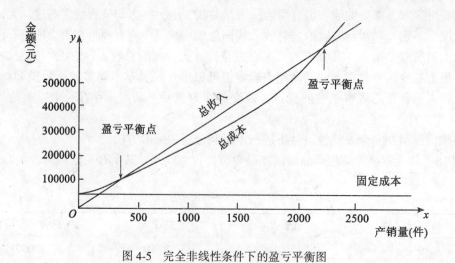

图4-5 完全非线性条件下的盈亏平衡图

其次，确定近似地表现该产品总成本增减变动趋势的数学模型（$Y=a+bx+cx^2$）。为确定该数学模型 $Y=a+bx+cx^2$ 中的三个未知数 a、b、c，需要三对已知的观测数据。

设：对表4-7中的有关资料进行抽样测量后，选定如下三对数据：

产销总量（件）　　　$x_1 = 200$，$x_2 = 1300$，$x_3 = 2400$；

成本总额（元）　　　$y_1 = 64000$，$y_2 = 212500$，$y_3 = 482000$；

此时，可得到方程组：

$$\begin{cases} y_1 = a + bx_1 + cx_1^2 \\ y_2 = a + bx_2 + cx_2^2 \\ y_3 = a + bx_3 + cx_3^2 \end{cases}$$

将选定的有关数据代入方程组，得

$$\begin{cases} 64000 = a + 200b + 40000c \\ 212500 = a + 1300b + 1690000c \\ 482000 = a + 2400b + 5760000c \end{cases}$$

解此方程组，得

$$\begin{cases} a = 50000 \\ b = 60 \\ c = 0.05 \end{cases}$$

故

$$y = 50000 + 60x + 0.05x^2$$

再次，确定该产品销售收入函数模型。

设：销售收入为 R，销售数量为 X，则

$$R = 200X$$

最后，确定该产品盈亏平衡点。

由于企业处于盈亏平衡状态时，其收入总额等于成本总额，即利润为零。设 P 代表利润，则：

$$P = R - Y = 0$$

$$P = 200X - (50000 + 60X + 0.05X^2) = 0$$

$$= -0.05X^2 + 140X - 50000 = 0$$

上述方程的解为：

$$X_1 = 420$$

$$X_2 = 2380$$

计算结果表明，该产品有两个盈亏平衡点，第一个盈亏平衡点为 420 件（即图 4-5 中第一交点的横坐标），该企业在此产销量点上"扭亏为盈"；第二个盈亏平衡点为 2380 件（即图 4-5 中第二交点的横坐标），该企业在此产销量点上"转盈为亏"。

三、产销不平衡条件下的本量利分析

前述确定条件的线性本量利分析模式有一个基本假定，也就是假定当期的生产量与销售量相等，产成品库存没有变动，不须考虑期初、期末存货数量变动的影响，但实际情况并非如此。那么，产销不平衡对盈亏平衡点的计算有没有影响呢？这个问题同前面论述的变动成本计算法与完全成本计算法有着直接的联系。在变动成本计算法下，不管当期的生

产量是大于还是小于当期的销售量，当期发生的全部固定成本（包括固定性制造费用与固定性销售及管理费用）均作为期间成本，由当期已销产品负担，产、销是否平衡对盈亏平衡点的计算没有任何影响，依旧可按前述有关方法计算有关产品的盈亏平衡点。但在完全成本计算法下，当期发生的全部固定成本并不全部计入当期的产品销售成本，而是应由当期已销产品和期末存货共同负担。此时，产、销是否平衡，就会对盈亏平衡点的计算产生一定的影响。

这就是说，当企业采用完全成本计算法时，应根据当期已销产品应负担的固定成本总额而不是当期发生的全部固定成本总额来计算盈亏平衡点。当期已销产品应负担的固定成本总额可按下式计算：

$$\begin{array}{l}\text{当期已销产品应负} \\ \text{担的固定成本总额}\end{array} = \begin{array}{l}\text{期初存货应负担的} \\ \text{固定性制造费用}\end{array} + \begin{array}{l}\text{本期固定性} \\ \text{制造费用}\end{array} - \begin{array}{l}\text{期末存货应负担的} \\ \text{固定性制造费用}\end{array} + \begin{array}{l}\text{本期固定性销} \\ \text{售及管理费用}\end{array}$$

$$\begin{array}{l}\text{盈亏平衡} \\ \text{销售量}\end{array} = \frac{\text{当期已销产品应负担的固定成本总额}}{\text{当期单位产品边际贡献}}$$

$$\text{盈亏平衡销售额} = \frac{\text{当期已销产品应负担的固定成本总额}}{\text{边际贡献率}}$$

$$= \frac{\text{当期已销产品应负担的固定成本总额}}{1 - \text{变动成本率}}$$

按上述方法所确定的盈亏平衡销售量或销售额和利润表上的有关数字是完全吻合的。

现举例说明产销不平衡时盈亏平衡点的计算。

例 17：某企业只生产和销售甲产品，并以完全成本计算法为基础编制利润表。甲产品的有关资料如下：期初存货量 500 件，单位变动性生产成本 8 元，单位固定性制造费用 5 元。本期甲产品生产量 8000 件，销售量 7500 件，单位销售价格 18 元，单位变动性生产成本 8 元，单位变动性销售及管理费用 1 元。本期固定性制造费用 32000 元，固定性销售及管理费用 22000 元。假定存货发出采用先进先出法。

具体计算、分析如下：

$$\begin{array}{l}\text{已销产品应负} \\ \text{担的固定成本总额}\end{array} = \frac{500 \times 5 + 32000 - 1000 \times 32000}{8000 + 22000}$$

$$= 52500 \text{（元）}$$

$$\text{盈亏平衡销售量} = \frac{52500}{9} \approx 5833 \text{（件）}$$

$$\text{盈亏平衡销售额} = \frac{52500}{50\%}$$

$$= 105000 \text{（元）}$$

第五节　敏感性分析在本量利分析中的应用

一、敏感性分析的方法

敏感性分析是一种分析风险的方法，主要用以考察变量发生变化时，结论会发生什么样的变化。敏感性分析的具体分析思路是：

（1）依次测试各个变量，然后确定各个变量发生多大的变化将使结论发生质变（如盈变亏或可行变不可行）。在本量利分析中，就是要分析模型中的一个或几个变量在多大的范围内变动时，企业仍可以保持盈利而不至亏损；或者说，当一个或几个变量的变动超出了许可的范围时，如何通过调整其他变量以确保企业经营目标的实现，即要确定使目标发生质变的各个变量变动的界限。

（2）进行"如果……怎么办？"分析。如果销售价格下降 10% 怎么办？或产销量下降 20% 怎么办？或人工成本增加 20% 怎么办？通过各个变量对结论影响程度的依次分析，就可以确定模型对各个变量的敏感度。

因此，通过敏感性分析可以揭示致使企业亏损或项目失败的原因及关键变量。一旦这些临界变量确定下来，企业管理当局就应进行仔细分析，评估这些影响出现的可能性，并对敏感变量进行控制。

二、有关变量下限临界值的确定

所谓本量利分析中有关变量下限临界值，就是可以满足企业实现盈亏临界点的各个指标的最大值/最小值，一旦这些变量超出了该临界值，企业就由盈利转变为亏损。根据本量利分析的基本模型，可以明确期间利润的影响因素包括产品售价、单位产品变动成本、期间固定成本以及业务量。

（一）销售价格下限临界值分析

根据变动成本计算法，企业期间利润的计算公式如下：

$$P = V (SP-VC) -FC$$

式中，P 表示利润，V 表示销售量，SP 表示单位售价，VC 表示单位产品变动成本，FC 表示固定成本总额。

当 $P=0$ 时，企业处于盈亏临界点。根据上式可以推导出求解销售价格下限临界值的公式如下：

$$SP^* = \frac{V \times VC + FC}{V}$$

其中，SP^* 表示销售价格的下限临界值。

例 18：假设 MFK 公司生产一种产品 A，单位售价 200 元，单位变动成本 120 元，全年固定成本估计为 10000000 元，预计可实现销售量 150000 件。如果未来一年 MFK 公司可以顺利完成经营计划，则全年可实现利润：

$$P = (200-120) \times 150000 - 10000000 = 2000000 （元）$$

将有关数据代入上述公式：

$$SP^* = \frac{V \times VC + FC}{V} = \frac{150000 \times 120 + 10000000}{150000} = 186.67 （元）$$

这说明，当单位产品价格由 200 元下降到 186.67 元时，企业的经营利润也由 2000000 元下降到 0；如果价格进一步下跌，则企业将出现亏损。所以，产品销售价格的下限临界值为 186.67 元，该价格对比现售价的变动程度为：

$$\frac{186.67-200}{200}=-6.67\%$$

（二）变动成本下限临界值分析

根据前述公式，可以推导出单位产品变动成本下限临界值公式如下：

$$VC^*=\frac{V\times SP-FC}{V}$$

其中，VC^* 表示单位产品变动成本的下限临界值。

例19：沿用例19，可以计算单位产品变动成本的下限临界值如下：

$$VC^*=\frac{V\times SP-FC}{V}=\frac{150000\times200-10000000}{150000}=133.33（元）$$

计算结果表明，当单位变动成本为133.33元时，企业处于盈亏临界点；如果超过133.33元，则企业将发生亏损。该下限值对比现单位产品变动成本的变动程度为：

$$\frac{133.33-120}{120}=11.11\%$$

（三）固定成本下限临界值分析

根据前述公式，可以推导出期间固定成本下限临界值公式如下：

$$FC^*=V（SP-VC）$$

其中，FC^* 表示固定成本的下限临界值。

例20：沿用例19，可以计算期间固定成本的下限临界值如下：

$$FC^*=V（SP-VC）=150000\times（200-120）=12000000（元）$$

这说明，当企业的期间固定成本为12000000元时，企业处于盈亏临界点；如果固定成本超过12000000元，企业就由盈转亏。该下限值对比现固定成本的变动程度为：

$$\frac{12000000-10000000}{10000000}=20\%$$

（四）业务量下限临界值分析

根据前述公式，可以推导出业务量的下限临界值公式如下：

$$V^*=\frac{FC}{SP-VC}$$

其中，V^* 表示业务量下限临界值。

例21：沿用例19，可以计算业务量的下限临界值如下：

$$V^*=\frac{FC}{SP-VC}=\frac{10000000}{200-120}=125000（件）$$

计算表明，当企业的产销量为125000件时，企业处于盈亏临界点；如果产销量少于125000件时，企业就由盈转亏。该下限值对比现产销量的变动程度为：

$$\frac{125000-150000}{150000}=-16.67\%$$

除产品售价、变动成本、固定成本和业务量外，还有诸如产品品种结构等影响企业利润的因素，这些因素的敏感性分析要略为复杂一些，但同样可以遵循该思路加以计算和分析。

三、敏感系数分析

产品售价、变动成本、固定成本和业务量的变动都会对企业的期间利润产生影响，但它们的敏感程度是不一样的。也就是说，有的因素比较敏感，较小的变化就会引起利润的大幅度变动；而有的因素敏感程度就不那么显著，需要较大的变动才会对利润产生较为明显的影响。通常采用敏感系数来测度变量的敏感程度，计算公式如下：

$$敏感系数 = \frac{目标值变动百分比}{因素值变动百分比}$$

在因素值变动百分比相同的情况下，敏感系数越大，目标值变动越大；反之，敏感系数越小，目标值的变动百分比也越小，对目标值的影响也越小。以下结合简例说明影响企业期间利润的因素的敏感系数。

（一）销售价格的敏感系数

例22：以例19为基础，假设由于市场供求旺盛，MFK公司计划提高产品A的销售价格，目前有两个方案：（1）提价5%，即由目前的200元/件提高到210元/件；（2）提价10%，即由目前的200元/件提高到220元/件。那么，两个方案下企业的利润分别为：

（1）$P=150000\times(210-120)-10000000=3500000$（元）

（2）$P=150000\times(220-120)-10000000=5000000$（元）

变动百分比分别为：

$$\frac{3500000-2000000}{2000000}\times100\%=75\%$$

$$\frac{5000000-2000000}{2000000}\times100\%=150\%$$

根据敏感系数计算公式，分别确定两种情况下销售价格的敏感系数：

（1）价格上涨5%情况下销售价格的敏感系数=75%÷5%=15

（2）价格上涨10%情况下销售价格的敏感系数=150%÷10%=15

可见，无论销售价格上涨5%或10%，销售价格的敏感系数都是15，并不受价格涨幅的影响。但是单价的敏感系数为15，说明单价对利润的影响很大，从百分率来看，营业利润以15倍的速率随单价变化。可见，涨价是提高盈利的最有效手段，价格下跌也是企业最大的威胁。管理者根据单价的敏感系数可知，单价每变化1%，公司营业利润将变化15%，必须格外关注价格因素。

（二）单位产品变动成本的敏感系数

例23：以例19为基础，假设由于原材料市场涨价，MFK公司预计产品A的单位变动成本面临上升压力，管理层预测可能的涨幅为：（1）5%，即由目前的120元/件提高到126元/件；（2）10%，即由目前的120元/件提高到132元/件。这两个方案下企业的利润分别为：

（1）$P=150000\times(200-126)-10000000=1100000$（元）

（2）$P=150000\times(200-132)-10000000=200000$（元）

变动百分比分别为：

$$\frac{1100000-2000000}{2000000}\times100\%=-45\%$$

$$\frac{200000-2000000}{2000000}\times100\%=-90\%$$

根据敏感系数计算公式，分别确定两种情况下单位变动成本的敏感系数：

（1）单位变动成本上涨 5%情况下的敏感系数=-45%÷5%=-9

（2）单位变动成本上涨 10%情况下的敏感系数=-90%÷10%=-9

可见，无论变动成本上涨 5%或 10%，敏感系数都是-9，并不受涨幅的影响。单位变动成本的敏感系数为-9，说明单位变动成本对利润的影响是反向的且比单价要小，单位变动成本每变化 1%，营业利润将变化 9%。由于敏感系数绝对值大于 1，说明变动成本的变化会造成利润更大的变化，属于敏感因素。

（三）固定成本的敏感系数

例 24：以例 19 为基础，假设 MFK 公司计划更新设备，相应地将引起固定成本的增加，根据目前的两个更新方案，固定成本的增加幅度分别为：（1）5%，即由目前的 10000000 元提高到 10500000 元；（2）10%，即由目前的 10000000 元提高到 11000000 元。这两个方案下企业的利润分别为：

（1）$P=150000\times(200-120)-10500000=1500000$（元）

（2）$P=150000\times(200-120)-11000000=1000000$（元）

变动百分比分别为：

$$\frac{1500000-2000000}{2000000}\times100\%=-25\%$$

$$\frac{1000000-2000000}{2000000}\times100\%=-50\%$$

根据敏感系数计算公式，分别确定两种情况下固定成本的敏感系数：

（1）固定成本上涨 5%情况下的敏感系数=-25%÷5%=-5

（2）固定成本上涨 10%情况下的敏感系数=-50%÷10%=-5

可见，无论固定成本上涨 5%或 10%，敏感系数都是-5，并不受涨幅的影响。固定成本的敏感系数为-5，说明固定成本每变化 1%，营业利润将变化 5%。该公司固定成本的敏感系数绝对值大于 1，说明该公司营业利润对固定成本的变化也比较敏感。

（四）销售量的敏感系数

例 25：以例 19 为基础，假设产品 A 市场需求增加，MFK 公司计划增加产销量，根据生产部门提交的方案，存在两种增产的可能：（1）增产 5%，即由目前的 150000 件提高到 157500 件；（2）增产 10%，即由目前的 150000 件提高到 165000 件。这两个方案下企业的利润分别为：

（1）$P=157500\times(200-120)-10000000=2600000$（元）

（2）$P=165000\times(200-120)-10000000=3200000$（元）

变动百分比分别为：

（1）$\dfrac{2600000-2000000}{2000000}\times100\%=30\%$

（2）$\dfrac{3200000-2000000}{2000000}\times100\%=60\%$

根据敏感系数计算公式，分别确定两种情况下产销量变动水平的敏感系数：

（1）增产5%情况下的敏感系数＝30%÷5%＝6

（2）增产10%情况下的敏感系数＝60%÷10%＝6

可见，无论增产5%或10%，敏感系数都是6，并不受增产幅度的影响。销售量的敏感系数为6，说明销售量每变化1%，营业利润将变化6%，敏感系数仍大于1，属于比较敏感因素。

在本例中，四个因素的敏感系数从大到小排列，依次是销售价格（15）、变动成本（-9）、销售量（6）、固定成本（-5）。也就是说，在该经营水平上，对利润影响最大的因素是销售价格，固定成本的影响相对要小一点。其中，敏感系数为正值的，表明它与利润为同向增减变化关系；敏感系数为负值的，表明它与利润为反向增减变化关系；敏感系数的绝对值越大，该因素对营业利润的影响越大，越应该成为目标利润管理的重点。

思 考 题

1. 什么是本量利分析，其基本假设有哪些？本量利分析有何重要作用？

2. 什么是边际贡献？计算边际贡献有何重要意义？

3. 什么是安全边际？计算安全边际指标有什么作用？

4. 为什么说超过盈亏平衡点以上的产销量所获得的边际贡献就是企业的利润？

5. 试述盈亏平衡点、安全边际率、保本作业率三者之间的相互关系。

6. 影响盈亏平衡点的主要因素有哪些？各有关因素是如何影响盈亏平衡点的？

7. 简述目标利润的预测方法和实现目标利润的措施。

8. 什么叫经营杠杆？计算经营杠杆系数有何作用？

9. 多种产品盈亏平衡点的计算方法有哪些？试比较有关具体计算方法的主要特点。

10. 本量利分析中非线性相关的含义是什么？怎样进行非线性条件下的本量利分析？

11. 不确定条件下的本量利分析有何特点？怎样进行不确定条件下的本量利分析？

12. 什么是敏感系数？如何进行本量利的敏感系数分析？

练 习 题

1. 某企业经营甲产品，预计全年产销量50000件，单位产品售价5元，单位产品变动成本3元，全年固定成本70000元。

要求：

（1）计算甲产品盈亏平衡销售量。

（2）计算甲产品的安全边际。

（3）计算甲产品的预期利润。

（4）绘制甲产品的盈亏平衡图。

2. 某企业当月的销售信息和成本信息如下：

销售数量（套）	3500
销售单价（元/套）	2500
单位变动成本（元/套）	2000
当月固定成本（元）	1500000

要求：

（1）计算该企业的单位边际贡献和单位边际贡献率。

（2）计算该企业的当月边际贡献和利润。

（3）计算该企业的盈亏平衡点。

3. 在题 2 的基础上，假定其他销售信息和成本信息不变，完成下列独立情况下的本量利分析：

（1）该企业销售数量为 4000 套。计算企业的边际贡献率和利润。

（2）经过细致科学的分析，如果将价格降低到每套 2400 元，则销售数量会增加到 4000 套。计算该企业新的盈亏平衡点，确定该企业是否采取新的价格政策。

（3）经过细致科学的分析，如果使用一种新的加工机器，则可以大大降低直接人工成本，从而使单位变动成本降低到 1500 元/套，但也会使每月固定成本增加到 2500000 元。计算该企业新的盈亏平衡点，以及该企业是否使用新的加工机器。

4. 某企业经营 A、B 两种产品，全年固定成本 72000 元，其他有关资料如下：

项目	A 产品	B 产品
单位产品售价（元）	5	2.5
产品预计产销量（件）	30000	40000
产品边际贡献率（%）	40	30

要求：

（1）计算该企业综合的盈亏平衡销售收入。

（2）分别计算 A、B 两种产品的盈亏平衡销售量。

（3）计算该企业的安全边际和预期利润。

5. 某企业经营乙产品，上年度的有关资料为：

销售收入　　　　　　500000 元

变动成本　　　　　　350000 元

固定成本　　　　　　240000 元

经营亏损　　　　　　90000 元

要求：

（1）计算在现有条件下使乙产品扭转经营亏损至少需要增加的销售收入。

（2）计算当固定成本增加 6 万元时，乙产品的盈亏平衡销售收入。

（3）计算当固定成本增加 6 万元、边际贡献率提高 10% 时，乙产品的盈亏平衡销售收入。

6. 某企业经营某产品，单位售价 17.5 元，年正常销售量 12000 件，盈亏平衡销售量 6500 件，该产品的边际贡献率 40%。

要求：

（1）计算销售利润率。

（2）计算当所得税税率 25% 时，为实现税后目标利润 23450 元所需要的销售量。

（3）计算为使计划期产品销售利润率达到 20%，在产品售价可提高 8% 时的单位变动成本。

7. 某企业经营 A、B 两种产品，企业的固定成本总额 210000 元，A 产品的单位边际贡献 13 元，B 产品的单位边际贡献 20 元，A、B 产品的产销比例 5：2。

要求：采用联合单位法计算 A、B 产品的盈亏平衡销售数量。

8. 某企业经营某种产品，下年度预计产销量 40000 件，其预计成本如下：材料成本 400000 元，人工成本 360000 元，制造费用 300000 元，销售及管理费用 200000 元。以上各项成本中的变动成本部分分别为 100%、75%、40% 和 25%。

要求：

（1）为使目标销售利润率达到 10% 所应实现的单位产品销售价格。

（2）为使目标销售利润率达到 10%，且单位产品销售价格保持在 30 元时，该产品所应实现的销售收入总额。

9. 某企业经营 A 产品，单位售价 100 元，单位直接材料费 25 元，单位直接人工费 15 元，单位变动性制造费用 15 元，全年固定性制造费用 60000 元，固定性销售及管理费用 40000 元，单位变动性销售及管理费用 5 元。安全边际率 50%，所得税率 25%。

要求：

（1）计算 A 产品的盈亏平衡点、实际销售量及利润总额。

（2）计算 A 产品为实现目标销售利润率 25% 所需要的销售数量。

（3）计算 A 产品计划期销售利润率达到 25%，在单价可提高 5%，其他因素不变时，其单位变动成本应降低到多少？

（4）A 产品下年度广告费将增加 20000 元，单位变动性销售及管理费用将降低 2 元，计算 A 产品实现税后目标利润 116580 元所需要的产销数量。

10. 某企业每年产销 40000 件 C 产品，单位售价 20 元，单位销售成本如下表：

要求：

（1）按变动成本法编制 C 产品利润表。

（2）计算 C 产品保本销售量和销售额。

（3）若目标利润 160000 元，则请计算 C 产品目标利润销售量和销售额。

（4）根据方案预测利润：方案一，产品降价 5%，销售增加 8%；方案二，增加广告费支出 15000 元，可增加销量 8%。计算并从这两套方案中选择最佳方案。

C 产品的单位销售成本　　　　　　　　　单位：元

单位变动成本：	
直接材料	6
直接人工	5
变动制造费用	3
变动销售费用	1
单位固定成本：	
固定制造费用	2
固定管理费用	1

11. 某企业同时经营 A、B 两种产品，全年固定成本总额 166500 元，所得税率 25%，其他有关资料如下：

项目	A 产品	B 产品
销售收入	240000	360000
单位变动成本	8.4	6.5
边际贡献率	40%	35%

要求：

（1）计算该企业的盈亏平衡点、安全边际和利润总额。

（2）计算该企业计划期为实现税后目标利润 55500 元，A、B 产品应分别增加的产销数量。

（3）该企业如何通过调整 A、B 产品的产销结构，实现税后目标利润 36900 元（假定销售收入保持以前的水平不变）。

案例分析

方芳自己经营一所民营学校，主要培养适合企业现实生产经营需要的专业技术人才，主要包括机械加工、英语翻译、厨师等从业人员。在经营过程中，始终有一件让方芳感到困惑不解的事情，那就是如何确定或估算最低招生人数，即当年拥有的学生数达到什么数量时才能保证学校不亏损。方芳也曾根据自己的经验估计过，但是总觉得不是很准确。咨询过专业的会计师后，方芳知道有一个专门的方法——本量利分析方法就是为了解决其困惑的问题而设计的。

学校的收入来源于学生缴纳的学费和食宿费，其变动成本来自于学生宿舍的租金、伙食成本，固定成本来自于行政人员的工资、招生资料费、相关的行政办公室的租金和其他管理费。这里还有一些特殊的成本：（1）上课教室的租金。由于教室容量和教学效果的要求，每间教室只能容纳40人，超过40人就需要租赁一间新的教室。（2）上课的授课费用。按教室数配备教师的课程数，如果教室数增加，则相应的课程数也增加，教师也增加。该学校的年收入和成本信息如下：

收入：	
学生年学费（元/人）	4000
学生年住宿费（元/人）	1000
学生年伙食费（元/人）	2600
变动成本：	
学生宿舍租金（元/人）	800
学生伙食成本（元/人）	1800
固定成本：	
行政人员工资（元/年）	60000
招生资料费（元/年）	200000
行政办公室租金（元/年）	30000
其他管理费用（元/年）	30000
半固定成本：	
教室租金（元/（间·年））	10000
教师授课费用（元/间·年）	50000

要求：（1）计算该学校的盈亏平衡点。

（2）如果当年在校学生为200人，则请计算该学校的利润。

第五章　作业成本计算与管理

第一节　作业成本法的含义与特点

一、作业成本法的由来

20世纪初，全球以劳动密集型生产为主要特征的传统制造业得到了迅速发展。被誉为"科学管理之父"的泰勒创立了旨在控制大批量生产中的直接人工成本的"科学管理学说"，并被广泛应用。直接人工成本约占产品总成本的40%~50%；而作为间接成本的制造费用约占总成本的10%。传统的产品成本核算以直接人工为主，对作为间接成本的制造费用，被认为是出于人工"驱动"产生的，其分配依据也多以数量（如直接人工工时、机器工时等）为基础。可以说，这种传统的产品成本核算方法与当时的生产力和科学技术水平是相适应的。

20世纪70年代发生的第三次技术革命，其主要特征是在电子技术革命的基础上形成生产过程高度的电脑化、自动化。随着生产环境的自动化程度不断提高，产品总成本中的直接人工成本大大减少，而制造费用比例却从10%提高到70%~75%。甚至在一些高新技术的制造企业中出现了完全自动化的、没有生产工人的"无人车间"，根本就没有直接人工成本，取而代之的是大量的制造费用。产品或劳务所耗费的生产资源和其所耗费的人工工时或机器工时之间的相关性越来越弱。这不论是从提高产品成本计算的准确性，还是从提高成本控制的有效性来看，都要求关注制造费用的分配。传统的数量分配基础极大地歪曲了产品对生产资源的消耗情况，计算出来的产品成本越来越偏离实际成本。新的生产环境要求以新的、更符合实际情况的分配基础替代原有的标准对间接费用进行分配，有鉴于此，以作业为基础的作业成本法（Activity-based Costing System，简称ABC法），亦有人称之为作业成本计算法就应运而生了。当然，采用多元化分配制造费用的作业成本法，也带来了庞大的信息处理成本，如果没有现代电子计算技术的应用，将违背成本——效益原则，使作业成本法难以实施。

正是由于上述种种原因，虽然作业成本法的基本思想早在20世纪30年代就已由美国会计学家E. Kohler在研究水力发电的行业和成本特点时形成了，但其真正引起人们的注意却是在20世纪80年代之后。

二、作业成本相关概念

1. 作业

作业是指企业在经营活动中的各项具体活动。如签订材料采购合同、将材料运达仓库、对材料进行质量检验、办理入库手续、登记材料明细账等；又如，机加工车间所进行的车、铣、刨、磨等加工活动；再如，产品的质量检验、包装、入库等。其中的每一项具体活动就是一项作业。一项作业对于任何加工或服务对象，都必须是重复执行特定的或标准化的过程和办法。如轴承制造企业的车工作业，无论加工何种规格型号的轴承外套，都须先经过将加工对象（工件）的毛坯固定在车床的卡盘上，开动机器进行切削，然后将加工完毕的工件从卡盘上取下等的特定动作和方法。执行任何一项作业都需要耗费一定的资源。如上述车工作业，需要耗费人工、材料（如机物料等）、能源（电力）和资本（车床和厂房等）。一项作业可能是一项非常具体的活动，如车工作业；也可能泛指一类活动，如机加工车间的车、铣、刨、磨等所有作业可以统称为机加工作业；甚至可以将机加工作业、产品组装作业等统称为生产作业（相对于产品研发、设计、销售等作业而言）。

2. 成本动因

在作业成本法中，大量地使用着成本动因这一概念。成本动因也称成本驱动因素，是指引起相关成本对象的成本发生变动的因素。在作业成本计算中，成本动因可分为资源动因和作业动因。

资源动因是引起作业成本变动的因素。资源动因被用来计量各项作业对资源的耗用，运用资源动因可以将资源成本分配给各有关作业。例如，产品质量检验工作（作业）需要有检验人员、专用的设备，并耗用一定的能源（电力）等。检验作业作为成本对象，耗用的各项资源，构成了检验作业的成本。其中，检验人员的工资、专用设备的折旧费等成本，一般可以直接计入检验作业；而能源成本往往不能直接计入（除非为设备专门安装电表进行电力耗费记录），需要根据设备额定功率（或根据历史资料统计的每小时平均耗电数量）和设备开动时间来分配。这里，"设备的额定功率乘以开动时间"就是能源成本的动因。设备开动导致能源成本发生，设备的功率乘以开动时间的数值（即动因数量）越大，耗用的能源越多。按"设备的额定功率乘以开动时间"这一动因作为能源成本的分配基础，可以将检验专用设备耗用的能源成本分配到检验作业当中。

作业动因是引起产品成本变动的因素。作业动因计量各种产品对作业耗用的情况，并被用来作为作业成本的分配基础。比如，某车间生产若干种产品，每种产品又分若干批次完成，每批产品完工后都需进行质量检验。假定对任何产品的每一批次进行质量检验所发生的成本相同，则检验的"次数"就是检验成本的作业动因，它是引起产品检验成本变动的因素。某一会计期间发生的检验作业总成本（包括检验人工成本、设备折旧、能源成本等）除以检验的次数，即为每次检验所发生的成本。某种产品应承担的检验作业成本，等于该种产品的批次乘以每次检验发生的成本。产品完成的批次越多，则需要进行检验的次数越多，应承担的检验作业成本越多；反之，则应承担的检验作业成本越少。

3. 作业成本法

作业成本法（Activity-based Costing System，简称 ABC 法）是以作业为基础的成本计算方法。它是将制造费用分配的着眼点放在作业活动上，以作业为核算对象，通过成本动因来确认和计量作业量，再以作业量为基础分配间接费用的一种成本核算方法。作业成本法认为，企业的全部经营活动是由一系列相互关联的作业组成的，企业每进行一项作业都要耗用一定的资源；而企业生产的产品（包括提供的服务）需要通过一系列的作业来完成。因而，产品的成本实际上就是企业全部作业所消耗资源的总和。在计算成本时，首先，按经营活动中发生的各项作业来归集成本，计算作业成本；然后，再按各项作业成本与成本对象（产品或服务）之间的因果关系，将作业成本追溯到成本对象；最终，完成成本计算过程。

"不同目的，有不同的成本"。比如，为了进行战略性盈利分析，人们会计算和使用企业在全部经营活动中发生的成本，即价值链成本。价值链成本是指产品的设计、开发、生产、营销、配送和售后服务耗用作业成本的总和。价值链成本的计算，是先将企业发生的全部资源耗费分配到价值链的一系列作业上，再将各项作业成本分配到产品。又如，为了进行短期决策，需要计算单位产品变动成本。再如，企业为了对外提供财务报告，则应按对外报告的要求，计算产品的生产成本。运用作业成本法，可以将制造成本、销售费用、管理费用等间接成本，更加准确地分配到有关产品，从而得到满足不同目的需要的成本信息。不过，在运用作业成本法计算产品成本时，通常关注的重点是制造成本，强调制造费用的分配。在作业成本法下，直接成本可以直接计入有关产品，而其他间接成本（制造费用等）则首先分配到有关作业，计算作业成本，然后再将作业成本分配到有关产品。作业成本法仍然可以分为品种法、分批法和分步法等成本计算基本方法，或者说作业成本法可与品种法、分批法和分步法结合起来运用。

三、作业成本法的主要特点

作业成本法的主要特点，是相对于以产量为基础的传统成本计算方法而言的。

1. 成本计算分为两个阶段

作业成本法的基本指导思想是"产品消耗作业、作业消耗资源"。根据这一指导思想，作业成本法把成本计算过程划分为两个阶段。第一阶段，将作业执行中耗费的资源追溯到作业，计算作业的成本并根据作业动因计算作业成本分配率；第二阶段，根据第一阶段计算的作业成本分配率和产品所耗费作业的数量，将作业成本追溯到各有关产品。

传统的成本计算方法，首先，将直接成本追溯到产品，同时，将制造费用追溯到生产部门（如车间、分厂等）；然后，将制造费用分摊到有关产品。传统的成本计算方法分两步进行：第一步，除了把直接成本追溯到产品之外，还要把不同性质的各种间接费用按部门归集在一起；第二步，以产量为基础，将制造费用分摊到各种产品。传统方法下的成本计算过程，虽然也分为两步，但实际上，是把生产活动中发生的资源耗费，通过直接计入和分摊两种方式计入产品成本，即"资源→产品"。而作业成本法下成本计算的第一阶段，除了把直接成本追溯到产品以外，还要将各项间接费用分配到各有关作业，并把作业看成是按产品生产需求重新组合的"资源"；在第二阶段，按照作业消耗与产品之间不同的因果关系，将作业成本分配到产品。因此，作业成本法下的成本计算过程可以概括为："资源→作业→产品"。作业成本法经过两个阶段的计算，把在传统成本计算方法下的"间接成本"变成了直接成本。

2. 成本分配强调可追溯性

作业成本法认为，将成本分配到成本对象有三种不同的形式：直接追溯、动因追溯和分摊。作业成本法的一个突出特点就是强调以直接追溯或动因追溯的方式计入产品成本，而尽量避免分摊方式。

　　分摊是一种简便易行且成本较低的成本分配方式。这种成本分配方式建立在某种特定的假设前提之下。当这一特定的假设前提符合成本与成本对象之间的因果关系时，分配的结果是相对准确的；否则，就会扭曲成本，影响成本的真实性。以产量为基础的传统成本计算方法，对制造费用等间接成本采用分摊的方式，就是建立在"产量高的产品耗用的资源多"这样一个假设前提之下的。

　　在经济不是十分发达、科学技术相对落后的环境下，在劳动密集型企业中，往往是常年大批量生产少数几种产品，而且产品的直接材料、直接人工在产品成本中所占比重较大（高的可达70%以上），而制造费用等间接成本所占比重较小。在这样的企业中，按照传统的成本计算方法，材料、人工等成本直接追溯到对象；制造费用等间接成本，按照产品的产量或与产量密切相关的人工工时、人工成本等单一的成本分配基础分摊到各有关产品，产品成本的真实性不会出现大问题。这是因为：一方面，这类企业间接成本的主要内容无一定的因果关系。某种产品的产量越高，耗费的人工工时越多，使用机器设备等固定资产的时间越长，耗用的燃料和动力越多，自然应承担的成本越高；反之，应承担的成本越低。另一方面，由于间接成本在产品成本中所占比重较小，即使分配不够准确，对产品单位成本的影响也相对较小。与这种情况相适应，传统的以产量为基础的成本计算方法所得到的成本信息，一般可以比较真实地反映实际情况，能够满足企业管理与决策的需求。相反，追求过细的间接成本分配方法，不仅实际意义不大，而且经济上不合算，不符合"成本—效益原则"。

　　随着经济的发展，企业为满足客户需求，产品和服务朝着多品种、小批量、个性化发展，尤其是在一些技术密集型企业中，产品成本中直接材料和直接人工成本所占比重较低，而制造费用所占比重较高。在这样的企业中，采用单一的产量基础分摊制造费用，往往会造成产品成本的扭曲，成本信息严重失真。它不仅不能及时地为控制与决策提供更多的有用信息，而且还会误导决策。

　　作业成本法的成本分配主要使用直接追溯和动因追溯。

　　直接追溯是指将成本直接确认分配到某一成本对象的过程。这一过程是可以实地观察的。例如，确认一台电视机耗用的显像管、集成电路板、扬声器及其他零部件的数量是可以通过观察而实现的。再如，确认某种产品专用生产线所耗用的人工工时数，也是可以通过观察投入该生产线的工人人数和工作时间而实现的。显然，使用直接追溯方式最能真实地计算产品成本。

　　动因追溯是指根据成本动因将成本分配到各个成本对象的过程。生产活动中耗费的各项资源，其成本不是都能直接追溯到成本对象的。对不能直接追溯的成本，作业成本法则强调使用动因（包括资源动因或作业动因）追溯方式，将成本分配到有关成本对象（作业或产品）。采用动因追溯方式分配成本，首先必须找到引起成本变动的真正原因，即成本与成本动因之间的因果关系。如前面所说的检验作业应承担的能源成本，以设备单位时间耗电数量和设备开动时间（即耗电量）作为资源动因进行分配，是因为设备单位时间耗电量和开动时间与检验作业应承担的能源成本之间存在着因果关系。又如，各种产品应承担的检验成本，以产品投产的批次数（即质量检验次数）作为作业动因进行分配，是因为检验次数与产品应承担的检验成本之间存在着因果关系。动因追溯虽然不像直接追溯那样准确，但只要因果关系建立恰当，成本分配的结果同样可以达到较高的准确程度。

作业成本法强调使用直接追溯法和动因追溯法来分配成本，尽可能避免使用分摊方式，因此，能够提供更加真实、准确的成本信息。在这里之所以使用"强调"一词，而不使用"要求"或"必须"，是因为在实务中，存在着少数作业成本不能采用直接追溯或动因追溯方式进行分配。但由于这部分成本所占比重较小，不会对产品成本的准确性产生较大影响，因而不会导致成本严重扭曲。

3. 成本追溯使用众多不同层面的作业动因

一个企业仅以员工的工龄长短来确定工薪等级，并据以向员工分配薪酬，往往会造成分配上的不合理。如果同时考虑员工工龄的长短、技术水平的高低、工作能力的大小、创造财富的多少等因素来确定员工的工薪，就会使情况得到明显地改善，使分配更加合理，也更能充分反映员工对企业的贡献。同样道理，在传统的成本计算方法下，产量被认为是能够解释产品成本变动的唯一动因，并以此作为分配基础进行间接费用的分配。而制造费用是一个由多种不同性质的间接费用组成的集合，这些性质不同的费用有些是随产量变动的，而多数则并不随产量变动，因此用单一的产量作为分配制造费用的基础显然是不合适的。

作业成本法的独到之处，在于它把资源的消耗首先追溯到作业，然后使用不同层面和数量众多的作业动因将作业成本追溯到产品。不同层面的作业动因包括单位动因（即以单位产品或其他单位产出物为计量单位的作业动因）、批次动因（即以"批"或"次"为计量单位的作业动因）以及产品动因（即以产品的品种数为计量单位的作业动因）等，而且每一层面的动因远不止 1~2 个。从运用作业成本法计算产品成本的企业实践来看，一般使用的动因在 30~50 个。采用不同层面的、众多的成本动因进行成本分配，要比采用单一分配基础更加合理，更能保证成本的准确性。

第二节 作业成本计算

一、作业成本法的理论依据

作业成本法是指将制造费用分配的着眼点放在作业活动上，以作业为核算对象，通过成本动因来确认和计量作业量，再以作业量为基础分配间接费用的一种成本计算方法。它突破了传统的全部成本法的束缚，把成本计算从以"产品"为中心转移到以"作业"为中心上来，使成本核算深入到作业层面，并以作业为单位归集成本，把作业或称作业库（Activity Cost Pool）的成本按动因分配到产品。可见，作业决定资源的消耗量，最终产品成本与资源消耗量的高低没有直接关系，只与作业的消耗量直接相关。作业成本法的指导思想是"产品消耗作业，作业消耗资源"。作业可以看成是连接产品与资源的纽带，不仅产品成本是最终的成本计算对象，而且处于"中介"地位的作业也应成为重点成本计算对象。产品、作业、资源之间的关系如图 5-1 所示。

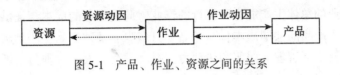

图 5-1 产品、作业、资源之间的关系

图 5-1 中，实线箭头表示成本计算和形成的过程，虚线箭头则表示资源的消耗过程。资源是成本的源泉，是指企业为了得到产出而投入的一切生产要素，包括直接人工、直接材料、生产维持成本（如后勤、辅助人员工资等）、间接制造费用，以及生产过程以外的成本（如广告费等）。产品是指广义的产品，也即成本对象，包括若干工业品、劳务、信息等。作业是指一个组织内为了某种目的而进行的消耗资源的活动。资源动因是指资源消耗量与作业之间的逻辑关系，它联系着资源和作业，应把资源（生产费用）分配到作业成本上。作业动因是指作业消耗量与产品之间的逻辑关系，它是分配作业成本到产品或劳务的标准，也计量了每类产品消耗作业的频率。比如，当使用机器生产产品并将"操作机器"定义为一个作业时，则"机器运转小时"即可成为一个作业成本动因。如果生产A 产品使用机器所花费的运转时间占总数的 80%，则作业"操作机器"发生的机器折旧、修理费用、能源消耗、润滑油、标准费等成本的 80% 就应归集到 A 产品上。

二、作业成本法的计算程序

作业成本计算法的基本计算程序如下：

（一）确认主要作业

1. 作业的认定

作业的认定就是对每项消耗资源的作业进行定义，识别每项作业在生产活动中的作用与其他作业的区别，以及每项作业与耗用资源的联系。作业认定有两种形式：一种是根据企业总的生产流程，自上而下进行分解；另一种是通过与员工、管理人员进行交谈，自下而上确定他们所做的工作，并逐一认定各项作业。

2. 作业的分类

作业认定后，接下来的工作就是将作业划分为不同级别的作业中心。在制造企业，常将作业分成四个类型。

（1）单位作业（Unit Level Activity）或与产品产量有关的作业，是指每生产一个单位的产品或劳务就执行一次的作业，即这类作业及其成本与产量有关，随着产量的增减而增减，如直接人工或直接材料的使用、机器保养等。

（2）批量作业（Batch Level Activity）或与产品批次有关的作业，是指每生产一批产品或劳务就执行一次的作业，即这类作业及其成本与产品批次有关，随着产品批次的增减而增减，如设备调整、质量检验、材料处理等。

（3）产品作业（Product Level Activity）或与产品项目有关的作业，是指为了特定产品或生产线的存在而执行的作业，即这类作业及其成本与品种或生产线相关，如产品设计、客户关系处理、采购和零部件管理等。

（4）产能或生产能力作业（Facility Level Activity）或与产品设施有关的作业，是指为了维护整个企业的总体生产能力而执行的作业，此类作业的成本与提供良好的生产环境有关。它属于各类产品的共同成本，与产品项目多少、某种产品生产批次、某批产品的产量无关。具体包括工厂管理、照明和热动力、财产贮存、人事管理与培训等。

3. 确认主要作业

一个企业作业的种类很多，如果将所有的作业全部用来设计作业成本计算系统，则肯定不符合成本效益原则，最终作业的确定需要会计师的专业判断。一般来说，作业成本管理系统主要有采购、客户订单处理、质量控制、生产控制、生产准备、加工制造、材料处理、维修等作业。

（二）建立"同质组"与"同质成本库"

建立作业同质组，也就是在作业按产出方式分类的基础上，进一步按作业动因分类，将具有相同作业动因的作业，按一定要求合并在一起，形成同质组或同质成本库。纳入同一个同质组的作业，须同时具备两个条件：（1）必须属于同一类作业；（2）对于不同产品来说，有着大致相同的消耗比率。

（三）将资源成本分配给作业

资源成本可以通过直接分配或估计的方法分配给作业。直接分配即按客观、真实的尺度来对资源进行计量，测算作业所消耗的经营资源的实际数额。例如，机器运转所耗用的电费可以通过查电表，将其直接分配到机器运转作业中。在缺乏或很难获取直接分配基准的情况下，往往采用调查和询问的方式来估计作业所消耗的经营资源成本。

（四）计算作业成本分配率

作业成本分配率是根据作业成本和作业量计算的，计算公式如下：

$$作业成本分配率 = 作业成本 \div 作业量$$

（五）按作业动因将作业成本分配给最终产品

作业动因是各项作业被最终产品消耗的方式和主要原因。例如，调整准备作业的作业动因是调整设备次数，质量检验作业的成本动因是检验小时。某产品耗用的作业成本为：

$$某产品耗用的作业成本 = \sum (该产品耗用的作业量 \times 实际作业成本分配率)$$

（六）计算产品成本

作业成本法的目标是计算出最终产品的成本。将直接材料成本、直接人工成本与分配给某产品的各作业成本库分摊的制造费用加总，计算出最终产品成本。某产品当期应承担的成本为：

某产品的成本 = 当期投入该产品的直接成本 + 该产品当期耗用的各项作业成本

例1：皖巢公司是一家生产甲、乙两种产品的企业。甲产品产量高，技术水平要求低，年产量10000件；乙产品产量低，技术水平要求高，年产量5000件。在作业成本核算系统下，该企业按作业过程将制造费用划分为生产订单、质量检验、机器调整准备、机器维修、原材料进货五个成本库。甲、乙产品的制造费用分配表如表5-1所示。

表 5-1 皖巢公司制造费用分配表

成本动因	可追溯成本（元）	作业量（次）			分配率（元/次）
		甲产品	乙产品	合计	
生产订单次数	10000	300	100	400	25
质量检验次数	10000	400	600	1000	10
机器准备次数	22500	300	450	750	30
机器维修次数	30000	120	280	400	75
原材料进货次数	15000	140	60	200	75
合计	87500	/	/	/	/

甲、乙产品的直接成本资料如表 5-2 所示。

表 5-2 皖巢公司直接成本分配表

产品名称	直接人工（小时）	单位直接人工（小时/件）	小时工资率（元/小时）	单位直接材料（元/件）
甲产品	7500	0.75	12	2
乙产品	1250	0.25	12	0.8

要求：根据以上资料，分别按全部成本法和作业成本法计算甲、乙产品的总成本和单位成本。

具体计算分析如下：

（1）按全部成本法计算的制造费用分配情况如下：

制造费用分配率＝87500÷（7500+1250）＝10（元/小时）

甲产品应分配的制造费用＝7500×10＝75000（元）

乙产品应分配的制造费用＝1250×10＝12500（元）

（2）按作业成本法计算的制造费用分配情况如下：

甲产品应分配的制造费用＝300×25+400×10+300×30+120×75+140×75

＝40000（元）

乙产品应分配的制造费用＝100×25+600×10+450×30+280×75+60×75

＝47500（元）

通过以上计算，我们可以得出不同计算方法下两种产品的总成本和单位成本，如表 5-3 所示。

表 5-3　　　　　　　　　　　　皖巢公司产品成本计算表

成本项目	甲产品（产量10000件）				乙产品（产量5000件）			
	总成本（元）		单位成本（元/件）		总成本（元）		单位成本（元/件）	
	全部成本法	作业成本法	全部成本法	作业成本法	全部成本法	作业成本法	全部成本法	作业成本法
直接材料	20000	20000	2	2	4000	4000	0.8	0.8
直接人工	90000	90000	9	9	15000	15000	3	3
制造费用	75000	40000	7.5	4	12500	47500	2.5	9.5
合计	185000	150000	18.5	15	31500	66500	6.3	13.3

由以上计算可以看出，采用不同的成本计算方法，会得出不同的成本信息，而不同的成本信息会直接影响企业的经营决策。在全部成本法下，这种不合理的成本费用可能会导致不合理的定价，从而造成产品的盈利水平失真，表面盈利的产品可能是由于低估了成本费用，而表面亏损的产品可能实际上是盈利的。

例2：宏达公司生产A、B、C三种电子产品，产品A工艺最简单，产品C工艺最复杂。公司设有一个生产车间，主要工序包括零部件排序准备、自动插件、手工插件、压焊、技术冲洗及烘干、质量检测与包装，原材料与零部件均外购。该企业当月制造费用总额3714000元。宏达公司一直采用传统成本计算法计算产品成本。有关基本数据如表5-4所示。

表 5-4　　　　　　　　　　　　A、B、C 三种产品有关资料

项目	产品 A	产品 B	产品 C
产量（件）	40000	20000	8000
班次	由4个班次完成	由1个班次完成	由10个班次完成
直接材料（元）	90	50	20
直接人工工时（小时/件）	4	3	2
每变换一个班次准备时间（小时）	10	10	10
装配工时（小时/件）	1.25	1	2
直接人工工资率（元/小时）	20	20	20
准备人工工时成本（元/小时）	20	20	20

要求：根据上述资料，采用全部成本法计算A、B、C三种产品的单位成本。

具体计算如下：

（1）计算综合性的预计制造费用分配率。

各产品预计的直接人工小时：

产品 A　　40000×4＝160000（小时）

产品 B　　20000×3＝60000（小时）

产品 C　　8000×2＝16000（小时）

直接人工小时合计＝236000（小时）

综合性的预计制造费用分配率＝3714000÷236000＝15.74（元/小时）

（2）各产品单位成本的计算如表5-5所示。

表5-5　　　　　　　　　传统成本计算法下各产品单位成本计算表　　　　　单位：元

项　目	产品 A	产品 B	产品 C
直接材料	90	50	20
直接人工	80（20×4）	60（20×3）	40（20×2）
制造费用	62.96（15.74×4）	47.22（15.74×3）	31.48（15.74×2）
合计	232.96	157.22	91.48

例3：仍以例2为基础，现假设该公司采用成本加成定价法作为企业的定价策略，并按成本的25%加成作为目标售价，则各产品的实际售价将分别定为291.2元、196.525元、114.35元。但这样的结果令企业管理当局十分困惑，产品 A 按目标售价正常出售；但市场上与产品 B 相类似的产品单位售价仅为180元，若宏达公司也按此价格出售，则将无法弥补各项销售管理费用而产生亏损；而产品 C 的订单特别多，即便将价格提高到200元，现有生产能力也仍然不能满足市场需求。

要求：采用作业成本计算法，计算 A、B、C 三种产品的单位成本。

具体计算分析如下：

（1）确认作业，确认作业中心。

宏达公司在对制造费用作出详细分析后，将生产过程中的作业分为7个作业中心，各作业中心全年的作业成本如表5-6所示。

表5-6　　　　　　　　　　　各作业中心全年的作业成本　　　　　　　　　单位：元

制造费用	金额	制造费用	金额
装配	1212600	产品包装	250000
调整准备	3000	工程处理	700000
物料处理	620000	综合管理	507000
质量保证	421000	合　计	3704000

（2）建立成本库。

将以上制造费用按作业的成本动因归属于各层次的成本库，其结果是：

①"单位"层次的成本库："装配"1212600元。

②"批"层次的成本库:"调整准备"3000元;"物料处理"620000元;"质量保证"421000元;"产品包装"250000元。

③"产品"层次的成本库:"工程处理"700000元。

④"综合能力维持"层次的成本库:"综合管理"507400元。

各作业成本库的成本动因作业量如表5-7所示。

表5-7　　　　　　　　　　各作业成本库的成本动因作业量

制造费用	成本动因	作业量			
		产品A	产品B	产品C	合计
装配	机器小时(小时)	50000	20000	16000	86000
调整准备	准备次数(批次)	4	1	10	15
物料处理	材料移动(次数)	30	7	63	100
质量保证	检验小时(小时)	2000	1000	2000	5000
产品包装	包装次数(次)	600	80	1320	2000
工程处理	工程处理时间(小时)	900	500	600	2000
综合管理	直接人工(小时)	160000	60000	160000	236000

(3)进行各项间接费用的分配。

在作业成本法下,单位产品各项间接费用的分配如表5-8所示。

表5-8　　　　　　　　　作业成本法下单位产品间接费用分配表

"装配"成本:

产品A:1212600÷86000×1.25=17.625(元/件)

产品B:1212600÷86000×1=14.10(元/件)

产品C:1212600÷86000×2=28.20(元/件)

"调整准备"成本:

产品A:3000÷15÷(4000÷4)=0.02(元/件)

产品B:3000÷15÷(2000÷1)=0.01(元/件)

产品C:3000÷15÷(8000÷10)=0.25(元/件)

"材料处理"成本:

产品A:620000×30÷100÷40000=4.65(元/件)

产品B:620000×7÷100÷20000=2.17(元/件)

产品C:620000×63÷100÷8000=48.825(元/件)

"质量保证"成本：

　　产品 A：421000×2000÷5000÷40000 = 4.21（元/件）
　　产品 B：421000×1000÷5000÷20000 = 4.21（元/件）
　　产品 C：421000×2000÷5000÷8000 = 21.05（元/件）

"产品包装"成本：

　　产品 A：250000×600÷2000÷40000 = 1.875（元/件）
　　产品 B：250000×80÷2000÷20000 = 0.5（元/件）
　　产品 C：250000×1320÷2000÷8000 = 20.625（元/件）

"工程处理"成本：

　　产品 A：700000×900÷2000÷40000 = 7.875（元/件）
　　产品 B：700000×500÷2000÷20000 = 8.75（元/件）
　　产品 C：700000×600÷2000÷8000 = 26.25（元/件）

"综合管理"成本：

　　产品 A：507400÷236000×4 = 8.6（元/件）
　　产品 B：507400÷236000×3 = 6.45（元/件）
　　产品 C：507400÷236000×2 = 4.3（元/件）

（4）计算产品单位成本

综合上述资料，计算的 A、B、C 产品的单位成本如表5-9所示。

表5-9　　　　　　　　　　　　各产品单位成本计算表

项目	产品 A	产品 B	产品 C
直接材料（元）	90	50	20
直接人工（元）	80（20×4）	60（20×3）	40（20×2）
制造费用（元）			
"单位"层次：			
装配成本	17.625（14.1×1.25）	14.1（14.1×1）	28.2（14.1×2）
"批"层次：			
准备成本	0.02	0.01	0.25
物料处理	4.65	2.17	48.825
质量保证	4.21	4.21	21.05

项目	产品 A	产品 B	产品 C
产品包装	1.875	0.5	20.625
"产品"层次：			
工程处理成本	7.875	8.75	26.25
"综合能力维持"层次：			
综合管理	8.6	6.45	4.3
合计	214.855	146.19	209.50

比较传统成本计算法与作业成本计算法所得到的单位成本，可以看出，在作业成本计算法下，产品 A、B 的单位成本均有所降低，产品 C 的单位成本大大提高。究其原因在于，传统成本计算法下全部制造费用均按直接人工小时分摊，但事实上并非所有产品的成本动因都是人工小时，C 产品耗用的工工时少，其分配的制造费用低，因而其单位产品成本低。而在作业成本法下，C 产品的物耗处理、工程处理、装配等方面的成本高，使其单位产品成本远高于传统成本计算法下的成本。因此，传统成本计算法提供的成本信息严重扭曲，会对经营决策（特别是产品定价决策）产生严重的误导。

三、作业成本法的应用探讨

作业成本法为解决在新制造环境下间接成本费用的分配问题提供了一条崭新的思路和一整套系统的方法，一般来说，其适应于制造费用比重大、项目多的企业。在实际工作中，可根据具体情况，灵活运用。

（1）不必要求制造费用全部参加分配，对一些数额较大的项目，如车间生产特定产品的设备维修费、折旧费应直接计入该产品成本，余下的制造费用再分配计入产品成本。

（2）当各车间制造费用分配率差距较大时，尽管成本采用一级核算，制造费用也要按各车间进行分配。规模大的企业可缩小核算单位，按班组或工段归集、分配制造费用。

（3）制造费用必须采用合适的分配标准。当一个车间用一个标准分配制造费用难以保证其准确性时，可将制造费用分类，采用不同的标准分配。例如，制造费用中的折旧费、修理费、外购动力费可按机器工时分配，机物料消耗、劳动保护费等可按直接人工成本分配。

（4）用折合工时进行分配。无论是按实际工时还是按定额工时来分配制造费用，都忽视了各种生产设备每小时制造费用水平的不同，尤其对那些设备型号多、精密性相差悬殊的企业。因此，必须根据实际情况，将设备分为若干类，以各类设备每小时的折旧费、修理费、保养费等，或每小时加工价格为依据，确定折合计算标准工时系数，然后根据这个系数将各种产品的各类工时折合为标准工时，据以分配制造费用。

综上所述，作业成本法从本质上来说是一种费用分配方法，是为了提供更准确的成本信息而对传统的全部成本法所作的改进，它并不是完全否定传统的全部成本法，它的目的在于通过对生产流程作更细致的分析，更准确地分配制造费用。

四、作业成本计算法的特点

（一）优点

1. 成本计算精确

在作业成本计算法下，将间接成本按作业活动分为各种成本库，各自选择适当的成本动因作为分摊作业成本的基础，计算产品成本，这样能够反映生产所耗用的资源，从而使产品成本计算更为精确。而且，企业的作业活动不限于生产，因此按作业活动分摊及归集的成本涵盖了与产品成本有关的所有成本，使成本信息更为完整，与定价、生产、销售等决策的相关性更强，从而有利于企业作出最优决策。

2. 有利于成本的规划与控制

通过分析作业成本及相关成本，管理人员可以了解公司资源运用的情况，以及各项作业成本的多少，从而有助于进行妥善的资源规划，并尽量选择较低的作业以满足顾客的需求。同时，在作业成本计算法下，成本动因是引发作业成本发生的主要原因，因此人们可以通过对成本动因的管理而有效地控制成本。并且，通过各项作业成本的归集，管理人员可以找出无附加价值的活动，并尽可能减少或消除此类活动。例如，工厂中由于厂区、设备规划不当而造成的原材料、零部件或半成品等在各工序之间的搬运而导致成本的发生，无助于产品价值的增加，此类活动或作业就应当减少或消除。

此外，作业成本计算法的实施还可以使责任成本归属更加明确，使管理上的问题更易发现而得到及时改进。例如，由相关人员共同协商制定各项作业成本的预计分摊率，以各项作业成本的实际成本和预计成本比较，就可以发现发生问题的作业及其责任人或责任单位。因此，从成本控制和绩效考评的角度看，作业成本计算法比传统成本计算法更有效。

（二）缺点

1. 不易划分作业活动

一个企业作业的种类很多，如果将公司整体的经营活动都仔细划分为不同的作业，则往往会花费巨大的费用和人力。因此，如何适当地将企业活动划分为适量的作业中心，需要管理者仔细衡量。

2. 不易确认成本动因

有一些作业活动的成本动因不易确认，必须依赖人为的主观判断。

3. 实施的效益未必高于成本

对于作业项目繁杂或产品种类多样的公司来说，实施作业成本计算法所耗费的作业确认成本、账务处理成本等，很可能超过其效益，这就需要评估实施作业成本计算法的可行性。

第三节　作业成本管理

一、作业成本管理的意义

作业成本管理（Activity-based Cost Management，ABCM）是指企业利用作业成本计算所获得的信息进行作业管理，以达到不断消除浪费、实现持续改善、提高客户价值，并最终实现企业战略目标的一系列活动。

现代企业被看做是为客户提供有用的产品或服务，以更好地为实现客户价值而设计的由一系列作业组成的价值链。客户价值是指客户所得与所费之间的差额。"所得"是指客户从所购买的产品（或服务）中获得的有形和无形利益，包括产品（或服务）的功能、质量、外观、使用说明、品牌乃至心理上的满足；"所费"是指为获得该项产品（或服务）的有形和无形利益而发生的各项成本，包括购买成本、掌握产品的使用方法所耗费的时间、使用中花费的其他成本、维修成本等。不断提高客户价值，企业才能吸引和赢得更多的客户，从而扩大产品的市场份额，最终实现企业盈利目标。价值链是指为了实现一项特定目标而进行的一系列相互关联的作业组合。它是企业经营全过程，包括研发、设计、生产、营销、配送等；有些是指某一特定过程中所包含的相互联系的各项作业。例如，为了实现降低原材料采购成本这一目标，必须包括采购计划的拟定、供应商的选择、签订采购合同、运输、保险、质量检验等一系列作业，而不是其中某一项作业。又如，企业为了提高客户价值，则往往需要对研发、设计、原料采购、生产、营销、配送等各个方面的作业乃至整个作业链，进行不断改进、完善，以提高产品有用性，增加客户的有形和无形利益，不断消除浪费，全面降低成本。

作业成本法的产生为成本管理提供了一种新思维，同时，它也对整个会计信息系统产生了较大的影响，展示了成本计算方法由"数量基础"到"作业基础"的最新进展。前面，我们已经了解了管理者如何按作业成本法计算各种产品的成本。对于一个拥有上百种甚至上千种产量不同、工艺不同、规格不同的产品的企业，作业成本法的应用效果是最为显著的。但作业成本计算的作用远不止成本计算，ABC 以作业为中心的管理思想，现在已从成本的确认、计量方面转移到企业管理的诸多方面，一个新的现代企业管理思想——作业管理（ABM）正在形成。作业管理是把管理重心深入到作业层次的一种新的管理观念。作业管理的研究领域除了生产过程，还把供应者、顾客这类作业链的投入端与产出端作为独立的分析对象（如顾客盈利性分析），同时也针对作业链整体进行分析。可以说，发展至今，作业成本管理已成为以作业为核心、成本分配观和过程分析观二维导向、作业成本计算与作业管理相结合的全面成本管理制度。

二、作业成本法的二维观念

作业成本计算法的"二维"观念是指成本分配观和过程分析观。

1. 成本分配观（Cost Assignment View）。成本分配观从"成本流动"与"资源流动"两个侧面全面地提供有关资源、作业和成本对象的信息。它可概括为"资源—作业—成本—对象"。成本对象引起作业需求，而作业需求又引起资源的需求，这是成本分配的"资源流动"。成本分配观的"成本流动"却恰好相反，它从资源到作业，而后从作业到成本对象。

2. 过程分析观。过程分析观提供"何种因素引起作业以及作业完成效果如何"的信息，企业可以利用这些信息不断优化经营过程，从而实现持续改善。它可概括为"经营过程分析—作业—持续经营"。作业管理体现了作业成本法的过程观，其目的在于对作业链进行持续改善，以便企业获得竞争优势。

成本分配观导向下所提供的信息有助于分析资源、作业与产品这三者之间的关系，准确计量产品成本，寻找成本管理的突破点，实施目标成本法，进行顾客盈利性分析。过程分析观导向下提供的信息反映作业过程的动态关系，为从根源上控制成本、评价业绩、持续改善生产经营创造了条件。

从作业管理的实质来看，作业管理的主要目标有两个：一是从外部顾客的角度出发，尽量通过作业为顾客提供更多的价值；二是从企业自身角度出发，尽量从顾客提供的价值中获取更多的利润。为实现上述两个目标，企业管理必须深入到作业水平，进行作业分析，进而进行作业管理。

三、作业分析

对作业分析的理解有广义和狭义之分。狭义的作业分析仅指认识和区分作业。显然仅仅认识和区分作业并不能满足管理需要，我们需要通过认识和分析作业，将作业作为成本核算和管理的对象。所以，一般需要将细小的作业整合成本计算的对象，以及对具体作业的改进纳入作业分析的概念中去，从而形成广义的作业分析概念。广义的作业分析是指对一个企业所进行的作业的辨认、描述、评价和改进的过程。它能为企业提供如下信息：进行了多少作业，多少人参与了作业，作业所耗费的时间和资源，评价作业对企业的价值，分辨"增值作业"和"非增值作业"。

实行作业分析的目的在于认识企业的作业过程，以便从中发现持续改善的机会及途径。具体目的主要表现在以下几个方面：使企业了解主要作业目前的成本耗费水平和企业的工作业绩；为降低成本或改进业绩提供相应的作业信息，为作业的改进提供信息；辨别从属的、次要的和非增值的作业；辨别跨机构、跨组织作业问题。作业分析的步骤如下：

(一) 分析客户产品或服务的"价值观"

产品或服务的"价值观"是指影响客户对本企业所提供的产品或服务价值高低评价的各种因素。价值高低可以用"客户愿意支付的价格"来衡量。只有明确判断影响客户评价的各种因素，企业才能发现哪些作业能够增加产品的价值，而哪些作业不能增值。影响客户"价值观"的因素有很多，不同类型的客户往往具有不同的"价值观"。因此，在进行"价值观"分析时，企业应明确自己的市场定位，即哪些客户是本企业争取的对象，只有对这些特定类型的客户进行分析，才能直接获得改善作业链的机会。

(二) 分析作业之间的联系

企业各项作业间存在有机联系，形成作业链。作业链的改善并非靠各项作业逐一优化来实现，而是要通过各项作业的协调改善来完成。理想的作业链应该是使作业完成的时间最短和重复次数最少。由此我们知道,作业管理不仅仅是一项管理工作,而且更为重要的是,它还是不断改进作业活动的动态过程。

(三) 区分增值作业与非增值作业

作业按其是否具有增值性,可以分为增值作业和非增值作业两类。

1. 增值作业 (Value Added Activity)

增值作业是指企业生产经营所必需的、且能为顾客带来价值的作业。这里所说的价值是指顾客对企业向他们提供的产品或服务所愿意支付的价格。企业如果消除了这类作业,就会影响顾客所愿意支付的价格。处于生产工艺流程中的各项作业一般都是增值作业,如采购订单的获取、在产品的加工以及完工产品的包装均属于增值作业。对于增值作业,企业要做的是努力提高其执行效率。

2. 非增值作业 (Non-value Added Activity)

非增值作业是指对增加顾客价值没有贡献的作业,或者即使消除也不会降低产品价值的作业。顾客不会因为企业消除这类作业而降低所愿意支付的金额。非增值作业的判别标准是企业把该作业消除后仍能为顾客提供与以前具有同样的效果的产品或服务。非增值作业是企业作业成本管理的重点。实际上,在一个企业所从事的作业中,非增值作业占有相当大的比重,存在巨大的改进潜力。企业应合理安排作业及各作业之间的联系,竭力减少非增值作业的执行。一般来说,一个企业的非增值作业主要有:

(1) 计划作业。该作业要耗费时间和资源来决定如何生产、生产多少、何时生产。

(2) 移动作业。该作业要耗费时间和资源将原材料、在产品和产成品从一个部门转移到下一个部门。如原材料、在产品和产成品的搬运。

(3) 等待作业。原材料或在产品未被下一道工序及时加工而存在等待作业,这一作业也要耗费时间和资源。

(4) 检查作业。该作业要耗费时间和资源来确保产品符合标准。如产品因质量问题所进行的返修、重复检测。

(5) 储存作业。该作业要消耗时间和资源保存原材料或产品。如存货的存储、分类、整理。

值得强调的是,我们不能根据一项作业在产品生产过程中是否具有可消除性来判断其是否属于非增值作业。例如,原材料搬运作业通常不可能完全消除,但该作业属于非增值作业。相反,某些产品的包装这项作业具有可消除性,企业可以采用散装方式向顾客销售,但是顾客往往不愿按带有包装产品的价格购买。所以,包装作业通常属于增值作业,尽管有时它具有可消除性。

(四) 分析重要性作业

企业的作业通常多达几十种,甚至上百种、上千种,对这些作业一一进行分析是不必要的,因为这样做不符合成本—效益原则。必须根据重要性原则,对那些相对于顾客价值和企业价值而言比较重要的作业进行分析。

(五) 分析作业成本动因

分析作业成本动因的目的,在于对作业成本实施事前控制,如制订合理生产计划来保证作业低成本;在进行成本动因分析时,应将不同作业划分成单位作业、批量作业、产品作业及生产能力作业四个不同层次；由于相同层次的作业有类似甚至相同的成本动因，因此可按作业层次逐层分析。

（六）分析作业执行效果

分析作业执行效果的目的，在于对作业的执行过程实施控制，以寻求降低作业成本机会。作业效果的优劣可以从以下三个方面加以衡量：作业的成本高低；完成作业的必要时间；工作质量好坏。以订货作业为例，可以考虑一次订货的平均成本、一次订货需耗用的时间、一个月内发生的订货过失次数。

四、经营过程改善

作业管理的根本目的在于企业经营过程的持续改善。作业分析为实现这一目的提供了必要的信息。利用这些信息，企业可以从以下几个方面着手进行经营过程的持续改善。

（一）重构作业链

重构作业链是一项较为复杂的过程改善措施，一般包含以下内容：

1. 作业消除

作业消除就是消除非增值的作业。消除非增值作业是改善经营过程的最重要环节。例如，将原材料从集中保管的仓库搬运到生产部门，将某部门生产的零件搬运到下一个生产部门都是不增值作业。如果条件许可，则将原材料供应商的交货方式改变为直接送到原材料使用部门，改善工厂布局，缩短运输距离，削减甚至消除不增值作业。企业应对所有不必要的作业予以消除，对那些无法彻底消除的非增值作业，应最大限度地降低其成本及所消耗的时间。

2. 改变产品工艺设计

改变工艺设计可以从许多方面着手。例如，重新进行设计，以增加不同产品间零部件的通用性，或减少每件产品所需零部件的种类和数量。这样便可使生产过程的复杂程度降低，进而可以简化作业流程，缩短整个作业流程周期，降低总体作业成本。

3. 合并被划分过细的相关作业

对于那些被划分过细、却又关系密切、属性基本相同的作业应予以合并，以便能提高作业过程总体效率。例如，可将"人员招聘"、"职工档案管理"等合并为"人事管理"作业。不同作业是否有必要进行合并，应视拟合并的各项作业的复杂程度、相互之间的相关程度，以及能否适应管理要求而定。

4. 作业分解

如果某个作业包含了不同类的业务，而这些业务中的每一项又具有一定的复杂性，那么，应该将该作业按业务的性质进行拆分，以便能提高作业效率。例如，"材料采购作业"中包含了"购货"、"验货"和"收货"三种不同性质的业务，因此可以按上述三种不同业务类型，相应分解为三项不同作业。

5. 改善作业流程

作业流程的改进，原则上应使整个作业过程时间最短，并且成本最低。例如，通过改变作业地点布局来缩短在产品间的传递距离，从而实现整个作业的时间消耗。通过增设材料处理作业，使得一系列加工作业效率大大提高，同时，次品率又可大幅减少，废品损失成本大大降低。

（二）合理资源配置

资源总体利用效果未能最优化的原因，在于不同作业的产出水平相差较大，致使个别作业利用率接近饱和，而其余作业利用率却未达到饱和状态，由此造成人员空闲、机器设备闲置等资源浪费现象。企业只有首先明确各项作业利用率，才能从根本上改善资源总体利用效果。利用作业成本法，企业易于获得作业利用率的有关信息，进而找出"饱和作业"和"过剩作业"。

（三）优化作业

优化作业的目的在于降低作业单位产出成本、缩短作业时间和提高作业质量。实行作业优化可按以下步骤进行：

1. 优化潜力较大的作业

企业的经营过程包含许多作业。在对作业进行优化时，应该重点选择那些潜力较大的作业实施优化。属于这类作业的主要有：（1）无法彻底消除的非增值作业；（2）成本较高的增值作业；（3）作业时间较长的增值作业；（4）对其他作业影响较大的作业。

2. 缩短作业周期，降低作业成本

作业周期的缩短有利于增加客户的满意度，同时，可提高作业产出能力，有利于降低作业成本。缩短作业周期的途径主要有：（1）提高作业人员的熟练程度；（2）改善作业方式；（3）优化作业安排；（4）与其他相关作业相协调；（5）进行设备技术更新。

3. 提高作业质量水平

作业质量水平的提高有利于增加产品价值，降低产品成本。为此，企业可以从以下几个方面着手：（1）以人为本，树立质量第一的企业文化；（2）提高作业人员的业务水平；（3）加强设备维护；（4）进行设备更新。

4. 作业分享

作业分享就是利用规模经济效应提高必要作业的效率，即增加成本动因的数量但不增加作业成本，这样可以降低单位作业成本及分摊于产品的成本。例如，新产品在设计时，如果考虑到充分利用现有其他产品使用的零件，就可以免除新产品零件的设计作业，从而降低新产品的生产成本。

五、作业成本管理与传统成本管理的主要区别

将作业成本管理与传统成本管理进行比较，指出二者的主要区别，有助于进一步了解作业成本管理。二者的主要区别在于：

1. 关注的重点不同

传统成本管理关注的重点是成本，而作业成本管理关注的重点是作业。

传统成本管理的对象主要是产品，关注的重点是如何降低产品成本，而不涉及作业。通过传统成本计算取得的仅仅是产品成本信息，而不是与作业相关的信息。尽管使用不同的成本计算方法可以得到固定成本、变动成本、标准成本、成本差异、可控成本等信息，但是，这些成本均是以产量为基础分摊到产品的成本，所提供的信息不仅在准确性方面遭到置疑，而且在信息的广泛性、相关性、及时性等方面也都存在一定问题。利用它们实施成本控制，进行决策，往往具有很大的局限性，只能"就成本论成本"。传统成本管理尤其不适于那些制造环境先进、产品品种多且更新换代较快、市场竞争十分激烈的企业。

而作业成本管理的对象不仅是产品，而且包括作业，并把关注的重点放在作业上。因为，作业成本管理认为，作业引起成本，所以，对作业进行管理效率更高，能够更好地降低成本。通过作业管理，对作业进行分析，可以将管理引入更深层次，发现影响成本的根本原因，从而解决影响成本的实质问题。例如，将材料从仓库运往车间这项作业，通过作业动因的认定和分析，可以指出产生该项作业的原因，是仓库与车间存在 0.5 公里的距离，如果改变流程布局，缩短仓库与车间的距离，则可以降低或者消除该项作业成本，从而达到消除浪费、降低产品成本的目的。在实施作业管理的过程中，需要计算和使用关于效率、质量、时间等大量非财务性指标（如产出/人工工时、产出/千瓦小时、不合格品的数量、次品数量/总产量、交货时间等），以研究分析作业产生的原因、作业执行的质量和效率，以及作业执行的结果，并从中寻找降低成本的路径。

2. 职责的划分、控制标准的选择、考核对象的确定，以及奖惩兑现的方式不同

传统的成本管理一般以部门（或生产线）作为责任中心，以该部门可控成本作为对象，以企业现实可能达到的水平作为控制标准，而且这一标准是相对稳定的，是企业现实可能达到的，而不是最高水平的标准，以是否达到该标准及达到该标准的程度作为考核依据，对部门和相关责任人兑现奖惩。这种模式，一方面，容易造成部门利益与企业总体目标相悖，为追求部门利益可能损害企业的整体利益。例如，采购部门为了降低材料采购成本，可能减少对供应商和材料质量的考察、选择，或者增加一次购入量，减少采购次数。这种情况可能会增加材料质量检验的工作，提高检验作业成本，扩大材料储备量，增加储备作业成本。同时，还可能造成次品的增加，导致材料浪费和返工作业量增加，提高加工成本，使企业整体利益受损。另一方面，以企业当前可能实现的水平作为控制标准，则不能实现持续改善。我们知道，标准成本的制定一般是以企业的正常成本作为依据的，而正常成本是按企业现实可能达到的水平确定的。以机器设备为例，它不仅考虑了设备维修、保养、操作人员必要的沟通及休息等停工时间，而且考虑了现实的低效率、可能出现的技术故障、次品返工、待料停工时间等因素。这种标准本身包含着"浪费"或者是节约的潜力。以这种标准作为控制标准，并以达到或超过这种标准确定奖惩，显然无法刺激有关责任人进行持续改善，不利于成本的不断降低。

作业成本管理则是以作业及相关作业形成的价值链来划分职责，以价值链作为责任控制单元，而价值链是超越部门界限的。这种职责划分只能建立在作业成本计算的基础之上。某一作业成本库或若干个成本库的成本之和，就是作业或价值链的成本，资料来源十分容易。作业成本管理以实际作业能力（在不考虑现实的低效率、技术故障、次（废）品、非正常停工等因素的情况下，可能达到的最高产出水平）成本，亦即最优或理想成本作为控制标准，以不断消除浪费所取得的成果和接近最优标准的程度作为业绩。实现的业绩可以用财务指标也可用非财务指标衡量。非财务指标一般是实物性的营运指标，它便于所有参与人员（非财务人员），尤其是工人所接受，而且无须通过成本计算，随时可以取得，因而大大提高了信息的及时性。对作业链中各种作业的执行者，即"团队"（不是

某一部门和某一责任人）实施奖惩。因此，实施作业成本管理更有利于划清责任，并保证局部与整体利益高度一致，不断消除浪费，提高效率，实现持续改善。同时，由于是使用实际作业能力成本作为标准，而不是以本企业现实可能达到的水平作为标准，有利于企业达到行业最高标准，使企业在激烈的竞争环境中处于有利地位。

3. 传统成本管理忽视非增值成本，而作业成本管理高度重视非增值成本，并注重不断消除非增值成本

传统成本管理关注的是在经营过程中实际发生的成本，并在此基础之上，采取各种手段和措施来控制这些成本，而忽视实际发生的成本中存在的非增值成本。在现实的管理水平下，非增值成本并非不必要的成本，但却是可以通过持续改善加以消除的成本。如产品质量检验作业的成本，为了防止不合格产品流向市场，检验作业是必需的。但是，检验作业的成本不能增加客户价值。通过持续改善，不断提高生产技术和工艺水平，可以实现下线产品一次合格率达到百分之百，那么检验作业就可以消除。传统成本管理虽然也注重提高产品质量，也注意控制和压缩检验费用的开支，但是没有意识到它是一项非增值成本，应逐步予以消除。而作业成本管理从实现和提高客户价值方面考虑，能够发现并报告非增值成本，并十分明确地提出目标，通过持续改善，最终消除非增值成本。

目前，两种成本管理在实务中都广泛运用，而传统成本管理运用的范围更加广泛。对于那些市场竞争十分激烈、产品品种复杂且不断创新、制造环境比较先进、制造费用在成本中所占比重较大的企业来说，传统成本管理往往表现出很大的局限性，而作业成本管理则可以克服这种局限性，使成本管理更加有效。因此，国内外不少企业纷纷对原有的成本管理系统进行了改造，建立了作业成本管理系统。通过实施有效的作业成本管理，取得了降低成本的明显效果。因此，作业成本管理已成为一种更加科学、更为有效的成本管理系统。

思 考 题

1. 作业成本法的基本思想是什么？什么是作业和作业链？简述作业的分类。
2. 什么是资源动因？什么是作业成本动因？
3. 简述作业成本计算的程序。
4. 简述作业成本计算与传统成本计算的主要区别。
5. 什么是增值作业？什么是非增值作业？
6. 何为作业分析？作业分析的步骤有哪些？
7. 如何利用作业分析对企业的经营过程进行改善？

练 习 题

1. 某公司制造用于大型光学望远镜的高级镜头和反光镜。该公司目前正在编制其年度利润方案，作为针对每种产品的盈利能力分析工作的一部分，财务主管根据以下信息对被分摊到每种产品上的制造费用数额进行了预算，下表列示了其中物料搬运成本的预算数。

物料搬运成本的预算数

	生产的台数（套数）	物料在产品线上移动次数（次）	每台产品直接耗费工时（小时）	物料搬运成本（元）
反光镜	25	5	200	50000
镜头	25	15	200	

要求：（1）以直接工时作为分配标准，计算分摊到每个反光镜及镜头的物料搬运成本。

（2）基于作业成本法，计算分摊到每个反光镜及镜头的物料搬运成本。

2. 某制造厂生产 A、B 两种产品，有关资料如下：

（1）A、B 两种产品 2010 年 1 月份的有关成本资料如下表所示。

A、B 两种产品成本资料　　　　　　　　　　单位：元

产品名称	产量（件）	单位产品机器小时	直接材料单位成本	直接人工单位成本
A	100	1	50	40
B	200	2	80	30

（2）该厂每月制造费用总额为 50000 元，与制造费用相关的作业有 4 个，有关资料如下表所示。

作业动因资料

作业名称	成本动因	作业成本（元）	作业动因数（A）	作业动因数（B）
质量检验	检验次数	4000	5	15
订单处理	生产订单份数	4000	30	10
机器运行	机器小时数	40000	200	800
设备调整准备	调整准备次数	2000	6	4
合计	——	50000	——	——

要求：

（1）用作业成本法计算 A、B 两种产品的单位成本。

（2）以机器小时作为制造费用的分配标准，采用传统成本计算法计算 A、B 两种产品的单位成本。

（3）根据上述计算结果，对作业成本法进行评价。

3. 某公司生产 A、B 两种产品，有关成本和成本动因资料如下表所示。

A、B 产品成本资料

项目		产品 A	产品 B
产量（件）		6000	2000
每件产品材料成本（元）		20	15
每件产品单位人工工时（小时）		2	1
单位人工成本（元/小时）		7	
生产间接费用（元）	生产计划成本	25000	
	操作准备成本	10000	
	材料处理成本	20000	
	合计	55000	

成本动因资料

项目	产品 A	产品 B
领料单数（份）	3000	2000
生产周期数量（次）	3	1

要求：

（1）企业一直按直接人工工时分配生产间接费用。请根据上述资料按传统成本计算法计算两种产品的总成本和单位成本。

（2）现假设企业采用作业成本计算法计算产品成本。经分析，企业的间接生产费用中，生产计划成本与操作准备成本的主要成本动因是生产周期数量；材料处理成本的主要成本动因是领料单数。要求采用作业成本计算法分配间接生产费用，并计算两种产品的总成本与单位成本。

4. 宏远公司建立的作业成本库和作业成本动因如下表所示。

作业成本库及成本动因资料

作业成本库	作业成本（元）	作业成本动因
机器准备	180000	3000 准备小时
材料搬运	50000	25000 公斤材料
直接电力费用	20000	40000 千瓦小时

公司生产两种产品 M201 和 M180，有关信息如下表所示。

M201 和 M180 生产费用资料

项目	M201	M180
生产数量	4500	10000
直接材料成本	25000 元	30000 元
直接人工成本	14000 元	16000 元
机器准备小时	120 小时	150 小时
材料搬运数量	5000 公斤	10000 公斤
电力耗用量	2000 千瓦	3000 千瓦

要求：用作业成本法计算两种产品的单位成本。

5. 大华公司 2010 年制造费用的作业成本库如下表所示。

作业成本库及成本动因资料

作业成本库	作业成本（元）	作业成本动因	数量
机器维修	40000	机器小时	20000 小时
材料搬运	25000	搬运次数	250 次
机器准备	30000	准备小时	1000 小时
检查	25000	检查次数	500 次
合计	120000		

2011 年 1 月份两种完工产品的有关信息如下表所示。

W101 和 W102 生产费用资料

项目	W101	W102
直接材料成本	12000	8000
直接人工成本	10000	6000
生产数量	2000	1500
直接人工小时	640	400
机器小时	700	650
材料搬运次数	40	15
准备次数	80	40
检查次数	35	15

要求：

（1）用机器小时分配制造费用，计算每种产品的单位成本。

（2）用作业成本法计算每种产品的单位成本。

（3）具体说明哪种方法提供更为精确的产品成本信息？

6. 东方公司是一家生产 A、B、C 三种产品的企业。本月投产 A、B、C 三种产品的产量分别为 1000 件、2000 件、3000 件；本月发生制造费用总额 1000000 元，其中，包括运转费（与机器工时有关）420000 元，生产准备费用（与生产班次有关）180000 元，材料整理、质量保证及包装费用（与产量有关）240000 元，综合能力维持费用（与直接人工工时有关）160000 元。其他有关产品成本的资料如下表所示。

A、B、C 三种产品成本资料表

品　　名	A 产品	B 产品	C 产品
直接材料成本（元/件）	100	200	300
直接人工成本（元/件）	30	30	30
准备工时成本（元/件）	30	30	30
生产班次（个）	2	4	3
直接人工工时（小时/件）	4	3	2
生产准备工时（小时/件）	10	10	10
机器工时（小时/件）	1	2	3

要求：

（1）采用全部成本法计算 A、B、C 三种产品总成本和单位成本（假定制造费用按直接人工工时比例分配）。

（2）采用作业成本法计算 A、B、C 三种产品总成本和单位成本。

7. 星海公司制造的 A 产品有两款型号——标准型号与豪华型号，该两款产品的详细资料如下表所示。

两款产品有关资料

项目	标准型号	豪华型号
年销售量（件）	12000	12000
每件售价（元）	130	147
每批件数（件）	1000	50
每件所需工时（小时）	2	2.5
每小时工资率（元）	16	16
每件所需材料成本（元）	44	64

续表

项目	标准型号	豪华型号
每件所需特别零件数量（件）	1	4
每批所需设置次数（次）	1	3
每批所需发出材料次数（次）	1	1
每年发出的销售发票数目（张）	50	240

近年来，星海公司一直尝试说服购买标准型号的客户转为购买豪华型号。星海公司所编制的"间接制造费用资料"如下表所示。

间接制造费用资料

作业活动	间接制造费用（元）	成本动因
设置成本	146000	设置次数
特别零部件处理成本	120000	特别零部件数量
出具发票成本	58000	发票数量
材料处理成本	126000	材料发出次数
其他间接费用	216000	工时
合计	666400	

要求：

（1）使用以人工工时为分配标准的间接制造费用分配法和作业成本计算法，计算标准与豪华两个型号的每件利润和销售利润率。

（2）根据上述（1）的计算，简单归纳对管理部门的建议。

（3）简述一家公司在什么情况下采用作业成本计算法？并分析其可能产生的问题。

第六章　经营预测分析

第一节　预测分析的意义与内容

一、预测分析的定义及分类

所谓预测分析是根据反映客观事物的资料信息，运用科学方法来预计和推测客观事物发展的必然趋势和可能性。由此可见，预测分析是对不确定的或不知道的事件作出推测。其主要特点是根据过去或现在预计未来。

经营预测分析是对企业未来经营状况、发展前景以及可能产生的经济效益作出科学的估计和推测，是企业经营管理的重要组成部分。企业经营预测不同于一般经济增长预测，也不同于国民经济的宏观预测，它是以保证企业的生存与发展为中心，以提高经济效益为目的，从组织人事到国家政策、经济、市场等进行的综合性预测。

经营预测可以从各个不同的角度进行分类：

（1）按预测的时间分类，可分为短期预测、中期预测和长期预测。短期预测一般为一年以内的预测，如年度预测或季度预测，是指对计划年度或季度经济发展前景的预测。其包括制订的月度计划、季度计划、年度计划，是明确规定一年以内经济活动具体任务的依据。中期预测是指对一年以上、五年以下经济活动的预测，常用是三年预测，主要是为了检查长期计划的执行情况以及检查长期决策的经济效果，以便及时发现问题，纠正偏差。长期预测是指对五年以上的经济发展前景的预测，为企业考虑远期规划、制定重大的经营管理决策提供依据。

（2）按预测的内容分类，可分为资金预测、利润预测、销售预测和成本预测。资金预测是关于企业短期和长期资金的供应和需求情况的预测，也包括社会资金供求趋势及资金供求成本变动情况的预测。利润预测是关于企业未来利润额和利润增减变动趋势及变动原因的预测。销售预测是关于企业未来销售产品的数量、价格和销售结构等因素的预测。成本预测是关于企业未来面对激烈的市场竞争，其单位成本和总成本变动趋势的预测。

二、预测分析的基本程序

预测分析是一项复杂细致的工作，必须有计划、有步骤地进行。其步骤一般分为：

（一）确定预测目标

确定预测目标是搞好预测的首要前提，它是制定预测工作计划、确定资料来源、选择预测方法、组织预测人力的重要依据。预测目标一般根据企业的经营目标确定，例如，为了提出进一步降低成本的各种方案，企业必须根据一定时期经营的总目标，对目前成本可能达到的水平进行测算。

（二）收集整理资料

它是预测工作的起点，是进行预测的依据。收集的资料是否准确、可信、全面，对预测的准确性起着决定性的作用。因此，对所收集的资料的来源是否可靠、真实、全面，要认真进行审查，要把这些资料进行分组、归类，以确保这些资料的系统性、可比性、连续性。

（三）选择预测方法

每种预测方法都有特定的用途，我们必须根据预测目标、内容、要求和所掌握的资料，选择相应的预测方法。如果选择的预测方法不适当，就难以达到预测的目的。

（四）综合分析预测

需要分析企业内部、外部的各种影响因素，并考虑重大因素的影响。例如，在成本预测中必须考虑财务制度的重大改变等重要因素的影响。

（五）计算预测误差

因为预测是把过去事物发展的模式引申到未来，均带有一定的假定性，所以预测的结果难免会有一定的误差。但误差过大，就将失去预测的意义，因此，还要根据有实际经验的专家所估计的数据，对预测的结果进行修正，以保证预测目标的实现。

（六）得出预测结论

根据上述的综合分析及计算预测的误差，用文字的形式将预测的结果传输给企业的有关管理部门，为其决策提供依据。

（七）对预测的效果进行评价

由于企业面对的市场因素复杂多变，存在很多不确定的因素，因此预测的结果很难同企业的实际结果相吻合，或多或少存在一些差异，企业要分析出差异的原因，并根据具体原因，具体对待，认真总结经验，为下一次的预测结果更接近现实做好准备。在企业的整个预测过程中，任何一个环节都非常重要，每一个环节都要依赖上一个环节所提供的信息。因此，在预测中，一定要保证信息资料的畅通性，做到及时反馈相应的资料和信息。

预测分析的一般程序，如图 6-1 所示。

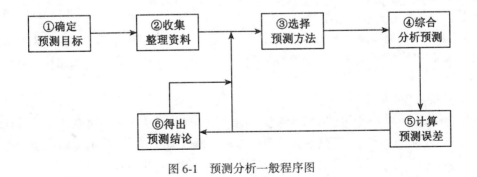

图 6-1　预测分析一般程序图

三、预测分析的方法

预测分析的方法有很多种，但基本上可以归纳为以下两类：定性分析法和定量分析法。

（一）定性分析法

定性分析法是依靠人们的主观分析判断来确定未来的估计值。其一般做法是召集主管人员、经办人员、有经验的技术和管理人员，依据过去积累的资料，进行分析判断，分别提出预测意见，然后加以整理综合，得出综合性的预测意见。这种方法适合于在资料缺乏或主要因素难以定量分析的情况下应用。这类方法有经验分析法、直接调查法、集合意见法和集体思考法等。

（二）定量分析法

定量预测法是根据过去比较完备的统计资料，应用一定的数学模型或数理统计方法对各种数量资料进行科学的加工处理，借以充分揭示有关变量之间的规律性联系，作为对未来事物发展趋势预测的依据。

定量预测法又可分为两类：

其一，趋势预测法。它是以某项指标过去的变化趋势作为预测的依据，这意味着把未来作为"过去历史的延伸"。这类方法主要有简单平均法、移动平均法、指数平滑法等。

其二，因果预测法。它是从某项指标与其他有关指标之间的规律性联系中进行分析研究，根据它们之间的规律性联系作为预测的依据。这类方法主要有回归分析法、相关分析法等。

在实际工作中，定量方法与定性方法需要结合起来应用，相互取长补短，才能收到较好的效果。

四、预测分析的特点

预测的过程实际上是信息处理的过程。首先，要收集大量的信息资料；其次，是整理分析资料、去粗存精、分清主次；最后，对各种因素的影响程度或变化趋势进行测算，并修正预测值，才能取得比较可靠的结果。

企业经营预测的特点可归纳为以下三点：

（一）预测具有一定的科学性

因为预测是根据实地调查和历史统计资料，通过一定程序和计算方法，推算未来的经营信息，所以基本上能反映经营活动的发展趋势。从这一角度上来说，预测具有一定的科学性。

（二）预测具有一定的近似性

如前所述，预测是事先对未来经营状况的推测和预计。因为企业经营活动受各种因素的影响，未来的经营活动又不是过去的简单重复，所以预测值与实际值之间难免存在一定的误差，不可能完全一致。正是从这一角度上说，预测具有一定的近似性。

（三）预测具有一定的局限性

我们对未来经营活动的认识和预见，总带有一定的主观性和局限性，而且预测所掌握的资料有时不全、不太准确或者在计算过程中省略了一些因素，所以使得预测的结果不可能完整地、全面地表述未来的经营状况，因而具有一定的局限性。

企业在决策时必须充分考虑到预测的这些特点，结合实际情况，及时加以修正或调整。

第二节 销 售 预 测

销售预测是指在充分调查、研究的基础上预计市场对本企业产品在未来时期的需求趋势。在实行"以销定产"的条件下，企业的全部经营活动和产品的销售是密切相关的。所以，销售预测不仅对改善销售工作具有重要的意义，而且能为企业进行经营决策和安排产品生产等方面提供重要的资料。

销售预测的方法可分为定性预测和定量预测两种。所谓定性预测是指由熟悉销售业务的专业人员根据过去的销售情况，结合市场调查资料，凭他们的经验进行分析和判断，分别提出预测意见，然后通过一定形式进行汇总，综合集体意见，作为预测未来销售量的依据。定量预测主要是利用销售的历史资料，运用一定的数学方法进行计算。以下着重对销售定量预测中常用的几种方法作较具体的说明。

一、算术平均法

算术平均法是根据过去若干期的销售量，计算简单的算术平均数，作为未来的销售预测数。其计算公式为：

计划期销售预测数＝各期销售量之和÷期数

例1：假设某公司2010年上半年及产品的实际销售额的历史资料如表6-1所示。

表6-1
单位：元

	1月	2月	3月	4月	5月	6月	合计
实际销售额	24000	21200	28000	26000	30000	28000	157200

如用简单平均法对7月份销售额进行预测，得：

7月份销售预测数＝157200÷6＝26200（元）

这种方法的优点是计算简单，其缺陷是把各个月份间的差异平均化，没有考虑到近期（如例中的4、5、6月份）的发展趋势，因而所测出的预计数量与实际数量会发生较大的误差。所以这种方法只适用于销售额基本稳定的企业。

二、趋势平均法

趋势平均法如果用于销售预测，是假定未来时期的销售是与它相接近时期销售的直接继续，而同较远时期的销售关系较小，同时为了尽可能缩小偶然因素的影响，可以最近若干时期的平均值作为计算预测期预测值的基础。

例2：某公司2010年各月的实际销售额如表6-2所示。

表6-2   **2010年各月实际销售额**   单位：万元

2008年月份	实际销售额	5期平均	变动趋势	3期趋势平均数
1	10			
2	12			
3	13	14		
4	16	16.6	2.6	
5	19	19.4	2.8	2.93
6	23	22.8	3.4	2.86
7	26	25.2	2.4	2.60
8	30	27.2	2.0	1.93
9	28	28.6	1.4	1.53
10	29	29.8	1.2	
11	30			
12	32			

根据以上资料测算2011年1月份的销售额，其预测值可按下式计算：

$$28.6 + 4 \times 1.53 = 34.6 \text{（万元）}$$

式中：28.6为2010年9月份计算的平均销售额，从2010年9月到2011年1月相距4个月，而2010年8—10月这三个月平均每月增长1.53万元，所以预测2011年1月份的销售额可达到34.6万元。

由上可见，本例中是根据各期历史资料连续5期进行平均，通过平均，可以看出其增减变动趋势，然后对趋势再平均，这样可以尽量消除一些偶然因素的影响，以此作为预测的依据较为可靠。

这种方法适用于各期产品的生产和销售量逐渐增加的企业。

三、指数平滑法

指数平滑法是根据前期销售量的实际数和预测数，以加权因子为权数，进行加权平均来预测下一期销售量的方法。其计算公式如下：

$$\text{预测期销售量} = \text{平滑系数} \times \text{上期实际销售量} + \left(1 - \text{平滑系数}\right) \times \text{上期预测销售量}$$

$$F_t = \alpha A_{t-1} + (1-\alpha) F_{t-1}$$

式中：F_t代表本期预测数；

      A_{t-1}代表上期的实际数；

      F_{t-1}代表上期的预测值；

α 代表平滑系数，它的取值范围为 $0<\alpha<1$，一般取中值，即在 $0.3\sim0.7$ 之间。这样可以使得出的预测值较平稳，能反映企业有关数据稳定的变化趋势。

现仍沿用上例表 6-2 的资料，来说明指数平滑法的具体运算。假设 $\alpha=0.4$，1 月份的预测值为 11。

设 $A_1=10$，$F_1=11$，$\alpha=0.4$，则 F_2 可计算如下：

$$F_2=\alpha A_1+(1-\alpha)F_1=0.4\times10+(1-0.4)\times11=10.6$$

其他月份的具体计算如表 6-3 所示。

表 6-3　　　　　　　　　　　　　**指数平滑法的具体运算表**　　　　　　　　　单位：万元

2010 年月　份	实　际销售额	上月实际销售额×0.4	上月预测	上月预测×0.6	本月平滑预测
1	10				11
2	12	4.0	11.00	6.6	10.6
3	12	4.8	10.60	6.36	11.16
4	16	5.2	11.16	6.70	11.90
5	19	6.4	11.90	7.16	13.54
6	23	7.6	13.54	8.12	15.72
7	26	9.2	15.72	9.43	18.63
8	30	10.4	18.63	11.18	21.58
9	28	12.0	21.58	12.95	24.95
10	29	11.2	24.95	14.97	26.17
11	30	11.6	26.17	15.70	27.30
12	32	12.0	27.30	16.38	28.38

2011 年 1 月份销售额预测：

$$0.4\times32+(1-0.4)\times28.38=29.83（万元）$$

指数平滑法虽然也是以一个指标过去变化的趋势作为预测未来的依据，但具体计算和上述趋势平均法有较大的不同。采用趋势平均法，计算以前若干期的平均数和趋势平均数时，前后各个时期的权数相同；而采用指数平滑法对未来进行预测，考虑到近期资料的影响程度应比远期大，因而对不同时期的资料取不同的权数，越是近期的资料，权数越大，越是远期的资料，权数越小，这样计算更能符合客观实际。这是指数平滑法对趋势平均法的一个重要改进。

四、直线回归预测法

直线回归预测法一般是运用直线回归方程，根据过去若干期间销售量的实际资料，确定可以反映销售量增减变动趋势的一条直线，并将此直线予以延伸，进而预测某种产品销售量的预测方法。

运用直线回归模型进行预测时,首先应将过去一定时期的历史资料按时间序列在坐标上作图,能大致形成一条直线,则说明这个变量是时间的函数,它们之间基本上存在着线性联系,可建立直线回归方程式。其计算公式如下:

$$y = a + bx$$

式中:

$$a = \frac{\sum x_i^2 \sum y_i - \sum x_i \sum x_i y_i}{n \sum x_i^2 - \left(\sum x_i\right)^2}$$

$$b = \frac{n \sum x_i y_i - \sum x_i \sum y_i}{n \sum x_i^2 - \left(\sum x_i\right)^2}$$

例3:设某公司2005—2010年实际销售额(万元)资料及有关数据计算如表6-4所示。

表6-4   **2005—2010年实际销售额及有关数据计算表**

年份	销售量(y_i)	年(x_i)	$x_i y_i$	x_i^2
2005	28	0	0	0
2006	34	1	34	1
2007	36	2	72	4
2008	42	3	126	9
2009	50	4	200	16
2010	52	5	260	25
$n = 6$	242	15	692	55

代入上式求得:

$$a = \frac{55 \times 242 - 15 \times 692}{6 \times 55 - 15^2} = \frac{13310 - 10380}{330 - 225} = \frac{2930}{105} = 27.90$$

$$b = \frac{6 \times 692 - 15 \times 242}{6 \times 55 - 15^2} = \frac{4152 - 3630}{330 - 225} = \frac{522}{105} = 4.97$$

即

$$y = 27.90 + 4.97x$$

若预测第7年的销售额,则 $x_i = 6$,代入上式,使可测算第7年销售额的预测值为:

$$y_7 = 27.90 + 4.97 \times 6 = 57.72 \text{(万元)}$$

第三节　成本预测

成本预测就是预测未来的成本水平。通过成本预测,可以掌握未来的成本水平和变动趋势,将有助于提高经营管理工作中的预见性,减少盲目性;有利于控制成本,提高企业生产经营的经济效益;也为进行科学决策提供依据。

一、目标成本预测

目标成本是指企业在生产经营活动中要求实现的成本目标。确定目标成本，是为了控制生产经营过程中的活劳动消耗和物质消耗，降低产品成本，实现企业的目标利润。如果目标成本不能实现，则企业的目标利润也就没有实现的基础。目标成本的确定，通常有两种方法：第一，选择某一先进成本水平作为目标成本。它可以是本企业历史上的最好水平，或国内外同样产品的先进成本水平；也可以是计划成本、定额成本或标准成本。第二，先确定目标利润，然后从产品的销售收入中减去销售税金和目标利润，余额就是目标成本。可根据下列公式测算：

目标成本＝预计的产品销售收入－应交税费－目标利润

上式中预计的产品销售收入，是指预测期内计划销售的全部产品的销售收入总额；预计应交税金，按国家规定的税种、税率和计税办法的要求计算；目标利润是指企业在未来期间应当达到的利润水平。

例4：假设某企业在计划年度预计的销售收入 300000 元，产品税率 6%，要实现的目标利润 50000 元，则企业的目标成本为：

$$300000-（300000×6\%）-50000=232000（元）$$

目标成本可作为衡量生产费用实际支出的标准，目标成本的确定既要注意先进性，又要注意可行性。这样，才有利于调动企业多方面完成目标任务的积极性和保证目标的实现。

二、产品成本水平发展趋势预测

产品成本水平预测就是预测计划期内产量变化条件下的总成本水平。如前所说，产品成本按其特性可划分为变动成本和固定成本两大类。所谓变动成本是指其总额会随着产量的变动而变动的成本；所谓固定成本是指其发生额不直接受产量变动的影响，产量在一定范围内变动，其总额仍能保持不变。产品成本与产量的这种依存关系，用直线方程表示，就是：

$$y=a+bx$$

式中：y 代表产品成本；a 代表固定成本总额；b 代表单位变动成本；x 代表产品产量。

这个方程反映了成本与产量之间的关系，只要求出 a、b 的数值，就可以利用这个直线方程式预测出产品在任何产量下的总成本。确定 a 与 b 值的方法有高低点法和回归直线法。

（一）高低点法

首先，根据一定时期的历史资料中的最高最低产量下成本的差额与最高最低产量的差额进行对比，求出单位变动成本 b；然后，再求得固定成本总额 a；最后，即可根据计划期的预计产量来预测计划期的产品总成本。其具体计算公式如下所示：

$$b=\frac{最高产量的成本－最低产量的成本}{最高产量－最低产量}$$

$$a = 最高点成本总额 - b \times 最高点的产量$$

或
$$a = 最低点成本总额 - b \times 最低点的产量$$

b 与 a 的值求得后，再代入计划期的总成本方程式即可预测出计划期的产品总成本和单位成本。

例5：某企业基年的历史成本数据表明：产量最高月份为 11 月份，共生产 4000 件，其总成本为 28000 元；产量最低月份为 3 月份，共生产 2400 件，其总成本为 20000 元。假设计划年度的产量为 3800 件，预计其总成本与单位成本各为多少？

首先，计算单位变动成本（b）

$$b = （28000 - 20000）\div （4000 - 2400） = 8000 \div 1600 = 5 （元）$$

其次，计算固定成本（a）

$$a = 28000 - 5 \times 4000 = 8000 （元）$$

或
$$a = 20000 - 5 \times 2400 = 8000 （元）$$

最后，计算计划期产品的总成本和单位成本

计划期产品的总成本 $y_1 = 8000 + 5 \times 3800 = 27000 （元）$

计划期产品单位成本 $b_1 = 27000 \div 3800 = 7.11 （元）$

高低点法是一种最简易的预测分析方法，在产品成本变动趋势比较稳定的情况下，采用这种方法比较适宜。如果各期成本变动幅度较大，采用此法则会造成误差。

（二）回归直线法

回归直线法是一种比较精确的方法。它是根据若干期的历史成本资料，利用最小二乘法，分析成本在一定条件下增减变动的趋势和基本规律，以确定成本预测方程式，并据以进行成本预测的方法。

成本与产量之间基本上呈线性关系，可表示为 $y = a + bx$。式中 a 与 b 的值可按下列公式计算：

$$a = \frac{\sum y - b \cdot \sum x}{n}$$

$$b = \frac{n \sum xy - \sum x \cdot \sum y}{n \sum x^2 - \left(\sum x \right)^2}$$

求得 a、b 值后，代入 $y = a + bx$ 方程式，即可预测未来时期的成本。

例6：假设某公司生产甲产品，其最近 5 年的产量和历史成本资料如表 6-5 所示。

表6-5 产量和历史成本表

年度	产量（万件）	单位产品成本（元）
1	10	200
2	40	150
3	30	220
4	20	120
5	50	100

如果该公司计划年度产量为 150 万件，则预测甲产品总成本的方法是：

首先，将该公司产量及成本资料进行加工，如表 6-6 所示。

表 6-6　　　　　　　　　　　　　　　　　　　　　　　　　　　　　　单位：万元

年度	产量（x）	单位产品成本	总成本（y）	xy	x^2
1	10	200	2000	20000	100
2	40	150	6000	240000	1600
3	30	220	6600	198000	900
4	20	120	2400	48000	400
5	50	100	5000	250000	2500
$n=5$	$\sum$ = 150	/	22000	756000	5500

其次，将上表最后一行合计数字代入下述两公式进行计算：

$$b = \frac{n\sum xy - \sum x \cdot \sum y}{n\sum x^2 - \left(\sum x\right)^2} = \frac{(5 \times 756000) - 150 \times 22000}{5 \times 5500 - 150^2}$$

$$= \frac{3780000 - 3300000}{27500 - 22500} = \frac{480000}{5500} = 96(元)$$

$$a = \frac{\sum y - b \cdot \sum x}{n} = \frac{22000 - 96 \times 150}{5} = \frac{7600}{5} = 1520(万元)$$

最后，测算甲产品计划期的预计总成本：

$$y = a+bx = 1520+96\times150 = 15920 （万元）$$

计划期预计的单位成本 $b_1 = y_1 \div x_1 = 15920 \div 150 = 106.31$ （元）

三、因素变动预测法

上面所述的成本水平发展趋势预测是根据历年来的会计、统计上所记录的产品产量和产品成本的实际资料，运用高低点法和回归直线法来预测今后产品成本水平。而这里所说的因素变动预测法是以基年实际产品成本为基础，预见到各个成本项目中今后一定时期内将受哪些因素的影响及影响程度，预测今后的产品单位成本及总成本。

影响产品成本变动的因素很多，测算的具体方法也不尽一致，下面具体说明因素变动对产品成本的影响。

（一）直接材料消耗数量变动对产品成本的影响

产品成本中所消耗的直接材料，大概有原材料、辅助材料、燃料等，它是以单位产品耗用量乘以单价来计算的。如果基期与预算期之间单位产品耗用量与单价有变动，就会影响预算期产品的单位成本和总成本。所以，我们如果能够事先测定直接材料消耗量的变动，就可以直接测算出直接材料变动对产品成本的影响程度。

例7：某企业生产甲产品，耗用A、B两种原材料，基期单位产品耗用A材料2公斤，单价10元；B材料1.5公斤，单价8元。计划期单位产品耗用A材料1.8公斤，B材料1.2公斤，单价不变。

现测算这两种材料耗用量变动对甲产品单位成本的影响。

具体计算分析如下：

$$\begin{array}{l}材料消耗数量\\变动对单位\\成本的影响\end{array} = \sum \left[\left(\begin{array}{l}计划期单\\位产品材\\料消耗量\end{array} - \begin{array}{l}基期单位\\产品材料\\消耗量\end{array} \right) \times \begin{array}{l}基期\\材料\\单价\end{array} \right]$$

$$= (1.8-2) \times 10 + (1.2-1.5) \times 8$$

$$= (-2) + (-2.4)$$

$$= -4.4 （元）$$

计算结果说明，由于计划期材料耗用量降低，使单位产品成本减少4.4元。

（二）直接材料价格变动对产品成本的影响

产品成本中原材料、辅助材料等单位价格发生变动对单位成本的影响，可按以下公式计算：

$$\begin{array}{l}材料价格\\变动对单位\\成本的影响\end{array} = \sum \left[\left(\begin{array}{l}计划期\\某材料\\单位价格\end{array} - \begin{array}{l}基期某\\材料单\\位价格\end{array} \right) \times \begin{array}{l}计划期单位\\产品耗用\\材料数量\end{array} \right]$$

例8：甲产品耗用A材料，基期平均单价每公斤10元，计划期降低到9元，计划耗用1.8公斤，B材料基期单价为每公斤8元，计划期上升到8.5元，计划期耗用1.2公斤。对甲产品成本的影响可计算如下：

$$(9-10) \times 1.8 + (8.5-8) \times 1.2$$

$$= (-1.8) + 0.6$$

$$= -1.2 （元）$$

上述计算说明，由于计划期材料单价的变化使单位产品成本下降1.2元。

（三）工资水平和劳动生产率变动对产品成本的影响

单位成本中的工资费用数额，取决于生产工人的平均工资和生产工人劳动生产率的高低。如果工资增长幅度大于劳动生产率增长幅度，则产品成本就会上升；相反，如果工资增长幅度小于劳动生产率增长的幅度，则产品成本就会降低；如果工资增长的幅度等于劳动生产率增长的幅度，则对产品成本就没有影响。因此，可以利用它们的关系来具体测算劳动生产率与平均工资的变动对成本的影响程度。其计算公式如下所示：

$$\begin{array}{l}工资和劳动生\\产率变动对单\\位成本的影响\end{array} = \left(1 - \frac{1 + 平均工资增长率}{劳动率增长率} \right) \times \begin{array}{l}基期单位\\成本中的\\工资费用\end{array}$$

例9：某企业生产的甲产品，基期单位成本工资费用10.2元，工资平均增长8%，劳动生产率增长12%。据此，可测算计划期由于工资水平及劳动生产率变动对产品单位成本的影响：

$$\left(1-\frac{1+8\%}{1+12\%}\right)\times10.2=0.0357\times10.20=0.36\ (元)$$

以上计算表明，由于工资的增长幅度小于劳动生产率的增长幅度，使得单位成本降低0.36元。

（四）产量变动对成本的影响

如前所述，固定成本总额在相关范围内保持不变，所以，随着产量的增加，单位产品分摊的固定成本份额将相应地减少；当产量减少时，分摊到单位产品成本的固定成本就相应地增加。因此，根据基年的产品产量和计划期产量以及基年单位成本中的固定费用额，能够测定其影响程度。其计算公式为：

$$\text{产量变动对单位成本}\atop\text{中固定费用的影响}=\left(1+\frac{1}{1+\text{产量增长率}}\right)\times{\text{基期单位成本}\atop\text{中的固定费用}}$$

例10：企业甲产品基年总成本中的固定费用100000元，单位成本中固定费用5元，基年甲产品产量20000件，计划期测定30000件，计划期产品产量比基年增长50%。由于产品产量增加使单位成本中的固定费用降低：

$$\left(1-\frac{1}{1+50\%}\right)\times5=0.333\times5=1.67\ (元)$$

根据以上测算的资料，各因素变动对产品单位成本的影响综合如下：

材料耗用量降低，使产品单位成本减少　　　　　　4.4元
材料价格变动，使产品单位成本减少　　　　　　　1.2元
工资和劳动生产率提高，使产品单位成本减少　　　0.36元
产量变动使成本减少　　　　　　　　　　　　　　1.67元
各因素变动使产品单位成本降低　　　　　　　　　7.63元

例11：假定已知基年甲产品平均单位成本120元，已测定计划期甲产品产量30000件，测定计划期甲产品预计总成本为：

$$(120-7.63)\times30000=3371100\ 元$$

预测甲产品成本降低率为：$7.63\div120\times100\%=6.36\%$

第四节 利润预测

利润预测是指按照企业经营目标的要求，通过对影响企业利润高低的业务量（产销数量）、成本、价格等因素的综合分析与计算，对企业未来一定期间可能达到的利润水平及其升降变动趋势所进行的预计和测算。正确做好利润的预测工作，可以为企业确定最优的利润目标提供依据，这对于加强企业管理，扩大经营成果，提高经济效益有着极为重要的作用。

利润预测本身是科学根据与主观判断的结合体，它与实际情况往往会发生误差。特别是当客观条件发生显著变化时，原来预测的利润就必须加以修正或调整。为了对利润进行预测分析，就有必要研究影响利润高低的销售收入、销售成本与利润之间的依存关系，而销售收入和销售成本又都与产品的生产量或销售量和销售价格等有密切的联系。

一、影响目标利润的有关因素分析

企业应根据本企业的实际情况和市场对产品的需求情况，对影响利润高低的各因素进行测算，如销售数量、销售单价、单位变动成本和固定成本总额及产品产销结构等，以便找出差距，及时采取措施，保证目标利润的实现。

利润是产品销售收入与其销售成本之间的差额。它综合反映了企业生产经营成果和管理工作质量，是衡量和考核企业经济效果和工作业绩的重要依据。利润的计算公式为：

利润 = 销售收入总额 – 全部成本总额

= 产品销售数量 × （产品销售单价 – 单位产品变动成本） – 固定成本总额

可见，影响利润的主要因素有：

1. 产品产销数量

产品销售数量是销售收入的重要构成部分，它的增减变动是企业一定期间内的利润数额发生相应变动的重要因素。在其他有关因素保持不变的情况下，企业生产规模扩大，市场份额增加，产品销售数量增加，利润数额随之增加；反之，利润数额随之减少。而产品的销售量是以生产量为基础的，但在买方市场情况下，企业的销售数量是由市场决定而非生产决定，企业应根据市场的需求组织产品的生产，防止产品的积压和价格下降给企业带来的市场风险。所以，产品产销数量是影响利润的重要因素，且两者变动方向相同。

2. 产品销售价格

单位产品的销售价格是影响销售收入的另一个重要构成部分，它的升降变动也是企业一定期间内利润数额发生相应变动的重要因素。在其他有关因素保持不变的情况下，单位产品销售价格提高，利润数额随之增加；反之，利润数额随之减少。产品销售价格与利润的变动方向相同。

3. 单位产品变动成本

单位产品变动成本是构成销售成本的一个重要因素，它的增减变动必然引起企业一定期间成本总额发生相应的变动。在其他因素保持不变的条件下，单位产品变动成本上升，利润数额随之降低；反之，利润数额随之增加。单位产品变动成本与利润的变动方向相反。

4. 固定成本总额

固定成本是构成销售成本的另一个重要因素，它的增减变动必然引起企业一定期间成本总额发生相应的变动。在其他有关因素保持不变的情况下，固定成本总额增加，利润数额随之减少；反之，利润数额随之增加。固定成本总额的变动与利润的变动方向相反。

5. 产品产销结构

当企业生产两种以上的产品时，即使在以上其他因素都不发生变化的情况下，由于每一种产品提供的利润率不同，企业各种产品的销售在总销售额中的比率发生变化，也会影响企业利润的变动。当边际贡献率较高的产品销售在总销售额中的比重上升时，企业的利润就会随之增加；反之，企业的利润就会随之下降。

二、本量利预测分析法

本量利预测分析法是研究产品销售价格、销售数量、销售成本和利润之间的关系，从而利用它们之间的相互关系进行预测决策的一种方法。

本量利预测分析法的基本公式为：

利润＝销售收入−销售成本

　　　＝销售数量×（销售单价−单位变动成本）−固定成本总额

　　　＝销售数量×单位产品边际贡献−固定成本总额

因此，根据有关产品的产销数量、销售价格、变动成本和固定成本等因素同利润之间的相互关系，通过分析计量就可确定企业的目标利润。

其确定目标利润的公式为：

目标利润＝预计产品产销数量×（预计单位产品售价−预计单位产品变动成本）−预计固定成本总额

在采用本量利分析法预测目标利润时，应根据企业计划期间的实际生产能力及产品的市场需求、生产技术条件、物流保障情况及生产经营情况等，分别确定各影响因素的数据，进而计算出计划期可能达到的利润水平。

例12：某企业经营丙产品，计划期预计销售量36000件，预计销售单价60元，预计单位变动成本36元，固定成本总额540000元。该企业计划期的目标利润应为：

$$目标利润＝36000×（60-36）-540000=324000（元）$$

三、利润增长率预测法

利润增长率预测法是根据有关产品基期的实际利润额和过去若干期间平均利润增长幅度确定企业目标利润的方法。其预测目标利润的公式为：

目标利润＝基期利润总额×（1+预计利润增长百分率）

采用利润增长比率预测法预测目标利润，应根据有关产品基期的利润数额和计划期利润的增长幅度，并综合考虑影响利润的有关因素的预期变动。其目标利润数额的大小取决于基期利润额和预期利润的增长幅度。

例13：某企业同时经营多种产品，上年度实现利润120万元，过去连续几年的利润增长率一直是15%左右。根据今年的技术进步情况，预计计划期的利润增长率可以达到17%。该企业计划期的目标利润应为：

$$目标利润＝120×（1+17\%）= 140.4（万元）$$

四、经营杠杆系数法

经营杠杆是指由于固定成本的存在及其影响，导致有关产品的利润变动率大于其销售变动率的一种经济现象。一般而言，当某种产品的其他生产经营条件保持不变时，若其产销量发生变动，则必定使这种产品的边际贡献也发生相应的变动。不仅如此，而且这种产品的边际贡献变动率还会同其产销量变动率保持相等。产品的成本总额中必然包含一定数额的固定成本，且这一部分成本是不会因产品产销量发生变动而相应变动。因此，当某种产品在其特定或既定的生产能力限度内增加产销量时，单位产品平均固定成本将随之相应减少，从而使其单位产品盈利额不断增加。显然，这种情况必将带来产品利润增长率超过其销售增长率的结果。与此相反，当某种产品在其特定或既定的生产能力限度内减少产销量时，单位产品平均固定成本将随之相应增加，从而使单位产品盈利额不断减少。这种情况必定会带来产品利润降低率大于其销售降低率。

衡量经营杠杆力度的指标是经营杠杆系数，亦即某种产品利润变动率同其产销量变动率的比率。经营杠杆系数的计算公式为：

$$经营杠杆系数 = \frac{利润变动率}{产销量变动率}$$

或

$$经营杠杆系数 = \frac{基期边际贡献额}{基期利润额}$$

从计算公式可以看出，所谓经营杠杆系数实际上是指产销量每增减变动1%所引起的利润增减变动的百分数。经营杠杆系数越大，意味着利润受产销量变动的影响越大，因而经营风险也越大；反之，利润受产销量变动的影响越小，经营风险也越小。此外，经营杠杆系数还同固定成本紧密联系。就某种产品的生产经营而言，若其所需负担（补偿）的固定成本数额越多，则其经营杠杆系数也越大，因而经营风险越大。相反，若固定成本越少，则经营杠杆系数越小，经营风险也越小。基于这种情形，企业为要尽可能降低其经营风险，就要尽可能充分地利用现有生产经营能力，努力扩大有关产品的生产销售量；就要尽可能有效地发挥厂房及机器设备等固定资产的作用，尽量降低固定费用，不断提高固定资产的利用效率。

采用经营杠杆系数法计算、确定未来一定期间目标利润的一般公式为：

$$目标利润 = 基期实际利润 \times \left(1 + 经营杠杆系数 \times 销售量变动率\right)$$

例14：某企业本年度实现盈利100万元，预计下年度产品销售额将比本年度增加30%，经计算，其经营杠杆系数为2。该企业下年度的目标利润为：

$$目标利润 = 100 \times (1 + 2 \times 30\%) = 160（万元）$$

五、利润率预测法

利润率预测法主要有资金利润率预测法、销售利润率预测法和销售成本利润率预测法。

1. 资金利润率预测法

资金利润率预测法是根据过去若干期的实际资金利润率和计划期预计的资金占用情况确定企业目标利润的方法。资金利润率是反映企业资金使用情况的重要指标，其预测目标利润的公式为：

$$目标利润 = 预计计划期资金占用额 \times 资金利润率$$

企业在确定计划期的资金利润率时，应根据企业在计划期间的资金使用情况及使用效率，科学合理地确定资金利润率。

例 15：某企业通过对计划期资金需求情况的预测，预计计划期企业的资金需求量为 7800000 元，根据前几年的资金利润率，并结合计划期的实际资金使用效率，预计计划期该企业的资金利润率可以达到 16%。则计划期的目标利润为：

$$目标利润 = 7800000 \times 16\% = 1248000（元）$$

2. 销售利润率预测法

销售利润率预测法就是根据销售利润率和预计的产品销售收入来预测计划期目标利润的一种方法。其计算公式是：

$$目标利润 = \begin{matrix} 预计计划期 \\ 产品销售收入 \end{matrix} \times \begin{matrix} 销售收入 \\ 利润率 \end{matrix}$$

式中的销售收入利润率是指产品销售利润与产品销售收入的比率，它说明了每元的销售收入可以获得的利润。所以，只要能预计出计划期产品销售收入，就可以据此测算出目标利润。

3. 销售成本利润率预测法

销售成本利润率预测法就是根据销售成本利润率和预计的产品销售成本来预测目标利润的一种方法。其计算公式是：

$$目标利润 = \begin{matrix} 预计计划期 \\ 产品销售成本 \end{matrix} \times \begin{matrix} 销售成本 \\ 利润率 \end{matrix}$$

式中的销售成本利润率是指企业在一定时期内取得的销售利润和同一时期发生的成本的比率。它说明每耗费一元钱的成本可以取得的利润，能敏锐地反映出成本利用的经济效果。所以，在实际工作中只要能预计出计划期产品的销售成本，就可以据此测算利润。

第五节 资金需要量预测

资金需要量预测主要是对未来一定时期内企业生产经营活动所需资金、资金利用效果，以及扩展业务需要追加的资金进行估计和测算。

资金需要量预测的方法，主要有销售百分比法、移动平均法、资金占用预测法和资金周转速度预测法等。

一、销售百分比法

销售百分比法是根据基期资产负债表中资金各个项目与销售收入总额之间的依存关系，并假定这些关系在未来时期将保持不变，根据计划期销售额的增长情况来预测资金需要量的一种方法。

用销售百分比法来预测资金需要量的程序为：

（1）分析研究资产负债表上哪些项目随销售额变动而发生变化，并将这些项目分别除以基期的销售额，以销售百分比的形式表示。

一般来说，资产负债表中资产类项目，如货币资金、正常的应收账款和存货等项目都会随销售额的增长而增长。固定资产项目的利用率如果已经达到饱和状态，则要随销售额的增长而相应地增添设备。负债类项目，如应付账款、其他应付款等项目，一般会随销售的增长而增长。而应付票据、长期负债及所有者权益等项目，则不随销售的增长而增加。

（2）将随销售额变动的资产项目的合计数除以基期销售收入，减去负债项目随销售额变动的合计数除以基期销售收入，求出基期每增加一元的销售量需要增加筹资的百分比。

（3）以预测年度增加的销售额乘以每增加一元销售额需筹资金额的百分比，然后再扣除企业内部形成的资金来源（如未分配利润增加额等），即可得出未来年度需增加筹资的预测值。

例16：北方酿酒厂 2010 年 12 月 31 日的资产负债表如表 6-7 所示。

表 6-7   **2010 年 12 月 31 日资产负债表**   单位：万元

资产	金额	负债及所有者权益	金额
现金	2000	应付费用	5000
应收账款	28000	应付账款	13000
存货	30000	短期借款	12000
固定资产净值	40000	应付债券	20000
		实收资本	40000
		未分配利润	10000
合计	100000	合计	100000

北方酿酒厂 2010 年的销售收入为 100000 万元，销售净利率为 10%，现在还有剩余生产能力，即增加收入不需要进行固定资产的投资。预测 2011 年的销售收入为 150000 万元，销售净利率不变，股利支付率为 60%，那么要筹集多少外部资金？

具体计算分析如下：

（1）分析资产负债表中随销售收入变动项目的百分比

表 6-8   **资产负债表中随销售收入变动项目的百分比**

资产	占销售收入的比例%	负债及所有者权益	占销售收入的比例%
现金	2	应付费用	5
应收账款	28	应付账款	13
存货	30	短期借款	不变动
固定资产净值	不变动	应付债券	不变动
		实收资本	不变动
		未分配利润	不变动
合计	60	合计	18

（2）计算 2010 年度每增加一元销售额需要增加筹资的百分比

$$60\%-18\%=42\%$$

（3）计算 2011 年应增加筹集的资金

$$（150000-100000）\times42\%=21000（万元）$$

（4）计算 2011 年应向外部筹集的资金

由于销售收入为 150000 万元，销售净利率不变（10%），股利支付率 60%，则有增加的未分配利润 150000×10%×（1-60%）= 6000（万元）被留存下来，则所有者权益会增加 6000 万元。所以，向外部筹集资金为：21000-6000=15000（万元）。

二、移动平均法

移动平均法也称时间序列法，它是根据资金指标的历史资料，按时间先后顺序，由过去、现在引申到未来，根据计算出的顺序移动平均数来确定资金预测值的一种方法。其中平均数一般采用简单算术平均数。

例 17：根据企业上年度各月流动资金占用额资料如表 6-9 所示，用移动平均法预测该企业本年度各月的流动资金占用额。

表 6-9　　　　　　　　　　移动平均法资金需要量测算表　　　　　　　　单位：万元

月份	流动资金实际占用额	资金需要量预测值
1	300	
2	340	
3	320	
4	310	（300+340+320）÷3 = 320
5	350	（340+320+310）÷3 = 323
6	360	（320+310+350）÷3 = 327
7	330	（310+350+360）÷3 = 340
8	370	（350+360+330）÷3 = 347
9	400	（360+330+370）÷3 = 353
10	380	（330+370+400）÷3 = 367
11	420	（370+400+380）÷3 = 383
12	430	（400+380+420）÷3 = 400

在计算移动平均数时，期数的选择可以根据具体情况而定。一般来说，期数越多，平均数反映的各个时期资金实际占用额波动的敏感性越小；反之，期数越小，平均数敏感程度就越大。因此，应观察组成序列的历史数据，如果各期的波动不大，则可用较多的时期计算平均数；如果各期的波动较大，则宜用较少的时期计算平均数。

采用移动平均法预测企业资金需要量，计算简便。但该方法只有在企业生产经营活动的规模、范围和市场物价比较稳定的情况下方可采用。

三、资金占用预测法

资金占用预测法是根据以往的资金占用率指标（即每百元销售额占用的流动资金）来预测流动资金需要量的一种方法。

计算公式如下：

资金需要量＝预测的本期销售额×上年同期的平均资金占用率

例 18：某企业本年第一季度预测的销售额平均每月为 1200 万元，上年第一季度资金占用率平均每月为 31%。

试用资金占用预测法预测该企业本年第一季度的流动资金需要量。

具体计算如下：

本年第一季度的流动资金需要量＝1200×31%＝372（万元）

四、资金周转速度预测法

资金周转速度预测法是通过历史的实际流动资金周转速度来预测流动资金需要量的一种方法。其计算公式如下：

流动资金需要量＝预测的销售额÷流动资金周转次数

资金周转次数＝商品销售额÷流动资金平均占用额

例 19：某企业上年分月的资金周转情况如表 6-10 所示。

表 6-10　　　　　　　　　　某企业资金周转情况表

月份	销售收入（万元）	流动资金实际占用额（万元）	资金周转次数（次）
1	1000	300	3.33
2	1100	340	3.24
3	1050	320	3.28
4	1040	310	3.35
5	1180	350	3.37
6	1240	360	3.44
7	1170	330	3.55
8	1300	370	3.51
9	1380	400	3.45
10	1360	380	3.58
11	1480	420	3.52
12	1500	430	3.49

如果该企业今年 4、5、6 三个月预测的销售额分别是 1300 万元、1350 万元、1400 万

元，而按照本企业已达到的历史水平以及今后的奋斗目标，则要求流动资金周转次数不低于 3.5 次。

试预测各月份的流动资金需要量。

具体计算如下：

4 月份的流动资金需要量 = 1300÷3.5 = 371.43（万元）

5 月份的流动资金需要量 = 1350÷3.5 = 385.71（万元）

6 月份的流动资金需要量 = 1400÷3.5 = 400（万元）

资金需要量预测出来之后，要进一步测算资金追加量。资金追加量是指计划期内预计需要追加的资金数量。其计算公式如下：

资金追加量的预测值 = 计划期资金需要量 − 上年末资金实有数

此外，还可以进行流动资金利用效果的预测。商品流通企业的流动资金，随着商品购销活动的进行而不断地运动着，它以商品资金、货币资金和结算资金的形态存在。加强流动资金的管理，有必要预测流动资金的利用效果。流动资金的周转是与商品流通过程紧密相连的。在日常商品购销业务中，提高流动资金的利用效果，主要有两个途径：一是在完成一定销售额的情况下，少增加或不增加流动资金的占用额；二是在占用一定量的流动资金的条件下，完成更多的销售任务。所以，流动资金利用效果的预测，要在加速流动资金周转的基础上，采取有效的措施进行。这是因为加速流动资金周转，可以及时保证业务经营的资金需要，促进商品流通的顺利进行，可以相对减少企业对流动资金的需要量，从而节约费用开支，增加企业盈利。流动资金利用效果可用流动资金周转率、流动资金占用率和流动资金利润率等指标来表示。由于对这些指标的预测方法与通常意义下流动资金指标的计算方法相同，这里不再赘述。

思 考 题

1. 什么是预测分析？进行预测分析的内容和意义是什么？

2. 销售预测常用的方法有哪些？利用这些方法怎样对企业的销售收入进行预测？

3. 什么是利润的预测分析？它在企业的内部管理中起着怎样的作用？

4. 怎样预测企业的目标利润和目标利润销售额？

5. 什么是目标成本？目标成本的确定方法主要有哪些？

6. 资金需要量预测最常用的方法是什么？该方法的预测程序如何？

7. 怎样预测售价变动后为实现目标利润需要完成的销售额？怎样预测实现目标利润需要降低的成本额？

8. 什么叫高低点法和回归分析法？如何利用这两种方法预测企业的目标成本？

9. 资金预测主要采用什么方法？请简要说明。

练 习 题

1. 某企业经营甲产品，其经营资金为 200 万元。该产品上年度单位售价 100 元，获得利润 200000 元。经市场预测，该产品下年度可产销 30000 件，其售价必须下降 2%，资金利润率要求必须增加 5%，营业税率为 10%。

要求：预测下年度该产品的目标成本是多少？

2. 假定某公司今年上半年 6 个月的实际销售收入如下：

月份	1	2	3	4	5	6
实际销售额/元	24000	23600	28000	25400	26000	27000

又假定 6 月份的预测销售收入为 27900 元。

要求：分别采用以下方法预测 7 月份的销售额

（1）算术平均法。

（2）加权平均法（$w_1 = 0.01$，$w_2 = 0.04$，$w_3 = 0.08$，$w_4 = 0.12$，$w_5 = 0.25$，$w_6 = 0.5$）。

（3）指数平滑法（平滑系数 $\alpha = 0.6$）。

（4）回归分析法。

3. 假定某五金公司 A 产品 2006—2010 年有关成本及产量情况如下：

项目	2006 年	2007 年	2008 年	2009 年	2010 年
产量/台	250	200	300	360	400
总成本/元	275000	240000	315000	350000	388000
其中：固定成本/元	86000	88000	90000	89000	92000
单位变动成本/元	756	760	750	725	740

若计划年度 2011 年的预计产量为 480 台。

要求：分别采用以下方法预测 2011 年 A 产品的总成本和单位成本：

（1）高低点法。

（2）加权平均法（$w_1 = 0.03$，$w_2 = 0.07$，$w_3 = 0.15$，$w_4 = 0.25$，$w_5 = 0.5$）

（3）回归分析法。

4. 华新公司 2010 年的销售额 100 万元，这已是该公司现有设备的最大生产能力。已知该公司 2010 年税后净利占销售额的 4%，2010 年 12 月 31 日的资产负债表有关项目资料如下：

资产负债表

编制单位：华新公司　　　　　　　　2010 年 12 月 31 日　　　　　　　　单位：元

资产		负债及所有者权益	
银行存款	40000	应付账款	140000
应收账款	120000	未交税费	60000
存货	200000	长期借款	200000

续表

资产		负债及所有者权益	
固定资产	350000	实收资本	500000
无形资产	290000	未分配利润	100000
资产总计	1000000	负债及所有者权益总计	1000000

又假设 2011 年预计销售收入 150 万元，股利发放率预计 40%。计划年度折旧基金提取数 100000 元，其中 60% 用于更新改造原有设备，又假定 2011 年的零星资金需要量为 30000 元。

要求：按销售百分比法预测计划年度（2011 年）需要对外融资的数额。

5. 某企业只生产一种产品，单价 200 元，单位变动成本 160 元，固定成本 400000 元，2010 年销售量 10000 件。企业按同行业先进的资金利润率预测 2011 年企业目标利润。该行业资金利润率 20%，预计企业资金占用额 600000 元。

要求：（1）测算企业的目标利润。

（2）测算企业为实现目标利润应该采取哪些单项措施。

6. 某企业只生产一种产品，已知本年销售量 20000 件，固定成本 25000 元，利润 10000 元，预计下一年销售量 25000 件。

要求：预计下期目标利润额。

7. 某企业经营若干种产品，本年度的销售收入总额 80 万元，边际贡献总额 32 万元，利润总额 16 万元。经调查测算，该企业下年度销售收入总额预定增长 10%。

要求：用经营杠杆系数法确定下年度的目标利润。

案例分析

关于华为的经典成功销售案例①

1. 项目背景

2001 年 3 月初，国内第五大电信运营商中国铁通挂牌成立。铁通要想参与其他电信运营商竞争，就必须进行电信本地网的建设，而铁通在这方面的基础完全是空白，所以铁通本地网建设项目"铁通一号工程"成为铁通成立后的第一个重大项目。由于电信行业的特点，对设备供应商来讲，这不只是一个单纯的销售项目，而且直接影响到其将来市场战略格局的划分，各个厂家无不倍加重视。

"铁通一号工程"分为两期进行，一期项目是各个省会城市本地网建设，作为一个城市的本地网，一般情况下只可能使用一种机型，而且省会城市的设备选型情况会直接影响到以后其他城市的设备选型，所以一期项目的重要性非同寻常。华为公司的 A 受命与另两个同事组成项目组负责 J 省"铁通一号工程"项目，A 负责客户关系平台的建立和项目协调，另外两位同事负责技术推广工作。

---

① 资料来源：吕长江. 管理会计. 上海：复旦大学出版社，2006.

2. 项目背景分析

"铁通一号工程"由铁通总部对国内三个知名厂家进行招标，但各省分公司有权自己选择机型。除华为公司以外，另两个厂家分别为 H 公司和 Z 公司。

接到任务后最重要的事是做深入的调查研究。一方面，了解 J 省铁通内部的组织结构和决策链以及关键人物的个人背景与彼此之间的关系；另一方面，了解相关各厂家与 J 省铁通交往的历史和现有设备使用情况，并根据了解的情况对项目进行 SWOT 分析（机遇、威胁、优势、劣势分析）。

根据了解，华为公司的设备在 J 省铁通以往只有少量的应用，客户的反映一般。优势在于设备功能比较强，有一定的品牌优势；劣势在于价格相对较贵，而且客户关系十分薄弱，平时与客户几乎没有交往，甚至不知道客户的工作地点在哪里。而 B 公司在 J 省铁通已有 8000 门的交换机在网上使用，由于设备比较陈旧，功能较差而且运行不很稳定。但该公司与 J 省铁通有长期的交往，关系密切，而且当时铁道部持有 B 公司的股份，所以 B 公司有来自铁通上层的支持，在与客户关系上占有明显的优势。Z 公司设备性能与华为公司不相上下，优势在于其设备价格低，市场策略灵活，但该公司产品在 J 省铁通从没有过应用，同样没有客户关系基础。综合以上情况，A 认为相比之下 B 公司的威胁更大，是主要竞争对手。

3. 以客户为中心

作为销售人员应该清楚地知道，通常情况下客户最不信任的人就是销售人员，如何取得客户的信任是进行销售的第一步。要想取得客户的信任，关键是要让客户感受到你为客户服务的良好态度，要处处为客户着想，站在客户的立场上去看待问题，帮助客户去解决问题。在与客户交往的过程中，A 特别注意设身处地地为客户着想，在为客户提出任何意见和建议时，都要告诉客户这样做对他的好处。铁通的市场人员都是技术维护出身，没有丝毫的市场经验和意识，A 就利用在这方面的优势和他们探讨铁通未来如何经营，主动为他们上销售技巧课，并且以他们客户经理的名义，为他们拓展重要的客户，使 J 省铁通非常高兴和满意。在 J 省铁通要进行网络规划设计时，A 就主动和他们一起连续几天干到深夜。当发现他们的建设思路存在问题的时候，就主动为他们写了一篇铁通市场分析报告，为客户作市场的 SWOT 分析并提醒他们在电信网建设中应注意的问题等。A 不仅做到了客户期望厂家要做的工作，而且还做了许多超出客户期望值的事情。当你为客户做了这么多工作，而你的竞争对手却没做到时，客户对不同的销售人员和厂家的态度就可想而知了。

4. 抓住客户主要需求，迅速切入

"铁通一号工程"一期项目时间非常紧迫，从开始运作到最后的投标日期只有不到三个月的时间，在这种情况下，如果按照通常的方式先拉近客户感情再打入产品的话，则时间上是不允许的，而且在短时间内客户关系上也很难超越 B 公司。所以，只有抓住客户的主要需求，迅速切入。通过与客户的初次交往，A 发现面对的客户有强烈的危机感。铁通初建，他们不仅是没有设备，没有市场，而且更没有电信运营的经验，对未来的发展感到困惑和茫然。在这种情况下，人人考虑的都是铁通如何生存，而无暇考虑个人利益。用马斯洛的人的需求的层次理论进行分析，客户的需求应该在高于生理（物质）需求的安全需求的层次上，把握住这一点，就确定了 A 及其同事们市场关系的切入点。A 有着十几年在电信行业的工作经验，对电信的建设和运营有比较深入的了解，而这正是客户所缺乏和急切想知道的。于是在与客户交往的时候，不是一味地去宣传公司的产品优越性，而是和客户畅谈电信运营商的建设和经营之道，这些对客户非常有吸引力。所以客户非常乐于与 A 进行交流，这样使客户关系迅速地建立起来。同时，也把握住了客户的本地网建设的建设思路。

5. 发现问题，引导客户

虽然客户关系迅速地建立起来，但在产品问题上华为并没有得到客户的完全认可。客户长期使用 B 公司的交换设备，对此设备的操作和维护都比较熟悉和了解，虽然不是十分满意，但客户并不打算引进新的机型。客户对华为公司设备的认识也仅仅是对公司品牌的认可和对原来使用的少量设备形成的印象而已。所以客户再三表示说："听说你们公司交换机的模块功能比较强，所以这部分我们想用你们公司的，但汇接局我们还是要用 B 公司的，因为我们原来就用他们的设备，对它比较了解。"这对 A 来说是个非常严重的问题。因为了解电信行业的人都十分清楚，如果在电信本地网中不能占据汇接局这一战略制高点的话，则你只能充当一个配角，随时都有可能被挤出本地网。但在这种情况下，靠强力的推销是不起作用的。此时 A 没有急躁，而是冷静地通过询问来使客户发现问题，寻找机会，引导客户。A 有意识地询问客户 B 公司设备的使用情况，终于在客户陈述的情况中发现了机会。客户说他们使用的 B 公司 8000 门交换设备不具备局间计费功能（事实上 B 公司的新设备未必存在此问题），所以与中国电信间的结算只能完全由中国电信说了算，估计每个月损失十几万元。于是 A 进一步询问客户："如果 8000 门的交换机一个月损失十几万元的话，那么将来铁通发展到几十万门、几百万门的时候将会怎么样呢？"一句话顿时使客户感到了问题的严重性。同时，A 在技术交流当中除介绍本公司交换设备的一般功能外，着重介绍了它的局间计费功能和由此能为客户带来的经济利益。这样就使客户完全动摇了对 B 公司交换设备的信心，而完全信赖了华为公司的交换设备。最终，一期项目的 37000 门交换设备被华为公司尽收囊中，并为下一步拓展市场打下了良好的基础。

6. 因势利导，扩大客户需求

一期项目刚刚尘埃落定，二期项目随之而来，J 省内五个城市本地网交换设备建设项目。省会城市由于一期项目被 A 全部得到，所以二期扩容已非华为公司莫属。J 省经济发达，市场潜力很大，但由于客户在当时看不到未来的市场空间，对市场前景缺乏信心，所以另四个城市的交换机建设总量只有 26500 门。这样小的建设量不仅根本不能满足客户的市场发展需要，而且不足以使华为公司的交换设备占据市场的主导地位。同时，将价格昂贵的主控设备分摊到这么少的用户线上，会使平均价格变得极高，客户不可能接受。这种情况下必须想办法扩大客户的建设量。恰好此时，为了帮助其他办事处建立市场关系，A 为 S 市铁通进行了一次市场培训。回来后，A 借机把 S 市铁通在本地网建设上的大胆做法"介绍"给客户，从侧面对客户施加影响。同时，亲自为客户拓展了几个重要顾客，树立客户对市场前景的信心。此时，铁通总部也对 J 省铁通提出了扩大建设量的要求。在内外因素的共同影响下，客户把建设量逐步扩大到了 30 万门，一跃成为全国铁通各分司建设量之首，使 A 有了更大的市场空间。

7. 把握客户的思路

B公司和Z公司在一期项目失利后，在二期项目中都加强了市场工作的力度，使市场竞争更加白热化。各个公司的产品都有其特点，厂家为客户提出的解决方案都是要最大限度地发挥自身优势。厂家中B公司的本地网设计为汇接局下的若干个需要有人值守的端局，华为公司的设计则是汇接局下的若干个不需要人员值守的模块。如何把客户的思路引导到华为的轨道上来呢？在与客户的交流中，A从电信经营的角度与客户探讨如何才能减员增效，如何才能及时灵活地拓展市场。这些问题都引起了客户的共鸣，而这些也正是能够充分发挥华为公司设备优势的地方。客户接受了A的经营思想，其建设思路也就纳入了华为公司的轨道，并且由A帮助客户做本地网设计，这样客户的购买意向也就必然倾向于华为公司的产品了。

8. 强调利益，克服缺点

虽然客户对华为公司的交换设备有了高度的认可，但华为公司的交换设备价格在三个厂家中是最高的。如果客户全部选用的话，则要多花四五百万元，对资金十分紧张的客户来说是个不可忽视的问题。而且竞争对手为了争夺市场，纷纷向客户许诺给予更多的优惠条件，使客户在给予华为公司多大的市场份额问题上产生疑虑。在此情况下，A在交流中充分阐述华为公司交换设备的优势所在，强调产品功能为客户带来的长期利益，帮助客户从投入产出的角度算一笔账，使客户明白，虽然前期投入大一些，但得到的回报则是长期的，这样的投入是值得的。通过此方法，克服了华为公司在价格方面的缺点问题，客户表示愿意尽可能多地选用华为公司的交换设备。

9. 有条件让步，一箭双雕

随着投标的日期一天天临近，厂家间的竞争更加激烈。竞争对手不仅各自抛出更优惠的条件，而且通过高层关系向客户施加影响，而这正是A的劣势所在。在此情况下，要想百分之百地占有市场是不可能的，为了尽可能多的占有市场，A适时提出了华为公司的优惠条件：如果客户购买华为公司交换设备超过24万门的话，华为公司将免费赠送8000门的交换机设备。其中A还特别声明，这8000门的交换设备是可以等价转换成华为公司的其他通信产品的。此时，A考虑的不仅是二期项目的市场占有率问题，而且为下一步传输设备进入J省铁通埋下了伏笔。因为，A估计到客户订购的30多万门的交换设备大概需要两年才能消化掉。另外，是否再多8000门的交换设备对客户并不十分重要，但可以预见的是，交换设备间的传输问题将马上成为客户的迫切问题。由于A提供了这样的优惠承诺，使客户更加坚定了使用华为公司交换设备的决心。在二期项目招标中，客户顶住了来自各方面的压力，订购华为公司交换机设备近29万门，金额约1亿元人民币，更重要的是，几个本地网的汇接局全部使用了华为公司的128套设备，而B公司和Z公司只各自得到一个县的端局。"铁通一号工程"由此结束，华为公司交换设备在J省铁通本地网上已占据了绝对的主导地位。

10. 有所为，有所不为

在拿下了J省铁通交换设备项目后，公司其他产品部门也都想利用这个市场关系平台，销售自己的产品，如通信电源、配线架等。在与客户交流之后，A决定放弃在销售这些产品上的努力。因为，大客户销售的特点之一是集体决策，作为销售人员要想得到一个决策群中的所有人的支持几乎是不可能的，反对意见存在是必然的。在"铁通一号工程"

中，交换设备作为本地网核心产品，其好坏直接关系到客户集体利益和决策者个人利益。所以，决策者在选择使用华为公司交换设备时能顶得住来自上级和内部的反对意见。但如果要使决策者全部使用一家公司的产品，则他将承受反对者舆论的压力，有可能对自身造成伤害。况且，像电源、配线架之类的产品，质量问题对客户直接的影响相对比较小，决策者则可以通过购买上级领导推荐的产品，给上级面子，还领导人情。但此时 A 则把下一个重要的产品销售目标放在了传输设备上。

11. 把握节奏，步步为营

在销售过程中，抓住客户最迫切关心的问题也就是抓住了重点。交换设备和传输设备作为本地网建设的基础，对设备生产厂家而言其销售同等重要，哪个都是不能放弃的。但在销售过程中要抓住重点，把握节奏。在"铁通一号工程"项目中，A 没有为了展示公司的"实力"把公司的各种产品统统介绍一番，当时只重点针对客户最关心的交换设备进行交流和介绍。而在得知"铁通一号工程"二期项目被 A 拿下之后，客户马上面临传输问题的时候，A 则提前一步提醒客户该考虑传输设备问题了，才开始对传输产品进行介绍。此时，客户已经拓展了一些用户，对传输设备的需要已经迫在眉睫，仅由于铁通百业待兴，资金非常紧张，再拿出一笔钱来购买传输设备是很困难的。A 不失时机地向客户建议，把原来向客户承诺赠送的 8000 门交换设备等价转换成传输设备，客户非常高兴地接受了 A 的建议。紧接着 A 又从提高客户经济收益的角度出发，向客户推荐华为公司的智能网产品。在 A 离开这个项目组，离开华为的时候，传输设备已经顺利地"送"进了客户的本地网，抢占了市场先机，智能网项目也已经提上了客户的日程。取得如此的销售业绩，而 A 付出的销售费用仅仅几千元而已。在整个销售过程中，既没有给客户送厚礼，也没有请客户吃大餐。能够得到客户的认可是因为 A 给予了客户更需要的东西，那就是帮助他们获得事业上的成功。

回顾整个销售过程，深深地感受到成功的销售源于理性的思考、系统的分析和具体的方法。而这一切不仅是几年销售经验的积累，而且更得益于在几年培训工作中对销售的更深刻的理解和认识，从中真正感受到"观念的改变导致行为的改变，行为的改变导致结果的改变"的深刻含义。

要求：

(1) 请根据以上案例，分析 A 成功销售的主要原因。

(2) 作为一个成功的销售人员，应该具备哪些能力和素质？

第七章　短期经营决策

第一节　短期经营决策概述

一、短期经营决策在企业内部管理中的地位

（一）短期经营决策在企业内部管理中的地位

决策是指为了实现某一特定的目标，而从若干个可行方案中选择一个满意方案的过程。

管理会计中的短期经营决策，亦可称为经营决策，通常是指在企业现有的生产经营能力条件下，为了实现未来一定期间的经营目标而寻求最佳行动方案的过程。

对于现代企业的内部管理而言，经营决策是极为重要的，它不仅是企业内部管理的核心内容，而且是企业内部管理能否实现科学化的关键所在，是企业目前能否存在和未来能否发展的关键所在。为了使企业的生产经营活动能够沿着正确的轨道进行，最大限度地发挥现有各项经济资源的作用，不断加强企业管理，提高经济效益，必须全面、科学地开展经营决策，彻底改变过去主要依赖个人经验和主观判断制定决策的落后、被动局面，必须将人、财、物和供、产、销等全部纳入企业经营决策范畴，并通过有关决策的制定与实施而达到经营目标。

尤其应当强调的是，在市场瞬息万变、竞争日趋激烈的今天，每个企业都必须适应市场经济的发展要求，使企业内部的经营管理同企业外部的经营环境紧密结合，将经营预测和经营决策摆在整个企业内部管理工作的首位，把生产决策、价格决策和存货决策等贯穿在生产经营活动的各个领域和经营管理工作的各个环节。只有这样，企业的全部生产经营活动才能按照预定的经营目标顺利进行，才能按照最优化原则科学、有效地开展各项经营管理工作。也只有这样，企业才能在极为严峻的市场竞争条件下求得生存和发展，才能审时度势，扬长避短，合理配置经济资源，不断提高经济效益。

（二）短期经营决策的分类

1. 经营决策按目的分类

按照决策目的的不同，经营决策可划分为成本决策和利润决策。

成本决策是指企业管理者在现实条件下，为达到预定的成本目标而在两个或两个以上的可行性方案中选择可使未来（预期）成本达到最低值的行动方案的过程。一般来说，成本决策的目标是为了实现成本最优化，为了使企业所经营的产品（劳务）在未来一定期间里的各项耗费达到最小值。实现成本最小化，是实现利润最大化的基础，也是圆满实

现企业经营目标所不可缺少的。

利润决策是指企业管理者在现实条件下，为实现既定的利润目标而在两个或两个以上的可行性方案中选择可使未来（预期）利润达到最大值的行动方案的过程。一般来说，利润决策的目标是为了实现利润最优化，为了使企业现有经济资源得到充分、合理地利用，使其所经营的产品（劳务）在未来一定期间里的收益达到最大值。

2. 经营决策按内容分类

按照决策内容的不同，经营决策可划分为生产决策和定价决策。

生产决策是指企业管理者在现有生产经营能力条件下，为实现既定利润目标而在两个或两个以上的可行性产品生产方案中选择可使未来利润达最大值的行动方案的过程。

定价决策是指企业管理者在现有生产经营能力和它所面临的外部市场条件下，为实现既定利润目标而在两个或两个以上的可行性产品定价方案中选择可使未来利润达到最大值的行动方案的过程。

3. 经营决策按决策者所掌握的信息程度分类

按决策者所掌握的信息程度不同，可将经营决策分为确定型决策、风险型决策和非确定型决策。

确定型决策是指与决策方案相关的各项条件或自然状态已知，每个方案只有一个确定的结果，可直接比较其结果的决策。

风险型决策是指与决策方案相关的各项条件或自然状态已知，每个方案的执行可能会出现两种或两种以上的不同结果，并且可以确定各种结果出现的概率的决策。这类决策由于每个方案结果存在的不确定性，使决策存在一定的风险。

非确定型决策是指与决策方案相关的各项条件或自然状态是未知的，每个方案的执行有可能出现两种或两种以上的不同结果，并且无法确定各种结果的概率，只能依靠决策者的实践经验和判断能力来解决的决策。

二、制定经营决策的基本要求

（一）经营决策同生产经营活动的相互关系

为了使企业的生产经营活动得以顺利进行并达到预期目的，必须科学地制定经营决策，努力实现经营决策的科学化，正确处理经营决策同生产经营活动的相互关系。一般来说，在处理二者相互关系的问题上，首先应从实现企业内部经营管理科学化的要求出发，将全部生产经营活动区分为例行活动和非例行活动两大类。

所谓例行活动，是指企业内部管理中经常发生或反复发生、有章可循的各项活动，如原材料采购、储存和领用，产品加工、入库和出售等。所谓非例行活动，是指企业内部管理中不经常发生，无法照章办事的各项活动，如产品研制与开发、设备更新或重置、技术引进等。对于企业管理者尤其是高层管理者而言，将全部经营活动划分为例行活动和非例行活动的直接目的，就是要使他们把日常经营管理工作的重点放在非例行活动上面，集中精力解决好那些重要的、突发的、涉及企业生产经营全局的经营管理问题。至于那些非突发的、次要的甚至一般性日常管理事务，则交由有关专业职能部门或人员处理，以免分散企业高层管理者的精力和时间。

其次，在把生产经营活动划分为例行活动和非例行活动的基础上，将全部经营决策区分为程序化决策和非程序化决策两大类。也就是说，对例行活动应制定和实施程序化决策，而对非例行活动则制定和实施非程序化决策。同前理，作为企业决策制定者当然应将其决策工作的重点集中在非程序化决策上面，这是实现决策科学化的重要一环。

（二）制定经营决策的基本要求

从实现决策科学化，并进而实现企业管理科学化的角度考虑，制定经营决策通常应满足下列基本要求：

（1）正确确立决策目标。众所周知，任何一项决策都是为了达到某种既定目标，而确定决策目标又是制定和实施决策的起点或前提。因此，企业决策者在制定某项决策时，必须确立正确的具体的决策目标。在实际工作中，衡量决策目标正确与否的标志是，决策者对某项决策所要解决的问题的性质、特点、范围等是否有明确、详尽的了解，能否确切表达有关部门问题的症结（关键），能否找到产生差距的真正原因。决策目标明确、具体化的基本要求是：目标的含义是完全肯定的，即具有单义性特征，不可存在两种以上的解释，且能对其进行计量；目标的内容是可以落实的，且能划分相应的责任界限；目标的完成程度或实现与否是可以准确衡量的，且具有客观的、具体的评价标准。

（2）全面搜集决策信息。决策能否实现科学化，在很大程度上取决于能否按照决策目标的要求广泛地搜集资料，全方位地获取决策信息。在通常情况下，决策是否科学同决策所必需的信息的质量与数量是成正比的。这就是说，决策信息质量越高，数量越多，决策的基础就越坚实，决策的结论就越可靠。为了保证给决策者提供内容丰富、功能齐全的决策信息，除搜集各种实际的或历史的数据、资料之外，还应当搜集多种含义不同、性质各异的预计性数据、资料，包括经济的和技术的、定量的和定性的、内部的和外部的等等。

（3）科学运用决策方法。决策方法的科学化是决策本身实现科学化的重要手段，也是前述内容、形式、特点都不尽相同的决策信息能否进行科学加工、能否得到有效应用的重要条件。一般而言，决策方法分为定性方法和定量方法两大类。所谓定性方法，主要是依赖专业经验和知识进行推理和判断，并据以选定决策行动方案的一种决策方法，它是一种"软"技术。所谓定量方法，主要是借助运筹学、系统分析和电子计算机进行计算和分析，并据以选定决策行动方案的一种决策方法，它是一种"硬"技术。这两类决策方法各有所长，在决策过程中应根据实际需要和具体情况结合运用，不可偏废。

第二节　决策成本信息

一、决策成本的含义

成本是企业在生产经营活动中所发生的各种劳动耗费，是企业向社会提供产品和劳务所付出的必要代价。费用支出的多少、成本水平的高低，不仅反映企业管理工作质量的优劣，而且表明企业经济效益的好坏。成本管理是现代企业管理的重要内容，成本问题是企业管理当局制定经营决策时必须着重考虑的关键问题之一，成本信息是决策者在现实条件下得以选定最佳决策行动方案所必不可少的决策信息。

所谓决策成本是指具有特定经济含义的、用于评价决策方案的经济性所必需的各种形式的未来成本。作为决策成本通常是一种非财务成本，是不必借助会计账簿进行记录、计算的特殊成本概念。

二、决策成本概念

（一）决策分析中常用的成本概念

在决策分析工作中，经常使用的成本概念主要包括以下成本：

1. 差别成本

差别成本亦称差量成本是指若干备选方案预期成本之间的差额。它是决策分析中应用范围相当广泛的一个成本概念。不同方案的经济效果可通过计算成本的差别反映出来。差别成本通常是由于生产设备增减、生产水平升降、生产方法改变、生产能力利用程度不同等原因而导致的有关方案预期成本在数量上的差异。例如，某企业利用现有生产能力既可生产甲产品，也可以生产乙产品。经测算，生产甲产品的预计成本为 90000 元，生产乙产品的预计成本为 80000 元，二者相差 10000 元，即是甲、乙两种产品之间的差别成本。因此，通过比较有关备选方案的差别成本，可以评价它们的优劣，并据以从中择优。

狭义的差别成本是指单一决策方案由于生产能力利用程度不同而产生的成本差额，亦称"增量成本"。在相关范围内，某一决策方案的增量成本就是该方案的变动成本。

与差别成本相对应的是差别收入。所谓差别收入是指若干备选方案预期收入的差额，差别收入与差别成本之间的差额称为差别利润，是衡量有关方案优劣程度的重要依据。由三者所构成的差量分析法可广泛应用于短期经营决策和长期投资决策方案的分析与评价。

2. 边际成本

边际成本是指因产量变动一个单位所引起的生产总成本的变动数额，即由于多生产或少生产一个单位产品而相应增加或减少的成本，它是增量成本的特殊形式。在相关范围内，边际成本就是产品的单位变动成本。此时，增量成本、边际成本与单位变动成本取得了一致。例如，某企业原生产甲产品 1000 件，生产成本总额 45000 元；现生产 1001 件，生产成本总额 45045 元。在这里，因产量增加一个单位（1 件）而导致总成本增加 45 元，即为甲产品的边际成本。

根据经济学理论，边际成本是指成本对业务量无限小变化的变动部分，它的内涵是随业务量变动的变动率，是总成本函数的一阶导数。由此可以引申出边际成本的两条重要规律：（1）当某产品的边际成本与平均成本相等时，其平均成本最低；（2）当某产品的边际成本与边际收入相等时，其可为企业提供最大的利润。边际成本可用来判明增加或减少某种产品的生产（销售）数量在经济上是否合算。在现有生产能力没有得到充分利用的条件下，任何新增产量的单位售价，只要略高于其边际成本，就会增加利润或减少亏损。

边际成本同边际收入是紧密相连的。边际收入是指因销售量变动一个单位所引起的销售总收入的变动数额。它是由于多销售或少销售一个单位产品而相应增加或减少的收入。边际成本和边际收入构成边际分析法的主要内容，这种分析方法可以应用于产品生产决策、定价决策等领域。

3. 机会成本

从一般意义来说，所谓机会成本，是指把某项投入要素从某种用途转移到另一种用途时，由此而失去的某种机会所能获得的收益。就决策而言，机会成本是指在若干备选方案中选取某一方案而放弃另一方案所丧失的潜在收益，它是因决定选择某个决策行动方案而相应付出的经济代价。例如，某企业现有剩余的加工设备，该加工设备既可对外出租，预计年租金收入 20000 元；也可用于加工 A 零件，预计加工收益 25000 元。显然，这两种机会是相互排斥的，决策者只能从中选择一个机会。如果选择加工 A 零件，则会放弃对外出租，对外出租的租金收入 20000 元，就构成了 A 零件的机会成本。

之所以要将被淘汰的有关方案的潜在收益作为备选方案的机会成本，主要是因为企业实际拥有的经济资源通常存在多种用途，但由于经济资源的稀缺性，经济资源用于某一方面，就不能同时用在另一方面，它用在某一方面的所得，正是由于放弃其他方面使用机会的所失。在分析、评价有关备选方案的经济性时，只有把已失去的"机会"可能获得的收益也考虑进去，才能真正对所选定方案的预期经济效益进行全面、客观的评价。尽管机会成本并不构成企业的实际支出，也无须记入账册，但在决策分析时必须作为一个现实的因素加以考虑，否则可能导致决策失误。

4. 假计成本

假计成本是指需要计算的使用某种经济资源的代价。它是同某项具体的经济活动相关联，但又不致引起现金实际支付的假设性支出。从某种意义上讲，假计成本也是一种机会成本，是一种需要进行特殊计量的、非直观形式的机会成本。例如，企业需要购置生产设备，购买设备所需要的资金可以存入银行，也可以进行其他投资，因而，能得到相应的利息收入或投资报酬。所以，为了正确分析、评价设备购置方案的经济性，不管所需资金是借入的还是自有的，都应将存款利息或投资报酬作为该方案的机会成本进行假计。

5. 现金支付成本

现金支付成本又称付现成本，是指因选定和实施某项决策而需立即支付一定数额现金的有关成本。它是在未来需要实际动用现金进行支付的。在企业资金短缺、支付能力受到限制、向市场融资又十分困难的情况下，对那些急需实施的方案进行决策时，必须以现金支付成本而不是以总成本作为方案取舍的标准，并应选择现金支付成本最小的方案。例如，某企业一关键加工设备因故损坏而急需重置，现有两个厂家提供这种加工设备：甲厂设备售价 90000 元，货款一次付清；乙厂设备售价 95000 元，货款分期偿付，先付现款8000 元，其余价款在半年内付清。该企业目前资金短缺，而金融市场银根紧缩，筹资成本较高。该企业应选择购买乙厂设备。因为，乙厂设备售价虽然比甲厂高 5000 元，但其付现成本比甲厂少 82000 元，这种选择同该企业目前的资金状况是相适应的。

6. 沉落成本

沉落成本是指一经发生就无法收回或不能得到补偿的成本。它是由过去决策结果引起，当前的决策难以改变这一事实。例如，某企业原有一台设备，原价 20 万元，累计折旧 8 万元，账面价值 12 万元，现因故拟作价出售或向外出租。该设备的账面价值 12 万元即为沉落成本。从本例可以看出，沉落成本实际上是一种"一经耗费便一去不复返"的成本，它与目前的决策不存在相关性，在分析、评价方案的经济性时无须考虑这一因素。本例中，只需比较设备出售与设备出租何者在经济上更为有利即可，而不必涉及这台设备的账面价值。

7. 可避免成本和不可避免成本

可避免成本是指同特定备选方案直接相联系的有关成本，其发生与否，完全取决于与之相关的方案是否被选定。如果某方案被采纳，则与之相联系的成本就会随之发生；如果某方案不被采纳，则其成本就不会随之发生。与该方案有关的成本即为可避免成本。例如，某企业原产甲产品，现因故拟改产乙产品，除继续使用现有设备外，还需添置一台价值为10万元的新设备。新设备是否需要购置，完全取决于乙产品是否正式生产。因此，新设备投资10万元就是同转产乙产品这一方案直接相联系的可避免成本。

同可避免成本相对应的是不可避免成本。所谓不可避免成本是指不同某一特定备选方案直接相联系的有关成本，其发生与否，与特定备选方案是否被选定无关。也就是说，不论决策者最后选定哪个方案，该项成本仍旧照常发生，其实际数额的多少，也不因决策方案的选定而改变。例如，某企业现有厂房、设备等固定资产的年折旧费25万元，根据市场需要，下年度拟生产甲产品或乙产品。该企业现有厂房、设备的折旧费就是不可避免成本，因为该企业下年度不论决定生产甲产品还是乙产品，或者都不生产，现有各项固定资产的折旧费仍然要发生，其具体数额依旧是25万元。

由此可见，同特定方案直接相关的可避免成本，无疑是有关备选方案差别成本的组成部分，为正确评价有关方案的经济性，必须将可避免成本考虑进去。至于不可避免成本，由于它并不同特定方案直接相关，对有关方案的取舍也不存在任何影响，故在评价备选方案的经济性时可不予考虑。

8. 可延缓成本与不可延缓成本

可延缓成本是指已经选定但可延缓实施的某方案的有关成本。在实际工作中，往往会出现这种情况：某一方案已经决定要实施，但由于某种条件的限制，其具体实施时间可以推迟，方案推迟后对企业正常的生产经营活动并无妨碍，与之相联的有关成本称为可延缓成本。例如，某企业原定从本年初开始扩建装配车间，预计共需资金80万元。现因产品销售不畅，资金比较紧张，经研究决定推迟实施装配车间的扩建工程。这样，同该项扩建工程有关的费用，即为可延缓成本。

同可延缓成本相对应的是不可延缓成本。不可延缓成本是指一经选定就要马上付诸实施的某方案的有关成本。也就是说，某备选方案一旦决定采纳，即应马上组织实施，不能推迟；否则，将会给企业的生产经营活动带来不利影响，使企业蒙受重大经济损失。同该方案相联系的有关成本即为不可延缓成本。例如，某企业一条自动生产线损坏，生产被迫停止，必须马上修复。经估算，这项修复工程共需资金50万元。上述决策一经作出，便应立即付诸行动，即使目前资金非常困难，也要尽力设法解决。这样，同该生产线修复工程有关的设备、材料、人工等，就属于不可延缓成本。

确定可延缓成本与不可延缓成本的主要作用在于，当企业财力有限和资金紧张时，企业管理当局应分清有关决策方案的轻重缓急，有计划、有步骤地组织具体方案的实施，以充分发挥现有经济资源的作用，不断提高经济效益。

9. 专属成本与共同成本

专属成本是指专门同某种或某批产品的生产经营直接相关的有关成本，它有具体而明确的归属对象。例如，专门为生产甲产品而购买的 A 型机床，其年折旧费为 10000 元。A 型机床的年折旧费 10000 元即为专属成本。

同专属成本相对应的是共同成本。共同成本是指同时和若干种或若干批产品都有联系的有关成本，它没有具体、明确的归属对象，通常应由几种或几批产品共同分担。例如，某企业生产甲、乙、丙三种产品，都要经过某刨铣设备进行初步加工，该刨铣设备每年的折旧费 15000 元。该刨铣设备的年折旧费 15000 元即为共同成本。

（二）相关成本与非相关成本的再划分

作为为企业管理者服务的管理会计信息，首先必须具有相关性，这是它作为管理会计信息的最重要的质量特征。管理会计中的相关性是针对具体的使用者而言的，也是针对具体的决策或特定的方案而言的。之所以管理会计信息必须首先具有相关性特征，主要原因在于：相关信息对于完成预定行动并获得由此而产生的期望结果是必不可少的；在为实现某一特定目的而拟定的多种可供选择的备选方案中，各该方案的预期成本和预期收入都是不相同的。

决策成本概念是管理会计信息的重要组成部分，按其同决策的相互关系，可以大体上再划分为相关成本和非相关成本。

1. 相关成本

相关成本是指同某一特定方案相联系，直接影响该方案预期效益及决策方向（取与舍）的有关成本。对于相关成本，决策者必须着重予以考虑，并将其纳入相应的决策分析过程。从这个意义上讲，前述差别成本、边际成本、机会成本、假计成本、现金支付成本、可避免成本、特定成本、可延缓成本等属相关成本。

2. 非相关成本

非相关成本是指不同某一具体方案相联系，不会对方案的预期效益及决策方向（取与舍）构成影响的有关成本。既然如此，作为非相关成本，决策者无须加以考虑，也不必将其纳入相应的决策分析过程。从这个意义上讲，前述沉落成本、共同成本、不可避免成本等即属于非相关成本。

在决策分析工作中，正确区分相关成本和非相关成本有助于提高成本信息的决策有用性，对企业正确地进行经营决策有重要意义。作为相关成本，其基本特征是：（1）相关成本是一种未来成本。未来将要发生的成本是相关成本，而以前发生的成本则是非相关成本。（2）相关成本是一种有差别的未来成本，没有差别的未来成本不是相关成本。这也意味着凡同时出现在若干备选方案中的相同成本项目，且其数额也相同，则该项成本为非相关成本；凡同时出现在若干备选方案中的相同成本项目，但其数额并不相同，则该项成本为相关成本；凡仅出现在某一备选方案而其他备选方案却不曾出现的任何成本项目，不论其数额为多少，均应作为相关成本。

第三节　短期经营决策方法

一、确定型决策分析方法

确定型决策是指未来客观条件或自然状态明确、固定，所有备选方案经计量、分析后均可得到一个确定结果的有关决策。在确定型决策条件下，决策者完全了解某一决策事项所面临的客观环境和基本情况，对每一备选方案的预期效益能够通过直接计量而确切地掌握。在这种情况下，只要从若干备选方案中选择一个最佳方案予以实施，即可达成预定的决策目标。

确定型决策分析方法主要包括差量分析法、边际贡献分析法、临界成本分析法。

（一）差量分析法

差量分析法是通过对若干可行性方案的预期收入和预期成本的计量与比较，在确定、分析各该方案差别收入、差别成本和差别利润的数额及其性质的基础上，评价有关方案优劣的一种决策分析方法。差量分析法一般可通过编制差量利润分析表计算差量损益，如表7-1所示。

表 7-1　　　　　　　　　　　　　　　**差量利润分析表**

项目	方案 A	方案 B	差量
预期收入	R_A	R_B	$\Delta R = R_A - R_B$
预期成本	C_A	C_B	$\Delta C = C_A - C_B$
差量利润			$\Delta P = \Delta R - \Delta C$

根据表7-1所示有关内容，可将差量分析法的决策规则（即择优原则）归纳为：若差量利润大于零，则A方案优于B方案；若差量利润等于零，则A、B方案效益相同；若差量利润小于零，则B方案优于A方案。

这种方法比较科学、简单、实用，但在分析备选方案的相关收入和相关成本时一定要准确，对不相关的因素应予以剔除。差量分析法可广泛应用于产品生产对象决策、产品增产对象决策、特殊订货决策、产品进一步加工决策、零（部）件自制与外购决策等。下面举例说明差量分析法的应用。

例1：某公司拟用现有生产能力生产甲产品或乙产品，经调查测算，甲产品的预计单位变动成本30元，单价50元，可生产75000件。乙产品的预计单位变动成本40元，单价65元，可生产50000件。假定不论是生产甲产品还是生产乙产品均不会影响固定成本总额，而且两种产品均在满负荷状态下生产并均可顺利地销售出去。

现要求确定，从经济上考虑该公司究竟应当生产哪种产品？

具体计算分析如下：

（1）计算两个方案的预期收入。

$$甲产品预期收入 = 75000 \times 50 = 3750000（元）$$
$$乙产品预期收入 = 50000 \times 65 = 3250000（元）$$

（2）计算两个方案的预期成本。

由于在本决策中，固定成本无论生产哪种产品都会发生，属于不可避免成本，因而与方案的选择无关。方案的相关成本只需考虑变动成本。

$$甲产品的预期成本 = 75000 \times 30 = 2250000（元）$$
$$乙产品的预期成本 = 50000 \times 40 = 2000000（元）$$

（3）根据上述资料编制差量利润分析表，如表 7-2 所示。

表 7-2　　　　　　　　　　差量利润分析表　　　　　　　　　　单位：元

项目＼方案	甲产品	乙产品	差异额
预期收入	3750000	3250000	500000
预期成本	2250000	2000000	250000
差量利润			250000

由表 7-2 可见，生产甲产品会比生产乙产品多盈利 250000 元，因此，应该生产甲产品。

在具体应用差量分析法对有关备选方案进行差量分析及效益评估时，有可能只涉及"差量成本"的计量，即若干比较方案的现有决策数据（资料）中只有某些成本或费用，而没有诸如价格、收入之类的决策信息。此时，人们无法据以确定各该比较方案的预期利润（损益）。在这种情况下，差量分析实际上就演变成"差量成本分析法"，其决策原则是预期成本最小的方案为最优方案。

（二）边际贡献分析法

边际贡献分析法是通过比较有关备选方案提供的边际贡献总额确定最优方案的决策分析方法。

在短期经营决策中，企业现有的生产能力一般相对稳定，固定成本总额通常保持不变，根据销售收入和变动成本确定的边际贡献总额，直接反映了产品的盈利能力，可据以作为优选方案的决策依据。

值得注意的是，单位产品边际贡献虽然也能反映产品的盈利能力，但不能作为评价方案经济效果的依据。因为，产品边际贡献总额是产品单位边际贡献与产品产销量的乘积，而产品产销量的大小却又受企业生产能力和单位产品所需生产能力的影响。单位产品边际贡献大的产品，其边际贡献总额不一定大。但在经济资源总量一定的条件下，单位经济资源提供的边际贡献越大，全部经济资源提供的边际贡献总额也一定大。因此，以单位经济资源提供的边际贡献为决策依据，与以产品边际贡献总额为依据的决策结论完全一致。

边际贡献分析法实际上是差量分析法的进一步简化，采用差量分析法的某些决策也可以采用边际贡献分析法进行分析，如产品品种决策、产品增产对象决策、新产品开发决策、亏损产品停产与转产的决策、特殊订货决策等。

例2：仍按例1的资料，要求采用边际贡献分析法作出生产甲产品还是生产乙产品的决策。

具体计算分析如下：

甲、乙产品边际贡献总额计算结果，如表7-3所示。

表7-3　　　　　　　　　　　　　　边际贡献计算表　　　　　　　　　　单位：元

项目＼方案	甲产品	乙产品
预期收入	3750000	3250000
减：预期变动成本	2250000	2000000
预期边际贡献总额	1500000	1250000

由表7-3可见，生产甲产品创造的边际贡献大于生产乙产品的边际贡献，因此应选择生产甲产品。

在进行经营决策分析时，有时仅通过分析一个决策方案的相关损益就能作出决策，这时，应注意的是必须要考虑机会成本。如例2，假如决策者只考虑用生产乙产品的方案进行决策，这时，必须将放弃生产甲产品的边际贡献作为生产乙产品的机会成本。编制的相关损益分析表如表7-4所示。

表7-4　　　　　　　　　　　　　　相关损益分析表　　　　　　　　　　单位：元

备选方案	生产乙产品
相关收入	3250000
减：相关成本	
变动成本	2000000
机会成本	1500000
相关损益	（250000）

由表7-4可见，与生产甲产品相比，生产乙产品会带来250000元的机会损失，因而生产乙产品在经济上是不合算的。

（三）临界成本分析法

我们前面所介绍的几种方法，都要求各方案的产销量为确定因素。当产销量为不确定因素时，则需要采用临界成本分析。临界成本分析法也叫成本平衡分析法，它是通过对若干可行方案的预计固定成本和预期变动成本的计量与比较，在确定、分析各该方案临界业务量（产量）的基础上，评价有关方案优劣的一种决策分析方法。这里所说的临界业务量亦称成本平衡点，它是指能使有关方案的预期总成本恰好保持相等时所需要的业务量水平。当业务量高于或低于临界点业务量时，不同方案就有了各自的业务量优势区，成本临界点分析法就是利用不同方案的不同业务量优势区域进行最优方案选择的。

设 Y_1、a_1 和 b_1 分别为方案一的预计总成本、固定成本总额和单位变动成本，Y_2、a_2 和 b_2 分别为方案二的预计总成本、固定成本总额和单位变动成本，x_0 为临界业务量。

令 $Y_1 = Y_2$，即

$$a_1 + b_1 x_0 = a_2 + b_2 x_0$$

移项并整理，得

成本临界点的计算公式为：$x_0 = \dfrac{a_1 - a_2}{b_2 - b_1}$

$a_1 > a_2$，$b_1 < b_2$，可用作图法确定成本临界点，如图 7-1 所示。

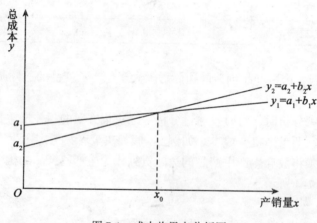

图 7-1　成本临界点分析图

临界成本分析法的决策规则为：

当预计业务量大于临界业务量时，应以固定成本总额较高而单位变动成本较低的方案为最优方案；

当预计业务量小于临界业务量时，应以固定成本总额较低而单位变动成本较高的方案为最优方案。

例 3：某企业计划生产某种新产品，现拟有甲、乙两个工艺方案，经测算后获知，甲、乙两方案的年固定成本总额分别为 120000 元和 90000 元，单位变动成本分别为 35 元和 40 元。

现要求确定，从经济上考虑，该企业应采用哪种工艺方案生产某新产品？

本例中，用临界成本法进行分析、评价的结果如下：

设甲、乙两个工艺方案的临界产量为 x 件，则

$$x = \frac{120000 - 90000}{40 - 35} = 6000 \text{（件）}$$

计算结果表明：若某新产品未来每年生产量超过 6000 件，则宜采用甲工艺；若每年

生产量不足 6000 件时，则宜采用乙工艺方案。

二、非确定型决策分析方法

非确定型决策是指未来客观环境或自然状态不明确、不固定的有关决策。在非确定性决策条件下，企业管理者无法预先选定某一决策事项所面临的两种或两种以上的客观环境和基本情况，甚至连它们即将出现或发生的可能性大小也无法估计，只能凭管理者的经验和心理因素作出某种主观判断。非确定型决策的分析方法主要有大中取大决策法、大中取小决策法、小中取大决策法等。

（一）大中取大决策法

大中取大决策法也叫乐观决策法，是一种以乐观进取的态度选择决策行动方案的决策分析方法。在这种方法下，决策者是从最好的客观条件出发，选择预期效果最佳的行动方案。大中取大决策法的基本程序是：首先，分别确定各该备选方案在不同自然状态下的最大收益值；其次，从已确定的若干最大收益值中，再找出收益值最大的方案为最优方案。

例 4：某企业经营某种产品，预计未来的市场需求量有最多、一般和较少三种情况，经营该种产品共有 A、B、C 三个备选方案，各该方案在不同需求量下的预期效益，如表 7-5 所示。

表 7-5　　　　　　　　　　　　　　　　　　　　　　　　　　　　　　单位：万元

预期效益　　备选方案　市场需求情况	A 方案	B 方案	C 方案
最多	1200	1600	800
一般	800	700	500
较少	-300	-600	180

现要求确定经营该产品的最优方案。

按照大中取大决策法的要求，本例中的择优步骤为：

第一步，确定各备选方案在不同市场需求量下的最大收益值。A、B、C 三方案的最大收益值分别为 1200 万元、1600 万元和 800 万元。

第二步，确定最优方案。A、B、C 三个备选方案的最大收益中"最大值"为 1600 万元，故以 B 方案为最优方案。

（二）大中取小决策法

大中取小决策法也叫最小的最大后悔值决策法，它是根据客观上最优方案的收益与主观上所采取方案的收益之间的差额（即后悔值）大小来选择决策行动方案的一种决策分析方法。

大中取小决策法的基本程序是：首先，分别确定不同自然状态下预期收益最大的方案及其收益值；其次，分别确定不同自然状态下各该方案的后悔值；再次，分别确定各个备选方案在不同自然状态下的最大后悔值；最后，在已确定的最大后悔值中找出后悔值最小的方案为最优方案。

现仍按上例中的有关资料，采用大中取小决策法选择最优方案。其具体步骤如下：

第一步，确定不同自然状态下预期收益最大的备选方案及收益值。其中：当市场需求量最多时，B方案预期收益最大，其值为1600万元；当市场需求量一般时，A方案预期收益值最大，其值为800万元；当市场需求量较少时，C方案预期收益最大，其值为180万元。

第二步，确定每一备选方案的后悔值。其中：当市场需求量最多时，A、B、C三个备选方案的后悔值分别为400万元（1600-1200）、0（1600-1600）和800万元（1600-800）；同理，当市场需求量一般时，A、B、C三个备选方案的后悔值分别为0、100万元和300万元；当市场需求量较小时，A、B、C三个备选方案的后悔值分别为480万元、780万元和0。

第三步，找出每一备选方案在不同自然状态下的最大后悔值。A、B、C三个方案的最大后悔值分别为480万元、780万元和800万元。

第四步，确定"最小的"最大后悔值和最优方案。从以上计算中可知，A方案的最大后悔值为最小，故应以A方案为最优方案。

（三）小中取大决策法

小中取大决策法也称悲观决策法，是一种以悲观保守的态度来选择决策行动方案的决策分析方法。在这种方法下，决策者是从最坏的客观环境和条件出发，选择预期效果最佳的行动方案。

小中取大决策法的基本程序是：首先，分别确定各个备选方案在不同自然状态下的最小收益值；其次，确定"最大的"最小收益值的方案为最优方案。

现仍按上例资料，采用小中取大决策法选择最优方案，其具体步骤如下：

第一步，分别确定A、B、C三个备选方案的最小收益值。A、B、C三个方案的最小收益值分别为-300万元、-600万元和180万元。

第二步，确定"最大的"最小收益值和最优方案。从以上计算结果可知，在现有三个方案中，C方案的最小收益值为最大，故应以C方案为最优方案。

三、风险型决策分析方法

风险型决策是指未来客观环境或自然状态不能完全肯定，但其即将出现或发生的可能性大小可以预先估计的有关决策。在风险型决策条件下，决策者无法预先肯定某一决策事项所面临的两种或两种以上的客观环境或基本情况，但是他们可以通过调查研究或者凭借实践经验，大体上估计有关环境或情况将出现的概率。风险型决策分析方法主要采用概率分析法，在采用概率分析法时，应按以下步骤进行：

（1）确定各备选方案可能出现的结果。

（2）估计每一结果可能发生的概率。

（3）计算各备选方案的期望值。

（4）根据期望值的大小选择最优方案。

例5：某公司准备利用现有生产能力开发新产品，现有两个备选方案：一是开发新产品A；二是开发新产品B。已知A、B产品售价分别为300元和280元，单位变动成本分别为248元和224元，销售量资料如表7-6所示。

表7-6　　　　　　　　新产品A、B的销售量及各种销量可能发生的概率

预计销售量（件）	概率	
	A产品	B产品
600		0.1
800	0.1	0.2
900	0.1	0.2
1000	0.3	0.4
1200	0.3	0.1
1400	0.2	

要求：利用概率分析法作出开发何种新产品的决策。

具体计算分析如下：

因为开发新产品不需要新增生产能力，因此，只要确定新产品创造的边际贡献的期望值，边际贡献期望值最大的方案就为最优方案。根据题中给出的已知条件，计算各方案边际贡献的期望值如表7-7所示。

表7-7　　　　　　　　期望边际贡献计算表　　　　　　　　单位：元

方案	销售量（件）	单位边际贡献	边际贡献总额	概率	期望值
A	800	52	41600	0.1	4160
	900		46800	0.1	4680
	1000		52000	0.3	15600
	1200		62400	0.3	18720
	1400		72800	0.2	14560
	期望值				57720
B	600	56	33600	0.1	3360
	800		44800	0.2	8960
	900		50400	0.2	10080
	1000		56000	0.4	22400
	1200		67200	0.1	6720
	期望值				51520

从表7-7的计算结果可以看出，开发A产品比开发B产品的期望边际贡献大，故应开发A产品。

第四节 生产决策

生产决策是指企业围绕着生产什么、怎样生产以及生产多少等方面的问题而进行的决策，它是企业经营决策的重要内容之一。常见的生产决策包括生产何种新产品、亏损产品是否停产、零部件是自制还是外购、半成品（或联产品）是否需要进一步加工、是否接受追加订货、如何选择生产工艺技术方案、产品组合决策等。

一、产品生产对象决策

企业一般应根据现有生产经营能力来组织产品的产销活动。在特定经济资源条件下，企业只能按照经济性原则，生产能为企业提供最大经济效益的产品。为了使企业现有的生产经营能力得到合理、充分地利用，又使其在经济上获得尽可能多的收益，企业管理者就必须在若干种产品之间做出正确的选择，科学地制定最佳产品生产对象决策。产品生产对象决策通常采用边际贡献分析法、差量分析法等。

例6：某企业现有生产能力80000机器工作小时，既可用于生产甲产品，也可用于生产乙产品，但由于条件限制，只能生产其中的一种产品。甲、乙产品的有关资料如表7-8所示。

表7-8

项目	甲	乙
单位产品售价（元）	38	50
单位产品变动成本（元）	26	32
单位产品耗用机时（机时/件）	2	4
固定性制造费用总额（元）	120000	
固定性销售费用总额（元）	80000	

现要求确定，从经济上考虑，该企业应选择生产哪种产品。

具体计算、分析如下：

本例中，固定性制造费用120000元和固定性销售费用80000元，属于不可避免成本，对方案的最终选择不产生影响。因此，在进行方案选择时，只需根据有关产品提供的边际贡献总额进行分析评价。其计算结果如表7-9所示。

表 7-9

项目	甲	乙
产品产销数量（件）	40000	20000
单位产品售价（元）	38	50
单位产品变动成本（元）	26	32
单位产品边际贡献（元）	12	18
产品边际贡献总额（元）	480000	360000

从表 7-9 中可以看出，甲产品的单位边际贡献比乙产品低，但由于产销量不同，甲产品提供的边际贡献总额比乙产品多 120000 元。故在现有条件下，该企业应选择生产甲产品。

二、产品增产对象决策

企业在完成正常的生产任务之外，可能会出现部分设备、劳动力或其他经济资源的暂时闲置，同时由于条件限制，又无力投产新产品。在这种情况下，为了最大限度的发挥设备、技术、劳动力的积极作用，就应该对企业已经生产的产品进行经济性分析，从中选择预期收益较大的产品作为增产对象，以使剩余生产能力得到最合理、最有效地利用。

例 7：某企业年正常生产能力为 200000 机时，目前用于生产 A、B 两种产品的生产能力仅为现有全部生产能力的 85%，其余有关资料如表 7-10 所示。

表 7-10

项目	A 产品	B 产品
单位销售价格（元）	12	15
单位变动成本（元）	7	9
单位产品标准机时（机时/件）	2	3
固定成本总额（元）	120000	

现要求确定，为了最有效地利用剩余生产能力，该企业应当优先增产哪种产品（假定产品增产后销路有保障）。

本例的计算、分析结果如表 7-11 所示。

表 7-11

项目	A 产品	B 产品
剩余生产能力（机时）	200000×（1-85%）= 30000	
单位产品标准机时（机时）	2	3
预计最大产量（件）	15000	10000
单位产品边际贡献（元）	5	6
单位机时边际贡献（元）	2.5	2
剩余机时边际贡献总额（元）	75000	60000

计算结果表明，该企业应当将剩余生产能力用来增产 A 产品，这样可多获利润 15000 元。

三、产品生产数量决策

企业通过决策分析，在确定了应优先生产某种或某几种产品之后，为真正能在未来一定期间里获得最大盈利，还必须进一步确定有关产品的最优生产数量问题。企业只有在既选定最有利的产品品种，又选定最合理的产品生产数量的前提下，才能为确有把握地获得最大利润，创造良好条件。

由于产品的产销数量同其价格、成本、利润之间存在着联动关系，如何确定其最佳产销量才能使企业获利最大，是企业管理者经常面临的决策问题。前已述及，当产品的边际收入同边际成本相等或接近相等时，企业的利润最大，此时产品的产销数量为最佳。为此，企业管理者可以根据产品的边际收入同边际成本之间的这种特定关系，借助边际分析法来确定各该产品的最优产销数量。

例 8：某企业生产某产品，单位售价为 14.8 元，经测算，该产品总成本（y）与产量（x）之间的函数关系为：$y = 3750 + 2x + 0.008x^2$。

现要求确定，该产品产销数量应达到多少件，才能使企业经营该种产品所获得的利润达到最高。

具体计算分析如下：

（1）直接计算。首先，确定产品的边际成本（y'）和边际收入（S'）。

$$y' = 2 + 0.016x$$
$$S' = 14.8$$

其次，利用边际成本与边际收入的关系原理，确定最佳产销数量（x）。

为此，令 $y' = S'$，则

$$2 + 0.016x = 14.8$$
$$x = 800 \text{（件）}$$

计算结果表明，当该产品的产销量为 800 件时，企业能获得最大利润。

（2）列表测试。上述计算，也可通过列表进行逐次测算求得，其具体测试结果如表 7-12 所示。

表 7-12

产销数量（件）	单位售价（元）	销售收入总额（元）	销售成本总额（元）	边际收入（元）	边际成本（元）	盈利（或亏损）(元)
100	14.8	1480	4030	—	—	(2550)
200	14.8	2960	4470	1480	440	(1510)
300	14.8	4440	5070	1480	600	(630)
400	14.8	5920	5830	1480	760	90
500	14.8	7400	6750	1480	920	650
600	14.8	8880	7830	1480	1080	1050
700	14.8	10360	9070	1480	1240	1290
800	14.8	11840	10470	1480	1400	1370
900	14.8	13320	12030	1480	1560	1290
1000	14.8	14800	13750	1480	1720	1050

表 7-12 中的数据说明，当该产品的产销数量达到 800 件时，其利润最大（1370 元），此时，边际收入 1480 元，边际成本 1400 元，两者接近于相等。因此，该种产品的最佳产销量应为 800 件。

四、追加订货决策

追加订货是客户向企业提出的价格较低的临时性订货。在企业存在暂时闲置的生产能力时，如果客户以低于正常售价甚至低于该产品平均单位成本的价格提出订货，则企业是否应接受呢？企业管理者应根据不同情况作出正确的决策。

1. 一般条件下的决策

当接受订货不会影响正常的生产任务（正常订货），又不需要追加专属固定成本而且剩余生产能力无法转移时，只要追加订货的价格大于该产品的单位变动成本，就可以接受订货。即接受追加订货的条件是：

追加订货的价格>该产品的单位变动成本

2. 复杂条件下的决策

（1）当接受追加订货冲击正常订货时。如果接受订货必须减少原来正常订货的产量，剩余生产能力无法转移，则应将由此而减少的正常边际贡献作为接受追加订货的机会成本。只要追加订货的边际贡献总额能补偿这部分机会成本，就可以接受订货。即接受订货的条件是：

追加订货的边际贡献总额>机会成本

或　追加订货的价格>该产品的单位变动成本+追加订货的单位机会成本

（2）当接受订货需增加专属成本时。如果接受订货需要增加专属成本，剩余生产能力无法转移，则只要追加订货的边际贡献总额大于专属固定成本就可接受订货。即接受订货的条件是：

追加订货的边际贡献总额>专属固定成本

或　追加订货的价格>该产品的单位变动成本+追加订货的单位专属固定成本

（3）当接受订货既需要增加专属固定成本，又存在机会成本时。如果接受订货既需要增加专属成本，剩余生产能力又可以移做他用，则应综合考虑接受追加订货带来的相关损益是否大于不接受订货的相关损益。如果接受订货的相关损益大于拒绝订货的相关损益，则可以接受订货；否则，不能接受订货。

例9：某企业生产甲产品，正常订货量2000万件，正常价格70元。甲产品有关成本资料如表7-13所示。

表7-13　　　　　　　　　　　甲产品成本资料

成本项目	总成本（万元）	单位成本（元）
直接材料	40000	20
直接人工	24000	12
变动制造费用	8000	4
固定制造费用	18000	9
合计	90000	45

现有客户要求向该企业追加订货甲产品200万件，订货价格为43元/件。

要求：就下面各种情况作出是否接受此项追加订货的决策。

（1）企业最大生产能力为2200万件，剩余能力无法转移，追加订货不需增加专属固定成本。

（2）企业最大生产能力为2160万件，剩余能力无法转移，也不需要追加专属固定成本。

（3）企业最大生产能力2180万件，剩余生产能力可以对外出租，可获租金收入200万元，接受订货需追加专属固定成本600万元。

具体计算分析如下：

（1）因为追加订货价格为43元，大于单位变动成本36（20+12+4）元，所以，可以接受此项订货，可多获利1400（43×200-36×200）万元。

（2）因为企业的最大生产能力为2160万件，如果接受订货就必须将正常产量减少40万件，因此接受订货的机会成本是1360［40×（70-36）］万元。接受订货带来的边际贡献总额为1400［（43-36）×200］万元大于机会成本1360万元，所以应接受追加订货。

（3）采用差量分析法，其计算结果如表7-14所示。

表 7-14 相关损益分析表 单位：万元

项目 \ 方案	接受追加订货	不接受订货并出租设备	差量
预期收入	8600 (43×200)	200	8400
预期成本	8480	0	8480
其中：增量成本	7200 (36×200)	0	
专属固定成本	600	0	
机会成本	680 (34×20)	0	
预期损益	120	200	-80

由表 7-14 分析可以看出，接受订货相关损益小于拒绝订货并出租设备的相关损益，所以不应接受订货并将设备出租，这样可多获利 80 万元。

本例也可采用边际贡献分析法进行分析：

接受追加订货的边际贡献总额 = 200×（43-36）-600-200-20×（70-36）

$$= -80 （万元）$$

由此可见，接受追加订货的边际贡献比不接受订货并出租设备将少获得边际贡献 80 万元。因此，应放弃追加订货并将设备出租。

五、半成品（或联产品）进一步加工决策

企业不论是经营普通产品还是联产品，往往既可以经初步加工或联产过程结束时立即出售，也可以对其继续加工，然后再行出售。产品立即出售的价格一般低于继续加工后出售的价格，但继续加工通常要发生一定的追加成本。因此，必须全面权衡产品立即出售或继续加工的利弊得失，正确制定产品进一步加工的决策。

在这类决策中，继续加工前的半成品成本、联产品成本，不论是变动成本还是固定成本都属于沉落成本，是非相关成本。其应考虑的相关成本包括继续加工过程中发生的变动成本、专属成本和机会成本。另外，当半成品与产成品的投入产出比不是 1：1 时，还应注意相关产量的确定。这类决策一般采用差量分析法。

例 10：某企业生产甲半成品，年产销量 10000 件，单位成本 20 元，甲半成品可立即出售，单位售价 30 元。也可继续加工成乙产品后再行出售，单位售价 50 元。在继续加工过程中，每件产品将增加变动成本 8 元，另外，还需购买一台专用设备，其年折旧费 25000 元。

现要求确定，甲半成品应否加工成乙产品？

具体计算分析如下：

首先，计算乙产品与甲半成品的差量收入。

$$差量收入 = 10000×50 - 10000×30$$

$$=200000（元）$$

其次，计算乙产品与甲半成品的差量成本。

$$差量成本=10000×8+25000$$
$$=105000（元）$$

最后，计算乙产品与甲半成品的差量利润。

$$差量利润=200000-105000=95000（元）$$

计算结果表明，甲半成品继续加工后可为企业多获利润95000元。为此，该企业应将甲半成品继续加工成乙产品后再出售。

例11：某企业在同一生产过程中对同种原材料进行加工，同时生产出A、B两种联产品，投入产出比为1：2。本期投入原材料6000吨，当期全部产出，共发生联合成本95000元，按销售收入的比重分配给A、B联产品。A联产品立即出售，B联产品既可立即出售，也可继续加工。该企业现有暂时闲置生产能力，可以将70%的B联产品继续加工成C产品，B、C产品的投入产出比为1：0.8。每深加工一吨B联产品发生变动成本6.5元，另需租入一台专用设备，年租金9000元。A、B、C产品的售价分别为800元、100元和150元。

要求确定，B联产品是应立即出售，还是应继续加工。

具体计算分析如下：

首先，确定各联产品的产量。

$$A联产品的产量=6000/（2+1）×1=2000（吨）$$
$$B联产品的产量=6000/（2+1）×2=4000（吨）$$

其次，计算B联产品继续加工的差量收入和差量成本。

$$差量收入=4000×70%×0.8×150-4000×70%×100$$
$$=56000（元）$$
$$差量成本=4000×70%×6.5+9000$$
$$=27200（元）$$

最后，计算B联产品继续加工的差量利润。

$$差量利润=56000-27200$$
$$=28800（元）$$

计算结果表明，该企业应将30%的B产品立即出售，70%的B联产品继续加工成C产品后再出售。这样，可为企业增加利润28800元。

六、亏损产品处理决策

由于多种因素的影响，在企业同时经营的多种产品中，有的可能发生经营亏损，即实现的收入不能补偿其按完全成本法计算的生产成本。为了改变亏损状态，不断增加盈利，企业管理者必须对亏损产品给以妥善的处理，应在继续生产、停产、转产等可行途径中作出正确的选择。

亏损产品是停产还是应继续生产，主要是分析其收入在补偿了变动成本之后能否提供边际贡献。不能提供边际贡献的亏损产品，应该予以"关停并转"。如果某种亏损产品能够提供边际贡献，而且生产亏损产品的厂房、设备等生产能力没有其他用途，则该亏损产品应当继续经营下去；如果亏损产品停产后，厂房、设备等生产能力存在多种用途，此时，应考虑机会成本问题，只有当该亏损产品提供的边际贡献大于机会成本时，才能继续生产；否则，应将剩余生产能力用于其他方面。

至于亏损产品应否转产的问题，其衡量标准是亏损产品转产后提供的边际贡献扣除伴随转产发生的有关固定性费用之后的剩余边际贡献，是否大于亏损产品本身所提供的边际贡献。如果前者大于后者，就应该转产；否则，就应该继续生产。

例 12：某企业目前生产甲、乙、丙三种产品，其中丙产品发生亏损。有关资料如表 7-15 所示。

表 7-15　　　　　　　　　　　　　　　　　　　　　　　　　　　　　单位：万元

项　目	甲	乙	丙	合　计
销售收入	70	65	50	185
变动成本	25	23	35	83
边际贡献	45	42	15	102
固定成本	31	28	25	84
税前利润	14	14	-10	18

要求：就下列问题作出决策。

（1）如果丙产品的生产能力没有其他用途，则应否停产丙产品？

（2）如果丙产品停产后，剩余的生产能力可对外承揽某项加工业务，预计加工业务收入 360000 元，加工成本 140000 元。则该企业应如何决策？

（3）该企业拟将丙产品转产丁产品。为转产须对有关设备作局部调整，预计调整费用 40000 元。丁产品最大产销量 15000 件，单位销售价格 40 元，单位变动成本 17 元。应否将丙产品转产丁产品？

具体计算分析如下：

（1）从表面上看，丙产品处于亏损状态，似以停产为宜。但丙产品尚能提供边际贡献 150000 元，说明丙产品具有盈利能力，可以补偿一部分固定成本开支，对整个企业有利。如果停止生产丙产品，则不仅减少了这部分边际贡献，而且由丙产品负担的固定成本还将全部转嫁给甲、乙产品，从而使整个企业的利润随丙产品的停产而大幅度下降。

如果停产丙产品，则企业的利润 30000（140000+140000-250000）元，比继续生产丙产品减少利润 150000（180000-30000）元。因此，丙产品应继续生产。

（2）停产丙产品的机会成本 = 360000-140000

　　　　　　　　　　　　　　 = 220000（元）

丙产品提供的边际贡献不能补偿机会成本，因此，应将丙产品停产，将其生产能力用于对外承接该项加工业务。

（3）首先，确定丁产品提供的相关损益。

丁产品提供的相关损益＝15000×（40－17）－40000

＝305000（元）

其次，比较丙产品与丁产品提供的边际贡献总额。

丁产品提供的相关损益比丙产品多155000元（305000-150000），实际上是为企业多提供利润155000元。因此，转产丁产品方案可行。

七、零部件自制与外购决策

零部件自制与外购决策问题的提出，主要是由于企业生产某种产品所需用的有关零部件，既可以从市场上直接购买，也可以利用企业本身的技术和设备自行制造。采用外购方式取得某种零部件，必须支付买价、运杂费、订货费用等；而采用自制方式取得某种零部件，其应考虑的相关成本包括材料、人工等变动成本、专属固定成本，以及企业本身的技术和设备移做他用的机会成本等。究竟采用哪种取得方式在经济上最为有利？这就需要对外购和自制两种取得方式的相关成本进行计量与分析，以其相关成本的大小作为评价有关方案的客观依据。

影响自制或外购的因素很多，因而可采用的决策分析方法也不尽相同。当企业每年零部件的需要量确定时，可采用差量分析法；当企业每年零部件的需要量不确定时，可采用成本临界点分析法。

1. 零部件的需要量一定

例13：某企业生产中每年需要A零件5000个，该零件既可自制也可外购。外购每个40元。该企业辅助生产车间有剩余生产能力可以自制，辅助生产车间固定成本总额110000元，生产A零件的单位变动成本20元，另外，还需购买一台价值10000元的专用设备。该辅助生产车间的多余设备若不自制，可对外出租，预计年租金收入70000元。

现要求确定，A零件是应外购还是应自制。

具体计算、分析如下：

首先，计算外购成本。

外购成本＝5000×40＝200000（元）

其次，计算自制的相关成本。

自制相关成本＝5000×20+10000+70000

＝180000（元）

最后，计算外购与自制的差量成本。

差量成本＝200000-180000

＝20000（元）

计算结果表明，在现有条件下，该企业生产中所需要的A零件应以自制为宜，这样可以节约成本20000元。

2. 零配件的年需要量不确定

例14：某公司生产需要一种零件，若自制单位变动成本40元，并需购置一台专用设备，每年专属固定成本22500元；若外购，供应商规定，一次购买量在3000件以下时，单位售价55元；一次购买量超过3000件时，单位售价45元。要求：作出是自制还是外购该零件的决策。

具体计算、分析如下：

设该零件的全年需要量 x 件

（1）当零件的年需要量在 3000 件以内时：

外购年相关成本 $y_1 = 55x$

自制年相关成本 $y_2 = 22500 + 40x$

令 $y_1 = y_2$，计算成本临界点为：$x = 1500$

（2）当零件的年需要量在 3000 件以上时：

外购年相关成本 $y_1 = 45x$

自制年相关成本 $y_2 = 22500 + 40x$

令 $y_1 = y_2$，计算成本临界点为：$x = 4500$

根据以上资料，可绘制图 7-2。

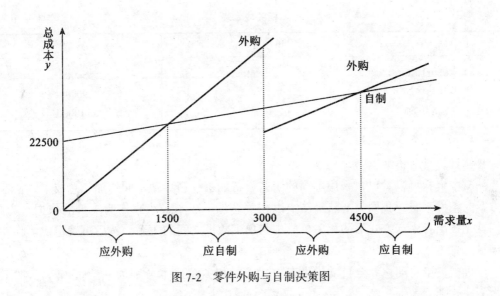

图 7-2 零件外购与自制决策图

图 7-2 形象地说明，当零件需要量低于 1500 件或在 3000 件至 4500 件之间时，外购成本低，外购比较有利；当零件需要量在 1500 件至 3000 件之间或在 4500 件以上时，自制成本低，自制比较有利。

八、产品生产工艺决策

企业计划生产的某种产品或零件，在保证满足有关技术要求的前提下，常常可以采用几种不同的工艺方法进行加工。一般情况下，在采用先进的工艺（如自动化设备）生产时，所用的设备价值较高，其维修费与使用费（如调整准备费、工具装备费）也相应较高，因此相关的固定成本相对较高。但由于先进工艺具有生产效率高、材料消耗低、废品率低等特点，使得产品单位变动成本相对较低。而采用普通工艺（如手工、半机械化）生产时情况则相反。为了选定技术上先进、可行，经济上合理、有利的最优生产工艺方案，就必须在全面考虑工艺装备、加工方法、质量标准等技术因素的同时，对于不同方案的工艺成本进行计量、分析，从经济上考察有关工艺方案的优劣，以便从中选择工艺成本最低的决策方案。

为了便于对有关工艺方案进行经济评价，通常应将工艺成本总额正确地划分为固定性工艺成本和变动性工艺成本两个部分，并相应确定它们同某种产品产销量之间的内在联系。在实际工作中，一般采用临界成本分析法对不同工艺方案的经济性进行评价。

例 15：某机械加工企业生产一种专用工具。现有三种加工工艺可供选择，即分别采用机械设备加工、半自动化设备加工及全自动化设备加工。各加工方式的相关产品单位变动成本与固定成本各不相同。有关成本资料如表 7-16 所示。

要求：作出在多大的产销量范围内用机械、半自动化或全自动化方式加工在经济上较为合理的决策。

表 7-16   相关成本表   单位：元

加工方式	单位变动成本	固定成本
机械加工	60	50000
半自动化加工	40	90000
全自动化加工	20	210000

具体计算、分析如下：

从成本资料可以看出，采用不同的工艺设备加工，会导致不同的加工总成本。从各备选方案的条件来看，我们只能从经济上以相关总加工成本最小来作为决策的依据。为此，我们首先找出各生产方式下的相关总成本与加工数量之间的关系，然后再确定成本临界点产销量。

设机械、半自动化和全自动化生产方式下的相关总成本分别为 y_1、y_2 和 y_3，加工数量为 x 件，则

$$y_1 = 50000 + 60x$$
$$y_2 = 90000 + 40x$$
$$y_3 = 210000 + 20x$$

让上述三式两两相等，即可求得不同生产方式下的成本临界点产销量。即

$$x_1 = 2000 \text{（件）}$$
$$x_2 = 4000 \text{（件）}$$
$$x_3 = 6000 \text{（件）}$$

也可用图 7-3 来表示上述结果。

从图 7-3 可见，当预计产销量小于 2000 件时，用机械设备加工成本最低；当预计产销量在 2000 件至 6000 件之间，用半自动化设备加工成本最低；当预计产销量大于 6000 件时，用全自动化设备加工成本最低。

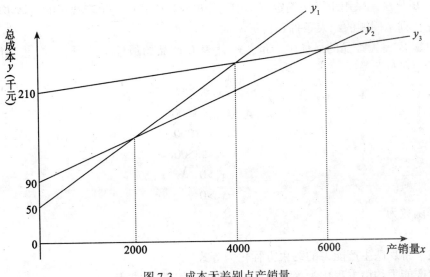

图 7-3　成本无差别点产销量

九、产品组合决策

产品组合决策适用于多品种生产企业。在多种产品的生产过程中，各种产品的生产都离不开一些必要的条件或资源，如机器设备、人工、原材料等，而其中有些资源可以用于不同产品的生产。如果各种产品共用一种或几种资源，而这些资源又是有限的，就必须使各种产品的生产组合达到最优，以便有效合理地使用这些有限资源。产品组合决策就是通过计算、分析进而作出各种产品应生产多少才能使得各种生产资源得到合理、充分的利用，并能获得最大利润的决策。确定多种产品最优数量组合的常用方法有矩阵法、图解法、单纯形法等。

例 16：某企业有甲、乙两个生产部门，其生产能力分别为 9000 机时和 15000 机时。根据市场需求，决定下年度生产 A、B 两种产品，这两种产品都要经过甲、乙两个生产部门进行加工，有关资料如表 7-17 所示。

表 7-17

项目　　产品	单位产品需用生产能力（机时）		预计需求总量（件）	单位产品边际贡献（元）
	甲部门	乙部门		
A 产品	8	4	1000	15
B 产品	2	6	2500	9

现要求确定，为了既充分、有效地利用现有生产能力，又能使未来年度的利润达到最高，该企业应如何具体安排 A、B 两种产品的生产数量（设产销均衡）。

具体计算分析如下：

（1）矩阵法。采用矩阵法确定本例中 A、B 两种产品最优生产数量的具体步骤如下：

首先，列示问题的约束条件和目标函数。

设以 x_1 代表 A 产品的最佳生产量，x_2 代表 B 产品的最佳生产量，S 代表边际贡献总额，则约束条件为

$$8x_1+2x_2 \leqslant 9000$$
$$4x_1+6x_2 \leqslant 15000$$
$$x_1 \leqslant 1000$$
$$x_2 \leqslant 2500$$
$$x_1 > 0$$
$$x_2 > 0$$

目标函数为

$$S = 15x_1 + 9x_2$$

其次，将反映生产能力的约束方程化为等式。

将生产能力约束方程化为等式，即把它们改写成联立方程

$$8x_1 + 2x_2 = 9000$$
$$4x_1 + 6x_2 = 15000$$

最后，将生产能力约束方程以矩阵形式表示。

把方程中未知数的系数写成矩阵 $\begin{pmatrix} 8 & 2 \\ 4 & 6 \end{pmatrix}$，把未知数本身写作列向量 $\begin{pmatrix} x_1 \\ x_2 \end{pmatrix}$，把等式右边已知生产能力写成列向量 $\begin{pmatrix} 9000 \\ 15000 \end{pmatrix}$，则以上生产能力约束方程可以用矩阵形式表示，即

$$\begin{pmatrix} 8 & 2 \\ 4 & 6 \end{pmatrix}\begin{pmatrix} x_1 \\ x_2 \end{pmatrix} = \begin{pmatrix} 9000 \\ 15000 \end{pmatrix}$$

最后，进行矩阵运算，求解列向量。

根据矩阵运算规则，上式中的列向量 $\begin{pmatrix} x_1 \\ x_2 \end{pmatrix}$ 应为：

$$\begin{pmatrix} x_1 \\ x_2 \end{pmatrix} = \begin{pmatrix} 8 & 2 \\ 4 & 6 \end{pmatrix}^{-1}\begin{pmatrix} 9000 \\ 15000 \end{pmatrix}$$

按照初等变换或求原矩阵的伴随矩阵的原理，可求得 $\begin{pmatrix} 8 & 2 \\ 4 & 6 \end{pmatrix}$ 的逆矩阵为 $\begin{pmatrix} 0.15 & -0.05 \\ -0.1 & 0.2 \end{pmatrix}$，于是

$$\begin{pmatrix} x_1 \\ x_2 \end{pmatrix} = \begin{pmatrix} 0.15 & -0.05 \\ -0.1 & 0.2 \end{pmatrix}\begin{pmatrix} 9000 \\ 15000 \end{pmatrix} = \begin{pmatrix} 600 \\ 2100 \end{pmatrix}$$

即

$$\begin{cases} x_1 = 600 \\ x_2 = 2100 \end{cases}$$

计算结果表明，该企业应生产 A 产品（x_1）600 件，生产 B 产品（x_2）2100 件，其

预计边际贡献总额（S）可达到 27900（600×15+2100×9）元。

（2）图解法。用图解法确定本例中 A、B 两种产品最优数量组合的具体步骤如下：

首先，列示问题的约束条件和目标函数（与矩阵法相同）。

其次，将组成约束条件的诸方程化为等式，并在平面直角坐标系中作图，其结果如图 7-4 所示。

图 7-4 中，直线 L_1 满足方程 $8x_1+2x_2=9000$，直线 L_2 满足方程 $4x_1+6x_2=15000$，直线 L_3 满足方程 $x_1=1000$，直线 L_4 满足方程 $x_2=2500$。此外，图 7-4 中的 OABCD 为可行解区域，满足上述约束条件的可行解，一定位于此区域内。

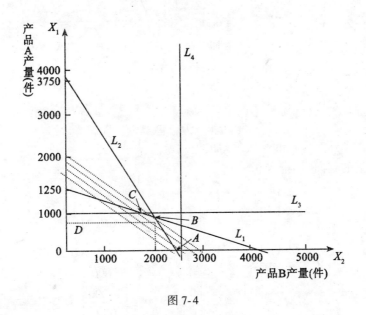

图 7-4

最后，根据目标函数 $S=15x_1+9x_2$，绘出等利润线，并在可行解区域内求得最优解。

因为

$$S=15x_1+9x_2$$

所以

$$x_1=-\frac{3}{5}x_2+\frac{S}{15}$$

等利润线的斜率为 $-\dfrac{3}{5}$，纵截距为 $\dfrac{S}{15}$。纵截距越大，等利润线距原点越远，则目标函数 S 的值越大。图 7-4 中，B 点既是可行解面积的一个顶角，也是直线 L_1 和 L_2 的交点。由于 B 点不仅在可行解范围之内，而且通过这一点所作的直线（虚线）而形成的纵截距为最大。所以，B 点的纵坐标 600 和横坐标 2100，就是 A、B 两种产品的最优数量组合，也就是本题的最优解，即

$$x_1=600 \text{（件）}$$
$$x_2=2100 \text{（件）}$$

$$S=15\times600+9\times2100=27900\text{（元）}$$

图解结果表明，企业在现有条件下按照生产 A 产品 600 件、B 产品 2100 件进行组合，可获得最高边际贡献 27900 元。

（3）单纯形法。用单纯形法确定本例中 A、B 两种产品最优生产数量的具体步骤如下：

首先，列示问题的约束条件和目标函数（与矩阵法相同）。

其次，引进松弛变量，将上列不等式改为等式。

根据本例具体情况，应引进松弛变量 x_3、x_4、x_5、x_6。引进松弛变量后，约束条件可写成：

$$
\begin{aligned}
8x_1+2x_2+x_3 &= 9000 \\
4x_1+6x_2 \quad +x_4 &= 15000 \\
x_1+ \quad\quad +x_5 &= 1000 \\
x_2+ \quad\quad +x_6 &= 2500
\end{aligned}
$$

目标函数可写成：

$$S=15x_1+9x_2+0x_3+0x_4+0x_5+0x_6$$

最后，将以上约束方程的常数项写成列向量。

有关常数量的列向量为：

$$
P_1=\begin{pmatrix}8\\4\\1\\0\end{pmatrix} \quad
P_2=\begin{pmatrix}2\\6\\0\\1\end{pmatrix} \quad
P_3=\begin{pmatrix}1\\0\\0\\0\end{pmatrix} \quad
P_4=\begin{pmatrix}0\\1\\0\\0\end{pmatrix}
$$

$$
P_5=\begin{pmatrix}0\\0\\1\\0\end{pmatrix} \quad
P_6=\begin{pmatrix}0\\0\\0\\1\end{pmatrix} \quad
P_0=\begin{pmatrix}9000\\15000\\1000\\2500\end{pmatrix}
$$

最后，列示单纯形表，并进行转换，以求最优解。

列表、转换和求解的具体方法如表 7-18 所示。

表 7-18

	C		0	0	0	0	0	15	9
	基底	P_0	P_3	P_4	P_5	P_6	P_1	P_2
I	0	P_3	9000	1	0	0	0	8	2
	0	P_4	15000	0	1	0	0	4	6
	0	P_5	1000	0	0	1	0	$\boxed{1}$	0
	0	P_6	2500	0	0	0	1	0	1
	Z_j		0	0	0	0	0	0	0
	Z_j-C_j		0	0	0	0	0	-15	-9

	0	P_3	1000	1	0	−8	0	0	②2
	0	P_4	11000	0	1	−4	0	0	6
	15	P_1	1000	0	0	1	0	1	0
II	0	P_6	2500	0	0	0	1	0	1
		Z_j	15000	0	0	15	0	15	0
		Z_j-C_j	15000	0	0	15	0	0	−9
	9	P_2	500	0.5	0	−4	0	0	1
	0	P_4	8000	−3	1	20	0	0	0
III	15	P_1	1000	0	0	1	0	1	0
	0	P_6	2000	−0.5	0	4	1	0	0
		Z_j	19500	4.5	0	−21	0	15	9
		Z_j-C_j	19500	4.5	0	−21	0	0	0
	9	P_2	2100	−0.1	0.2	0	0	0	1
	0	P_5	400	−0.15	0.05	1	0	0	0
IV	15	P_1	600	0.15	−0.05	0	0	1	0
	0	P_6	400	0.1	−0.2	0	1	0	0
		Z_j	27900	1.35	1.05	0	0	15	9
		Z_j-C_j	27900	1.35	1.05	0	0	0	0

　　在表 7-18 的第 IV 部分（即终止表）中，"Z_j-C_j"横行所含各元素之值都大于零（或等于零），说明本例决策问题的最优答案已经求出。具体结果是：表中 P_1（即 x_1）为 600，表示 A 产品最优生产量 600 件，P_2（即 x_2）为 2100，表示 B 产品最优生产量 2100 件。A、B 两种产品之间按照 600 件和 2100 件来安排生产，预计可获得最高边际贡献 27900 元。

第五节　定价决策

一、产品定价方法

（一）以成本为基础的定价方法

　　以成本为定价基础，是指以某种产品的成本资料为主要依据，然后附加一定比例的预期利润而确定该种产品的销售价格。由于产品成本有完全成本、变动成本、临界成本等几种不同形式，因而在实际定价工作中通常采用完全成本定价法、变动成本定价法和临界成本定价法等。

1. 完全成本定价法

完全成本定价法是指在某种产品预计完全成本（包括变动成本和固定成本）的基础上，加上一定比例的预期利润，以此作为产品销售价格的一种定价方法。其价格计算公式为：

$$某产品价格 = 该产品预计单位变动成本 + \frac{预计固定成本 + 目标利润}{预计产销量}$$

$$= 该产品预计单位完全成本（1 + 成本加成百分比）$$

例17：某企业计划年度预计生产某产品30000件，固定成本总额为90000元，单位产品变动成本15元，目标利润为完全成本的30%，若以完全成本为定价基础，则该产品的销售价格应为：

$$该产品销售价格 = 15 + \frac{90000 + （30000 \times 15 + 90000） \times 30\%}{30000}$$

$$= 23.4（元）$$

采用这种定价方法，不仅能如数收回全部成本，而且可获得一定数额的利润；并且计算简便，易于操作。完全成本定价法下的产品价格是否合理，较大程度上取决于所确定的产品产销量是否合理。因此，采用此法，要准确地预测产品产销量。

2. 变动成本定价法

变动成本定价法是指在某种产品预计变动成本的基础上，加上一定数额的边际贡献，以此作为产品销售价格的一种定价方法。其价格计算公式为：

$$某产品价格 = 预计单位变动成本 + 预计单位边际贡献 = \frac{该产品单位变动成本}{1 - 预定边际贡献率}$$

例18：某企业计划年度预定生产某产品，单位产品直接材料费12元，直接人工费8元，变动性制造费用4元，预定该产品边际贡献率40%。若以变动成本为定价基础，则该产品销售价格应为：

$$该产品销售价格 = \frac{12 + 8 + 4}{1 - 40\%}$$

$$= 40（元）$$

采用这种定价方法，只要产品的价格能补偿变动成本，并能提供一定数额的边际贡献即可接受。变动成本定价法主要适用于企业利用剩余生产能力生产追加订货时的定价；当市场对产品的需求量骤减，为维持该产品的产销业务降价销售时的定价等。

3. 临界成本定价法

临界成本定价法是指直接以某种产品的临界成本为依据，确定其销售价格的一种定价方法。这里所说的临界成本也叫保本成本，它是某种产品的生产经营处于盈亏平衡状态下的单位产品平均成本，亦即单位变动成本同按预计产销数量计算的单位固定成本之和。采用这种方法确定产品价格，不要求提供净收益，是一种既不追求盈利也不致发生亏损的保本价格。

临界成本定价法的价格计算（定价）公式为：

$$某产品价格 = 该产品单位变动成本 + \frac{固定成本总额}{预计产销量}$$

例 19：某企业预计下年度生产某产品 30000 件，固定成本 120000 元，单位产品变动成本 16 元。若以临界成本为基础定价，则

$$\frac{该产品}{销售价格}=16+\frac{120000}{30000}=20（元）$$

（二）以需求为导向的定价方法

以需求为定价基础，是指以市场和消费者对产品特定价格水平的接受程度为依据，来确定该种产品的销售价格。一般情况下，产品的市场需求会影响产品的价格，而产品价格的变动反过来又会影响产品的市场需求。当产品供应较多时，消费者愿意支付较低的价格；当产品供应较少时，消费者愿意支付的价格相应较高。因此，在市场需求强度较高时，可以适当提高产品销售价格；而在市场需求强度较弱时，应适当降低产品销售价格。在实际工作中，以需求为基础制定产品价格，通常采用微分极值法和边际分析法。

1. 微分极值法

微分极值法是根据某种产品销售数量和单位销售价格的历史观察数据，建立价格同产品产销量之间的数学模型，并据以确定可使企业获利最大的单位产品销售价格。采用微分极值法确定最优价格的基本步骤如下：

设价格 P 与产销量 Q 之间的函数关系为 $Q=a+mP$（a、m 为待定参数），并以 TS（P）表示销售收入，以 TC（P）表示总成本，TP（P）表示销售利润，则

$$\begin{aligned}
\text{TS}（P）&=P \cdot Q\\
&=（a+mP）P\\
&=aP+mP^2
\end{aligned}$$

$$\text{TC}（P）=（a+mP）V+F$$

式中：V 为单位变动成本；

F 为固定成本总额。

销售利润 $\begin{aligned}\text{TP}（P）&=\text{TS}（P）-\text{TC}（P）\\
&=aP+mP^2-（a+mP）\cdot V-F\\
&=mP^2+（a-mV）P-（aV+F）
\end{aligned}$

以 P 为自变量，对 TP（P）求一阶导数，并令其为零。即

$$\text{TP}'（P）=2mP+a-mV=0$$

$$2mP=mV-a$$

$$P=\frac{mV-a}{2m}$$

利用以上公式可确定单位产品的最优销售价格，其具体应用见本节定价决策部分的有关内容。

2. 边际分析法

边际分析法是根据某产品的边际收入和边际成本之间的特定数量关系来确定产品销售价格的一种方法。当某种产品边际收入大于其边际成本时，增加产销量可以增加企业的利润，或者可以减少企业的亏损；当某种产品边际收入小于其边际成本时，增加产销量反而减少企业的利润，或者会增加企业的亏损；而当某种产品边际收入等于或接近于其边际成

本时，企业获得的利润最大，此时，产品的产销量为最佳产销量，产品的销售价格为最优销售价格。利用边际分析原理，确定某种产品边际收入同其边际成本保持相等时的价格，实际上也就是企业可获得最大利润的产品销售价格。边际分析法的具体应用亦见本节定价决策部分的有关内容。

（三）以特殊要求为导向的定价方法

以特殊要求为基础定价，主要是指企业在有剩余生产能力、或市场需求发生变化、或参加贸易洽谈会以及竞标活动过程中遇到强劲的竞争对手等情况下所采用的定价方法。在这种情况下，定价的基本模式如图 7-5 所示。

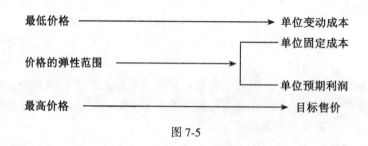

图 7-5

从图 7-5 中可以看出，这种定价方法确定的价格应在最低价格和最高价格之间，即以单位变动成本为下限、目标售价为上限的范围内。目标售价与单位变动成本之间的差额为价格变动的弹性区间，或者说是企业削价的最大容许程度。至于实际价格如何，应由企业管理当局根据实际情况斟酌决定。具体地说：

（1）当企业存在暂时闲置的生产能力，而且无法移做他用时，为了充分利用闲置的生产能力，扩大市场占有率，在短期内，只要产品的价格不低于其单位变动成本即可。这种情况下的定价问题实际上属于追加订货决策。

（2）如果企业要实现保本，则其产品价格至少要弥补全部成本，即单位产品变动成本与单位产品固定成本之和。这一价格实际上就是盈亏临界点价格，即保本价格。当产品的实际价格高于保本价格，即可实现盈利；反之，则亏损。

（3）企业经营的最终目标不仅是为了保本，而且是为了实现预期利润。因此，企业实现预期利润的价格就是目标售价，即单位变动成本、单位固定成本与单位预期利润之和。

以特殊要求为导向的定价方法，有助于企业在市场需求发生变化、参加订货会、贸易洽谈会以及投标活动过程中，迅速地报出基于一系列不同销售量或订货量情况下的产品价格基数，以利于迅速作出决策。

二、定价决策

（一）新产品定价决策

当企业利用自己的技术、资金等资源研制、开发了某种新产品时，通常要给这种新产品初次定价。这时，企业管理者既不可能获取定价所必需的系统而完备的价格、销售数量及其他有关资料，也不宜完全根据实际的成本耗费和质量水平等因素确定销售价格。较为可行的办法是：（1）凭借企业管理者或有关专家的实践经验和主观判断，来确定新产品正式投入市场的销售价格；（2）通过试销手段，在调查研究的基础上，一般地了解市场对某种新产品的接纳程度，大体上掌握消费者对某种新产品的可接受程度，并进而近似地测知某种新产品在不同价格水平上的基本销售规模。假如采取试销办法，企业管理者的主要任务，就是运用特定方法对在试销中所取得的各种预计性资料进行计量、分析，科学地确定可使某种新产品销售利润达最高的销售价格。

例 20：某企业试制成功某种新产品，该产品单位变动成本 70 元，固定成本总额 220000 元，现准备正式投放市场。经试销取得的有关资料如表 7-19 所示。

表 7-19

预计销售价格（元）	200	180	160	140	120	100	80	60	40	20
预计销售数量（万件）	1	2	3	4	5	6	7	8	9	10

现要求确定，为使该新产品销售利润达到最高，其单位销售价格应定在什么水平上。具体计算如下：

首先，确定新产品销售价格 P 与销售量 Q 之间的相互关系。根据该产品的试销情况，其价格与销售量之间的关系如图 7-6 所示。

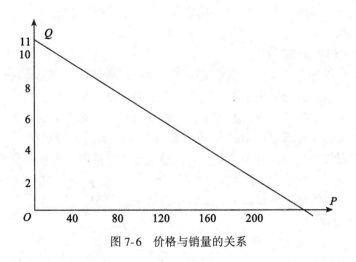

图 7-6　价格与销量的关系

图 7-6 表明，某新产品的单位销售价格每提高 20 元，其销售量相应降低 10000 件。因此，该产品价格与销售量之间的函数关系为：

$$Q = 110000 + \frac{-10000}{20}P$$

$$Q = 110000 - 500P$$

其次，确定销售收入总额 TS（P）。

$$TS\ (P) = (110000-500P)\ P$$
$$= 110000P-500P^2$$

再次，确定成本总额 TC (P)。

$$TC\ (P) = 220000+70Q$$
$$= 220000+70\times\ (110000-500P)$$
$$= 7920000-35000P$$

然后，确定利润总额 TP (P)。

$$TP\ (P) = TS\ (P)\ -TC\ (P)$$
$$= 110000P-500P^2-\ (7920000-35000P)$$
$$= -500P^2+145000P-7920000$$

最后，确定使利润总额达到最大的产品销售价格。

以上计算结果表明，某新产品的利润总额是其单位销售价格的二次函数，故采用微分极值法确定该产品的最优销售价格。具体计算方法如下：

以 P 为自变量，对利润函数求导，并令其为零。则

$$TP'\ (P) = -1000P+145000=0$$
$$P=145\ （元）$$

将 P 值代入利润函数，有

$$TP\ (P) = -500\times145^2+145000\times145-7920000$$
$$= 2592500\ （元）$$

计算结果表明，该新产品销售价格应定为 145 元，这样可使该产品的销售利润达到 2592500 元。

（二）老产品调价决策

老产品调价决策问题的提出，主要是由于企业所经营的有关产品，在产量、质量、成本、市场供求和竞争等方面发生了某些变化，它们对产品的生产和销售带来了不同性质和不同程度的影响。为了开拓市场，扩大销售，增加盈利，企业必须采取有针对性的应对措施。其中，一个极为重要而且有效的措施就是对有关产品的销售价格作相应的调整。此时，决策者的主要任务是根据各种产品生产、销售的历史资料，考虑到目前和今后一定时期的变化情况，本着增强产品竞争力、增加销售收入、提高企业盈利的原则，经科学计算、分析之后，适当提高或降低有关产品的销售价格。

1. 提高价格决策

例 21：某企业经营某种产品，其单位售价 25 元，单位变动成本 15 元，固定成本总额 50000 元。由于该产品质量尚有某些问题，过去几年内的产销量一直在 8000 件左右徘徊。如果产品质量完全过关后，年产销量可望达到 20000 件。但提高产品质量，必须改进生产工艺，增添专用设备，预计将使该产品单位变动成本上升 20%，固定成本总额增加 80000 元。为了满足市场需要，又维护企业经济利益，经研究，拟将某产品单位售价提高 12%。

现要求确定，该企业应否提高某产品的销售价格。

具体计算、分析如下：

首先，确定某产品价格调整前的年利润总额。

$$利润总额=8000×（25-15）-50000$$
$$=30000（元）$$

然后，确定某产品价格调整后的年利润总额。

$$利润总额=20000×[25×（1+12\%）-15×（1+20\%）]-（50000+80000）$$
$$=70000（元）$$

计算结果表明，该企业在改进某产品质量的同时，将其价格相应提高12%，即由每件25元提高到28元，在经济上是有利的，这样可使该企业经营此种产品的年盈利额增加40000元。

2. 降低价格决策

例22：某企业生产某产品，年生产能力30000件，目前年产销量20000件。该产品单位售价20元，单位变动成本12元，固定成本总额50000元。为了扩大市场，增加销售，经研究，拟将该产品单位售价降低2元，其年销量预计可达36000件。由于该产品产量增加，尚需添置若干生产设备，因而，年固定成本总额将增加20000元。与此同时，单位变动成本将减少1.2元。

现要求确定，该企业应否降低某产品的销售价格。

具体计算、分析如下：

首先，确定继续维持原产销水平的年利润总额。

$$利润总额=20000×（20-12）-50000$$
$$=110000（元）$$

其次，确定充分利用现有生产能力的年利润总额。

$$利润总额=30000×（20-2-12）-50000$$
$$=130000（元）$$

最后，确定扩大生产能力后的年利润总额。

$$利润总额=36000×[（20-2）-（12-1.2）]-（50000+20000）$$
$$=189200（元）$$

计算结果表明，该企业在扩大生产能力的同时，将某产品的单位售价从20元降低到18元，在经济上是有利的，这样可使该企业经营此种产品的年盈利比原来增加79200元。

3. 价格调整幅度决策

例23：某企业经营某种产品，目前年产销数量20000件，单位成本14元。为扩大销售，增加盈利，该企业拟将这种产品的单位销售价格降低10%（即由目前的20元降低到18元）。另经测算，当价格调整后，此种产品的年销售量将增加10000件。

现要求确定，该企业为获最大盈利，该产品最优价格调整率是多少？

从例23的有关资料看来，实际上是要求通过一定的计算和分析，确定某种产品的最优调价幅度。具体步骤如下：

首先，确定某产品销售价格同其利润总额之间的相互关系。

设某产品原（目前）销售价格为P_1，销售数量为Q_1；按计划进行调整后的销售价格为P_2，将要达到的销售数量为Q_2；该产品的价格调整率为x，价格调整额为u，销售数量

增加率为 y，数量增加额为 q；该产品价格调整率同销售量增加率之间的比值为 α，价格调整前后的单位产品利润分别为 u_1 和 u_2，年利润总额分别为 A_1 和 A_2。此时

$$u = P_1 - P_2$$

$$q = Q_2 - Q_1$$

$$x = u/u_1 = （P_1 - P_2）/u_1$$

$$y = q/Q_1 = （Q_2 - Q_1）/Q_1$$

$$\alpha = \frac{q/Q_1}{u/u_1} = \frac{qu_1}{Q_1 u}$$

$$A_2 = u_2 Q_2 = u_1 Q_1 - xu_1 Q_1 + u_1 \alpha x Q_1 + u_1 \alpha x^2 Q_1$$

$$= u_1 Q_1 [1 + （\alpha - 1）x - \alpha x^2]$$

上式表明，某产品价格调整之后的利润总额（A_2），即是该产品价格调整率（x）的二次函数。

其次，确定某产品的最优调价幅度。

由于某产品价格调整后的利润额（A_2）是其调价率（x）的二次函数，且上式中 u_1 和 Q_1 均为已知常数。为使利润总额达到极大值，故取一次微分，并令其为零，即

$$\frac{d^2 A_2}{dx} = 0$$

$$u_1 Q_1 [（\alpha - 1） - 2\alpha x] = 0$$

再取二次微分，得

$$\frac{d^2 A_2}{dx^2} = u_1 Q_1 （-2\alpha） < 0$$

为此，当 $（\alpha - 1） - 2\alpha x = 0$ 时，亦即当 $x = （\alpha - 1）/2\alpha$ 时，A_2（即利润总额）存在极大值。此时，有关产品的价格调整额应为 $|u_1 x|$，价格调整后的销售数量将为 $（1 + \alpha x）Q_1$。

将例 23 的有关数据代入以上模型，于是

$$u = 20 - 18 = 2$$

$$q = 30000 - 20000 = 10000$$

$$u_1 = 20 - 14 = 6$$

$$\alpha = \frac{10000/20000}{2/6} = 1.5$$

$$x = \frac{1.5 - 1}{2 \times 1.5} \approx 0.167$$

以上数据表明，为了使利润达到最大值，在例 23 中，某产品的最优价格调整额应为 $|6 \times 0.167| \approx 1$（元），最优价格调整（降低）率应为 5%（1/20），价格调整后的销售数量应为 25010 件。这就是说，该产品若每年生产 25010 件，并按每件 19 元的价格全部出售，其年盈利额将达到最高（125050 元）。实际上，年产销量 25010 件和每件销售价格 19 元，也就是该种产品的最优价格数量组合。

三、定价策略

(一) 新产品定价策略

新产品定价具有不确定性的特点，如新产品的市场需求量是多少、现有同类产品的替代性如何、营销成本又如何等问题难以事先确定。为了减少这些不确定性，企业在对新产品进行定价时，通常要选择几个地区分别采用不同的价格进行试销。通过试销，取得新产品的销售量与价格的关系、新产品面临的竞争情况，以及不同价格、不同销售量所能提供的边际贡献等资料。然后根据这些资料，制定出最能适应企业长远发展的新产品价格。

新产品定价策略通常有撇油法定价策略和渗透法定价策略。

1. 撇油法定价策略

这种策略是在新产品试销初期先定出较高的价格，以后随着市场销售量提高、竞争加剧再把产品价格逐渐降低。这种策略能保证试销阶段获得大量的利润，并使新产品的生产成本得到有效补偿。但是，由于试销初期的大量利润带来了激烈的竞争，高价难以持久。因此，这是一种短期性的定价策略，比较适应于初期没有竞争对手，而且容易开辟市场的新产品。

2. 渗透法定价策略

这种策略是在新产品试销初期先定出较低价格，为新产品开拓市场，争取顾客，赢得竞争优势，然后再逐步提高价格。这种策略虽然在新产品试销初期获利不多，但它能有效地排除其他竞争对手，有利于建立长期的领先地位，为企业带来长期的经济效益，是一种着眼于获得长期利益的定价策略。

(二) 需求心理定价策略

需求心理定价策略是指运用心理学原理，根据消费者的需求心理制定产品价格的一种定价方法。其主要有以下几种：

1. 尾数定价

尾数定价是指在确定产品价格时让价格的末尾数为非整数，即以零头结尾，如9.99元、299.99元等。这种方法多用于中低档商品的定价。非整数部分，有的采用偶数结尾，有的采用奇数结尾，如美国零售商业多采用奇数定价。

2. 觉察价值定价

所谓觉察价值定价法就是企业按照买方对价值的感觉，而不是按照卖方的成本费用水平来制定价格。很多企业通常会利用市场营销组合中的非价格变量（如产品质量、服务、广告宣传等）来影响购买者，使他们在脑子里形成"觉察价值"，然后据此来制定产品价格。例如，不同的餐馆，其设备、环境气氛和服务等有所不同，则同样一杯饮料的价格就不同。觉察价值定价的关键在于企业要正确估计"购买者所承认的价值"。如果企业对"购买者所承认的价值"估计过高，定价就会偏高，这样销售就会减少；反之，如果对"购买者所承认的价值"估计过低，定价就会偏低，这样固然可以多销，但收入也会减少。

3. 声望定价

声望定价是指根据消费者对某些产品的信任，以及消费者对名牌、高档产品的"价高必质优"的心理，把某些实际上价值不大的产品的价格定得很高，以吸引消费者购买。

4. 促销定价

促销定价是指利用消费者求廉心理，有意将某一种或几种商品减价，甚至以接近或低于成本的价格出售，目的在于扩大其他商品的销售。以这种价格在吸引消费者购买降价商品的同时，购买其他正常的商品。

5. 产品组合定价

产品组合是指一个企业所生产或经营的全部产品大类和产品项目的组合。产品组合定价主要有以下几种方法：

（1）产品线定价

产品线定价也称产品大类定价。企业通常都开发产品大类，而不是开发单个产品。产品大类中每一个产品都有不同的外观或特色。企业必须适当安排产品大类中各个相互关联产品之间的"价格差额"。在安排这种"价格差额"时，必须考虑到产品大类中各个相互关联产品之间的成本差额、消费者对这些产品不同外观的评价，以及竞争者的价格等。

（2）连带产品定价

连带产品定价也称互补定价。所谓连带产品是指必须和主要产品一同使用的产品，如剃刀的刀片、照相机的胶卷等。一般把主要产品（如刀架、照相机等）的价格定得较低，而把连带产品的价格定得较高。

（3）成套产品定价

成套产品定价也称产品束定价，是指把一组（一系列）产品装一包，以低于单个产品价格之和的价格一起出售。这种价格策略可促进产品的销售。

（三）差别对待定价策略

所谓差别对待定价也称价格歧视，是指企业根据消费者的不同需求而对同一种产品或劳务制定不同的价格。这种价格差异主要反映需求的不同，不反映成本费用上的差异。差别对待定价策略主要有以下四种。

1. 依据消费者对象差别定价

即按照不同的价格把同一种产品或劳务卖给不同的消费对象。由于消费者的收入水平、需求层次不同，造成对同一产品或劳务的需求状况不尽相同。为了满足不同层次的需要，企业对同一产品或劳务可以实行差别定价。如铁路客运对学生实行半价，对军人实行优惠价。

2. 依据产品型号或形式差异定价

对不同型号或形式的产品分别制定不同的价格，但是，这些不同型号或形式产品的内部结构及成本大致相同。

3. 依据位置差异定价

就是同一产品或劳务依据所处地理位置的不同分别制定不同的价格，即使这些产品或劳务的成本费用没有任何差异也是如此。例如，剧院中的座位，其成本费用都一样，但按远近和偏斜程度制定不同的票价。

4. 依据时间差异定价

就是对不同季节、不同日期甚至不同钟点的同一产品或劳务分别制定不同的价格。例如，旅馆在旅游旺季收全价，而在淡季则收较低的费用，甚至有些旅馆在一天中某些时间、周末和平常日子的收费标准也有所不同。

对产品实行差别对待定价，有利于企业在不同的市场上获得尽可能大的利润，有利于满足不同需求层次的消费者的需求。但实行差别对待定价不能引起顾客的反感；而且某种差别对待定价不得违反有关法规。

思 考 题

1. 什么是经营决策？经营决策在企业内部管理中有何重要作用？

2. 什么是决策成本？决策成本有何主要特点？

3. 什么是差别成本和边际成本？差别成本和边际成本之间有何区别与联系？

4. 什么是机会成本？为什么在决策分析中要考虑机会成本？

5. 什么是可避免成本和不可避免成本？区分这两项成本有何实际意义？

6. 什么是相关成本和非相关成本？如何区分相关成本和非相关成本？

7. 试述相关成本、非相关成本同变动成本、固定成本之间的区别与联系。

8. 什么叫差量分析法？简述差量分析法的基本程序与决策规则。

9. 什么叫边际贡献分析法？简述这种分析方法的基本程序与决策规则。

10. 什么叫临界成本分析法？简述这种分析方法的主要特点及决策规则。

11. 什么叫边际分析法？试述边际分析法在生产决策和定价决策中的实际应用。

12. 什么是确定型生产决策？这类决策分析的常有方法有哪些？

13. 什么是非确定型决策？在实际工作中，非确定型决策采用的方法有哪些？

14. 什么是风险型决策？风险型决策采用的分析方法是什么？

15. 试述完全成本定价法、变动成本定价法的基本要求和定价公式。

练 习 题

1. 某企业生产某种产品，现拟有 A、B、C 三个方案，经调查取得的有关资料如下：

备选方案	不同市场需求下的预期收益（万元）		
	高需求	中需求	低需求
A 方案	90	72	−18
B 方案	126	45	−36
C 方案	54	27	9

要求：采用大中取大、小中取大、大中取小决策分析法选择最优的决策方案。

2. 某企业现有生产能力 100000 机器工作小时，既可用于生产甲产品，也可用于生产乙产品，但目前只能生产其中的一种产品。有关资料如下：

项目	甲产品	乙产品
单位产品销售价格（元）	50	65
单位产品变动成本（元）	38	33
单位产品耗用机时（机时/件）	4	5
固定成本总额	210000	

要求：根据以上资料，通过计算，确定该企业应生产哪种产品在经济上最为有利？

3. 某企业生产 A 半成品，一般是将 A 半成品出售给另一厂家继续加工成成品，年正常产销量 80000 件。有关资料为：A 半成品单位售价 14 元，单位变动成本 10 元，年固定性制造费用总额 100000 元，年固定性销售费用总额 50000 元。该企业现在准备将 A 半成品自行加工成成品后再出售。有关资料为：产成品单位售价 19 元，进一步加工追加的单位变动成本 5 元，进一步加工增加的固定成本 30000 元。

要求：根据以上资料，通过计算、确定 A 半成品是否应该由该企业自行进一步加工。

4. 某企业年产甲半成品 10000 件，经初步加工即可出售，甲半成品单位售价 70 元，单位全部成本 55 元。也可将甲半成品继续加工成乙产品，每件加工成本 20 元，另需购一台价值 25000 元的专用设备，乙产品单位售价 100 元，甲产品与乙产品之间的投入产出比为 1：0.8。

要求：确定甲半成品应否继续加工成乙产品？

5. 某公司当年生产甲、乙、丙三种产品，其销量、单价及成本资料如下表所示。现公司内部要求乙产品停产的呼声较高。

产品名称 项目	甲产品	乙产品	丙产品
销量（件）	1000	500	500
销售单价（元/件）	20	60	20
单位变动成本（元/件）	10	50	12
固定成本总额	18000（按各产品销售收入比例分摊）		

要求：作出乙产品是否停产的决策。

6. 某工厂制造甲产品，年设计生产能力 1000 件，销售单价 70 元，正常产销量 700 件，其平均单位成本的数据如下所示。

直接材料　　　　　　　20 元
直接人工　　　　　　　15 元
制造费用

其中：变动费用	7 元
固定费用	13 元
单位成本合计	55 元

要求：

（1）现有 A 客户要求订购 300 件甲产品，每件只出价 42 元，而且该项订货在款式上还有特殊要求，需购置一台专用设备，价值 1500 元，加工完毕即报废，无残值。试问此项订货能否接受？

（2）B 客户要求订购 330 件甲产品，每件只出价 40 元，款式无特殊要求。试问此项订货能否接受？

7. 某公司在产品生产中一个月需要某种零件 1200 个，若外购，则每件购价 22 元。若自制，则每件单位成本为 30 元，具体构成如下：

直接材料	10 元
直接人工	8 元
制造费用	12 元
合计	30 元

制造这种零件的生产部门月制造费用总额 14400 元。其中，

变动性制造费用	2400 元
固定性制造费用（专属）	1200 元
固定性制造费用（共同）	10800 元

要求：

（1）根据上述资料，确定该零件是自制还是外购？

（2）若外购，则原用于自制该零件的生产设备可用来生产另一种产品，每年可提供净收益 1800 元。在这种情况下，该零件是自制还是外购？

8. 某企业经营某种产品，经调查测算取得以下资料：该产品产销数量 2000 件，单位材料费用 3 元，单位直接人工费用 4 元，制造费用总额 40000 元，销售及管理费用总额 2000 元，该产品目标利润 12000 元。

要求：根据以上资料，采用完全成本定价法确定该产品的单位销售价格。

案例分析

高宏公司之转亏为盈①

2010 年 2 月份，高宏公司总裁刘力任命江涛为公司总经理。江涛现年 50 岁，对高宏公司这个行业有相当丰富的经验。而刘力以 35 岁的年纪，凭五年的工作经历即因家族关系奉命接掌公司。为弥补经验不足，刘力聘请江涛出马协助。

---

① 资料来源：杨文安. 管理会计原理与个案. 上海：上海财经大学出版社，2002：205-209.

刘力在其上任后的一年间，已作出了不少错误决策，致使员工士气低落。虽然 2009 年对该公司所处行业而言是相当景气的一年，但公司财务报表（如表 1 所示）却显示出近 200000 元的亏损。江涛系刘力由竞争对手挖角而来，除了薪资以外，尚须给予股份以确保其退休后生活无虞。他们二人同时达成协议，江涛有权采取任何改善方案，只需向刘力解释其决策的原因。

表 1

高宏制造有限公司利润表

2009 年度

单位：元

销售收入		40690234
销售折扣		（622482）
销售净额		40067752
销售成本		30218796
主营业务利润		9848956
减：销售费用	7058834	
管理费用	2504597	
财务费用	555719	10119150
营业利润		（270194）
其他业务利润		78113
利润总额		（192081）

高宏公司仅生产编号为 11、12、13 号三种产品，所有销售人员都支领固定薪资，也同时销售三种产品，只是比例上略有不同。高宏公司以湖北为主要市场，在同一地区，有八家类似的公司，其竞争者规模庞大且产品式样规格也比高宏公司多。其中最主要的竞争者为汉水公司，该公司有一家工厂位于高宏公司销售范围之内。售价方面，习惯上都由汉水公司出价，其他厂商则采取跟随策略。杀价的情况很少出现，唯一造成实际售价与报价差异的因素为现金折扣。根据以往经验显示：若某厂商为提高销售量而降低售价，则结果大家都会一致跟进，到头来是销售量维持不变，但售价却降低了。这种恶性竞争往往持续到大家认清降价促销无济于事后，再由汉水公司出面稳定局面。除此之外，由于买方都是工业型厂商，且产品差异不大，故高宏公司了解到根本不可能在维持销售数量不减少的情况下，片面调升售价。

2009 年，高宏公司 11 号产品市场占有率 12%，12 号产品市场占有率 8%，13 号产品市场占有率 8%。行业共同报价分别为每单位 9.41 元、9.91 元及 10.56 元。

江涛到职之后，并不急着大幅度改变现状，他先详细分析 2010 年上半年情况。他要求会计部门按产品提供详细的费用及盈余报表（如表 2 所示），并要求说明各项成本的特性及其未来可能的变化。

会计部门对成本的说明如下：

直接人工：变动成本，以一般工资率可以雇得所需人工，在可预见的将来，工资率应

182

维持稳定水平。因此，人工成本高低可视为产能利用率的指针。

　　厂务管理费用：预计为直接及间接人工成本的 5%。

　　原料：变动成本，图表的数字包含废料在内。

　　物料：变动成本。

表 2　　　　　　　　　　　　各产品盈亏分析
2009 年 1 月 1 日—12 月 31 日　　　　　　　　　　单位：千元

	11 号产品		12 号产品		13 号产品		总计
	金额	每千克	金额	每千克	金额	每千克	
租金	721	0.3383	603	0.5856	718	0.7273	2042
税金	240	0.1125	192	0.1682	153	0.1555	585
保险费	201	0.0941	153	0.1486	202	0.2047	556
厂务管理费	317	0.1486	167	0.1620	172	0.1747	656
直接人工	4964	2.3282	2341	2.2740	2640	2.6746	9945
间接人工	1693	0.7941	814	0.7903	883	0.8947	3390
动力	86	0.0403	96	0.0929	116	0.1171	298
照明及热源	57	0.0269	49	0.0472	39	0.0392	145
物业服务	38	0.0180	30	0.0288	28	0.0288	96
原料	2935	1.3766	1809	1.7572	1862	1.8862	6606
物料	201	0.0941	183	0.1774	135	0.1362	519
维修	68	0.0139	57	0.0557	39	0.0396	164
总计	11522	5.4036	6493	6.3059	6986	7.0787	25002
营业费用	3496	1.6397	1758	1.7069	1805	1.8286	7059
管理费用	1324	0.6209	499	0.4580	681	0.6904	2505
折旧	2159	1.0172	1643	1.5955	1404	1.4223	5216
利息	201	0.0941	153	0.1490	202	0.2043	556
总计	18711	8.7755	10546	10.2423	11078	11.2243	40338
减：其他收入	39	0.0184	20	0.0192	19	0.0195	78
	18672	8.7571	10526	10.2231	11059	11.2051	40260
销售净额	19847	9.3084	9977	9.6900	10243	10.3784	40068
盈（亏）	1175	0.5513	(549)	(0.5531)	(816)	(0.8267)	(192)
销售量	2132191		1029654		986974		
售价	9.41		9.91		10.56		
现金折扣率（售价百分比）	1.08		2.22		1.72		

年营运状况：

维修：在正常营运范围内为变动成本，但有上下限。

营业费用、销售费用、间接人工、利息及其他：这些项目几乎全为非变动成本，主要视管理决策而改变。

现金折扣：非变动成本。

热源仅随燃料成本变动，照明成本则与产量高低并无直接相关。

税金：非变动成本，依租赁约定，税金由高宏公司负担，每年核定财产价值相当固定，税率则逐年缓慢上升。在最近几年变化不会太大，与产量之间也没有关系。

租金：非变动成本，租期12年。

物业服务：非变动成本，在正常营运状况下，变化不大。

保险费：非变动成本，3年保险契约，固定费率。

折旧：非变动成本，固定金额。

为了让刘力熟悉他的做法，江涛提供所有资料影本，并与之讨论。刘力认为应立即停止13号产品生产，因为欲将每千克13号产品降低0.83元似乎不可能，同时，他也强调12号产品应力求降低成本。

虽然刘力的看法如此，但由于当初的协议，江涛可全权决定。因此，他决定不依刘力的建议，而仍生产两种产品，但为了达到控制目的，他要求会计部门以2009年营运状况作为标准成本，按月编制报表，这些报表即作为2010年春季产销方面调整的依据。在2010年7月时，江涛收到有关前前半年标准成本累计数值及其与实际成本之间差异的报表（如表3所示），报表上显示前半年度营运相当不错。

2010年下半年，行业整体状况转坏，虽然高宏公司仍维持其市场占有率，但利润却相当微薄。2011年元月，汉水公司宣布11号产品售价由9.41元调低为8.64元，此举对其竞争者立刻产生竞争上的压力。依照江涛的估计，若高宏公司维持9.41元的售价，则2011年前半年的销售量可能为750000公斤。依江涛的看法，同业竞争者会进一步杀价，价格逐步降低是必然现象。

会计部门认为目前所定的标准成本，除下列两方面外，其余仍可适用于2011年上半年。其中，原物料将上涨5%，照明及热源成本亦将增加7%。

江涛同刘力讨论定价问题时，刘力认为在原物料上涨5%后，8.64元的单价将低于单位成本，所以，他认为应维持9.41元的单价。

问题：

（1）若2010年上半年公司即停止13号产品生产，则对2010年上半年利润有何影响？

（2）2011年，公司是否应该将13号产品售价由9.41元调低为8.64元？

（3）高宏公司获利性最佳的产品是哪种？

（4）2010年上半年高宏公司转亏为盈的关键是什么？

表 3

标准成本下各产品盈亏状况

2010 年 1 月 1 日—6 月 30 日

单位：千元

项目	11 号产品		12 号产品		13 号产品		标准成本总计	实际成本总计	差异
	每千克标准成本	总标准成本	每千克标准成本	总标准成本	每千克标准成本	总标准成本			
租金	0.3383	537	0.5856	417	0.7273	365	1119	1021	+98
税金	0.1125	112	0.1862	133	0.1555	78	323	307	+16
保险费	0.0941	94	0.4486	106	0.2047	103	302	278	+24
厂务管理费	0.1486	148	0.1620	115	0.1747	88	351	348	+3
直接人工	2.3282	2321	2.2740	1619	2.6746	1341	5281	5308	-27
间接人工	0.7941	792	0.7903	563	0.8947	448	1803	1721	+82
动力	0.0403	40	0.0929	66	0.1171	59	165	170	-5
照明及热源	0.0269	27	0.0472	34	0.0392	20	80	83	-3
物业服务	0.0180	18	0.0288	21	0.0288	14	53	50	+3
原料	1.3766	1372	1.757	1251	1.8862	946	3569	3544	+25
物料	0.0941	94	0.1774	126	0.1363	68	288	288	-
维修	0.0319	32	0.0557	40	0.0396	20	91	88	+3
总计	5.4036	5587	6.3059	4490	7.0787	3548	13425	13206	+219
营业费用	1.6397	1635	1.7069	1215	1.8286	917	3676	3706	+62
管理费用	0.6209	619	0.4850	345	0.6904	346	1310	1378	-68
折旧	1.0172	1014	1.5955	1136	1.442	713	2863	2686	+177
利息	0.0941	94	0.1490	106	0.2043	102	302	290	+12
总计	8.7755	8748	10.2423	7294	11.2243	5626	21668	21266	+402
减：其他收入	0.0184	18	0.0192	14	0.0192	10	42	42	-
	8.7571	8730	10.2231	7280	11.2051	5617	21626	21224	+402
净销售额	9.3084	9279	9.6900	6900	10.3784	5202	21382	21382	-
盈（亏）	0.5513	550	(0.5331)	(380)	(0.8267)	(414)	(244)	158	+402
销售量	996859		712102		501276				

第八章　长期投资决策

第一节　长期投资决策概述

一、长期投资决策的分类与特点

（一）长期投资决策的分类

长期投资是指企业为了适应生产经营的长远发展而投入大量的资金，并期望获得更多收益的资金投放活动。它包括固定资产的改建、扩建和更新、资源的开发和利用、新产品的研制开发，也包括无形资产投资和长期有价证券投资等。长期投资决策是对长期投资项目的经济可行性所进行的决策，亦称资本支出决策。长期投资决策一般可按不同标志对其进行分类。

1. 按重要程度分类

按照投资决策重要程度的不同，长期投资决策可以分为战略型投资决策和战术型投资决策两类。

战略型投资决策是指对企业的全局或长远发展产生重大影响，将会改变企业经营方向、影响企业未来发展前途的投资决策，如现有生产规模的大幅扩充、新技术引进或新产品开发等。

战术型投资决策是指对企业的全局或长远发展并不产生重大影响，仅限于局部范围变化或个别条件改善的投资决策，如现有机器设备应否更新、怎样更新、何时更新等。

2. 按对象分类

按照决策具体对象的不同，长期投资决策可以分为固定资产投资决策、无形资产投资决策和其他长期资产投资决策三类。

固定资产投资决策是指对预计使用年限至少在 1 年以上、单位价值必须在规定限额以上、其实物形态始终保持不变的长期资产所进行的投资决策，如建造厂房车间、购买机器设备等。

无形资产投资决策是指对预计使用年限较长、并不存在实物形态的有关长期资产所进行的投资决策，如外购专利或专有技术等。

其他长期资产投资决策是指对预计需要在未来长期占用资金的流动资产或递延资产所进行的投资决策，如伴随某项固定资产投资而发生的流动资金投入等。

3. 按决策项目之间的相互关系分类

按决策项目之间的相互关系的不同，长期投资决策可以划分为独立型投资决策和互斥型投资决策两类。

独立型投资决策是指某一投资项目是否应予选择，完全不受别的任何投资项目应否选择的影响，只需考虑其自身是否可行的投资决策。在这类决策中，各有关备选投资项目或方案可以同时并存，它们之间既不相互冲突，也不彼此依赖。就独立型投资方案的决策分析而言，其所要解决的问题是，如何根据某种特定的决策标准，确定方案的取舍问题。

互斥型投资决策是指在两个或两个以上不能同时并存、相互排斥的投资项目中作出最终选择的投资决策。在这类投资决策中，某一投资项目究竟能否最后被选取，既应视其自身是否可行，还须按照"非此即彼"的原则，同与之相联的至少一个以上的备选投资项目进行比较和筛选之后才可决定。例如，在可以生产同种产品的两种不同型号的机器设备中作出购买何种型号生产设备的选择。就互斥型投资方案的决策分析而言，其所要解决的问题是，如何在计算、分析有关备选方案预期效益的基础上，根据某种特定的决策标准对它们进行比较、鉴别，继而选定一个最优的决策行动方案。

（二）长期投资决策的特点

长期投资是企业生产经营活动中极为重要的资金支出活动，它直接关系到企业未来物质技术基础的正常形成和经济资源的合理配置，直接影响到企业未来生产经营的持续发展和经济效益的长远提高。能否正确地制定和实施长期投资决策，在很大程度上决定着企业未来的发展前途和命运。长期投资决策的主要特点是：

1. 投入资金多

长期投资决策实际上是为规划企业未来的生产经营而进行的长期资金投放活动。一般来说，任何长期投资项目都需要投入大量的资金，全面制约着企业的财务状况和经营成果。投资决策一旦成功，即意味着有关长期资金得到了有效的运用，从而取得了理想的资金效益；而一旦决策失败，则将对企业的现金流量和财务状况造成严重损害，从而给企业的各项生产经营活动带来不良的甚至是灾难性的后果。

2. 持续时间长

长期投资决策实际上是为追求企业长远利益、实现企业未来持续发展而进行的长期资金支出抉择。在通常情况下，任何长期投资项目都将在较长（至少1年）的期间内连续发挥效用，直接影响到企业目前和未来的现金流量。投资决策一旦成功，即意味着企业在今后相当长的时期内将会获得满意的现金流量，必然对企业未来的发展产生深远的影响；而一旦决策失误，则会给企业带来持续性的破坏，使其生产经营活动长期处于被动状态之中。

3. 面临风险大

长期投资决策实际上是在利弊共生、安危并存的条件下，为了获得期望的资金报酬而进行的风险性资金支出抉择。从总体上看，任何长期投资项目都是在错综复杂的环境中选定的，不可避免地会受到某种非稳定状态或某些不确定因素的影响，因而有关长期投资决策很有可能存在着两种或两种以上的结果，使某一决策行动方案的实际资金运用效益同其预期的资金运用效益发生背离，给企业带来一定的经济损失。有时候，这种损失还是相当严重的，高新技术方面的长期投资尤其如此。

可见，长期投资决策的成败，不仅广泛涉及企业人、财、物等各项经济资源的合理配置，以及供、产、销等各项生产经营活动的正常进行，而且深刻影响着企业的经营能力、获利能力和偿债能力的提升，进而关系到企业目前的存在和未来的发展。为此，企业管理当局务必努力加强长期投资管理，科学制定和有效实施长期投资决策，力求最大限度地发挥长期资金的作用，不断提高投资效益。

二、长期投资决策的基本步骤

由长期投资决策的特点及重要性所决定，在制定、实施任一长期投资决策时，除应符合前面有关章节阐明的经营决策的一般要求之外，还须确立并遵循自身特有的管理程序。长期投资决策的基本步骤为：

（一）确定投资目标

在进行长期投资决策时，首先必须遵循统筹规划的原则，按照企业长期经营目标的要求，明确规定某一特定投资项目在未来特定时间的投资报酬水平，为其确定一个明确的、具体的奋斗目标。就某一特定的投资项目而言，其决策目标的确立实际上是企业未来总体奋斗目标的分解与落实，是企业长期经营目标的阶段化、对象化和数量化。

（二）提出投资建议

提出投资建议是长期投资决策程序中的重要一环。能否根据企业外部市场条件和企业内部经营需要提出合理的投资建议，对于能否正确地确定投资方向、能否如愿地取得预期投资效益、能否最终实现投资目标关系极大。

（三）拟定投资方案

投资项目确定之后，即应为其拟定至少两个以上的可行或备选投资方案。作为某个投资项目的可行性方案，应能保证最终实现有关投资项目的特定决策目标，应能同企业当时所面临的环境保持高度适应。要使有关可行性方案完全达到上述要求，必须经过科学的设想、分析和探索，确切掌握各该方案的约束条件、预期结果和应对措施等。

（四）评价投资效益

投资效益的评价过程也就是若干备选投资方案之间明确差异、权衡利弊、比较优劣的过程。评价的直接目的是选定技术上最先进、经济上最合理的投资方案，然后交由企业管理当局进行最终决断，据以选定最佳的长期投资行动方案。

（五）决策行动方案的贯彻实施

投资决策行动方案一经选定之后，即可按照与之相应的专项资本预算所限定的现金流量计划，具体组织方案的贯彻实施，将有关预算指标予以逐项分解，层层落实，在企业内部有关责任部门或责任个人之间形成针对特定投资项目的任务执行网络。

（六）方案实施结果的考核评价

在组织实施投资方案的整个过程中，应适时、适当做好有关信息的收集、加工和反馈，准确把握决策方案的实施进度与质量。这一步骤的工作重点应当是：通过特定投资项目实际现金流量同其预计现金流量的比较，发现差异，分析形成原因，制定改进措施。这样才能进一步加强长期投资管理，不断提高长期投资效益。

第二节　投资决策的影响因素

科学地进行长期投资决策，既要考虑各种可计量的因素，也要考虑各种有关的不可计量因素。管理会计是根据可计量因素，评价投资项目经济效果的。长期投资决策所需考虑的可计量因素主要有货币时间价值、现金流量、投资的风险价值和资金成本、效用期间等。

一、货币时间价值

（一）货币时间价值的含义

在商品经济条件下，即使不存在通货膨胀，等量货币在不同时点上的价值也不相等，今天的一元钱和将来的一元钱不等值，前者要比后者的经济价值大。资金在使用过程中随时间推移而发生的增值，即为货币的时间价值。

因此，货币时间价值是指一定量货币在不同时点上价值量的差额。具体可从三个方面加以理解：第一，货币时间价值的形式是价值增值，是同一笔货币资金在不同时点上表现出来的价值差量或变动率；第二，货币的增值是在其被当做投资资本的运用过程中实现的，不能被当做资本利用的货币是不具备自行增值属性的；第三，货币时间价值量的规定性与时间的长短呈同方向变动关系。

货币时间价值在任何经济形态下都是客观存在的，是货币经过一定期间的投资和再投资所增加的价值，实质上就是在没有风险和没有通货膨胀条件下的社会平均资金利润率。货币时间价值通常采用利息的形式，按复利方式进行计算。货币时间价值的计量分为两种情况：当款项收付的规律性较强，即对于间隔期相同、收付金额相等的款项，按年金计算；否则，按复利计算。

（二）货币时间价值的计算

1. 复利

复利是将本金及其在一定期间所获得的利息累计在一起，据以计算下期应获利息的特定计算方法。采用复利计息，不仅本金要计算利息，而且利息也要计算利息，即利滚利。按照货币时间价值计算的不同需要，通常需要计算复利终值和复利现值。

（1）复利终值。复利终值是指在复利计息方式下，现时的一定量货币在若干期以后的总价值。

设现值为 PV，终值为 FV，年利息率为 i，复利期数为 n。复利终值的计算公式为：

$$FV = PV \cdot (1+i)^n$$

上式中的 $(1+i)^n$ 称做复利终值系数或复利终值因子，记做 $FVIF_{i,n}$，即单位资金按每一期间的利息率 i 计算的 n 期后的价值。

例1：某企业将现金 80000 元存入银行，银行存款年利率 5%。3 年后，企业存款本息总额为多少？

$$FV = 80000 \times (1+5\%)^3$$
$$= 80000 \times 1.157$$

$$= 92560 \quad (\text{元})$$

（2）复利现值。复利现值是指在复利计息方式下，未来某一期间一定量货币相当于现在的总价值。把未来一定量货币折算成现值，称为折现，折现时所用的利率称为折现率。复利现值的计算公式为：

$$PV = FV (1+i)^{-n}$$

上式中 $(1+i)^{-n}$ 称做复利现值系数，记做 $\text{PVIF}_{i,n}$，即未来第 n 期的单位资金按每一期间的利息率 i 计算的现时价值。

在使用现值系数和终值系数时，可以不必用公式来计算，而根据 i 和 n 的具体数值，在一元复利现值系数表和一元复利终值系数表上直接查得（见附表）。例如，利率10%，复利期4年，则在一元复利现值系数表上可查得现值系数 0.6830；利率10%，复利期4年，则在一元复利终值系数表上可查得终值系数 1.4641。这样通过现值和终值的计算，就可以把不同时间的货币置于同一可比的基础上。

例2：某企业现在有一投资机会，预计3年后可取得现金收入100000元。如果目前市场上同样期限的存款年利率为6%，则现在投资的数额为多少？

具体计算如下：

$$PV = FV \cdot \text{PVIF}_{6\%,3} = 100000 \times 0.8396 = 83960 \quad (\text{元})$$

由计算可见，3年后取得100000元收入的现值为83960元。这表明，如果这项投资的金额不超过83960元，则该项投资是可行的；如果投资的金额超过83960元，则该项投资就不应加以考虑，而应把这笔钱存入银行稳收利息。

2. 年金

年金是指在一定时期内，每隔相同时间就发生相同数额的系列收款或付款，也称等额系列款项。例如，按期支付相同金额的保险费、租金、债券利息、优先股股息，以及每年投入相等金额的款项或每年等额收回的投资额等，都属于年金的范畴。年金按其付款的具体时间不同，可分为普通年金、预付年金、递延年金和永续年金。

（1）普通年金。普通年金也叫后付年金，是指在每一相同的间隔期期末收到或付出的系列等额款项。由于货币时间价值计算的不同需要，普通年金也有终值与现值之分。

普通年金终值是指一定期间内每期期末等额收到或付出款项的终值之和。普通年金终值的计算，如图8-1所示。

设 A 为年金，FVA 为年金终值，PVA 为年金现值，i 为年利息率，n 为计息期数。

年金终值的计算公式为

$$FVA = A + A (1+i)^1 + A (1+i)^2 + \cdots + A (1+i)^{n-2} + A (1+i)^{n-1}$$

根据上式可推导出：

$$FVA = A \cdot \frac{(1+i)^n - 1}{i}$$

上式中，$\dfrac{(1+i)^n - 1}{i}$ 称做年金终值系数或年金终值因子，记做 $\text{FVIFA}_{i,n}$，一元年金终值系数可以在年金终值系数表上直接查得（见附表）。

例3：假定某人连续5年于每年末存款20000元，年利率为10%。问第5年末可一次

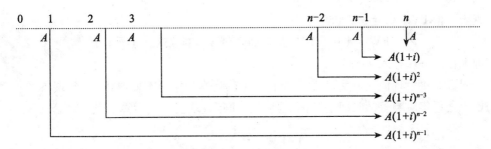

图 8-1 普通年金终值的计算

取出本利和多少钱？

根据题意，$A = 20000$，$n = 5$，$i = 10\%$

查表可得 $\text{FVIFA}_{i,n} = 6.1051$

$\text{FVA} = A \cdot \text{FVIFA}_{i,n} = 20000 \times 6.1051 = 122102$（元）

即 5 年后可一次取出 122102 元。

已知普通年金终值，可反过来计算年金（在此称为年偿债基金）。年偿债基金是指为了偿还未来某一笔约定债务，从现在起每年年末应在银行存入的等额款项，其是年金终值的逆运算。其计算公式为：

$$A = \text{FVA} \left/ \frac{(1+i)^n - 1}{i} \right.$$

例 4：某企业 5 年后要偿还一笔数额为 552.5 万元的到期借款，在银行存款利率为 5% 的条件下，为保证到期一次还清，该企业每年年末应在银行存入的等额资金是多少？

$$A = 552.5 \left/ \frac{(1+5\%)^5 - 1}{5\%} \right.$$

$$= 552.5 / 5.525$$

$$= 100 \text{（万元）}$$

普通年金现值是指在一定期间内每期期末等额收到或付出款项的现值之和。它和年金终值恰恰相反，年金终值好比先零存后整取，而年金现值好比先整存后零取。其计算公式如下：

$$\text{PVA} = A \cdot \frac{1}{(1+i)^1} + A \cdot \frac{1}{(1+i)^2} + \cdots + A \cdot \frac{1}{(1+i)^{n-1}} + A \cdot \frac{1}{(1+i)^n}$$

根据上式可推导出：

$$\text{PVA} = A \cdot \frac{1 - (1+i)^{-n}}{i}$$

上式中，$\dfrac{1 - (1+i)^{-n}}{i}$ 称做年金现值系数或年金现值因子，记做 $\text{PVIFA}_{i,n}$，一元年金现值系数可以在年金现值系数表上直接查得（见附表）。

例 5：假定某人打算连续 5 年于每年末取出 20000 元，年利率 10%。问现在应一次存入多少钱？

根据题意，$A=20000$，$n=5$，$i=10\%$

查表可得 $\mathrm{PVIFA}_{i,n}=3.7908$

$$\mathrm{PVA}=A\cdot\mathrm{PVIFA}_{i,n}=20000\times3.7908=75816（元）$$

即现在应一次存入 75816 元。

已知普通年金现值，可反过来计算年金（在此称为年资本回收额）。年资本回收额是指初始投资每年应当等额收回的数额，其是普通年金现值的逆运算。其计算公式为：

$$A=\mathrm{PVA}\bigg/\frac{1-(1+i)^{-n}}{i}$$

例6：某企业现在向银行贷款 1000 万元，期限 10 年，年利率 5%，每年等额还本付息。要求计算每年应等额偿还的本息数额。

具体计算如下：

$$A=1000\bigg/\frac{1-(1+5\%)^{-10}}{5\%}$$
$$=1000/7.721$$
$$\approx129.52（万元）$$

（2）预付年金。预付年金也叫先付年金，是指在每一相同的间隔期期初收到或付出的系列等额款项。由于货币时间价值计算的不同需要，预付年金亦有终值和现值之分。

预付年金终值是指一定期间内每期期初等额收到或付出款项的未来总价值。对于 n 期预付年金与 n 期普通年金来说，两者的付款期数相同，而两者的区别仅在于预付年金比普通年金的付款时间早一期。因此，在计算预付年金终值时，n 期的预付年金终值比 n 期的普通年金终值要多计算一期利息，只要先求出 n 期普通年金终值，然后再乘以 $(1+i)$ 便可求得 n 期预付年金的终值。

预付年金现值是指在一定期间内每期期初等额收到或付出款项的现时总价值。在计算预付年金现值时，由于 n 期的预付年金现值比 n 期的普通年金现值多折现一期，所以，在 n 期普通年金现值的基础上再乘以 $(1+i)$，便可求得 n 期预付年金的现值。设 B 为预付年金。有关计算公式如下：

$$\mathrm{FV}=B\cdot(1+i)\cdot\frac{(1+i)^n-1}{i}$$
$$\mathrm{PV}=B\cdot(1+i)\cdot\frac{1-(1+i)^{-n}}{i}$$

例7：假定某企业决定连续 5 年于每年初存入银行 200 万元作为新厂建设基金，银行存款年利率为 6%。问该企业在第 5 年末能一次取出本利和多少钱？

这是求预付年金终值的问题。

$$\mathrm{FV}=B\cdot(1+i)\cdot\frac{(1+i)^n-1}{i}$$
$$=2000000\times(1+6\%)\times5.6371$$
$$=11950652（元）$$

可见，该企业在第 5 年末能一次取出本利和共计 11950652 元。

例 8：某企业 5 年分期付款购进一大型设备，每年初付 100000 元，假定银行利率为 10%，该项分期付款相当于一次现金支付的购价是多少元？

这是求预付年金现值的问题。

$$PV = B \cdot (1+i) \cdot \frac{1-(1+i)^{-n}}{i}$$
$$= 100000 \times 3.7908 \times (1+10\%)$$
$$= 416988 （元）$$

可见，该项分期付款相当于一次现金支付的购价 416988 元。

（3）递延年金。递延年金是指从若干期以后开始收到或付出的系列等额款项。因递延年金终值与普通年金终值的计算方法相同，故在此只对递延年金现值进行说明。

递延年金现值是指从若干期以后开始于每期期末等额收到或付出款项的现值之和。设 C 为递延年金，m 为递延期，其计算公式为：

$$PV = C \cdot \left[\frac{1-(1+i)^{-(m+n)}}{i} - \frac{1-(1+i)^{-m}}{i} \right]$$

或

$$PV = C \cdot \frac{1-(1+i)^{-n}}{i} \cdot (1+i)^{-m}$$

例 9：某投资项目建设期 2 年，完工投产后经营期 10 年，预计每年现金净流量 50000 元，预定投资报酬率 15%。试计算该项目未来全部现金净流量的现值。

$$PV = 50000 \times \left[\frac{1-(1+15\%)^{-(2+10)}}{15\%} - \frac{1-(1+15\%)^{-2}}{15\%} \right]$$
$$= 50000 \times (5.421-1.626)$$
$$= 189750 （元）$$

或

$$PV = 50000 \times \frac{1-(1+15\%)^{-10}}{15\%} \times (1+15\%)^{-2}$$
$$= 50000 \times 5.019 \times 0.756$$
$$= 189718.2 （元）$$

（4）永续年金

永续年金是指无限期收到或付出的系列等额款项，可视为期限趋于无穷的普通年金。永续年金由于时间无限长，其终值无法计算。永续年金现值可以按照普通年金现值的公式进行近似计算。永续年金现值的计算公式为：

$$PV = \frac{A}{i}$$

例 10：某学校准备筹集一笔款项存入银行，以便今后无限期地于每年年末提取利息 40000 元，作为学生的奖励基金。如果银行存款年利率为 5%，则该学校现在应一次向银行存入的款项为多少？

具体计算如下：

$$PV = \frac{40000}{5\%} = 800000 \text{（元）}$$

3. 名义利率与实际利率的换算

上面关于时间价值的计算均假定利率为年利率，且每年复利计息一次。但实际工作中，复利的计息不一定是一年，有可能是按季、按月甚至按日计息。比如，有些公司债券半年计息一次，有的抵押贷款每月计息一次，银行之间拆借资金为每天计息一次。

名义利率是指央行或其他金融机构所公布的未调整通货膨胀因素的利率，即利息（报酬）与本金的比率，其中包括补偿通货膨胀（通货紧缩）风险的利率。它不是投资者能够获得的真实收益，还与货币的购买力有关。如果发生通货膨胀，则投资者所得收益的货币购买力会贬值，因此投资者所获得的真实收益必须剔除通货膨胀的影响，这就是实际利率。实际利率是指物价水平不变，从而货币购买力不变条件下的利息率。名义利率与实际利率存在着下述关系：其一，当计息周期为一年时，名义利率和实际利率相等；计息周期短于一年时，实际利率大于名义利率。其二，名义利率不能完全反映资金时间价值，实际利率才真实地反映了资金的时间价值。

理论上，按实际利率每年复利一次计算的利息，应该与按名义利率每年多次复利计算的利息等价。因此，对于一年内多次复利的情况，可按两种方法计算货币时间价值。

（1）将名义利率调整为实际利率，然后再按实际利率计算货币时间价值

名义利率与实际利率之间的关系为：

$$i = \left(1 + \frac{r}{m}\right)^m - 1$$

其中，i 为实际利率，r 为名义利率，m 为每年复利次数。

例11：假定某公司于年初存入银行 1000 万元，在年利率为 10%、半年复利一次的情况下，问到第 10 年末其本利和是多少？

依题意，$PV=1000$，$r=10\%$，$m=2$，$n=10$，则

$$i = \left(1 + \frac{10\%}{2}\right)^2 - 1 = 10.25\%$$

$$\begin{aligned} FV &= PV \cdot (1+i)^n \\ &= 1000 \times (1+10.25\%)^{10} \\ &= 2653.3 \text{（万元）} \end{aligned}$$

即该公司于第 10 年末可得到本利和 2653.3 万元。

此法的缺点是调整后的实际利率往往带小数点，不利于查表。因而在实际工作中，一般多按第二种方法计算货币时间价值。

（2）不计算实际利率，相应调整有关指标

$$\text{每次复利利率} = r/m$$

$$\text{复利总期数} = m \times n$$

例12：仍用上例中的有关数据，用第二种方法计算的本利和如下：

$$FV = P \cdot \left(1+\frac{r}{m}\right)^{mn}$$

$$= 1000 \times \left(1+\frac{10\%}{2}\right)^{2 \times 10}$$

$$= 10000 \times (1+5\%)^{20}$$

$$= 1000 \times 2.6533$$

$$= 2653.3 \text{（万元）}$$

二、现金流量

(一) 现金流量的意义

现金流量是指由于长期投资方案而引起的未来一定期间内现金流入量与现金流出量的统称。这里的现金指的是广义的现金，它不仅包括货币资金，而且还包括企业拥有的非货币资源的变现价值。

1. 现金流入量。现金流入量是同投资项目有关的全部资金收入，主要包括销售产品或劳务的营业收入、固定资产报废时的残值收入或中途变价收入、投资项目结束时回收的流动资金投资，以及项目实施后降低的成本和增加的收入等。

2. 现金流出量。现金流出量是同投资项目有关的全部资金支出，包括固定资产投资、流动资金投资、无形资产投资等。

3. 现金净流量。现金净流量是现金流入量与现金流出量之间的差额。

现金流量是以收付实现制为计算基础，它比以权责发生制为计算基础的利润具有更重要的决策意义。

(1) 有利于考虑货币的时间价值。由于不同时间收付的款项具有不同的价值，所以需要确定每笔款项收入和付出的具体时间。只有通过计算投资方案的现金流量，将投资方案的收入、支出与时间联系起来，并将不同时点发生的收入、支出换算到同一时点进行比较，才能真正评价投资方案的优劣。而以权责发生制为基础的利润，却不考虑现金收付的具体时间。

(2) 能客观评价长期投资方案的效益。现金流量反映投资方案发生的现金收入和现金支出，其现金流出代表着投资的发生，现金流入代表着投资收入的获得，现金净流量代表着投资方案的现金净收益，它客观反映了投资方案的经济效益。而企业对未来利润的预测，通常没有统一的标准，各期利润数额的多少，在一定程度上受到存货估价方法、费用分配方法、折旧计提方法等的影响。利润的确定比现金流量的确定带有更大的主观随意性，难以客观、准确地评价长期投资方案的效益。因此，将现金流量作为决策依据将更为可靠。

(二) 现金流量的计算

进行长期投资决策分析时，最重要也最困难的就是测算投资项目的现金流量。虽然不同投资项目的现金流量估计所涉及的范围和复杂程度不完全一样，但其基本原理和步骤是一致的。通常投资项目的规模越大，投资所涉及的范围越广，现金流量的计算也就越复杂。因此，在评价投资项目时，要求对现金流量的估计尽可能地准确，否则就会影响决策结果。

一个投资项目的现金流量一般由初始现金流量、营业现金流量和终结现金流量三个部分构成。

1. 初始现金流量

初始现金流量是指投资项目开始投资时所发生的现金流量，一般包括以下内容：

（1）固定资产投资。一般包括厂房的建造成本、机器设备的购买价格以及运输费用、安装费用等。

（2）增加的营运资金。一般包括对原材料、在制品、产成品、现金和应收账款等流动资产的垫支。

（3）其他投资费用。它指与长期投资项目相关的谈判费、注册费等筹建费用，以及员工的培训费。

（4）原有固定资产的出售收入。它指在固定资产更新决策时，变卖原有旧资产所得的现金收入，属于现金流入量。

（5）所得税的影响。在进行固定资产更新时，对原有旧资产的出售会产生收益或损失，从而影响应税利润，最终影响现金流量。出售旧资产可能涉及三种纳税情形：一是当旧资产售价高于该资产账面净值时，其售价与账面净值之间的差额属于应税利润，应纳所得税，此项纳税支出应视为现金流出量；二是当旧资产售价等于该资产账面净值时，资产出售未带来任何收益或损失，无须纳税；三是当旧资产售价小于该资产账面净值时，其售价与账面净值之间的差额是应税损失，可以用来抵减应税利润从而减少纳税，此项纳税节约应视为现金流入量。

上述全部现金流出量扣除现金流入量，就是初始现金净流出量。

2. 营业现金流量

营业现金流量是指投资项目建成投产后，在其经济寿命期内，由于开展生产经营活动所带来的现金流入量和现金流出量，一般按年度进行计算。营业现金流量一般包括以下内容：

（1）营业收入。它指项目投产后，在其经济寿命期内每年实现的销售收入或业务收入。它是生产经营阶段主要的现金流入量。

（2）付现成本。付现成本又称付现的营运成本或经营成本，是指在项目寿命期内为满足正常生产经营需要而动用现金支付的成本费用。它是生产经营阶段最主要的现金流出量。某年的付现成本等于当年的总成本费用扣除该年的折旧费用、无形资产和开办费的摊销额等项目后的差额。这是因为总成本费用中包含了一部分非现金流出的内容，如折旧费、摊销费，这些项目大多与固定资产、无形资产和开办费等长期资产的价值转移有关，不需要动用现金支出。

（3）各项税款。它指项目投产后依法缴纳、单独列示的各项税款，包括营业税、消费税、所得税等。

有关营业净现金流量的计算公式如下：

各年营业净现金流量（NCF_t）= 该年营业收入−该年付现成本−该年所得税

上式也可简化为：

各年营业净现金流量（NCF_t）= 该年税后净利润+该年折旧+该年长期资产摊销额

3. 终结现金流量

终结现金流量是指投资项目寿命期结束时所发生的各项现金回收。主要包括以下内容：

（1）固定资产净残值收入。这是指在投资项目寿命期结束时，对固定资产进行报废清理所回收的价值。它属于现金流入量。

（2）营运资金的收回。这是指在投资项目寿命期结束时，因不再发生新的替代投资而回收的原垫支的全部流动资金额。它也属于现金流入量。

回收的固定资产残值和回收的流动资金统称为回收额。

下面举例说明现金流量的计算。

例13：某公司准备投资建设一条新的生产线用于生产其开发的一种新产品。有关预计资料如下：固定资产投资500万元，营运资金增加100万元，建设期为1年，固定资产投资全部于建设起点投入，而增加的营运资金全部于建设工程完工时（即第1年末）投入。预计项目经济寿命期为5年，固定资产按直线法计提折旧，期满有20万元净残值。该项目投产后，每年增加销售收入400万元，每年增加付现成本200万元。企业所得税税率25%。

要求：

（1）计算各年的净现金流量。

（2）编制该投资项目的现金流量表。

根据上述资料计算现金流量如下：

（1）初始投资的净现金流量。

$$NCF_0 = -500（万元）$$
$$NCF_1 = -100（万元）$$

（2）各年的营业净现金流量。

每年折旧费 =（500−20）÷5 = 96（万元）

各年税前利润 = 400−200−96 = 104（万元）

各年营业净现金流量 = 104（1−25%）+96 = 174（万元）

（3）终结净现金流量。

项目寿命期结束时的回收额 = 20+100 = 120（万元）

则项目寿命期内各年的净现金流量表示如下：

$$NCF_{2\sim5} = 174（万元）$$
$$NCF_6 = 120+174 = 294（万元）$$

在投资决策实务中，所估计的各期净现金流量的计算通常是通过编制投资项目现金流量表来列示的。本例中投资项目现金流量表如表 8-1 所示。

表 8-1   投资项目现金流量表   单位：万元

项目	建设期		经济寿命期					合计
	0	1	2	3	4	5	6	
现金流入量								
销售收入			400	400	400	400	400	2000
回收固定资产残值							20	20
回收营运资金							100	100
现金流入量合计	0	0	400	400	400	400	520	2120
现金流出量：								
固定资产投资	500							500
营运资金		100						100
付现成本			200	200	200	200	200	1000
所得税			26	26	26	26	26	130
现金流出量合计	500	100	226	226	226	226	226	1730
净现金流量	−500	−100	174	174	174	174	294	390

例 14：某企业计划用一台新设备替换现有旧设备，新设备购置成本 300000 元，预计使用 5 年，期满残值收入 30000 元。旧设备变现价值 80000 元，还可使用 5 年，期满残值收入 5000 元。使用新设备后，每年可节约人工成本 65000 元，节约材料成本 30000 元。该企业采用直线法计提折旧，所得税率 25%。

要求：计算使用新设备比使用旧设备增加的现金净流量。

具体计算、分析如下：

新设备年折旧 =（300000−30000）/5 = 54000（元）

旧设备年折旧 =（80000−5000）/5 = 15000（元）

Δ 设备年折旧 = 54000−15000 = 39000（元）

（1）计算原始投资额的差额。

Δ 原始投资 = 300000−80000 = 220000（元）

（2）计算经营期现金净流量的差额。

$$\Delta 年\,NCF =（65000+30000−39000）\times（1−25\%）+39000$$
$$=81000（元）$$

（3）计算终结点现金流入量的差额。

$$\Delta\text{ 终结点现金流入量} = 30000 - 5000 = 25000\text{（元）}$$

三、投资风险价值

（一）投资风险价值的含义

风险是指实际值偏离预期值的差异程度。投资风险是指投资项目实际现金流量偏离其预期现金流量的差异程度。由于投资涉及的时间长，投资者面临的不确定性因素多，投资项目的估计现金流量会与实际现金流量发生较大的差异。因此，在进行投资决策时应该考虑风险，并据以计量风险，以保证投资决策的正确性。

由于风险可能带来损失，所以人们宁愿接受某一肯定的投资报酬率，而不愿接受不肯定的同一投资报酬率，即厌恶风险。投资者之所以敢冒风险进行投资，是由于风险报酬的存在，风险投资要求获得风险报酬。投资的风险价值是指投资者冒风险进行投资所获得的超过货币时间价值的那部分额外报酬。如不考虑通货膨胀因素，考虑风险因素的投资报酬率即为货币时间价值与风险报酬率之和。由于风险反感现象的存在，投资者在投资报酬率相同的条件下，通常不愿意投资于有风险的项目。于是，这些项目的产品价格将因供不应求而有所提高，其投资报酬率也会相应提高，这一连锁变动的过程最终使风险报酬的大小与投资的风险程度相适应。

（二）投资风险价值的估量

风险程度的估计需要运用概率、期望值、标准差和标准差系数等指标。

估量投资风险价值的程序如下：

（1）在事先测算的投资项目未来各种情况下的预计年收益的基础上，以各种情况下相应的客观或主观概率为权数，计算未来收益的期望值。公式为：

$$\text{未来收益的期望值} = \sum(\text{某种情况下的预计年收益} \times \text{该种情况出现的概率})$$

（2）计算未来收益的标准差和标准差系数。

标准差是各种可能情况的数值偏离期望值的综合差异，它是反映离散程度的一种量度。标准差可以作为衡量风险程度的一个重要指标。如果标准差越小，则各种可能情况偏离期望值的程度就越小，期望值的代表性就越大，从而风险也就越小；反之，如果标准差越大，则各种可能情况偏离期望值的程度就越大，期望值的代表性就越小，从而风险也就越大。

标准差系数也称变化系数，是标准差除以期望值。它反映投资项目的风险程度，标准差系数越大，说明投资项目的风险越大。

（3）确定风险系数。根据经验或参照同行业相似的投资项目确定风险系数。

（4）计算投资风险报酬率。其计算公式为

$$\text{预期的风险报酬率} = \text{标准差系数} \times \text{风险系数}$$

例15：某公司欲以50万元投资一服装加工厂，根据对原料市场、产品市场和竞争对手的调查，估计风险系数为20%，货币时间价值为8%，年收益及概率如表8-2所示。

表 8-2   年收益及其概率分布表

市场情况	预计年收益（万元）	概率
畅销	10	0.3
一般	6	0.5
滞销	2	0.2

要求：对该项目投资风险进行评价。

具体分析如下：

期望收益 = 10×0.3+6×0.5+2×0.2 = 6.4（万元）

标准差 = $\sqrt{(10-6.4)^2 \times 0.3+(6-6.4)^2 \times 0.5+(2-6.4)^2 \times 0.2}$ = 2.8（万元）

标准差系数 = 2.8/6.4 = 43.75%

预期风险报酬率 = 20%×43.75% = 8.75%

由于衡量投资方案风险程度的重要指标是标准差系数，所以企业在确定要求的报酬率中所包含风险报酬大小时，通常与标准差系数建立一定的数量关系：即标准差系数越大，要求的风险报酬就越高；标准差系数越小，要求的风险报酬也就越小。这样在无风险报酬率的基础上，根据各投资方案的风险程度调整其报酬率，从而将风险因素纳入有关指标的计算中，并同有关评价指标建立一定的数量关系。图 8-2 是报酬率同风险之间的关系坐标图，纵轴为包含风险的报酬率，横轴为标准差系数。上例中无风险报酬率为 8%，风险报酬率则随标准差系数的增加而相应提高。

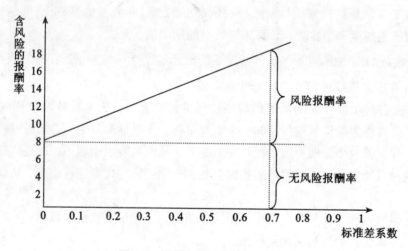

图 8-2　报酬率与风险之间的关系

四、资金成本

（一）资金成本的含义

资金成本是指企业筹集和使用资金所付出的代价。资金成本不仅是筹资决策中选择资金供应渠道、拟定筹资方案的一项重要依据，而且也是投资决策中衡量和评价投资项目可行性的重要参考标准，因为它代表了投资项目使用资金的机会成本。如果一个投资项目的实际报酬率水平低于资金成本，则意味着该项目入不敷出，应当放弃此方案。所以，资金成本实质上就是投资项目的最低报酬率，又叫取舍率。

（二）资金成本的确定

在确定资金成本时，通常要考虑银行利率、有价证券的实际利率、股东权益的获利能力，以及有关项目的投资风险等因素。确定资金成本主要有以下两种方法。

1. 加权平均法

这种方法是指先分别按各主要投资资金来源计算其各自资金成本，然后再按资金结构加权平均计算总资金成本的一种方法。其计算公式为：

$$总资金成本 K = \sum K_j \times W_j$$

式中：K_j 为第 i 种融资方式的成本，W_j 为第 j 项资金占全部资金的百分比。

例 16：已知某投资项目的资金来源为发行公司债券和发行股票。债券的资金成本为 5%，优先股资金成本为 9%，普通股资金成本为 16%。它们的融资比重分别为 20%、30% 和 50%。

要求：采用加权平均法计算总资金成本。

具体计算如下：

$$总资金成本 = 5\% \times 20\% + 9\% \times 30\% + 16\% \times 50\% = 11.7\%$$

2. 风险调整法

这种方法是指在投资项目无风险报酬率（时间价值）的基础上，加上该项投资的预期风险报酬率，从而求得投资资金成本的方法。其计算公式为：

$$资金成本 = 无风险报酬率（资金时间价值）+ 风险报酬率$$

此公式有助于揭示资金时间价值、风险报酬率与资金成本之间的关系。时间价值是资金成本形成的基础；资金成本是时间价值和风险因素在资金使用过程中共同作用的结果；投资风险越大，资金成本也就越高。

五、效用期间

为正确评价投资项目的效益，除取得现金流量、资金成本等资料之外，还需正确预测投资项目的效用期间。效用期间是指投资项目发挥效益所能持续的时间。由于投资的发生通常与固定资产的形成相联系，一般将固定资产的经济寿命作为效用期间。固定资产的经济寿命是指根据设备使用成本的合理界限决定的设备使用期。

设备的经济寿命主要取决于折旧费和维护使用费的大小，折旧费和维护使用费与设备的经济寿命是互为消长的关系，设备使用寿命长，折旧费用低，但维护使用费高；设备使用寿命短，折旧费用高，但维护使用费低。设备的经济寿命就是使这两类费用之和为最低的设备使用年限。

以下举例说明设备经济寿命的确定。

例 17：某企业购买一台价值为 80000 元的机床，预计使用年限 10 年，期满无残值。经测算，该机床平均每年将增加维护使用费 3200 元，该企业预定投资报酬率 12%。

现要求计算这台机床的经济寿命。

（1）考虑货币时间价值的影响，计算比较该机床的年平均成本。其计算结果如表 8-3 所示。

表 8-3

设备使用年限	维护使用费	现值系数	维护使用费现值	设备购置成本	设备使用成本累计现值	年金现值系数	年平均成本
1	0	0.893	0	80000	80000	0.893	89600
2	3200	0.797	2550.4	80000	82550.4	1.69	48869.84
3	6400	0.712	4556.8	80000	87107.2	2.402	36236.6
4	9600	0.636	6105.6	80000	93212.8	3.037	30667.01
5	12800	0.567	7257.6	80000	100470.4	3.605	27830.3
6	16000	0.507	8112	80000	108582.4	4.321	26358.52
7	19200	0.452	8678.4	80000	117260.8	4.564	25680.12
8	22400	0.404	9049.6	80000	126310.4	4.968	25388.39
9	25600	0.361	9241.6	80000	135552	5.328	25483.78
10	28800	0.322	9273.6	80000	144825.6	5.65	25634.13

计算结果表明，该机床使用到第 8 年时，其年均成本为最低，仅为 25388.39 元，这是现有条件下该机床的最低年均成本水平。因此，这台机床的经济寿命应为 8 年。

（2）不考虑货币时间价值的影响，直接计算该机床的最佳更新期。

设备最佳更新期的计算公式为：

$$T=\sqrt{\frac{2K_0}{M}}$$

式中：T 为设备最佳更新期；

K_0 为设备投资（原始价值）；

M 为设备每年增加的维护使用费。

将本例有关数据代入公式，即有

$$T=\sqrt{\frac{2\times80000}{3200}}\approx7\ （年）$$

计算结果表明，在不考虑货币时间价值影响的条件下，这台机床的经济寿命应为 7 年，即使用到第 7 年就应进行更新。

第三节 投资决策分析方法

评价投资项目经济效益的方法一般可以分为非折现的现金流量法和折现的现金流量法两大类。两者的主要区别在于非折现的现金流量法没有考虑货币时间价值因素的影响，计算较为简便；而折现的现金流量法对货币时间价值因素的影响极为重视，计算较为复杂，但更加科学、合理。

一、非折现的现金流量法

非折现的现金流量法是不考虑货币时间价值对投资过程的影响，不对有关投资项目不同时点的现金流量进行现值计算，而是直接根据现金流量来评价和优选投资方案的方法。非折现的现金流量法主要有投资回收期法和平均报酬率法。

（一）投资回收期法

投资回收期法是以投资回收期限的长短为取舍依据，于若干备选方案中选择最优投资方案的决策分析方法。所谓投资回收期简称回收期，是指以投资项目寿命期内各期的营业净现金流量来回收该项目原始投资总额所需要的时间，一般以年为单位。包括以下两种形式：包含建设期的投资回收期（记做 PP）和不包括建设期的投资回收期（记做 PP^*）。显然，在建设期为 f 时，$PP^*+f=PP$，只要求出其中一种形式，就可很方便地推算出另一种形式。

一般而言，投资者总希望尽快地收回投资，因而投资回收期越短越好。运用该法进行投资决策时，应将投资方案的投资回收期与企业期望的投资回收期进行比较，若投资方案回收期小于或等于期望回收期，则接受投资方案；反之，则拒绝投资方案。

如果同时存在几个投资方案可供选择，则应该比较各个方案的回收期，选择最短者。对投资回收期的计算，要根据寿命期内各年的营业净现金流量是相等还是不相等两种情况，分别采用不同的方法进行。

1. 投资回收期的简化计算法

如果一项长期投资决策方案满足以下特殊条件，即投资均集中发生在建设期内，投产后若干年（假设为 m 年）每年经营净现金流量相等。且有以下关系成立：

$m \times$ 投产后 m 年每年相等的净现金流量（NCF）$\geq$ 原始投资总额

则可按以下简化公式直接求出不包括建设期的投资回收期 PP^*

不包括建设期的投资回收期（PP^*）= 原始投资额÷投产后若干年每年相等的现金净流量

则：包括建设期的投资回收期（PP）= 不包括建设期的投资回收期（PP^*）+建设期（f）

例18：据例13所示的净现金流量信息，利用简化方法计算该项目的投资回收期如下：

建设期（f）= 1（年）

经营期净现金流量 $NCF_{2\sim5}$=174（万元/年）

原始投资额=600（万元）

不包括建设期的投资回收期（PP^*）= 600/174≈3.45（年）

包括建设期的投资回收期（PP）= 3.45+1=4.45（年）

2. 投资回收期的一般计算法

不论在什么情况下，都可以通过列表计算"累计净现金流量"的方式，来确定投资回收期，这就是确定投资回收期的一般方法。

该法的原理是，按照回收期的定义，包括建设期的投资回收期 PP 满足下式：

$$\sum_{t=0}^{PP} NCF_t = 0$$

这表明在现金流量表的"累计净现金流量"一栏中，包括建设期的投资回收期 PP 恰好是累计净现金流量为零的年限。在计算时，无非有两种可能：

第一，在"累计净现金流量"栏上可以直接找到零，那么读出零所在列的 t 值即为所求的包括建设期的投资回收期 PP。否则应按第二种情况处理。

第二，由于无法在"累计净现金流量"栏上找到零，可按下式计算包括建设期的投资回收期 PP：

$$包括建设期的投资回收期（PP）= m + \frac{\left| \sum_{t=0}^{m} NCF_t \right|}{NCF_{m+1}}$$

式中：

m 为累计净现金流量栏中最后一次出现负值所对应的年数；

$\sum_{t=0}^{m} NCF_t$ 为第 m 年尚未收回的投资额；

NCF_{m+1} 为第 $m+1$ 年的净现金流量。

例 19：某公司开发了两种新产品甲和乙，并准备投资生产其中的一种产品。经过预测分析，对生产两种产品分别拟订了投资方案 A 和投资方案 B。两方案的初始投资额均为 500000 元，寿命期均为 5 年，各年的净现金流量预计如表 8-4 所示。

表 8-4 　　　　　　　　　　　　　投资方案净现金流量　　　　　　　　　　单位：万元

年份	方案 A				方案 B			
	净利润	折旧	NCF	累计 NCF	净利润	折旧	NCF	累计 NCF
0			−50	−50			−50	−50
1	2	8	10	−40	6	8	14	−36
2	10	8	18	−22	12	8	20	−16
3	14	8	22	0	18	8	26	+10
4	17	8	25	25	16	8	24	34
5	13	8	21	46	12	8	20	54

要求：计算 A、B 两个方案的投资回收期（PP）。

分析：上例方案 A 中的累计净现金流量在第三年末恰好等于零。

则：方案 A 的投资回收期（PP）= 3 年

而方案 B 由于无法在"累计净现金流量"栏上找到零

则：方案 B 的投资回收期（PP）= 2+16/26≈2.62（年）

可见，方案 B 的投资回收期要短于方案 A，故应选择方案 B

3. 投资回收期法的特点

投资回收期法的优点在于计算简便，容易理解，而且回收期常被视为能显示各方案相对风险的指标。因为投资方案的短期变动相对较小，且企业预测短期事件的能力较强；而投资方案的长期变动较大，且企业预测长期事件的能力较弱。如果其他情况相同，则资本回收速度快的投资方案风险相对较小，而回收期长的方案风险大。因此，这种方法广泛用于小额资本支出的决策以及技术更新较快的高新技术企业的投资决策。

投资回收期法的主要不足在于：

第一，投资回收期法没有考虑投资方案在回收期后所产生的净现金流量。假如有两个投资方案 A 和 B，初始投资都是 30 万元，各期净现金流量如表 8-5 所示。

表 8-5　　　　　　　　　　　　　　　　　现金流量表　　　　　　　　　　　　　　　　　单位：元

项目寿命年限	方案 A 净现金流量	方案 B 净现金流量
0	−300000	−300000
1	120000	150000
2	180000	150000
3	120000	0
4	80000	0
5	40000	0

由表 8-5 可见，两个方案的回收期均为 2 年，从回收期的角度来看两个方案都可行，因而选择哪个方案都可以。但因甲方案在回收期以后的 3 年内还有净现金流入量，而乙方案在回收期以后没有现金流量，则人们通常会选择甲方案而不是乙方案。这说明回收期标准没有考虑投资项目回收期以后所发生的净现金流量。

第二，投资回收期法没有考虑货币时间价值，因为按照货币时间价值原理，发生在回收期内不同年份的净现金流量的价值是不相同的。

为了解决回收期法忽略货币时间价值的缺陷，决策者可以采用折现回收期法，通过计算折现回收期来进行决策。所谓折现回收期又称动态回收期，是指从折现后的净现金流量中收回原始投资所需要的时间。折现回收期法与上述回收期法的区别仅在于要将各期净现金流量按照要求的报酬率折现，用折现后的净现金流量代替回收期法中的未折现净现金流量。因此，前述回收期也称为静态回收期。

例 20：续例 19，投资方案 A 和 B 所要求的报酬率均为 12%，折现后的净现金流量和累计净现金流量如表 8-6 所示。

表8-6 折现现金流量表 单位：元

年份	现值系数	方案 A			方案 B		
		未折现 NCF	折现 NCF	累计 NCF	未折现 NCF	折现 NCF	累计 NCF
0	1.00000	−500000	−500000	−500000	−500000	−500000	−500000
1	0.8929	100000	89290	−410710	140000	125006	−374994
2	0.7972	180000	143496	−267214	200000	159440	−215554
3	0.7178	220000	157916	−109298	260000	186628	−28926
4	0.6355	250000	158875	+49577	240000	152520	+123594
5	0.5674	210000	119154	+168731	200000	113480	+237074

分析计算过程如下：

方案 A 的折现投资回收期 $= 3 + 109298/158875 \approx 3.69$ （年）

方案 B 折现投资回收期 $= 3 + 28926/152520 \approx 3.19$ （年）

计算表明，方案 B 的投资回收期要短于方案 A，故应选择方案 B。

显然，折现回收期法在计算中考虑了货币时间价值因素，因而优于传统的静态回收期法。但折现回收期法仍然没有考虑项目在回收期以后年份所产生的净现金流量。因此，在投资决策分析中，通常将回收期法作为净现值法及内部报酬率法的辅助方法。

（二）平均报酬率法

平均报酬率法是以平均报酬率的高低作为取舍依据，于若干备选方案中选取最优投资方案的决策分析方法。所谓平均报酬率是指一项投资方案的年平均净利润与初始投资额的比率，也称会计报酬率。这个比率越高，说明获利能力越强。平均报酬率的计算公式如下：

$$平均报酬率（ARR）= \frac{年平均净利润}{初始投资额}$$

在进行投资决策时，应将投资方案的平均报酬率同投资者期望的平均报酬率相比，若投资方案的平均报酬率大于或等于期望的平均报酬率，则接受投资方案；反之，则拒绝投资方案。如果有若干投资方案可供选择，则应该选择平均报酬率最高的投资方案。

例21：仍以例19中的数据为例（如表8-4所示），要求计算 A、B 两个方案的平均报酬率。

方案 A 的平均报酬率 $= [（2+10+14+17+13）÷5] /50 = 22.4\%$

方案 B 的平均报酬率 $= [（6+12+18+16+12）÷5] /50 = 25.6\%$

可见，采用平均报酬率法进行决策，两个方案的平均报酬率都超过了期望平均报酬率12%，由于方案 B 的平均报酬率高于方案 A，所以方案 B 较优。

平均报酬率法虽然考虑到了投资方案在其整个寿命期内的全部净利润，但它没有使用现金流量指标，也不能显示投资方案的相对风险，同时，也没有考虑货币时间价值因素，在实际工作中，应用较少。

二、折现的现金流量法

折现的现金流量法是考虑货币时间因素对投资过程的影响，将不同时点发生的现金流量，统一折算成相同时点的现金流量，然后据以评价和选择投资方案的方法。

折现的现金流量法主要有净现值法、现值指数法、内含报酬率法和等年值法等。

（一）净现值法

1. 净现值的含义

净现值法是以净现值的大小为取舍依据，于若干备选方案中选择最优投资方案的决策分析方法。所谓净现值是指将各年的净现金流量按照要求的报酬率或资本成本折算为现值的合计。净现值也可表述为项目投产后各年的净现金流量按照规定的折现率折算的现值合计与项目的初始投资额折算的现值合计之间的差额。

其计算公式如下：

$$净现值(NPV) = \sum_{t=0}^{n} \frac{NCF_t}{(1+K)^t} = \sum_{t=0}^{n} NCF_t \cdot PVIF_{k,t}$$

式中：

NCF_t 为第 t 年的净现金流量（$t = 0 \sim n$）；

K 为要求的报酬率或资本成本；

n 为项目寿命期（包括建设期和经营期）；

$PVIF_{k,t}$ 为第 t 年、折现率为 k 的复利现值系数。

2. 净现值的计算

投资项目净现值的计算可按下列步骤进行：

第一，计算各年的净现金流量。

第二，按照要求的折现率将未来经营期间各年的净现金流量折算成总现值，这又分成三步：

（1）将各年的营业净现金流量折成现值。如果每年的营业净现金流量相等，则按年金法折成现值；如果各年的营业净现金流量不相等，则需分别按复利折成现值，然后加以合计。

（2）将终结净现金流量（即回收额）按复利折成现值。

（3）将上述（1）、（2）两项相加，即可求得未来经营期间各年净现金流量的总现值。

第三，将建设期间各期的初始投资额折成现值。

第四，计算投资方案的净现值。公式为：

NPV = 经营期各年净现金流量的总现值 − 初始投资额的现值

$$= \sum_{t=m+1}^{n} \frac{NCF_t}{(1+K)^t} - \sum_{t=0}^{m} \frac{I_t}{(1+K)^t}$$

式中：m 为建设期或投资的年数；

I_t 为第 t 年的投资额；

n 为项目寿命期（包括建设期和经营期）；

NCF_t 为经营期各年的净现金流量。

如果全部投资均在建设起点一次投入，且当年投资当年生产，则建设期为零，上式可变为：

NPV = 经营期各年净现金流量的总现值 − 初始投资总额

$$= \sum_{t=1}^{n} \frac{NCF_t}{(1+K)^t} - I_0$$

采用净现值法的决策标准是：若投资方案的 NPV≥0，则接受该投资方案；反之，则拒绝该投资方案。如果有多个互斥方案，它们的投资额都相同，且净现值均大于零，那么净现值最大的投资方案为最优方案。

例 22：仍以例 19 中的数据为例（如表 8-4 所示），假定企业对 A、B 两个投资方案所要求的报酬率均为 12%。

要求：计算 A、B 两个方案的净现值。

分析计算过程如下：

因为方案 A 和方案 B 各年的营业净现金流量不相等，故应分别按复利折现，然后加总。

（1）方案 A 的净现值为：

$$NPV_A = \sum_{t=1}^{n} \frac{NCF_t}{(1+K)^t} - I_0$$

$$= (89290 + 143496 + 157916 + 158875 + 119154) - 500000$$

$$= 168731（元）$$

（2）方案 B 的净现值为：

$$NPV_B = \sum_{t=1}^{n} \frac{NCF_t}{(1+K)^t} - I_0$$

$$= (125006 + 159440 + 186628 + 152520 + 113480) - 500000$$

$$= 237074（元）$$

以上计算表明，方案 A 和方案 B 的净现值均大于零，两个方案都可行。由于两个方案的初始投资额相等，而且方案 B 的净现值大于方案 A，所以用净现值法决策，方案 B 较优。

例 23：某企业拟建一项固定资产，需投资 110 万元，按直线法计提折旧，使用寿命 10 年，固定资产报废时有 10 万元残值。该项工程于当年投产，预计投产后每年可获利 10 万元。假定该项目的行业基准折现率为 10%。要求计算其净现值。

分析计算过程如下：

原始投资额（I_0）= 110（万元）

投产后每年相等的净现金流量（$NCF_{1\sim9}$）= 10+（110−10）/10 = 20（万元）

最后一年净现金流量 = 营业净现金流量 + 残值回收额 = 30（万元）

这一投资项目净现值的计算可采用两种方法：

方法一：将 1~9 年每年相等的经营净现金流量视为普通年金，第 10 年净现金流量视为第 10 年终值。计算如下：

$$NPV = (20 \times PVIFA_{10\%,9} + 30 \times PVIF_{10\%,10}) - 110 = 16.76（万元）$$

方法二：将 1~10 年每年相等的经营净现金流量按普通年金处理，第 10 年发生的回收额单独作为该年终值。计算如下：

$$NPV = (20 \times PVIFA_{10\%,10} + 10 \times PVIF_{10\%,10}) - 110 = 16.76（万元）$$

应当指出的是，在项目评价中，正确地选择折现率至关重要，它直接影响项目评价的结论。如果选择的折现率过低，则会导致一些经济效益较差的项目得以通过，从而浪费了有限的社会资源；如果选择的折现率过高，则会导致一些效益较好的项目不能通过，从而使有限的社会资源不能充分发挥作用。在实务中，一般有以下几种方法确定项目的折现率：（1）以投资项目的资金成本作为折现率；（2）以投资的机会成本作为折现率；（3）根据不同阶段采用不同的折现率，在计算项目建设期净现金流量现值时，以贷款的实际利率作为折现率，在计算项目经营期净现金流量时，以全社会资金平均收益率作为折现率；（4）以行业平均收益率作为项目折现率。

3. 净现值法的特点

净现值法的优点有三：一是考虑了资金时间价值，增强了投资经济性的评价；二是考虑了项目计算期的全部净现金流量，体现了流动性与收益性的统一；三是考虑了投资风险性，因为折现率的大小与风险大小有关，风险越大，折现率就越高。

净现值法的缺点也是明显的：一是不能从动态的角度直接反映投资项目的实际收益率水平，当各项目投资额不等时，仅用净现值无法确定投资方案的优劣；二是净现金流量的测量和折现率的确定比较困难，而它们的正确性对计算净现值有着重要影响；三是净现值法计算麻烦，且较难理解和掌握。

（二）现值指数法

现值指数法是以现值指数的大小为取舍依据，于若干备选方案中选择最优投资方案的决策分析方法。所谓现值指数是指投资方案投产后各年净现金流量按照要求的报酬率或资本成本折算的现值合计与初始投资额的现值合计之比。其计算公式如下：

$$现值指数(PI) = \frac{经营期净现金流量的现值合计}{初始投资额的现值合计}$$

$$= \sum_{t=m+1}^{n} \frac{NCF_t}{(1+K)^t} \div \sum_{t=0}^{m} \frac{I_t}{(1+K)^t}$$

现值指数是一个折现的相对数指标，利用这一指标进行投资项目决策的标准是：若投资方案的 PI≥1，则接受投资方案；反之，则拒绝投资方案。如果几个互斥方案的效用期相同，且获利指数均大于 1，那么获利指数越大，投资方案越好。

例 24：仍以例 19 中的数据为例（见表 8-4），假定企业对 A、B 两个投资方案所要求的报酬率均为 12%。

要求：计算 A、B 两个方案的获利指数。

根据例 19 的计算数据可得：

方案 A：

$$PI_A = 668731 \div 500000 = 1.34$$

方案 B：

$$PI_B = 737074 \div 500000 = 1.47$$

由于方案 A 和方案 B 的投资规模相同,都是 500000 元,两个方案的获利指数均大于 1,均为可行方案。又因方案 B 的获利指数大于方案 A,所以方案 B 较优。

现值指数的优缺点与净现值基本相同。其区别在于现值指数是相对数指标,可以从动态角度反映投资方案的投入与产出关系,有利于评价原始投资额不同的投资方案的经济效果。

(三) 内含报酬率法

1. 内含报酬率的含义

内含报酬率法是以内含报酬率的大小为取舍依据,于若干备选方案中选择最优投资方案的决策分析方法。所谓内含报酬率 (IRR) 又称内含收益率,是指一项长期投资方案在其寿命期内预期可达到的报酬率。内含报酬率的实质就是未来净现金流量的现值之和正好等于初始投资的现值之和时的折现率,也就是使投资项目的净现值等于零时的折现率。显然,内含报酬率满足下列等式:

$$\sum_{t=0}^{n} \frac{NCF_t}{(1 + IRR)^t} = 0$$

利用这一指标进行投资项目决策的标准是:若投资方案的 IRR ≥ 要求的报酬率或资本成本,则接受投资方案;否则,拒绝投资方案。如果几个互斥方案的投资额都相同,且内含报酬率均大于要求的报酬率或资本成本,则内含报酬率越大的方案越好。

2. 内含报酬率的计算

(1) 简便法。

当项目满足以下特殊条件时,可按简便法求得内部收益率:

全部投资均于建设起点一次投入,建设期为零,即建设起点第 0 期净现金流量等于原始投资的数值 ($NCF_0 = I_0$)。投产后每年净现金流量相等,即第 1 期至第 n 期每期净现金流量取得了普通年金的形式 ($NCF_1 = NCF_2 = NCF_3 = \cdots = NCF_n = NCF$)。

此时,内含报酬率 IRR 可按下式确定:

$$NCF \cdot PVIFA_{IRR,n} - I_0 = 0$$

$$PVIFA_{IRR,n} = \frac{I_0}{NCF}$$

式中:

I_0 为在建设起点一次投入的初始投资额;

NCF 为项目投产后每年相等的净现金流量;

$PVIFA_{IRR,n}$ 为以 IRR 为折现率、n 期的年金现值系数。

具体计算步骤如下:

第一步:计算年金现值系数 PVIFA

$$年金现值系数\ PVIFA = \frac{初始投资额}{每年相等的净现金流量\ (NCF)}$$

第二步:根据计算出来的年金现值系数 PVIFA,查 n 年的年金现值系数表;

第三步:若在年金现值系数表 n 年所对应的一栏上恰好能找到等于上述 PVIFA 值的年金现值系数,则该系数所对应的折现率即为所求的内含报酬率 IRR;

第四步：若在年金现值系数表 n 年所对应的一栏上找不到 PVIFA 值，则应找出系数表上同期略大（PVIFA_m）及略小（PVIFA_n）于 PVIFA 值的两个相邻的系数，以及相对应的两个折现率 r_m 和 r_n，这样就可应用内插法计算近似的内含报酬率：

$$\text{IRR} = r_m + \frac{\text{PVIFA}_m - \text{PVIF}}{\text{PVIFA}_m - \text{PVIFA}_n} \times (r_m - r_n)$$

例 25：假定某投资项目在建设起点一次投入 1229000 元，当年完工并投产，经营期 10 年，每年的净现金流量 200000 元。要求：计算该项目的内含报酬率。

已知：$I_0 = 1229000$　$\text{NCF} = 200000$，则

$$\text{PVIFA} = 1229000 \div 200000 = 6.1451$$

查 10 年一栏所对应的年金现值系数，则系数 6.145 所对应的折现率 10%，因而该项目的内含报酬为 10%。

例 26：仍以例 23 的资料，假设固定资产报废时无残值。要求计算该项目的 IRR。

已知：$I_0 = 1000000$　　　$\text{NCF} = 200000$，则

$$\text{PVIFA} = 1000000 \div 200000 = 5$$

查 10 年的年金现值系数表：

$$\text{PVIFA}_{14\%} = 5.216, \quad \text{PVIFA}_{16\%} = 4.833, \quad \text{则}$$

$$\text{IRR} = 14\% + \frac{5.216 - 5}{5.216 - 4.833} \times (16\% - 14\%) \approx 15.13\%$$

（2）逐次测试法。

若项目的净现金流量不属于上述特殊情况，则无法应用简便法。此时，就必须采用逐次测试法计算内含报酬率。具体计算步骤如下：

第一步：自己首先设定一个折现率 r_1，并将其代入有关计算净现值的公式，求出净现值 NPV_1，然后进行下面的判断。

第二步：若 $\text{NPV}_1 = 0$，则内含报酬率 $\text{IRR} = r_1$，计算结束；若 $\text{NPV}_1 > 0$，则内含报酬率 $\text{IRR} > r_1$，应重新设定 $r_2 > r_1$，再将 r_2 代入有关计算净现值的公式，求出净现值 NPV_2，并继续进行下一轮的判断；若 $\text{NPV}_1 < 0$，则内含报酬率 $\text{IRR} < r_1$，应重新设定 $r_2 < r_1$，再将 r_2 代入有关计算净现值的公式，求出净现值 NPV_2，并继续进行下一轮的判断。

第三步：经过逐次测试判断，如果仍未求得内含报酬率 IRR，则可利用最为接近零的两个正负净现值 NPV_m 和 NPV_{m+1} 及相应的折现率 r_m 和 r_{m+1}，利用内插法计算近似的内含报酬率。

$$\text{IRR} = r_m + \frac{\text{NPV}_m}{\text{NPV}_m - \text{NPV}_{m+1}} \times (r_{m+1} - r_m)$$

例 27：仍以例 19 中的数据为例（表 8-4 所示），计算 A、B 两个方案的内含报酬率。

具体计算、分析如下：

由于 A、B 两个方案的净现金流量不是呈年金形式，因而应使用试错法进行逐步测试，其测试过程如下：

方案 A 的内含报酬率：

当折现率为 12%时，NPV=168731>0。

当折现率提高到 20%时，NPV 计算如下：

NPV =（0.8333×10+0.6944×18+0.5787×22+0.4823×25+0.4019×21）−50
　　=4.061（万元）

当折现率提高到 24%时，NPV 计算如下：

NPV =（0.8065×10+0.6504×18+0.5245×22+0.4230×25+0.3411×21）−50
　　=−0.951（万元）

此结果说明 IRR 在 20%~24%之间。根据上述公式用内插法计算 IRR 如下：

$$IRR_A = 20\% + \frac{4.061}{4.061 + 0.951} \times (24\% - 20\%) = 23.24\%$$

方案 B 的内含报酬率：

当折现率为 12%时，NPV=237074>0

当折现率提高到 28%时，NPV 计算如下：

NPV =（0.7813×14+0.6104×20+0.4768×26+0.3725×24+0.2910×20）−50
　　=0.303（万元）

当折现率提高到 32%时，NPV 计算如下：

NPV =（0.7576×14+0.5739×20+0.4348×26+0.3294×24+0.2495×20）−50
　　=−3.7152（万元）

此结果说明 IRR 在 28%~32%之间。根据上述公式用内插法计算 IRR 如下：

$$IRR_B = 28\% + \frac{0.303}{0.303 - (-3.7152)} \times (32\% - 28\%) = 28.30\%$$

因该公司对投资方案要求的报酬率为 12%，而 A、B 两个方案的内含报酬率均大于 12%，因而两个方案都是可行的。但由于方案 B 的内含报酬率大于方案 A 的内含报酬率，根据内含报酬率法的决策标准，方案 B 优于方案 A。

根据上述例 19 所采用三种方法进行的决策分析可见，对同一投资方案（方案 A 或方案 B），其净现值 NPV、现值指数 PI 和内含报酬率 IRR 之间存在以下数量关系（K 为要求的报酬率）：

当 NPV>0 时，PI>1，IRR>K；

当 NPV=0 时，PI=1，IRR=K；

当 NPV<0 时，PI<1，IRR<K。

根据上述关系，可以得出如下结论：就同一投资方案而言，无论是运用净现值法还是内含报酬率法，都可以得出相同的接受或拒绝方案的结论。

3. 内含报酬率的特点

内含报酬率的优点是：一是考虑了资金的时间价值；二是能从动态的角度直接反映投资项目的实际收益水平；三是计算过程不受行业基准收益率高低的影响，比较客观。

内含报酬率的缺点是：一是计算复杂，特别是对每年 NCF 不相等的投资项目，一般要经过多次测算才能求得；二是在某些互斥投资方案中，运用净现值法和内含报酬率法评估的结果有可能正好相反；三是在某些特殊情况下，一个投资方案可能同时有多个内含报酬率，从而无法确定真实的内含报酬率。

（四）等年值法

等年值法是以等年值的大小为取舍依据，于若干备选方案中选择最优投资方案的决策分析方法。所谓等年值是按照某一投资方案的预计效用期和预定投资报酬率，将投资方案未来的现金流出量和现金流入量统一换算成每年相等金额的代数和，实际上是净现值的年金形式。其计算公式如下：

$$等年值 = \frac{投资方案的净现值}{相应的年金现值系数}$$

$$= \frac{NPV}{PVIFA_{i,n}}$$

当多个投资方案具有不同的原始投资额，而且具有不同的投资有效期时，可以以每年收回的净现值作为比较的基础，采用等年值指标评价其投资效果的优劣。等年值大于零，方案可行；等年值小于零，方案不可行；等年值最大的方案为最优方案。

例28：某企业计划增加一套生产设备，现有甲、乙两个购建方案，有关资料如表8-7所示。

表8-7

项目	甲产品	乙产品
投资总额（元）	150000	350000
建设期（年）	2	2
经营期（年）	10	12
残值（元）	10000	30000
每年经营成本（元）	17000	24000
每年现金流入量（元）	50000	90000

现要求确定，该企业应选择哪种生产设备购建方案？

具体计算、分析如下：

由于甲、乙两个方案的投资有效期限不同，应采用等年值指标进行评价。

（1）计算甲、乙两个方案的净现值。

$$
\begin{aligned}
NPV_{甲} &= (50000-17000) \times (PVIFA_{10\%,12} - PVIFA_{10\%,2}) + 10000 \times PVIF_{10\%,12} - 150000 \\
&= 33000 \times (6.841 - 1.736) + 10000 \times 0.319 - 150000 \\
&= 21655（元）
\end{aligned}
$$

$$
\begin{aligned}
NPV_{乙} &= (90000-24000) \times (PVIFA_{10\%,14} - PVIFA_{10\%,2}) + 30000 \times PVIF_{10\%,14} - 350000 \\
&= 66000 \times (7.367 - 1.736) + 30000 \times 0.263 - 350000 \\
&= 29536（元）
\end{aligned}
$$

（2）计算甲、乙两个方案等年值。

$$甲方案等年值 = \frac{21655}{PVIFA_{10\%,12}}$$

$$= 21655/6.841$$
$$\approx 3165.47 \text{（元）}$$

$$\text{乙方案等年值} = \frac{29536}{\text{PVIFA}_{10\%,14}}$$
$$= 29536/7.367$$
$$\approx 4009.23 \text{（元）}$$

计算结果表明，甲、乙方案的等年值均为正数，两个方案均可行。由于乙方案的等年值大于甲方案，故应选择乙购建方案。

等年值以统一的时间（年）为基础，使具有不同有效期限的投资方案具有可比性。特别适用于有效期限不同的投资方案的比较决策。

三、折现指标的比较

1. 净现值与现值指数的比较

净现值是投资项目现金流入现值补偿其现金流出现值以后的差额，它实质上是投资项目在整个投资有效期内剩余收益的现值。现值指数是现金流入现值与其现金流出现值之间的比值。在一般情况下，两种指标的评价结论一致。但在评价原始投资额不同的互斥型方案时，两种指标可能得出相互矛盾的结论。当企业的资金较充裕，而且资金没有更好的用途时，人们一般乐于接受净现值较大的方案。因为现值指数反映投资回收的速度，而不反映投资回收的多少。而净现值反映投资回收的数额，净现值越大，说明投资方案提供剩余收益的现值越大，符合企业的最大利益原则。

例29：某企业拟进行某项投资，预定的投资报酬率为12%，拟定了甲、乙两个方案，有关资料如表8-8所示。

表8-8
单位：元

时间（年）	甲方案现金流量	乙方案现金流量
0	−140000	−110000
1	75000	60000
2	75000	60000
3	75000	60000

具体计算分析如下：

（1）计算甲、乙两个方案的净现值。

$$\text{NPV}_{\text{甲}} = 75000 \times \text{PVIFA}_{12\%,3} - 140000$$
$$= 75000 \times 2.402 - 140000$$
$$= 40150 \text{（元）}$$

$$\text{NPV}_{\text{乙}} = 60000 \times \text{PVIFA}_{12\%,3} - 110000$$
$$= 60000 \times 2.402 - 110000$$

= 34120（元）

（2）计算甲、乙两方案的现值指数。

$$PI_{甲} = 180150/140000$$
$$= 1.287$$
$$PI_{乙} = 144120/110000$$
$$= 1.31$$

以上计算结果表明，甲方案的净现值大于乙方案，说明在补偿了 12% 的预定投资报酬率后，甲方案剩余收益的现值大于乙方案；而甲方案的现值指数小于乙方案，说明单位投资的效率是甲方案小于乙方案。在这种情况下，企业应根据其具体情况进行选择。

2. 净现值与内含报酬率的比较

一般情况下，采用净现值指标和内含报酬率指标的评价结论应相同。但在评价原始投资额不同、现金流入时间不同的互斥型投资方案时，两个指标的评价结论可能会产生矛盾。

例 30：有两个相互排斥的投资方案，预期的投资报酬率为 10%，其余有关资料如表 8-9 所示。

表 8-9　　　　　　　　　　　　　　　　　　　　　　　　　　　　　单位：元

时间（年）	甲方案现金流量	乙方案现金流量
0	−150000	−150000
1	90000	0
2	70000	60000
3	50000	180000

通过计算可得，甲方案净现值 27230 元，内含报酬率 21%；乙方案净现值 34820 元，内含报酬率 19%。

如果采用内含报酬率指标评价，则甲方案优于乙方案；如果采用净现值指标评价，则乙方案优于甲方案。此时，两种指标的评价结论出现了矛盾。两种指标评价结论产生差异的原因是，两种指标假定用中期产生的现金流入量再投资时，会产生不同的报酬率。净现值指标假定中期产生的现金流入量重新投资时，会产生相当于预定折现率的报酬率，在例 30 中即是 10%。而内含报酬率却假定现金流入量重新投资时产生的报酬率与该方案的内含报酬率相同，在本例中，甲方案前期的现金流入量再投资时，会产生与 21% 相等的报酬率，而乙方案前期的现金流入量再投资时，会产生相当于 19% 的报酬率。

在这种情况下，哪种指标的评价结论更趋合理呢？一般认为，采用净现值指标的评价结论较为合理，主要是因为净现值比内含报酬率的计算简便，同时，也考虑了不同投资方案在投资规模上的差别，还便于根据风险大小调整投资方案的预定投资报酬率。内含报酬率假设产生的现金流入量按内含报酬率贴现，净现值则假设按预定的投资报酬率即资金成本贴现。资金成本是资金的市场价格，代表现实的贴现率，按内含报酬率贴现则往往脱离实际。

第四节　投资决策方法的应用

投资决策分析的对象、影响的因素复杂多样，这就决定了投资决策分析的复杂性。在实际工作中，任何一项长期投资决策分析，只有在综合考虑各种因素的基础之上，才能运用投资决策分析的专门技术方法来进行决策。本节仅就设备购置、设备更新、设备改造、投资时机、投资期等几个较为复杂的投资决策问题进行分析，以说明其基本方法的运用。

一、固定资产投资决策

（一）是否购置设备的决策

例31：某企业计划通过购置某种新设备以扩充生产能力。经调查测算，该种设备买价 100000 元，预计可使用 5 年，到期残值收入 10000 元。新设备投产后，每年可增产甲产品 4500 件，每件产品可节约直接材料费和直接人工费 8 元。该企业预定投资报酬率 10%，所得税率 25%，按直线法计提折旧。

现要求确定，该企业应否购置此种新设备。

具体计算、分析如下：

首先，计算购入该新设备的原始投资。

原始投资 = 100000（元）

其次，计算该设备未来经营期内年现金净流量。

年折旧额 =（100000-10000）/5 = 18000（元）

年增加税后现金净流量 =（4500×8-18000）×（1-25%）+18000

= 31500（元）

最后，计算购入该项新设备的净现值。

$$NPV = 31500 \times PVIFA_{10\%,5} + 10000 \times PVIF_{10\%,5} - 100000$$

$$= 25626.5（元）$$

计算结果表明，新设备购置后能给企业带来较好的经济效益，该企业应当购置该项新设备。

（二）继续使用旧设备与购置新设备的决策

随着科学技术的不断进步，固定资产更新周期大大缩短。尽管旧设备还能继续使用，但其往往消耗大，效率低，维修费用多。当生产效率更高，原材料、燃料、动力消耗更低，能生产出质量更好的产品的新设备出现时，企业就会面临是否要用这种新设备替换旧设备的问题。在这类决策中，无论现有固定资产还是可能取代它的新固定资产，都要着重考察其未来的有关数据，过去发生的"沉没成本"与更新改造决策无关，可以不予考虑。现有固定资产的价值应以其"现时价值"而不是按"原始成本"进行计量。

例32：某企业希望有一台技术性能更好的设备，现用设备及预计购置的新设备有关资料如表8-10所示。

项目＼设备	旧设备	新设备
原值	40000	60000
预计使用年限（年）	10	5
已使用年限（年）	5	0
残值	0	10000
变现价值	10000	60000
使用设备每年可获收入	50000	80000
年付现成本	30000	40000

表 8-10　　　　　　　　　新旧设备资料表　　　　　　　单位：元

假定企业所得税税率 25%，新旧设备均采用直线法计提折旧，企业要求的报酬率 10%。

要求：作出是继续使用旧设备还是购置新设备的决策。

1. 用净现值法作出决策

表 8-10 中资料显示，继续使用旧设备与更新设备两方案寿命期相同，故可采用"差量分析法"。

继续使用旧设备方案：

初始投资＝旧设备的现时价值＝10000（元）

每年计提折旧＝40000/10＝4000（元）

净利＝（50000−30000−4000）×（1−25%）＝12000（元）

营业现金净流量＝12000＋4000＝16000（元）

使用新设备方案：

初始投资＝60000（元）

每年计提折旧＝（60000−10000）/5＝10000（元）

净利＝（80000−40000−10000）×（1−25%）＝22500（元）

营业现金净流量＝22500＋10000＝32500（元）

残值回收＝10000（元）

更新设备方案比继续使用旧设备方案增减的现金流量计算如表 8-11 所示，所有增减额均用"Δ"表示。

Δ 净现值＝16500×PVIFA$_{10\%,4}$＋26500×PVIF$_{10\%,5}$−50000

　　　　＝16500×3.170＋26500×0.621−50000

　　　　＝18761.5（元）

可见，设备更新后，能比继续使用旧设备多获得 18761.5 元的净现值，故应进行更新。

2. 用内部收益率法作出决策

$$\text{PVIFA}_{\text{IRR},n} = \frac{I_0}{\text{NCF}} = (50000 - 10000 \times \text{PVIF}_{10\%,5})/16500 = 2.654$$

根据上述年金现值系数，5 期与 2.654 年金现值系数相邻近的折现率在 24%~28% 之间，采用内插法计算：

表 8-11　　　　　　　　　　　　　　差量现金流量表　　　　　　　　　　　　单位：元

项目＼时间	0	1	2	3	4	5
Δ 初始投资	−50000					
Δ 营业现金流量		16500	16500	16500	16500	16500
Δ 残值回收						10000
Δ 现金净流量	−50000	16500	16500	16500	16500	26500

贴现率	年金现值系数
24%	2.7454
IRR	2.654
28%	2.5320

$$\text{IRR} = 24\% + 1.713\% = 25.713\%$$

可见，设备更新后，内部收益率达到 25.713%，远远高于企业要求的报酬率，故应对设备进行更新。

（三）设备是大修理还是更新的决策

设备磨损到一定程度需要进行大修理。大修理的特点是支付费用多，间隔时间长，但大修理只是局部更新，不可能把设备的精度、性能、效率和寿命完全恢复如新。购置新设备的投资一般高于旧设备的大修理费用，但新设备比旧设备寿命长，在精度、性能、效率和消耗等方面也往往优于旧设备。因此，企业决策者常常面临大修还是更新的决策。在大修与更新之间需要比较的只是两者不同的收入和成本，即相关收入和相关成本。

例 33：某公司有一台旧设备，花 12000 元大修一次尚可使用 4 年，期满无残值。如果花 20000 元买一台与旧设备性能相同的新设备，则可用 8 年，中间不必大修，期满也无残值。使用新设备和大修后的设备的产量、消耗和产品售价均相同，企业要求的报酬率为 12%。要求：作出设备是大修理还是更新的决策。

具体分析、计算如下：

本例中两者的销售收入相同，则只需比较两者的相关成本。新旧设备寿命不同，可采用"年值比较法"，计算大修与更新方案的相关年均现金流出量，即固定资产的"年均成本"来进行判断，固定资产年均成本越低越好。

设备大修年均成本（A_1）$\times \text{PVIFA}_{12\%,4} = 12000$

即 $\qquad A_1 \times 3.037 = 12000$

则 $\qquad A_1 = 3951.27$（元）

更新设备年均成本（A_2）$\times PVIFA_{12\%,8} = 20000$

$$A_2 = 4025.76（元）$$

可见，大修方案比更新方案每年可节约成本 74.49（4025.76−3951.27）元，所以该公司应对设备进行大修理而不用更新。

（四）设备租赁还是借款自购的决策

企业为了扩大生产能力，就要相应增加生产设备，如果企业暂时没有足够的自有资金，那么，该企业就面临是租用所需设备还是借款购入所需设备的选择。这就要对两方案的现金流量、生产成本等财务指标进行比较分析。下面举例说明。

例34：某厂急需一设备，价值 70000 元，所生产产品在 7 年内可有销路，7 年后有衰退可能。设备折旧可在 7 年内用直线法平均计入每年产品成本（为简化计算，假设无残值）。如借款自购，年利率为 10%，分 7 年还清本利。若向租赁公司租入该设备，则每年需支付租金 13000 元，折旧由对方提取。已知所得税率 25%。

对此，进行方案选择时，可依照以下步骤进行分析：

第一步，计算借款自购设备每年应偿还的本息额，设为 x。

则有 $x \cdot PVIFA_{10\%,7} = 70000$

$$x = 70000/4.868 = 14380 \text{ 元}$$

第二步，编制各年还本付息计算表，如表 8-12 所示。

表 8-12　　　　　　　　　　　　各年还本付息表　　　　　　　　　　　单位：元

年份	所欠本金	还本付息额	支付利息	归还本金
	①=①-④	②	③=①×10%	④
1	70000.00	14380	7000.00	7380.00
2	62620.00	14380	6262.00	8118.00
3	54502.00	14380	5450.20	8929.80
4	45572.20	14380	4557.22	9822.78
5	35749.42	14380	3574.94	10805.06
6	24944.36	14380	2494.44	11885.56
7	13058.80	14380	1305.88	13074.12
合计	0	100660	30644.68	70015.32 *

说明：＊与本金 70000 元的差额 15.32 元是计算尾差造成的。

第三步，计算借款自购方案各年现金流出量。编制现金流出量计算表，如表 8-13 所示。

表 8-13   借款自购方案现金流出量计算表   单位：元

年份	还本付息额 ①	折旧 ②	折旧抵税 ③=②×25%	支付利息 ④	利息抵税 ⑤=④×25%	净现金流出量 ⑥=①-② -③-⑤
1	14380	10000	2500	7000.00	1750.00	130
2	14380	10000	2500	6262.00	1565.50	314.50
3	14380	10000	2500	5450.20	1362.55	517.45
4	14380	10000	2500	4557.22	1139.31	740.69
5	14380	10000	2500	3574.94	893.74	986.26
6	14380	10000	2500	2494.44	623.61	1256.39
7	14380	10000	2500	1305.88	326.46	1553.54
合计	100660	70000	17500	30644.68	7661.17	5498.83

第四步，计算租赁方案下的现金流出量。编制现金流出量计算表如表 8-14 所示。

表 8-14   租赁方案现金流出量   单位：元

年份	租金	因租金计入成本而减少的所得税	因不发生折旧费而增加的税后利润	净现金流出量
每年	13000	3250	7500	2250
合计	91000	22750	52500	15750

第五步，比较两方案的净现金流出量现值，即将两方案的各年净现金流出量乘以复利现值系数折成现值，求出各年净现金流出量现值之和，小者为最优方案。例 34 中，由于借款自购方案各年净现金流出量均小于租赁方案，故不必折现，便可断定借款自购方案优于租赁方案。

二、投资开发时机决策

一方面，有些自然资源储藏量不多，随着不断的开采，变得越来越稀少，其价格也将随着储藏量的减少而上升，显然，早开发收益少，晚开发收益多；另一方面，钱是越早赚到手越好，于是投资者有必要研究开发时机问题。在进行投资时机决策时，决策的基本原理也是寻求净现值最大的方案，但由于不同方案的开发时间不同，不能把净现值简单对比，而应先将各个方案的净现值换算到同一时点再进行对比。

例 35：某公司有一稀有矿藏，随着储藏量的不断减少，这种矿产品价格飞快上升。经预测 5 年后价格将一次性上升 50%。因此公司要研究现在开发还是 5 年后再开发的问题。不论何时开发，初始投资都为 400000 元，建设期为 1 年，建设期末垫支营运资金

50000 元，从第 2 年开始投产，投产后 4 年，就把该矿藏全部开采完。假设公司所得税率 25%，公司要求的报酬率 10%。有关矿藏收入与成本资料如下：

年产销量（吨）	1000
现在投资开采售价（元/吨）	400
5 年后开采售价（元/吨）	600
每吨变动成本（元）	100
付现年固定成本	50000

具体分析、计算如下：

首先，计算两种方案的年营业现金净流量，如表 8-15、表 8-16 所示。

1. 如果现在开发，则

每年应提折旧 = 40÷4 = 10（万元）

年销售收入 = 400×1000 = 40（万元）

年付现成本 = 1000×100+50000 = 15（万元）

年营业现金净流量 =（40−15−10）×（1−25%）+10 = 21.25（万元）

表 8-15　　　　　　　　　　　现在开发的现金流量表　　　　　　　　　单位：万元

时间 项目	0	1	2	3	4	5
固定资产投资	−40					
营运资金垫支		−5				
营业 NCF			21.25	21.25	21.25	21.25
收回营运资金						5
净现流	−40	−5	21.25	21.25	21.25	26.25

2. 如果 5 年后再开发，则

年销售收入 = 60（万元）

年付现成本 = 15（万元）

年营业现金净流量 =（60−15−10）×（1−25%）+10 = 36.25（万元）

其次，分别计算两方案在同一时点（$t=0$ 时）的净现值。

现在开发的 NPV = $21.25×PVIFA_{10\%,3}×PVIF_{10\%,1}+26.25×PVIF_{10\%,5}−40−5×PVIF_{10\%,1}$

$= 21.25×2.487×0.99+26.25×0.621−40−5×0.99 = 23.6715$（万元）

5 年后开发的 NPV = $36.25×PVIFA_{10\%,3}×PVIF_{10\%,6}+41.25×PVIF_{10\%,10}−40×PVIF_{10\%,5}−5×PVIF_{10\%,6}$

$= 36.25×2.487×0.564+41.25×0.386−40×0.621−5×0.564$

$= 39.1092$（万元）

表 8-16   **5 年后开发的现金流量表**   单位：万元

时间 项目	5	6	7	8	9	10
固定资产投资	−40					
营运资金垫支		−5				
营业 NCF			36.25	36.25	36.25	36.25
收回营运资金						5
净现流	−40	−5	36.25	36.25	36.25	41.25

最后，对比两方案的净现值可知，晚开发比早开发对企业更为有利。

三、投资期决策

从开始投资到投资结束为止的时期称为投资期。很多项目的投资期有一定的弹性。如果采取集中施工力量、交叉作业、加班加点等措施，则可以缩短投资期，使项目提前竣工，早投产，早得利。但是采取上述各项措施却往往需要以增加投资为代价。究竟是否应该缩短投资期，需要经过分析，以便判明缩短投资期的所得是否大于所失。

例 36：某公司进行一项投资，正常投资期为 3 年，每年投资 100 万元，项目建成后有效期为 10 年，每年现金流入量为 100 万元。如果把投资建设期缩短为 2 年，每年需投资 200 万元。竣工投产后项目寿命和每年的现金流入量不变，项目终结时有残值 10 万元，项目投入使用后需垫支流动资金 20 万元，公司要求的报酬率 12%。

要求：请做出应否缩短投资期的决策。

具体分析、计算如下：

首先，计算两种方案的现金净流量，如表 8-17、表 8-18 所示。

表 8-17   **正常投资期下的现金流量表**   单位：万元

时间 项目	0	1	2	3	4~12	13
固定资产投资	−100	−100	−100			
营运资金垫支				−20		
营业 NCF					100	100
收回营运资金						20
残值回收						10
净现金流量	−100	−100	−100	−20	100	130

其次，分别计算两个方案的净现值：

正常投资期的 $NPV = 100 \times PVIFA_{12\%,9} \times PVIF_{12\%,3} + 130 \times PVIF_{12\%,13} - 100 - 100 \times PVIFA_{12\%,2}$
$- 20 \times PVIF_{12\%,3}$

$$= 100×5.328×0.712+130×0.229-100-100×1.69-20×0.712$$
$$= 125.8836 \text{（万元）}$$

表 8-18　　　　　　　　　压缩投资期下的现金流量表　　　　　　　单位：万元

项目 ＼ 时间	0	1	2	3~11	12
固定资产投资	−200	−200			
营运资金垫支			−20		
营业 NCF				100	100
收回营运资金					20
残值回收					10
净现金流量	−200	−200	−20	100	130

压缩投资期的 $NPV = 100×PVIFA_{12\%,9}×PVIF_{12\%,2}+130×PVIF_{12\%,12}-200-200×PVIF_{12\%,1}$
$$-20×PVIF_{12\%,2}$$
$$= 100×5.328×0.797+130×0.257-200-200×0.893-20×0.797$$
$$= 63.5116 \text{（万元）}$$

最后，比较两方案的净现值可知，缩短投资期后净现值将减少，说明缩短投资期得不偿失，故应维持正常投资期。

第五节　投资敏感性分析

一、长期投资敏感性分析的意义

（一）长期投资敏感性分析的含义

一般来说，敏感性是指同某项目相关联的某一因素发生变动，对该项目的预期效果所产生的影响程度。假如某一因素变动不大或在较小的范围内发生变动，而由此造成的影响却很大，表明该相关因素的敏感性很强；相反，假如某一因素变动较大或在较大的范围内发生变动，而由此所带来的影响却很小，则表明该因素的敏感性很弱。在实际工作中，各有关因素敏感性的强弱必须借助特殊的计量、测定才可得到正确的揭示。一旦将它们的敏感性程度测定之后，人们就应对具有较强敏感性的有关因素予以特别的重视，要在深入进行调查、计量、分析的基础上，积极、主动地采取预防措施，尽量降低乃至完全消除某些因素发生不利变动而造成的不良影响。

所谓长期投资敏感性分析就是指经过决策分析而选定了某一最优投资方案后，为了保证决策的正确性和可靠性，防止同该投资方案相联系的有关因素发生变动而可能造成的不良影响与后果而进行的计量、测算。在通常情况下，这种特定计量、测算的主要内容是：

有关因素发生变动后对各项基本决策指标的影响程度，有关方案原有或现有决策结论依然保持不变所要求的各有关因素可容许的变动范围。

（二）长期投资敏感性分析的重要性

在长期投资决策中进行敏感性分析，主要是测定涉及某一投资方案的若干因素中的一个或几个因素发生某种变动后，对该项决策所产生的影响及其影响程度，深入观察由有关因素的变化而导致的投资方案可行性及预期经济效益的相应变化。通过开展长期投资的敏感性分析，可以使企业管理者预见到有关因素在多大幅度内变动，而尚不致影响原定投资方案的可行性；而一旦有关因素的变动使得原定投资方案无利可图时，企业管理者能够主动采取对应的措施，就各该方案的某些特定方面进行必要的调整和修正。这就是说，借助于敏感性分析，企业管理当局可以重新认识和评价原定投资方案的有效性，避免因决策失误而给企业带来不应有的损失。

二、长期投资敏感性分析的一般方法

由于现金流量、效用期间和资金成本等是影响投资效益好坏的关键因素，而评价投资方案经济可行性最常用的指标是净现值和内部收益率。因此，长期投资敏感性分析主要应集中考察并揭示投资方案的现金净流量和效用期限发生变动时，对该方案净现值的影响程度；或者有关投资方案内部收益率发生变动，对该方案现金净流量和效用期限发生相应变动的特定要求。现举例说明如下。

例37：某企业现拟定了一投资方案，共需投资400000元建立一条新产品生产线。经过分析预测，该生产线寿命期为8年，每年可收回的现金净流量100000元。该企业要求的投资报酬率12%。由于该种新产品市场情况不明朗，该企业希望测算有关因素变动对投资方案的影响程度。

（一）以净现值为基础进行敏感分析

1. 以投资报酬率至少要达到12%作为衡量方案可行性的尺度

$NPV = 100000 \times PVIFA_{12\%,8} - 400000 = 100000 \times 4.968 - 400000 = 96800$（元）

NPV>0，表明此方案如以投资报酬率12%作为衡量标准是可行的。但其可行性是有条件的，也就是要看影响净现值的两个因素：每年的现金净流量100000元是否可靠，8年寿命期是否准确。如果这两个因素发生了变化，就会直接影响到方案的可行性。为了解这两个因素在多大范围里变化，才能使投资报酬率达到12%，就必须进行敏感分析。

2. 敏感分析

（1）净现值对现金净流量变动的敏感程度

假设寿命期（8年）不变，每年现金净流量的下限将使该方案的NPV=0。即：

每年现金净流量的下限 = $400000 / PVIFA_{12\%,8} = 80515.3$（元）

上述计算结果表明，该投资方案在使用年限不变的情况下，每年现金净流量由100000元下降到80515.3元，下降19.48% $\left(\dfrac{100000 - 80515.3}{100000} \right)$ 还是可行的，还能达到12%的投资报酬率。如果现金净流量低于80515.3元，则NPV会出现负数，该方案就变得不可行。

（2）净现值对投资寿命期变动的敏感程度

假定项目寿命期内的现金净流量不变，仍然为 100000 元，项目寿命期的下限临界值应使该方案的 NPV=0，即

$$PVIFA_{12\%,n}=400000/100000=4$$

查年金现值系数表，在 12% 栏内与 4 相邻值分别为 5 年和 6 年，采用内插法计算如下：

年数		年金现值系数	
5		3.605	
n	$\left. \right\}n-5 \left. \right\}6-5$	4	$\left. \right\}4-3.605 \left. \right\}4.111-3.605$
6		4.111	

求得 $n=5.78$（年）

由此可见，该投资方案假定每年的现金净流量不变，则其使用年限至少要达到 5.78 年，该方案才是可行的。如果低于 5.78 年，则净现值就会出现负数，原方案变为不可行。

（二）以内含报酬率为基础进行敏感分析

假定该企业各项投资方案的取舍是以其内含报酬率的高低作为标准。

1. 计算该方案的内含报酬率

$$100000\times PVIFA_{IRR,8}-400000=0$$
$$PVIFA_{IRR,8}=4$$

内含报酬查年金现值系数表，在第 8 年一行与 4 相邻近的折现率在 18% 和 20% 之间，采用内插法计算如下：

贴现率		年金现值系数	
18%		4.078	
IRR	$\left. \right\}IRR-18\% \left. \right\}20\%-18\%$	4	$\left. \right\}4-4.078 \left. \right\}3.837-4.078$
20%		3.837	

求得该方案的 IRR=18.65%

计算结果表明，维持方案可行的折现率应小于 18.65%，如果受有关因素的影响使得要求的报酬率超过 18.65%，将使该方案变得不可行。

2. 进行敏感分析

（1）内含报酬率变动对年现金净流量的影响。

假如使用年限不变，内含报酬率变动对年现金净流量的影响，可计算如下：

$$\frac{400000}{PVIFA_{18.65\%,8}}-\frac{400000}{PVIFA_{12\%,8}}=100000-80515.3=19484.7（元）$$

以上计算结果表明，在其他条件保持不变的情况下，若内含报酬率降低 6.65%（18.65%-12%）会使每年的现金净流量减少 19484.7 元。这就是说，当其年均现金净流量下降时，降低额必须控制在 19484.7 元之内。这样，该方案的内含报酬率即使有所下降，但仍然高于预定投资报酬率，其可行性地位依然得以保持。假如年均现金净流量的降低额超过 19484.7 元，则该方案的内含报酬率将低于预定投资报酬率，其可行性地位就会丧失。

（2）内含报酬率变动对项目寿命期的影响

假定年现金净流量不变，内含报酬率变动对项目寿命期的影响可按下式进行计算：

$$PVIFA_{18.65\%,8} = PVIFA_{12\%,n}$$

即 $PVIFA_{12\%,n} = 4$

查年金现值系数表，在12%栏内与4相邻值分别为5年和6年，采用内插法计算求得：$n = 5.78$（年）

以上计算结果表明，该投资方案在每年的现金净流量不变的情况下，若内含报酬率降低6.65%（18.65%-12%）会使项目寿命期减少2.12年（8-5.78）。而一旦该生产线预计使用年限达不到5.78年，即缩短额大于2.12年，则该方案的内含报酬率将不足12%，连预定最低的投资报酬率水平都无法实现，该投资方案即由可行而变为不可行。

思 考 题

1. 什么是货币时间价值？长期投资决策为什么要考虑货币时间价值？

2. 什么是复利？复利和单利有何区别？

3. 什么是年金？年金按其收到或付出时间的不同通常分为哪几种具体形式？

4. 什么是终值和现值？试述一元复利终值和一元复利现值之间的相互关系。

5. 什么是投资风险价值？如何估量投资方案的风险程度？

6. 什么是现金流量？投资决策为什么采用现金流量而不是会计利润进行决策？

7. 什么是资金成本？试说明资金成本在长期投资决策中的作用。

8. 什么是效用期间？如何确定投资项目的效用期间？

9. 什么是净现值？试述净现值指标的决策规则。

10. 什么是现值指数？现值指数同净现值的区别与联系是什么？

11. 什么是内含报酬率？如何计算投资项目的内部收益率？

12. 在长期投资决策分析中，折现的现金流量法为什么优于非折现的现金流量法？

13. 什么是长期投资的敏感性分析？怎样进行长期投资的敏感性分析？

练 习 题

1. 某企业拟投资兴办化工厂，预定投资报酬率10%。经测算，化工厂在未来3年内的净收益及其概率分布情况如下：

第1年		第2年		第3年	
净收益（元）	概率	净收益（元）	概率	净收益（元）	概率
7000	0.20	9000	0.25	8000	0.30
6000	0.60	7000	0.50	6000	0.40
5000	0.20	6000	0.25	4000	0.30

要求：根据上述资料，对该投资项目的风险程度进行估计。

2. 某企业拟购入一套生产设备，购置成本 150000 元，效用期间 10 年，期满残值收入 10000 元。使用该生产设备，每年可节约直接材料费和直接人工费 50000 元，所得税率 25%，该企业按直线法计提折旧，预定投资报酬率 10%，标准投资回收期 5 年。

要求：分别采用投资回收期、净现值和现值指数法评价该套生产设备应否购置。

3. 某企业计划投资开发甲产品，原始投资额 150 万元，经营期 5 年，期满无残值。甲产品投产后，预计年营业收入 80 万元，年总成本 50 万元。该企业按直线法计提折旧，所得税率 25%，预定投资报酬率 15%。

要求：计算该投资方案的投资回收期、净现值、现值指数、内含报酬率，并评价该投资方案是否可行。

4. 某企业计划扩建一条生产线，3 年建成，每年年初投资 300 万元。该生产线投产后，预计每年销售收入 500 万元，每年经营成本 260 万元。该生产线使用寿命 10 年，期满残值收入 60 万元。该企业按直线法计提折旧，所得税率 25%，预定投资报酬率 10%。

要求：采用净现值法评价该方案是否可行。

5. 某企业计划购入一台先进设备，现有 A、B 两种型号的设备可供选择，该企业采用直线法计提折旧，预定投资报酬率 10%，所得税率 25%。其余有关资料如下：

项目	A 产品	B 产品
购置成本（元）	200000	150000
预计使用年限（年）	6	6
预计残值（元）	20000	15000
预计税前利润（元）	45000	34000

要求：通过计算，确定该企业应选购哪种型号的设备。

6. 某企业 2 年前购入机床一台，原价 80000 元，效用期 10 年，期满残值收入 3000 元。目前，市场上有一种同类新型机床出售，购置成本 150000 元，效用期 8 年，期满残值收入 8000 元。以新换旧以后，企业每年销售收入可从 200000 元增加到 250000 元，每年变动成本也从 160000 元增加到 170000 元，旧机床的现时价值为 60000 元。该企业采用直线法折旧，预定投资报酬率 10%，所得税率 25%。

要求：采用差量净现值指标确定该企业应否变卖旧设备而购入新设备。

7. 某企业一设备主要部件严重损耗，如进行大修，预计大修理费用 80000 元，大修后可继续使用 5 年，期满残值收入 5000 元，每年正常维护保养费 1200 元；如果购买新设备，则新设备购价 140000 元，预计可使用 10 年，期满残值收入 10000 元，每年正常维护保养费 900 元，旧设备变现收入 20000 元，预定投资报酬率 10%。

要求：通过计算，确定该设备是应大修还是应更新。

8. 某企业现有一台机床，原价 40000 元，已提折旧 7200 元，预计使用 10 年，已使用 2 年，期满残值收入 4000 元，目前出售可获收入 25000 元。市场上正在销售一种同类新型机床，价值 100000 元，预计使用 10 年，8 年后残值收入 8000 元。使用新机床每年可节约经营成本 3000 元，预定投资报酬率 10%，所得税率 25%。

要求：通过计算，确定该企业应否购买新机床替换旧机床。

9. 某企业生产中急需一台设备，拟通过借款购置或者租赁方式解决。若借款购置，则借款额 120000 元，借款利率 12%，要求每年末还本付息 21239 元，10 年还清。若以租赁方式取得，租期 10 年，于每年年末支付租金 20500 元。该企业预定投资报酬率 14%，所得税率 25%。

要求：通过计算，确定该设备是应借款购置还是应以租赁方式取得。

10. 某公司拟用新设备取代已使用 3 年的旧设备。旧设备原价 14950 元，目前估计尚可使用 5 年，每年操作成本 2150 元，预计最终残值 1750 元，目前变现价值 8500 元；购置新设备需投资 13750 元，预计可使用 6 年，每年操作成本 850 元，预计最终残值 2500元。该公司预期报酬率 12%，所得税率 25%。税法规定该类设备应采用直线法折旧，折旧年限 6 年，残值为原价的 10%。

要求：确定该公司应否进行设备更新。

案例分析

东方公司投资项目分析①

东方公司是生产微波炉的中型企业，该公司生产的微波炉质量优良，价格合理，近几年来一直供不应求。为了扩大生产能力，该公司准备新建一条生产线。李强是该公司投资部的工作人员，主要负责投资的具体工作。该公司财务总监要求李强收集建设新生产线的相关资料，写出投资项目的财务评价报告，以供公司领导决策参考。

李强经过半个月的调研，得出以下有关资料。该生产线的初始投资 57.5 万元，分两年投入。第 1 年初投入 40 万元，第 2 年初投入 17.5 万元。第 2 年可完成建设并正式投产。投产后每年可生产微波炉 1000 台，每台销售价格为 800 元，每年可获得销售收入 80万元。投资项目预计可使用 5 年，5 年后的残值可忽略不计。在投资项目经营期内需垫支流动资金 15 万元，这笔资金在项目结束时可如数收回。该项目生产的产品年总成本的构成情况如下：

原材料	40 万元
工资费用	8 万元
管理费（不含折旧）	7 万元
折旧费	10.5 万元

李强又对本公司的各种资金来源进行了分析研究，得出该公司加权平均资金成本 8%，该公司所得税率 25%。

---

① 资料来源：http://wenku.baidu.con/view/5787f2995/e79689680226f4.html.

李强根据以上资料，计算出该投资项目的营业现金净流量、现金净流量及净现值（如表1、表2、表3所示），并把这些数据资料提供给公司高层领导参加的投资决策会议。

表1　　　　　　　　　　　**投资项目营业现金净流量计算表**　　　　　　单位：元

项目	第1年	第2年	第3年	第4年	第5年
销售收入	800000	800000	800000	800000	800000
付现成本	550000	550000	550000	550000	550000
其中：原材料	400000	400000	400000	400000	400000
工资	80000	80000	80000	80000	80000
管理费	70000	70000	70000	70000	70000
折旧费	105000	105000	105000	105000	105000
税前利润	145000	145000	145000	145000	145000
所得税	58000	58000	58000	58000	58000
税后利润	87000	87000	87000	87000	87000
现金净流量	192000	192000	192000	192000	192000

表2　　　　　　　　　　　**投资项目现金净流量计算表**　　　　　　单位：元

项目	第0年	第1年	第2年	第3年	第4年	第5年	第6年
初始投资	-400000	-175000					
流动资金垫支		-150000					
营业现金净流量			192000	192000	192000	192000	192000
流动资金回收							150000
现金净流量合计	-400000	-325000	192000	192000	192000	192000	342000

表3　　　　　　　　　　　**投资项目净现值计算表**　　　　　　单位：元

年份	现金净流量	10%的现值系数	现值
0	-400000	1.000	-400000
1	-325000	0.909	-295425
2	192000	0.826	158892
3	192000	0.751	144192
4	192000	0.683	131136
5	192000	0.621	119232
6	342000	0.564	192888
合计			50915

在公司领导会议上，李强对他提供的有关数据作了必要说明。他认为，建设新生产线有 50915 元净现值，因此这个项目是可行的。

公司领导会议对李强提供的资料进行了研究分析，认为李强在收集资料方面作了很大的努力，计算方法正确，但却忽略了物价变动问题，这使得李强提供的信息失去了客观性和准确性。

公司财务总监认为，在项目投资和使用期间内，通货膨胀率大约 6%。他要求有关负责人认真研究通货膨胀对投资项目各有关方面的影响。

生产部经理认为，由于物价变动的影响，原材料费用每年将增加 10%，工资费用也将每年增加 8%。财务部经理认为，扣除折旧后的管理费每年将增加 4%，折旧费每年仍为 10.5 万元。销售部经理认为，产品销售价格预计每年可增加 8%。公司总经理指出，除了考虑通货膨胀对现金流量的影响以外，还要考虑通货膨胀对货币购买力的影响。

公司领导会议决定，要求李强根据以上各部门的意见，重新计算投资项目的现金流量和净现值，提交下次会议讨论。

要求：根据该公司领导会议的决定，请你帮助李强重新计算各投资项目的现金净流量和净现值，并判断该投资项目是否可行。

第九章 全面预算

第一节 全面预算的作用与内容

一、全面预算的含义

一个企业通过长期决策和短期决策，确定了最优方案，为企业各有关方面的活动确定了具体目标。但是，为了达到并完成既定的目标，还必须研究实现目标的途径和方法，以保证目标在实际中贯彻执行，这就需要编制预算。预算是以货币及其他数量形式综合反映企业未来一定期间全部经营活动的各项目标与资源配置的数量说明。所以，预算是经营决策的具体化和数量化，经营决策的经济效益还要进一步体现、落实到有关的长短期预算中。

预算按其适用时间的长短可分为长期预算和短期预算。长期预算主要是指一年以上的资本支出预算。它是一种规划性的预算，其编制的好坏如何，将影响到一个企业的长期战略目标是否能够如期实现，影响到企业今后若干年的经济效益。短期预算是企业在一定时期内（一般不超过一年）经营、财务等方面的总体预算，又称全面预算。主要包括经营方面的预算和财务方面的预算。短期预算是一种执行预算，数据要求尽可能具体化，便于控制和执行。

二、全面预算的作用

全面预算是企业内部管理控制的一种主要方法。这一方法自从 20 世纪 20 年代在美国产生之后，很快就成了大型工商企业的标准作业程序。从最初的计划、协调，发展到现在的兼具控制、激励、评价等功能为一体的一种综合贯彻企业经营战略的管理机制。全面预算是以经营决策的结果为依据，是决策结果的具体体现；同时又是控制的先导，是考核业绩的前提条件和依据。

（一）明确企业各部门工作目标

企业预算目标是根据企业未来发展战略确定的，预算目标的顺利实现需要各级各部门的共同努力，因此，需要将预算目标分配落实到各级各部门，明确它们的具体工作目标。所以，预算是具体化的经营目标和具体工作目标。企业编制全面预算就是要使各级各部门明确自己的工作目标和任务，从而保证各部门和整个企业工作的顺利进行，保证企业目标的实现。例如，销售部门要按照目标利润的要求确定目标销售量，并千方百计地保证目标销售量的实现。生产部门根据销售部门确定的目标销售量，考虑产品的期初、期末存量，计算出目标产量。采购部门根据计划期的预计产量考虑材料的期初、期末存量，购进足够的材料，保证产品生产的需要。财务部门根据各业务部门在计划期间的经济活动，安排调度资金，确保企业的经营活动协调进行。

（二）控制企业经济活动

编制预算是企业经营管理活动的起点，也是控制日常经营活动的基本依据。预算能促使企业的各级各部门提前制订计划，根据所反映出的预算结果，预测其中的风险点所在，并预先采取防范措施，从而达到规避与化解风险的目的。在预算执行过程中，各有关部门和单位应通过计量、对比，及时提供实际偏离预算的差异并分析其原因，以便采取有效措施，保证预算目标的实现。

事实上，制定和执行预算的过程，就是企业不断用量化的工具使自身的经营环境、自己拥有的经济资源和企业开展的经济活动保持动态平衡的过程。

（三）评价企业工作业绩

全面预算是业绩评价的标准，科学的预算目标值可以成为公司与部门业绩评价指标的比较标杆。全面预算为业绩评价提供参照值的同时，管理者也可以根据预算的实际执行结果去不断修正、优化业绩评价体系，确保评价结果更加符合实际，真正发挥评价与激励的作用。作为判断实际结果的标准，全面预算可以克服以过去业绩作为标准所带来的局限性。

（四）将企业战略落实到操作层面

全面预算是一种与企业发展战略相配合的战略保障体系。但企业的发展战略往往是抽象的、宏观的，需要以可操作的方式加以落实。预算作为一种在企业战略与经营业绩之间联系的工具，可以将既定战略通过预算的形式加以程序化、数量化，以确保最终实现公司的战略目标。企业将制定、执行预算同企业的战略结合起来，有助于调整企业策略，提高企业战略管理的水平。企业战略是由企业高级管理层确定的，而预算是由基层部门广泛参与制定的。因此，相对于战略计划来说，预算所包含的信息更为广泛，作用的空间更为广阔，是将企业战略计划落到实处的必经之路。

三、全面预算的原则

编制全面预算应遵循以下原则：

（1）以明确的经营目标为前提。企业确定了目标利润，就能相应地确定目标成本，编制有关销售收入和费用成本预算。

（2）保证预算的全面性、完整性。凡是影响目标实现的业务、事项，均应以货币或其他计量形式加以反映，尽量避免由于预算缺乏周详考虑而影响目标的实现。预算指标间要相互衔接，钩稽关系要明确。

（3）积极可靠、留有余地。积极可靠是指要充分估计目标实现的可能性，不要把预算指标定得过低或过高，保证预算能在实际执行过程中，充分发挥其指导和控制作用。为了应付实际工作的千变万化，预算又必须留有余地，具有一定的灵活性，以免在意外事项发生时，造成被动，影响平衡，以至于影响原定目标的实现。

四、全面预算的内容

1. 全面预算的内容

全面预算实质上反映了企业计划期间的全部经营活动及其成果，其内容包括经营预算、财务预算和资本预算三大部分。

（1）经营预算

经营预算是反映企业计划期间日常经营活动方面的预算，主要包括销售预算、生产预算、直接材料预算、直接人工预算、制造费用预算、单位产品成本预算、销售和管理费用预算等。这些预算以价值量指标和实物量指标反映企业计划期间的收入、成本费用的构成情况。

（2）财务预算

财务预算是反映企业计划期间的现金收支、财务状况和经营成果方面的预算，主要包括现金预算、预计利润表和预计资产负债表。这类预算总括反映经营预算和资本预算的最终结果。

（3）资本预算

资本预算是企业为计划期间的投资项目而编制的预算。这类预算主要反映投资的规模、效益及其资金取得方式等。

上述各项预算内容前后衔接，在经营目标的统一驾驭下，构成了一个有机的预算体系。它们相互支撑、相互依赖，是一个完整而紧密的系统。各项预算之间的关系，如图9-1所示。

2. 全面预算编制的起点

预算编制起点即首先开始编制的预算，它在预算内容体系中居于基准的地位，其合理性和准确性关系着整个预算内容体系的有效性。

如上所述，预算是实现企业战略目标的具体手段，所以编制预算以分析企业战略目标为基础，首先将企业战略具体化为企业的长期与短期计划。而在企业目标实现过程中，始终存在着约束企业发展和目标利润最大化实现的若干因素，而其中必有一个最主要、最关键的约束因素。预算目标的确定及其实现均受制于该约束因素，预算的编制也就应该由与此因素直接相关的业务预算开始。在市场经济环境下，销售数量是绝大多数企业的约束因素，因此，销售预算便是通常意义上的全面预算编制起点，它的准确性决定着整个预算的有效性，为此必须结合企业目标的要求和科学的销售预测，认真地进行销售规划。

五、全面预算的编制程序

全面预算的编制通常由董事会下设的预算管理委员会组织实施。其编制步骤如下：

（1）成立预算管理委员会，负责领导和协调各职能部门和预算编制工作。

（2）由预算管理委员会提出预算期的企业生产经营总体目标及各部门的具体任务。

（3）由企业内部各职能部门的负责人根据企业经营的总体目标及本部门应完成的具体任务，草拟分项预算。

（4）当各职能部门将其草拟的分项预算上报之后，由预算委员会从各部门的业务需

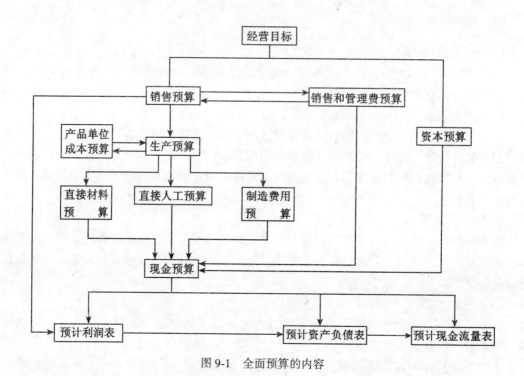

图 9-1 全面预算的内容

要及可能条件出发,对各分项预算进行分析、汇总、审查和协调,并在此基础上汇总、编制企业预算期内的全面预算。

(5) 由企业的最高管理部门对上述预算进行审查并批准。

(6) 预算管理委员会将已获最高管理部门批准的全面预算作为正式预算,下达给各职能部门实施执行。

第二节 全面预算的编制

一、销售预算的编制

销售预算是规定预算期内各季度销售目标和实施计划的一种预算。它是编制全面预算的出发点,也是全面预算的关键,因为现代企业都是以销定产的,举凡产品的生产数量、材料、人工、设备和资金需要量等,都由预期的商品销售量所决定。在编制过程中,应根据有关年度内各季度市场预测的销售量和售价,确定计划期销售收入(有时要同时预计销售税金),并根据各季现销收入与回收赊销货款的可能情况来反映现金收入,以便为编制现金预算提供信息。

例1:天阳公司是为电动车生产电池的专业制造厂家,从早期生产的铅酸蓄电池开始,该企业因其良好的产品质量,已同国内数家电动车厂家之间建立了良好的合作关系。在国家优先发展绿色能源,建立低碳环保型社会的政策下,从 2010 年起,该企业开始专门生产一种新型、高效的锂离子高能电池，以铁锂（LiFePO4）作为电池材料，抢占新型环保电池的市场。在计划年度（2011 年），该企业仍然只生产这一种锂离子高能电池，预算销售量 5000 个，预计单位售价 100 元。

天阳公司每季的销售收入中有 50% 能于当季收到现金，其余 50% 在下季才能收到现金。2010 年末的应收账款余额 40000 元，这些销货款将于 2011 年的第一季度收回现金。该企业计划年度的分季销售预算如表 9-1 和表 9-2 所示。

表 9-1　　　　　　　　　　　　　　　销售预算
2011 年度

项目	一季度	二季度	三季度	四季度	全年
预计销售量（个）	1000	1200	1600	1200	5000
售价（元/个）	100	100	100	100	100
预计销售收入	100000	120000	160000	120000	500000

表 9-2　　　　　　　　　　　预计销售现金收入计算表
2011 年度　　　　　　　　　　　　　　　　单位：元

项目	金额	各季度现金收入			
		一	二	三	四
上年末应收销货款	40000	40000			
第一季度销售收入	100000	50000	50000		
第二季度销售收入	120000		60000	60000	

续表

项目	金额	各季度现金收入			
		一	二	三	四
第三季度销售收入	160000			80000	80000
第四季度销售收入	120000				60000
本年末应收销货款	60000				
全年现金收入合计	480000	90000	110000	140000	140000

二、生产预算的编制

生产预算主要用来具体安排企业在预算期内的生产活动，确定预算期内有关产品的生产数量及其分布状况。有了销售预算以后，我们就可根据它的预计销售量按产品名称、数量分别编制生产预算。但应该注意的是，计划期间除必须备有足够的产品以供销售外，还应考虑到计划期初的在产品和计划期期末的预计产成品库存水平，目的就是要尽可能地避免由于存货过多而造成的资金积压和浪费，或由于存货不足、无货销售而导致收入下降的情况发生。因此，生产预算中的预计产品生产数量可按以下公式计算：

预计生产量＝预计销售量＋预计期末产成品存货量－预计期初在产品存货量

例2：天阳公司预算年度内每季季末产成品存货占其下季销售量的10%，预算年度末产成品存货量150个，预算年初在产品存货量100个。据此编制该企业预算年度的生产预算如表9-3所示。

表9-3　　　　　　　　　　　　　　　生产预算
2011年度

项目	一季度	二季度	三季度	四季度	全年
预计销售量	1000	1200	1600	1200	5000
加：预计期末产成品存货	120	160	120	150	150
减：预计期初在产品存货	100	120	160	120	100
预计生产量	1020	1240	1560	1230	5050

需要说明的是，年度生产预算编好以后，还应根据企业的具体情况安排生产进度日程表。一般地，生产进度可以在计划期内均衡地进行，也可以集中地进行。

三、直接材料预算的编制

预计生产量确定以后，以生产预算为基础，考虑期初、期末材料存货的合理水平及其变动，可编制直接材料预算。直接材料预计采购量可按下式计算：

预计直接材料采购量＝预计生产需用量＋预计期末材料库存量－预计期初材料库存量

根据计算所得的预计直接材料采购量，不仅可以安排预算期内的采购计划，而且也可得到直接材料的预算额，其计算公式为：

直接材料预算额＝预计直接材料采购量×直接材料单价

在实际生产中，直接材料采购预算下面往往还附有计划期间的预计现金支出计算表，列示直接材料采购的现金支出预计，以便为现金预算的编制提供资料。直接材料采购现金支出包括前期应付购料款的偿还和本期购料款的支出。

例3：天阳公司生产单位产品的直接材料耗用量4公斤，单价2元/公斤，预算期内每季季末存料量占其下季生产需用量的20%，预算期末存料量2000公斤，预算期初存料量1000公斤，每季材料采购在当季付款的占50%，其余部分在下季付款。该企业预算期初的应付款余额5000元。根据上述资料编制该企业预算年度的直接材料预算，如表9-4和表9-5所示。

表 9-4　　　　　　　　　　　　　　　直接材料预算
2011 年度

项目	一季度	二季度	三季度	四季度	全年
预计生产量（个）	1020	1240	1560	1230	5050
产品单耗（公斤/个）	4	4	4	4	4
生产用量（公斤）	4080	4960	6240	4920	20200
加：期末存料量（公斤）	992	1248	984	2000	2000
减：期初存料量（公斤）	1000	992	1248	984	1000
预计材料采购量（公斤）	4072	5216	5976	5936	21200
材料单价（元/公斤）	2	2	2	2	2
预计材料预算额（元）	8144	10432	11952	11872	42400

表 9-5　　　　　　　　　　　　　预算材料采购现金支出预算表
2011 年度

项目	金额	各季度现金收入			
		一	二	三	四
上年末应付账款	5000	5000			
第一季度采购额	8144	4072	4072		
第二季度采购额	10432		5216	5216	
第三季度采购额	11952			5976	5976
第四季度采购额	11872				5936
本年末应付账款	5936				
材料采购现金支出合计	41464	9072	9288	11192	11912

四、直接人工预算的编制

直接人工预算也是以生产预算为基础进行编制，其计算公式如下：

直接人工预算额＝预计生产量×单位产品直接人工工时×小时工资率

在通常情况下，企业产品生产耗用的直接人工工种往往不止一种，由于工种不同，小时工资率也不一样，这时直接人工预算则须按工种类别分别计算，然后汇总求直接人工成本总额。

例 4：天阳公司计划期间所需直接人工只有一个工种，现根据生产预算的预计产量、有关直接人工的工时定额和工资率的资料，编制直接人工预算，如表 9-6 所示。

表 9-6 直接人工预算
2011 年度

项目	一季度	二季度	三季度	四季度	全 年
预计生产量（个）	1020	1240	1560	1230	5050
产品工时（小时/个）	10	10	10	10	10
直接人工小时总数（小时）	10200	12400	15600	12300	50500
小时工资率（元/小时）	4	4	4	4	4
预计直接人工成本总额（元）	40800	49600	62400	49200	202000

五、制造费用预算的编制

制造费用预算是除直接材料和直接人工以外的间接性生产费用预算。制造费用按其成本性态可划分为变动费用和固定费用两类。在制造成本法下，变动费用和固定费用两部分都包括在产品成本中；在变动成本法下，只有变动性制造费用计入产品成本，固定性制造费用是期间成本，作为当期产品销售收入的一个抵减项目。因此，在编制制造费用预算时，通常将两类费用分别进行编制。

变动制造费用与生产量之间存在着线性关系，其计算公式为：

变动制造费用预算额 = 预计生产量 × 单位产品预定变动制造费用分配率

固定制造费用与生产量之间不存在线性关系，其预算通常都是根据上年的实际水平，经过适当的调整而取得。此外，在制造费用预算中，通常还包括现金支出计算表，为以后编制现金预算提供必要资料。但必须注意，固定资产折旧作为一项固定制造费用，由于其不涉及现金的支出，因此在编制制造费用预算计算现金支出时，需要将其从固定制造费用中扣除。

例5：天阳公司预算年度的变动性制造费用预算 101000 元（其中：间接人工 23000元，间接材料 27000 元，维修费 18000 元，水电费 26000 元，机物料消耗 7000 元）；固定性制造费用预算 80000 元（其中：维修费 15000 元，折旧费 24000 元，管理费 30000 元，保险费 6000 元，财产税 5000 元）。并且该企业的变动性制造费用分配率按直接人工工时计算，以现金支付的各项制造费用均于当期付款。

具体计算分析如下：

变动制造费用分配率 = 变动制造费用合计 ÷ 预算期直接人工小时总数

= （101000 ÷ 50500）= 2 （元/小时）

固定制造费用作为间接费用，按季进行平均分配，计算如下：

每季固定费用支出 = 80000 ÷ 4 = 20000 （元）

每季折旧费 = 24000 ÷ 4 = 6000 （元）

根据所求出的变动制造费用分配率可编制预计制造费用现金支出预算，如表9-7所示。

表9-7
预计制造费用现金支出计算表
2011 年度

项目	一季度	二季度	三季度	四季度	全年
直接人工小时总数（小时）	10200	12400	15600	12300	50500
变动制造费用分配率（元/小时）	2	2	2	2	2
变动费用现金支出（元）	20400	24800	31200	24600	101000
加：固定费用支出（元）	20000	20000	20000	20000	80000
减：折旧费（元）	6000	6000	6000	6000	24000
现金支出合计（元）	34400	38800	45200	38600	157000

六、产品单位成本和期末产成品存货预算的编制

编好以上五种预算后，即可编制产品单位成本和期末产成品存货预算，为正确计算预计损益表中的产品销售成本和预计资产负债表中的期末产成品存货提供资料。

例6：根据上述有关资料，编制该企业预算年度的产品单位成本和期末产成品存货预算，如表9-8 所示。

表9-8
产品单位成本和期末产成品存货预算
2011 年度

成本项目	单耗	单价	单位成本
直接材料	4 公斤/个	2 元/公斤	8 元/个
直接人工	10 小时	4 元/小时	40 元/个
变动性制造费用	10 小时	2 元/小时	20 元/个
本年投入单位产品的变动生产成本			68 元/个
期末存货预算	期末存货数量		150 个
	产品单位成本		68 元/个
	期末存货金额		10200 元

注：若用制造成本法，则产品单位成本还要加上单位固定制造费用，该费用为15.84（80000÷5050）元，则产品单位成本为83.84（68+15.84）元。

七、销售及管理费用预算的编制

销售及管理费用预算中，变动费用与固定费用需分开列示。这项预算通常也包括计划期间预计销售与管理费用的现金支出计算表，以便编制现金预算。

例7：根据上述有关资料，编制销售及管理费用预算，如表9-9所示，并编制计划期间预计销售及管理费用现金支出计算表，如表9-10所示。

表9-9

销售及管理费用预算表

2011 年度

单位：元

变动费用		固定费用	
项目	金额	项目	金额
销售人员工资及佣金	4000	管理人员工资	8000
运输费	12000	广告费	10000
办公费	4000	保险费	4000
		财产税	2000
合计	20000	合计	24000

假设该企业在预算期的变动性销售与管理费用按销售量计算分配率，则：

变动销售与管理费用分配率 = 20000÷5000 = 4（元/个）

平均每季固定费用支出 = 24000÷4 = 6000（元）

表9-10

预计销售及管理费用现金支出计算表

2011 年度

单位：元

项目	一季度	二季度	三季度	四季度	全年
预计销售量	1000	1200	1600	1200	5000
变动销售与管理费用分配率	4	4	4	4	4
变动销售与管理费用支出	4000	4800	6400	4800	20000
加：固定销售与管理费用	6000	6000	6000	6000	24000
现金支出合计	10000	10800	12400	10800	44000

八、资本预算

在预算期内，如果发生重大的、长期性投资活动，如厂房设备的购置、改建、扩建、技术更新改造、资源的开发利用及企业并购等，则企业还必须逐项分别编制专门预算（即资本预算），最终汇总形成资本总预算。基本内容包括决策项目预计投资额与投资时间、预计投资收益及收益时间等。此处为简化问题而不对此部分内容进行示例。

九、现金预算的编制

现金预算是概括地反映企业在整个预算期内现金收支、余缺、资金筹集与运用情况的预算，是企业现金管理的重要工具。编制现金预算的主要目的是为了测算企业在预算期间现金收入与现金支出的吻合程度，以及不吻合的时间与数额，以便采取措施，合理地安排和调度资金，避免资金的积压或短缺，提高资金的使用效率。编制的依据是表 9-2、表 9-5、表 9-6、表 9-7、表 9-10。

现金预算一般包括四个组成部分：

（1）现金收入。这部分包括期初的现金余额和预算期应收的现金收入。一般来说，现金收入的主要来源是销售收入和应收账款的收回，可从表 9-2 中获得该项资料。

（2）现金支出。这部分包括预算期全部现金支出，除上述预算中已列出的材料、工资、费用、资本方面的现金支出（表 9-5、表 9-6、表 9-7、表 9-10）外，还包括上交所得税、支付股息、固定资产投资支出、归还债务的本金等其他方面的现金支出。

（3）现金余缺。这部分将现金收入总额与现金支出总额进行轧抵，如收入大于支出，即出现剩余，可用来归还以前借款，或用来进行短期投资；如收入小于支出，即出现缺额，则应筹措补足。

（4）资金的筹集和运用。这部分是以现金余缺为出发点，列示企业在预算期内因资金不足而预计向银行等单位借款以及还本付息等情况，如果有除银行借款以外的其他方式筹资或对外投资等情况，则也应在此部分反映。

在完成初步的现金预算以后，我们就可以知道企业在预算期间需要多少经营资金，财务主管人员就可据以预先安排和筹措资金来满足各个时期的需要。为了有计划地安排和筹措资金，现金预算的编制期间愈短愈好，可以按旬、周、日编制，但是最常见的还是年度分季，或季度分月进行编制。

例8：根据上述资料，该企业规定预算期内的现金余额最低限额为 10000 元，最高为 15000 元。另外，该企业计划每季交纳所得税 2500 元，支付股利 2000 元。专门决策计划第一季度购置生产设备 10000 元，第四季度购置生产设备 5000 元。预算期初现金余额为 10000 元。现金预算如表 9-11 所示。

表 9-11

现金预算

2011 年度

单位：元

项目	资料来源	一季度	二季度	三季度	四季度	全年
（一）现金收入						
期初现金金额	上期末	10000	11228	10240	14548	10000
加：本期现金收入	表 9-2	90000	110000	140000	140000	480000
现金收入合计①		100000	121228	150240	154548	490000
（二）现金支出						
直接材料	表 9-5	9072	9288	11192	11912	41464
直接人工	表 9-6	40800	49600	62400	49200	202000
制造费用	表 9-7	34400	38800	45200	38600	157000
销售及管理费用	表 9-10	10000	10800	12400	10800	44000
预计所得税		2500	2500	2500	2500	10000
预计设备购置	资本预算	10000			5000	15000
预计支付股利		2000	2000	2000	2000	8000
现金支出合计②		108772	112988	135692	120012	477464
（三）现金余缺③	③=①-②	-8772	+8240	+14548	+34536	12536
（四）资金的筹集与运用						
向银行借款		20000	2000			22000
偿还借款					22000	22000
支付利息（年利率8%）					1720	1720
期末现金余额		11228	10240	14548	10816	10816

注：1. 向银行借款数除需抵补现金支出轧抵的不足数外，还要保证期末最低余额 10000 元。

2. 如果结余现金超过 15000 元的最高限额，就需归还借款并支付利息。假设该企业借款、筹资在期初，还款、支付各种利息在期末。则第四季度末归还 22000 元，需支付的利息＝（20000×8%）＋（2000×3÷4×8%）＝1720 元。

十、预计损益表的编制

根据以上所编制有关预算，即可汇总编制企业预算期的预计损益表。预计损益表是用来综合反映企业在预算期间生产经营的财务情况，并作为预计企业经营活动最终成果的重要依据，是最重要的预算表之一，一般按变动成本法编制。编制依据是表 9-1、表 9-7、表 9-8、表 9-10、表 9-11 以及资本预算资料。

例 9：企业根据以上预算表的有关资料，编制预算年度分季的预计损益表，如表 9-12 所示。

表 9-12

预计损益表

2011 年度　　　　　　　　　　　　　　单位：元

项目	资料来源	一季度	二季度	三季度	四季度	全年
预计销售收入	表 9-1	100000	120000	160000	120000	500000
减：变动成本						
其中：制造成本	表 9-8	68000	81600	108800	81600	340000
销售及管理费用	表 9-10	4000	4800	6400	4800	20000
边际贡献总额		28000	33600	44800	33600	140000
减：固定成本						
其中：制造费用	表 9-7	20000	20000	20000	20000	80000
销售及管理费用	表 9-10	6000	6000	6000	6000	24000
营业利润		2000	7600	18800	7600	36000
减：利息支出	表 9-11				1720	1720
税前利润		2000	7600	18800	5880	34280
减：预计所得税	表 9-11	2500	2500	2500	2500	10000
税后利润		-500	5100	16300	3380	24280

十一、预计资产负债表的编制

预计资产负债表是预计企业在计划期末时的财务状况，可以反映各有关资产、负债及所有者权益项目的预算执行结果。它是在预算期初资产负债表的基础上，根据前述预算的有关资料加以分析、计算而编制的。

例 10：该企业预算期初的资产负债表，如表 9-13 所示。现根据前述预算中的有关资料编制该企业预算期末资产负债表，如表 9-14 所示。

①见表 9-11，预算期初现金余额 10000 元，预算期末现金余额 10816 元。

②见表 9-2，预算期初应收账款 40000 元，预算期末应收账款余额 60000 元。

③见表 9-4，预算期初材料余额：$1000 \times 2 = 2000$（元）；预算期末材料余额：
$$2000 \times 2 = 4000（元）。$$

④见表 9-8，预算期初产成品余额：$100 \times 68 = 6800$（元）；预算期末余额：
$$150 \times 68 = 10200（元）。$$

⑤见表 9-11，预算期初余额 1500000 元；预算期末余额：$15000 + 1500000 = 1515000$（元）。

⑥见表 9-7，预算期初余额 100000 元；预算期末余额：$24000 + 100000 = 124000$（元）。

表 9-13

期初资产负债表

2010 年 12 月 31 日　　　　　　　　　　　　　单位：元

资产	金额	负债及所有者权益	金额
流动资产		流动负债	
现金	10000	应付账款	5000
应收账款	40000	小计	5000
库存材料	2000		
库存产成品	6800		
小计	58800	所有者权益	
固定资产		普通股	1440000
固定资产原值	1500000	留存收益	13800
减：累计折旧	100000	小计	1453800
固定资产净值	1400000		
合计	1458800	合计	1458800

表 9-14

期末资产负债表

2011 年 12 月 31 日　　　　　　　　　　　　　单位：元

资产	资料来源	年初数	年末数	负债及所有者权益	资料来源	年初数	年末数
流动资产				流动负债			
现金①	表 9-11	10000	10816	应付账款⑦	表 9-5	5000	5936
应收账款②	表 9-2	40000	60000	银行借款	表 9-11	0	0
库存材料③	表 9-4	2000	4000	小计		5000	5936
库存产成品④	表 9-8	6800	10200				
小计		58800	85016	所有者权益			
固定资产				普通股	表 9-13	1440000	1440000
固定资产原值⑤	表 9-11	1500000	1515000	留存收益⑧	表 9-11	13800	30080
减：累计折旧⑥	表 9-7	100000	124000		表 9-12		
固定资产净值		1400000	1391000	小计		1453800	1470080
合计		1458800	1476016	合计		1458800	1476016

⑦见表 9-5，预算期初余额 5000 元；预算期末余额 5936 元。

⑧见表 9-11、表 9-12，留存收益期末余额＝预算期初余额＋预算期内所获净利－预算期内支付的股利＝13800＋24280－8000＝30080（元）。

第三节　预算编制的具体方法

上节所讲述的编制问题只是一般意义上的编制，在实务操作层面上需要根据不同情况来选择不同的编制方法。本节将详细介绍预算的各类编制方法。

一、固定预算与弹性预算

按照编制预算方法的业务量基础不同，预算编制方法可分为固定预算和弹性预算两种。

（一）固定预算

固定预算又称静态预算，即根据预算期内预计可实现的某一水平的业务量而编制的预算。其基本特点是：固定预算不考虑预算期内业务量水平可能发生的不同变动，完全以某一设定的业务量水平为基础确定与之相应的预算标准。

固定预算方法的缺点如下：

（1）过于机械呆板。因为编制预算的业务量基础是事先假定的某个业务量，不论预算期内业务量水平可能发生哪些变动，都只按事先确定的某一个业务量水平作为编制预算的基础。

（2）可比性差。当实际的业务量与编制预算所根据的业务量发生较大差异时，有关预算指标的实际数与预算数就会因业务量基础不同而失去可比性。在实际工作中，由于市场形势变化或季节性原因，往往会使各月份的实际业务量水平起伏波动，致使实际的月份费用开支与原预算的平均每月开支不能相互比较。例如，上例中天阳公司第一季度预计生产量为 1020 个电池，而实际生产量为 1200 个。实际生产 1200 个所发生的费用与预计生产 1020 个所发生的费用的差异，既包括费用水平变动的影响，亦包括产量变动的影响，这使实际生产 1200 个的预计费用开支与预计生产 1020 个的费用开支缺乏可比性。原来的预算也就不能起到协调和控制的作用。因此，按照固定预算方法编制的预算不利于正确地控制、考核和评价企业预算的执行情况。

固定预算一般适用于业务量水平较为稳定的企业或非营利组织编制预算。

（二）弹性预算

1. 弹性预算的含义

弹性预算又称变动预算，是指在成本习性分析的基础上，以业务量、成本和利润之间的依存关系为依据，按照预算期可预见的各种业务量水平，编制能够适应多种情况预算的方法。编制弹性预算所依据的业务量可以是产量、销售量、直接人工小时、机器工时、材料消耗量和直接人工工资等。

业务量范围是指弹性预算所适用的业务量区间。业务量范围的选择应根据企业的具体情况而定。一般来说，可定在正常生产能力的 70%～110%之间，或以历史上最高业务量或最低业务量为其上下限。

2. 弹性预算的编制

在编制弹性预算时，首先必须将有关预算中的全部成本费用分为固定部分和变动部分。对于固定成本（费用）而言，由于它不随着业务量的增减变化而变化，因此在编制弹性预算时，不论业务量多少，都无须变动原固定预算数；对于变动成本（费用）而言，由于它随着业务量的变化而成正比例地增减变化，因此在编制弹性预算时，应按不同的业务量对原定预算数进行适当的调整。

弹性预算主要包括成本弹性预算和利润弹性预算。

（1）成本弹性预算。在生产成本构成中，与特定的产品生产直接相联系的直接材料费用和直接人工费用是变动成本，随业务量的变动成正比例变动，通常按产品分别指定其每单位的消耗标准，即用标准成本分别乘以预算期内的生产量，即可得到基于不同生产水平的预算数，以此作为控制的依据。现以制造费用预算为例介绍弹性成本预算的编制。

例11：续前例，编制天阳公司制造费用弹性预算表，业务量间隔10%，如表9-15所示。

表9-15　　　　　　　　　　　　**制造费用弹性预算表**

2011 年度　　　　　　　　　　　　　　　单位：元

成本明细项目	每工时费用分摊率	不同业务量对应的预算数			
		（4545 个）45450 工时	（5050 个）50500 工时	（5555 个）55550 工时	（6060 个）60600 工时
变动费用：					
间接人工	0.46	20907	23230	25553	27876
间接材料	0.53	24089	26765	29442	32118
维修费	0.36	16362	18180	19998	21816
水电费	0.51	23180	25755	28331	30906
机物料消耗	0.14	6363	7070	7777	8484
小计	—	90901	101000	111101	121200
固定费用：					
维修费		15000	15000	15000	15000
折旧费		24000	24000	24000	24000
管理费		30000	30000	30000	30000
保险费		6000	6000	6000	6000
财产税		5000	5000	5000	5000
小计		80000	80000	80000	80000
制造费用合计		170901	181000	191101	201200

需要指出，弹性预算表中固定费用部分在整个相关范围内均保持不变，故这部分仍属固定预算性质，所谓弹性预算仅指变动费用部分而言。

总之，编制弹性预算可以根据实际业务量水平，选用相应业务量水平的费用预算数与实际发生数进行对比，这样就便于管理人员在事前据以严格控制费用开支，也利于在事后细致分析各项费用节约或超支的原因。

（2）利润弹性预算。利润弹性预算是以预算期内预计的不同销售量为出发点，按照成本性态，从不同销售量水平的销售收入中扣减相应的成本，计算出可能实现的利润或发生的亏损。因此，利润弹性预算是以弹性成本预算为基础编制的。

例12：续前例，该企业预算期内根据相关资料编制利润弹性预算表，如表9-16所示。

表9-16 利润弹性预算表
2011 年度 单位：元

项目	单位预算金额	不同销售水平下的弹性预算		
销售量（个）		4500	5000	5500
销售收入	100	450000	500000	550000
减：变动成本				
制造成本	68	306000	340000	374000
销售及管理费用	4	18000	20000	22000
边际贡献	28	126000	140000	154000
减：固定成本				
制造费用		80000	80000	80000
销售及管理费用		24000	24000	24000
营业利润		22000	36000	50000

3. 弹性预算的特点

综上所述，与固定预算相比，弹性预算克服了固定预算的缺点，具有如下两个显著的优点：

（1）预算范围较宽。由于弹性预算不再是只适应一个业务量水平的个别预算，而是能够随业务量水平的变动作机动调整的一组预算。因此，弹性预算能够反映预算期内与一定相关范围内的可预见的多种业务量水平相对应的不同预算额，从而扩大了预算的适用范围，便于预算指标的调整。

（2）可比性较强。在预算期实际业务量与计划业务量不一致的情况下，可以将实际指标与实际业务量相应的预算额进行对比，从而能够使预算执行情况的执行与考核建立在更加客观可比的基础上，便于更好地发挥预算的控制作用。

由于未来业务量的变动会影响到成本费用、利润等各个方面，因此，弹性预算从理论上讲适用于编制全面预算中所有与业务量有关的各种预算，但从实用角度看，主要用于编制弹性成本费用预算和弹性利润预算等。在实务中，由于收入、利润可按概率的方法进行风险分析预算，直接材料、直接人工可按标准成本制度进行标准预算，而制造费用、营业费用、管理费用等间接费用应用弹性预算的频率较高。

弹性预算的最大缺点是工作量较大。我们必须了解预算中每一费用项目的成本性态模式，即知道每单位作业的变动成本和每个项目的固定成本。

二、增量预算与零基预算

按照编制预算方法的出发点不同，预算编制方法可分为增量预算和零基预算两种。

（一）增量预算

增量预算是指以基期成本费用水平为基础，结合预算期业务量水平及有关降低成本的措施，通过调整有关原有费用项目而编制预算的方法。

增量预算法的基本假定是：

（1）企业现有（基期）的各项活动在预算期内将得以继续。

（2）现有（基期）的全部支出数额、水平均是合理的。

（3）有理由证明在现有（基期）成本费用支出基础上的增量数是合理、必要的。

增量预算以过去的经验为基础，实际上是承认过去所发生的一切都是合理的，主张不需在预算内容上作较大改进，而是沿袭以前的预算项目。这种方法可能存在以下缺点：

（1）受到原有费用项目与预算内容的限制。由于按增量预算方法编制预算，可能会不加分析地保留或接受原有的成本项目，可能使原来不合理的费用开支继续存在下去，形成不必要开支合理化，造成预算上的浪费，甚至可能导致保护落后。

（2）容易导致预算中的"平均主义"和"简单化"。采用此法，容易造成预算编制人凭主观臆断按成本项目平均削减预算或只增不减的现象，不利于调动各部门降低费用的积极性。

（3）可能对企业未来发展考虑不够充分。按照这种方法编制的费用预算，对于那些未来实际需要开支的项目，可能会因没有考虑未来情况的变化而造成预算不够确切的问题。

（二）零基预算

1. 零基预算的含义

零基预算是由美国得州仪器公司担任财务预算工作的彼得·派尔（Peter A. Pyhrr）在20世纪60年代末提出的。在当时的美国风行一时，现已成为西方发达国家管理间接费用的一种新的有效方法。

零基预算又称零底预算，是指在编制预算时，对于所有的预算支出均以零为基础，不考虑以往情况，从根本上研究、分析每项预算是否有支出的必要和支出数额的大小。这种预算方法不以历史数据为基础，而以零为出发点，零基预算法因此而得名。

2. 零基预算的编制

零基预算通常按以下三个步骤进行编制：

（1）提出预算目标。企业内部各部门的负责人和广大职工群众，首先应根据企业在预算期内的总体经营目标和本部门应完成的具体工作任务，在充分酝酿讨论的基础上，提出必须安排的预算项目，并说明其性质、目的，以零为基础，详细提出各预算项目所需要的开支或费用。

（2）开展成本效益分析。由企业领导、总会计师等参加的预算委员会应对各部门提出的预算方案进行成本效益分析。对每一预算项目的所得和所费进行计算、对比，以计算、对比的结果来衡量和评价各该预算项目的经济效益，然后区别轻重缓急，排列出所有预算项目的先后次序。

（3）分配资金，落实预算。根据成本效益分析所确定的预算项目的轻重缓急和先后顺序，将企业可动用的资金在各有关项目之间进行合理的分配。其原则是，既要优先保证重点预算项目的资金需要，又要使预算期内的各项生产经营活动得以均衡、协调发展。

例13：假设某企业现在正着手编制下年度的全面预算，其中销售和管理费用预算准备以零为基础进行编制。该企业下年度计划可用于销售和管理方面的资金总额为30万元。销售和行政管理费零基预算编制方法如下：

首先，由销售及管理部门的负责人及职工，根据预算年度的企业总体战略目标和本部门的具体工作任务，经过反复讨论研究，一致认为本部门预算期间需发生以下一些费用项目，提出具体数额如表9-17所示。

表9-17　　　　　　　　　　有关费用开支明细表　　　　　　　　　单位：万元

项目	金额
广告宣传费	15
驻外地推销机构租金	8
销售、管理人员培训费	8
差旅费	3
办公费	4

其次，经企业预算委员会审核后，认为上述五项费用中，驻外地推销机构租金、差旅费和办公费属于必不可少的开支项目，预算期必须保证它们的资金需要，其余的两项费用支出，根据历史资料，进行有关费用成本效益分析，得出的结果如表9-18所示。

表9-18　　　　　　　　　　有关费用成本收益分析表　　　　　　　　单位：万元

项目	每期平均费用发生额	每期平均收益额	收益与成本的比率
广告宣传费	12	180	15
销售、管理人员培训费	6	60	10

最后，把上述五个费用项目按照它们的具体性质和轻重缓急，排出如下的层次：

第一层次：外地销售机构租金、差旅费、办公费。属于约束性固定成本，在预算期间必不可少，需全额保证资金到位，故列为第一层次。

第二层次：广告费。属于酌量性固定成本，可根据预算期间企业可供应资金的多少酌情增减，同时由于它的成本收益率高于销售人员培训费，所以列为第二层次。

第三层次：销售、管理人员培训费。亦属于酌量性固定成本，可根据预算期间企业可供应资金的多少酌情增减，由于它的成本收益率低于广告费的成本收益率，所以列为第三层次。

根据以上各项费用排列的层次和顺序，具体分配资金、落实预算如下：

驻外地推销机构租金 8 万元，差旅费 3 万元和办公费 4 万元，共计 15 万元应首先安排，全额予以满足。可动用的 30 万元资金满足上述三项开支需求后，剩余的 15 万元根据成本效益比率，具体分配如下：

广告宣传费 = 15×15÷（15+10）= 9（万元）

销售、管理人员培训费 = 15×10÷（15+10）= 6（万元）

3. 零基预算的特点

零基预算的优点主要体现在以下几个方面：

（1）不受原有费用项目限制。这种方法可以促使企业合理有效地进行资源分配，将有限的资金用在刀刃上。

（2）有利于调动各方面降低费用的积极性。这种方法有利于充分发挥各级管理人员的积极性、主动性和创造性，促进各预算部门精打细算，量力而行，合理使用资金，提高资金的利用效果。

（3）有助于考虑企业未来的发展。由于这种方法以零为出发点，对一切费用一视同仁，有利于企业未来发展。

零基预算的缺点在于这种方法一切从零出发，在编制费用预算时需要完成大量的基础工作，如历史资料分析、市场状况分析、现有资金使用分析和投入产出分析等，这势必带来很大的工作量，也需要较长的编制时间。

三、定期预算与滚动预算

按照编制预算方法的预算期不同，预算编制方法可分为定期预算和滚动预算两种。

（一）定期预算

1. 定期预算的定义

定期预算是指在编制预算时以不变的会计期间（如日历年度）作为预算期的一种编制预算的方法。

2. 定期预算的特点

定期预算的优点是能够使预算期间与会计年度相配合，便于考核和评价预算的执行结果。然而，按照定期预算方法编制也存在以下缺点：

（1）缺乏远期指导性。由于定期预算往往是在年初甚至提前两三个月编制的，对于整个预算年度的生产经营活动很难作出准确的预算，尤其是对预算后期的预算只能进行笼统地估算，数据含糊，缺乏远期指导性，给预算的执行带来困难，不利于对生产经营活动的考核与评价。

（2）造成预算滞后性。由于定期预算不能随情况的变化及时调整，当预算中所规划的各种经营活动在预算期内发生重大变化时，就会造成预算滞后过时。

为了克服定期预算的缺点，在实践中可采用滚动预算的方法编制预算。

（二）滚动预算

1. 滚动预算的定义

滚动预算又称连续预算，它是指预算随着时间的推移而自行延伸并始终保持在某一特定的期限（通常为一年）之内的一种连续性预算。它的基本精神就是使预算期永远保持12 个月，每过一个月，立即在期末增列一个月的预算，逐期往后滚动，因而在任何一个时期都使预算保持 12 个月的时间幅度，故又称"永续预算"。

2. 滚动预算编制的理论依据

滚动预算编制的理论依据是：第一，企业的生产经营活动是连续不断的，因此，企业的预算也应该全面地反映这一连续不断的过程，使预算方法与生产过程相适应；第二，企业的生产经营活动是复杂的，随着时间的推移，它将产生各种难以预料的变化。此外，人们对未来客观事物的认识也是由粗到细、由简单到具体的过程，而滚动预算中第一个季度或前几个月的数字详细完整，后几个季度或几个月份的数字可以粗略一些，从而能帮助我们克服预算的盲目性，避免预算与实际有较大的出入。

3. 滚动预算的编制

滚动预算的编制方法，主要采取了长计划、短安排的方式进行。在编制预算时，先按年度分季，并将其中第一季度按月划分，建立各月的明细预算数字，以便监督预算的执行。至于其他三季的预算数字可以粗一点，只列各季总数。到第一季度结束前，再将第二季度的预算按月细分，第三、第四季度以及增列的下一年度的第一季度，只需列出季度总数……如此类推。编制滚动预算的示意图如图 9-2 所示。

4. 滚动预算的特点

与传统的定期预算相比，按滚动预算方法编制的预算具有以下优点：

（1）透明度较高。由于编制预算不再是预算年度开始之前几个月的事情，而是实现了与日常管理的紧密衔接，可以使管理人员始终能够从动态的角度把握住企业近期的规划目标和远期的战略布局，使预算具有较高的透明度。

（2）及时性较强。由于滚动预算能根据前期预算的执行情况，结合各种因素的变动影响，及时调整和修订近期预算，从而使预算更加切合实际，能够充分发挥预算的指导和控制作用。

（3）预算年度完整。由于滚动预算在时间上不再受日历年度的限制，能够连续不断地规划未来的经营活动，可以方便企业管理人员了解未来 12 个月内企业的总体规划与近期预算目标，能够确保企业管理工作的完整性与稳定性。

然而，采用滚动预算的方法也存在以下缺点：滚动预算编制工作比较繁重，而且将耗费大量的人力、物力和财力，代价较大。所以，企业应根据实际情况来决定是否有必要选择这种预算方法，根据企业的实际需要来决定是按月份滚动还是按季度滚动。滚动预算示意图如图 9-2 所示。

图 9-2 滚动预算示意图

思 考 题

1. 什么是全面预算？编制全面预算的内容和原则是什么？
2. 全面预算包括哪些内容？它们之间的关系如何？
3. 为什么说销售预算是编制全面预算的基础和关键？怎样编制销售预算？
4. 简述现金预算编制的原理，并说明其编制目的。
5. 什么叫弹性预算？如何编制？它有哪些特点？其应用范围如何？
6. 什么是零基预算？如何编制？它有哪些特点？
7. 什么叫滚动预算？编制滚动预算有什么好处？

练 习 题

1. 假定某公司计划期间第一季度产品各月份的销售量根据销售预测分别为：1200 件、1500 件、1800 件，其销售单价为 50 元。若该公司销售货款的收回按以下办法处理：销售当月收现 50%，次月收现 30%，第三个月收现 20%。又假定计划期间的期初应收账款余额为 20000 元，其中包括上年度 11 月份销售的应收账款 5000 元，12 月份销售的应收账款15000 元。

要求：编制该企业计划期间第一季度的分月销售预算（包括第一季度的预计现金收入计算表）。

2. 某企业以生产预算所确定的产品生产量为基础编制直接材料、直接人工和制造费用预算。该企业下年度 1-6 月份的生产量预算如下：

月份	1	2	3	4	5	6
生产预算（件）	2900	2700	3600	4100	4400	4100

该企业所生产的某种产品的有关消耗定额资料如下：

项目	单位消耗量	单位价格
直接材料（公斤/件）	5	4
直接人工（小时/件）	10	2
变动性制造费用（小时/件）	10	1
固定性制造费用（元/月）	120000	

此外，该企业生产某产品所需材料均从外单位采购，购料款于当月支付60%，下月支付40%。每月末材料库存量为下一月份生产需用量的20%。下年元月初材料库存量为6000公斤，预计6月底材料库存量为9000公斤。应付账款年初余额70000元于下一年元月份支付。该企业的生产工人工资均于当月支付。另外，固定性制造费用中包含每月固定资产折旧费50000元。

要求：根据上述资料编制下列预算：

（1）直接材料预算。

（2）直接人工预算。

（3）制造费用预算。

（4）产品单位成本预算。

3. 某企业生产 A、B 两种产品，正常生产能力分别为5000件和4000件，单位售价分别为75元和50元，单位产品变动成本分别为55元和45元。该企业固定性制造费用为50000元，固定性销售及管理费用为40000元。

要求：

（1）按正常生产能力下的产品销售量编制该企业的预计利润表。

（2）按正常生产能力利用程度为80%、90%、100%和110%所能实现的销售量编制该企业的利润弹性预算。

4. 某企业2010年有关预算资料如下：

（1）该企业3-7月份的销售收入分别为40000元、50000元、60000元、70000元、80000元。每月销售收入中，当月收到现金的占30%，下月收到现金的占70%。

（2）各月直接材料采购成本按下一个月销售收入的60%计算。所购材料款于当月支付现金50%，下月支付现金50%。

（3）该企业4-6月份的制造费用分别为4000元、4500元、4200元，每月制造费用中包括折旧费1000元。

（4）该企业4月份购置固定资产，需要现金15000元。

（5）该企业在现金不足时，向银行借款（为1000元的倍数）；现金有多余时，归还银行借款（为1000元的倍数）；借款在期初，还款在期末，借款年利率12%。

（6）该企业期末现金余额最低为6000元。其他资料见现金预算。

要求：根据以上资料，完成该企业4-6月份现金预算的编制工作。

现金预算

月份	4	5	6
（1）期初现金余额	7000		
（2）经营现金收入			
（3）直接材料采购支出			
（4）直接工资支出	2000	3500	2800
（5）制造费用支出			
（6）其他付现费用	800	900	750
（7）预交所得税			8000
（8）购置固定资产			
（9）现金余缺			
（10）向银行借款			
（11）归还银行借款			
（12）支付借款利息			
（13）期末现金余额			

5. 云阳公司经营甲、乙两种产品，有关资料如下：

（1）2011年第一季度甲、乙两种产品的成本资料如下：

机工车间成本资料

项目	单耗	单价	甲产品单位成本	乙产品单位成本
直接材料：				
A 材料：				
甲产品用：	10公斤/件	0.2元/公斤	2.00元	
乙产品用：	9公斤/件	0.2元/公斤		1.80元
B 材料：				
甲产品用：	12公斤/件	0.10元/公斤	1.20元	
乙产品用：	9公斤/件	0.10元/公斤		0.90元
材料成本小计			3.20元	2.70元
直接人工	0.10小时/件	6元/小时	0.60元	0.60元
制造费用	0.10小时/件	6元/小时	0.60元	0.60元
单位成本			4.40元	3.90元
产量			31000件	55000元
机工车间总成本			136400元	214500元

装配车间成本资料

项目	单耗	单价	甲产品单位成本	乙产品单位成本
直接材料:				
C材料:				
甲产品用:	12公斤/件	0.05元/公斤	0.60元	
乙产品用:	9公斤/件	0.05元/公斤		0.45元
D材料:				
甲产品用:	1公斤/件	1元/公斤	1.00元	
乙产品用:	1公斤/件	1元/公斤		1.00元
材料成本小计			1.60元	1.45元
直接人工	0.20小时/件	5元/小时	1.00元	1.00元
制造费用	0.20小时/件	6元/小时	1.20元	1.20元
单位成本			3.80元	3.65元
产量			31000件	55000元
装配车间总成本			117800元	200750元

该企业甲产品总成本254200元,单位成本8.20元;乙产品总成本415250元,单位成本7.55元。

(2) 第一季度预计销售数量和单位售价如下:

地区	产品	单价(元)	销售量(件)			
			1月份	2月份	3月份	合计
华北	甲	15	6000	6000	5000	17000
	乙	12	10000	10000	11000	31000
华南	甲	15	4000	5000	5000	14000
	乙	12	8000	8000	8000	24000
合计	甲	15	10000	11000	10000	31000
	乙	12	18000	18000	19000	55000

(3) 各月份的预计月末存货等于与之相邻下个月份的销售量,4月份的销售量如下:

地区	甲产品	乙产品
华北	6000件	10000件
华南	4000件	8000件
合计	10000件	18000件

各月份预计期初存货与上月末预计的月末存货相等，2010 年 12 月 31 日甲、乙产品预计月末存货分别为 10000 件和 18000 件。

（4）各月份预计的期初材料存货等于该月份的生产需用量，期末材料存货等于下月份的生产用量。2011 年 3 月末预计的材料存货为：A 材料 262000 公斤，B 材料 282000 公斤，C 材料 282000 公斤，D 材料 28000 公斤。

（5）各车间制造费用预算与该企业固定性制造费用如下：

各车间制造费用预算如下：

项目	机工车间		装配车间		机修车间	
	固定部分（元）	变动部分（元/人工小时）	固定部分（元）	变动部分（元/人工小时）	固定部分（元）	变动部分（元/人工小时）
管理人员工资	3000		4800		1100	
折旧	1200		1000			
工厂用料		1.00		2.00		
电力费	2000	0.10	1000	0.20		
间接人工					400	1.00
其他费用	400	0.90	600	0.80		2.50
合 计	6600	2	7400	3	1500	3.50

该企业共同性固定制造费用如下：

项目	1 月份	2 月份	3 月份
工资	6000	6000	6000
折旧	4000	4000	4000
其他	2000	2000	2000
合 计	12000	12000	12000

机修车间各月份直接维修小时为：

1 月份	300 小时
2 月份	300 小时
3 月份	400 小时

（6）设 2010 年 12 月份销售额为 35000 元，在各月份的销售收入中，有 50% 可于当月收到现金，另有 50% 将于下月收到现金。

（7）各月份的销售及行政管理费如下：

项目	1 月份	2 月份	3 月份
销售与行政管理费用	54600	56100	55800

每月销售及行政管理费用中有折旧费 3000 元。

（8）2011 年 3 月份将购买若干生产设备，预计需用现金 30000 元。

（9）2011 年 3 月初向银行借款 84000 元，借款年利率 10%。1 月初现金余额 50050 元，该企业最低现金余额（限额）50000 元。

（10）2011 年 3 月 31 日各账户的余额为：房屋 1450000 元，累计折旧 600000 元；设备 1000000 元，累计折旧 425000 元；应付票据 100000 元，股本 1000000 元，资本公积 400000 元。2010 年 12 月 31 日留存收益 223050 元。

要求：根据上述资料编制该企业 2011 年的下列预算：

（1）销售预算。

（2）生产预算。

（3）直接材料预算。

（4）直接人工预算。

（5）制造费用预算。

（6）现金预算。

（7）预计损益表。

（8）预计资产负债表。

案例分析

山东航空集团全面预算管理案例①

被誉为"齐鲁之翼"的山东航空集团是 2000 年成立的国有大型一类航空运输企业集团。公司已拥有资产 45 亿元，经过十年的发展，山航集团以山东航空集团有限公司为母公司，形成以运输业为龙头，上下游产业相配套发展的经营格局，逐渐发展成为一个具有多种产业结构布局的综合性企业集团。

山航集团全面预算的编制主体十分复杂，成员单位企业性质也非常复杂。2005 年初，山航在综合平衡了各软件的特点和其他集团取得的经验之后，结合自身情况，决定首先从全面预算管理入手，这也是整个山航推出战略管理的重要组成部分，以及实现全面信息化的第一步。

虽从全面预算管理入手，但山航着眼于未来集团信息化统一平台的建设，这次选型既要考虑企业现有特点及需求，能满足集团及下属企业全面预算管理的需要，能够建立全面预算

管理体系,优化企业的资源配置,保证集团公司总体财务目标的实现;又要能面向集中管理,实现集团信息化统一平台建设,要求整个系统在战略上实行集中控制,整合所有资源,在战术上实行分布式经营,做到既降低经营风险,又发挥规模经济优势,协助集团实现战略性目标。

浪潮通软与山航财务部经过六个月的通力协作,全面预算管理系统于2006年8月成功验收,山航的2006年全面预算也已经编制完成。

目前,系统运行稳定,实现了财务部门对整个生产经营活动的动态监控,加强了财务与其他部门之间的联系和沟通。全面预算控制制度的正常运行建立在规范的分析和考核的基础上,财务部门依据某个即时会计资料的反映和掌握的动态经济信息,系统分析各部门预算项目的完成情况和存在的问题,并提出纠偏的建议和措施,报经集团领导批准后,协同职能部门按规定的流程对各部门的预算执行情况进行全面考核,并把企业中的各种经济活动统一到了企业整体发展目标上来,在集团内部形成上下一致的合力,推动着整个集团的高效运转。

一、全面预算信息系统的整体架构

全面预算信息系统的整体构架以集团的分级管理构架为基础,企业预算报表信息由集团公司成员单位根据集团确定的年度经营目标,将预算目标层层分解落实到企业内部各预算编制单位,并将本单位预算报表汇总上报到集团公司,集团公司借以对预算执行情况进行分析和监控,并实现对预算执行情况的考核和评价。

二、建立预算体系

全面预算管理是利用预算对各部门、各单位的各种财务及非财务资源进行分配、考核、控制,以便有效组织和协调企业的生产经营活动,完成既定的经营目标。业务预算、投资预算、筹资预算、财务预算共同构成企业的全面预算。

山航预算体系主要由以下部分构成:

1. 业务预算

01. 销售收入预算表——销售部、货运部编制

02. 生产计划预算表——企业管理与证券部编制

03. 人工预算表——人力资源部编制

04. 航材采购及维修预算表——机务工程部编制

05. 飞机及发动机维修预算表——机务工程部编制

06. 物资采购与物料消耗预算表——财务部编制

07. 业务成本预算表——财务部编制

08. 销售费用预算表——销售部、货运部编制

09. 管理费用预算表——财务部编制

2. 资本预算

10. 固定资产投资预算表——财务部编制

11. 权益性资本投资预算表——企业管理与证券部编制

12. 债券投资预算表——企业管理与证券部编制

3. 筹资预算

13. 筹资预算表——财务部编制

14. 财务费用预算表——财务部编制

4. 财务预算

15. 预计利润表——财务部编制

16. 预计资产与负债表——财务部编制

17. 预计现金流量表——财务部编制

三、预算编制审批流程

山航集团公司按照"二下二上"的预算编制流程,首先下达预算目标,各企业单位根据"一下"目标并结合自身情况编制企业"一上"预算,在预算编制过程中进行平衡检查及控制检查,检查通过后上报汇总,集团对各单位上报的预算报表进行审查,对不符合要求的预算报表,填写审批意见发回原单位进行修改。预算报表审核审批通过后,结合企业预算情况及集团经营目标制定企业的预算指标,形成"二下"指标,下达企业,企业根据"二下"指标编制"二上"预算,"二上"预算要受"二下"指标控制,并进行平衡检查,检查通过后的预算数据上报上级公司,上级公司进行审批处理,对审批通过的预算进行汇总合并形成集团公司预算,集团公司将以此为依据,在预算期内,监督、控制预算的执行情况。

对执行过程通过对比分析、环比分析、定基分析等多种分析方法,可以对指标、预算项目、预算表进行分析,通过对预算执行情况差异分析,可以从单位(部门)、预算期间、预算项目、预算版本四维进行穿透分析,查找差异原因,为决策提供支持。

四、全面预算管理系统主要特点

(1)全面预算系统支持多种预算体系,可以实现包含业务预算、财务预算、资本预算及筹资预算等多种体系的全面预算管理。

(2)能够实现预算编制过程灵活,支持在一个会计年度内分阶段进行编制,也支持跨年度编制预算。可定义预算表格式,适合多种预算编制方法。

(3)支持滚动预算、弹性预算、增量预算、零基预算等编制方法,支持自上而下的集中预算的编制和分解,自下而上的预算编制和汇总,以及上下结合的预算编制流程。

(4)预算编制支持多种细化预算数据方式,可以从编制期间上进行细化,也可以从部门、专项上进行细化处理。

(5)支持预算表之间的推演,可定义的表间的钩稽关系。

(6)灵活的功能权限和数据权限控制,不同人具有不同层次、不同数据的操作、修改、查看等权限,保证系统和数据的安全性。

(7)预算执行数据被动采集于其他业务系统,可直接共享为其他系统使用,实现事前预算和预警,事中控制;可同时在年、季、月、自定义不同的控制方法,预算控制更灵活。

(8)预算分析灵活,可以进行预算对比分析、预算差异分析、预算环比分析、预算定基分析、预算穿透分析等多种分析,满足预算管理的需要。

五、应用评价

企业预算编制的过程就是一个企业经营行为的过程。以往,下属企业在上报预算的时候,一般会适当少报一些,以减轻自己未来的增长压力。这种顺利完成任务的想法与集团公司的初衷差距较大,也有一些企业由于掌握信息不对称,造成指标制定缺乏合理依据,预算指标与实际情况相脱节。

全面预算管理系统体现了企业下一步要做的事情和企业真正的管理思想和经营行为。针对这种情况,山航集团在全面预算管理系统中加入了自动化的预警、自动化报警等相当多的控制点,以利于更好地把握集团公司整个预算年度的经营命脉和发展趋势。

从编制预算开始,山航集团管理的核心思想就得到了充分体现。集团整个预算体系的近200张预算表,数据从企业人工和各种物料消耗定额开始填写后,自动反映到后面的成本表,越到后面的环节,系统需填写的数据就越少,最后所有数据都汇总到现金收支上来。最终形成的三张会计报表中有60%~70%的数据都是从前面的环节中自动获取的,所以要人为"做假"就很难,这些都加强了集团的控制能力。

通过全面预算管理系统,山航集团对各单位的生产经营活动有了全面的了解,实现了集团对下属二三级单位的全方位管理监控,把企业中的各种经济活动统一到了企业整体发展目标上来,在集团内部形成上下一致的合力,推动着集团的高效运转。全面预算真正起到了对山航集团战略管理的强有力支撑,及时掌握企业信息、配置企业信息、综合企业的管理资源,把资源配置到最有效的地方;控制企业发展导向,从而把握整个集团的发展命脉。

要求:

(1)结合案例,说明全面预算管理在企业日常管理中的重要作用。

(2)结合近几年航空业的发展情况,你认为山航集团的全面预算管理系统应作哪些方面的调整与改进。

第十章 存货控制

第一节 存货控制的内容与原则

一、存货的作用

存货是指企业在生产经营过程中为销售或者为耗用而储备的物资，包括材料、燃料、低值易耗品、在产品、半成品、产成品和库存商品等。存货控制就是按照一定的标准和方法，通过一定程序对企业的库存材料存货、在产品存货和产成品存货的批量及其成本所进行的有效控制。

企业持有足够的存货，有利于保证生产经营活动的顺利进行，为生产、销售活动提供了较大的机动性，避免了存货不足带来的损失。但是，存货的增加必然要占用大量的资金，耗费更多的成本，直接影响到企业获利能力的提高。

存货在企业生产经营过程中具有以下作用：

（1）保证生产或者销售的正常需要。在生产经营过程中，企业必须根据生产经营计划安排储存部分所需的存货，当企业一旦需要存货时，所储备的存货会被立即投入使用，这样就可以保证生产经营活动能够持续不断地进行下去。

（2）降低购置成本和订货成本。很多企业为扩大销售规模，对购货方提供优厚的商业折扣（数量折扣）。企业采取批量集中进货，不仅可以获得较多的商业折扣，而且还可以减少订货次数，降低订货成本。

（3）预防停工待料。在企业生产经营过程中，有时会出现一些意外情况，如某种原材料市场上紧缺、材料在运输过程中出现故障等。如果没有适当的存货，就会造成停工待料、停业待货，使企业遭受重大损失。企业保持一定数量的存货，可以减少存货意外损失。

二、存货成本

存货成本是指企业从存货订购、储存直至投入生产前的整个过程中发生的费用，以及因存货不足而给企业造成的经济损失。一般而言，主要包括购置成本、订货成本、储存成本和缺货成本。

1. 购置成本

购置成本是购置存货的购买价及相关运杂费。其公式为：

$$购置成本 = 单位购置成本 \times 采购数量$$

在一定时期企业存货需要总量既定的条件下，假设物价不变且没有数量折扣，则无论企业采购次数的多少，存货的购置成本是相对稳定的，购置成本属于决策的无关成本；但当供应商为了扩大销售量，采用数量折扣等优惠条件进行销售时，购置成本则会成为决策的相关成本。

2. 订货成本

订货成本是企业为组织进货而发生的各种订购费用，包括办公费、水电费、折旧费等采购部门一般性费用和差旅费、邮电费、检验费等采购业务费用。订货成本按其与订货次数是否相关，可以分为固定订货成本和变动订货成本。采购部门一般性费用一般属于固定订货成本，采购业务费用一般属于变动订货成本。只有变动订货成本与决策相关，属于决策相关成本。假设订货的固定成本用 F_1 表示，每次订货的变动成本用 K 表示，订货的次数决定于全年进货需求量 D 与每次订货量 Q，即

$$订货成本 = F_1 + D/Q \times K$$

订货成本的大小受每次订货量的影响，每次订货量越大，全年的订货次数就越少，订货成本就越低；反之，每次订货量越少，全年的订货次数就越多，订货成本就越大。

3. 储存成本

储存成本是企业为储存存货而发生的各种费用。它包括仓储费、按存货价值计价的保险费、陈旧报废损失、年度检查费，以及企业自设仓库发生的各种费用等，还包括储存存货占用资金而发生的机会成本。储存成本按与其存货储存数量和储存长短是否相关，可以分为固定储存成本和变动储存成本。保险费、陈旧报废损失、存货资本成本属于变动储存成本，自建仓库保管人员的工资、仓库折旧费属于固定储存成本。只有变动储存成本才是决策的相关成本。

假设固定储存成本用 F_2 表示，单位变动储存成本用 K_c 表示，则用公式表示的储存成本为：储存成本 $= F_2 + K_c \times Q/2$。

储存成本的大小受每次订货量的影响，每次订货量越大，全年平均存货储存量越多，储存成本就越大；反之，每次订货量越小，全年平均存货储存量就越少，储存成本就越小。

4. 缺货成本

缺货成本是指因存货供应中断而造成的损失。它包括材料供应中断造成的停工损失、产成品库存缺货造成的拖延发货和丧失销售机会的损失（还应包括主观估计的商誉损失）。缺货成本的大小受存货水平的影响，存货水平越高，发生缺货的可能性越小，缺货成本就越小；反之，亦然。缺货成本属于机会成本，一般不好准确估计。如果生产企业能以紧急订购的材料解决库存短缺问题，那么缺货成本就是紧急订购材料的支出。在不允许发生存货短缺的情况下，缺货成本属于决策无关成本；在企业管理允许发生存货短缺的情况下，缺货成本属于决策相关成本。

三、存货控制的内容和原则

（一）存货控制的内容

存货控制就是按照一定的标准和方法，通过一定程序对企业的库存材料存货、在产品

存货和产成品存货的批量及其成本所进行的控制。企业存货控制的目标应是在满足企业正常生产运营的前提下，尽可能降低存货持有量，提高存货运营效率，从而降低存货成本。

存货控制的内容涵盖存货成本控制、经济订货批量控制、存货日常管理控制等内容。而很多时候存货成本控制又是围绕着对经济订货批量控制来展开的，因此，存货控制的内容主要是经济订货批量控制、存货的日常控制、适时存货控制三大方面。具体来说，经济订货批量控制包括理想情况下经济批量的确定、存在数量折扣情况下的经济批量的确定，以及陆续供货条件下订货批量的确定等；存货的日常控制包括存货 ABC 分类管理、存货的经济储存期控制。后面将展开深入分析。

（二）存货控制的原则

企业存货控制的主要目标是降低存货成本。围绕该目标，存货控制应秉承以下原则：

1. "收益—成本"权衡原则

企业持有较多的存货，将有利于企业生产的顺利进行，有利于节约采购费用，有利于把握市场机遇，迅速满足客户的订货需要；但是存货过多，不仅带来资金占用成本的增加（机会成本），而且还会引起存货储存成本、管理费用的增加，影响获利能力。因此，存货的控制是一个"度"的把握，需要在收益与成本间合理权衡。

2. 效率优先原则

效率是存货控制的核心，而加速存货周转是提高存货控制效率的主要手段。提高存货控制效率的关键就是采取得力措施，缩短营业周期，加速变现过程，进而提高存货运营效率，提高企业获利能力。因此，企业应千方百计地加速存货资产的周转，以便用有限的存货资金占用，服务于更大的生产规模，为企业取得更好的经济效益创造条件。

第二节　经济订货批量控制

经济订货批量是指能够使一定时期存货的相关总成本达到最低的每批存货订货数量。通过前面对存货成本的分析，决定经济订货批量的成本因素主要包括变动性订货成本、变动性储存成本以及允许缺货时的缺货成本。不同的成本项目与经济订货批量呈现不同的关系。增加订货批量，会减少订货次数，在减少订货成本、缺货成本的同时，会导致储存成本的增加。因此，如何协调各项成本之间的关系，使存货总成本保持最低，是企业订货过程中需要解决的问题。

一、经济订货量基本模型

经济订货批量模型是目前大多数企业最常采用的货物订购方式，该模型适用于整批间隔进货、不允许缺货的存储问题。设某种物资单位时间的总需求量为 D，存储量在存储周期内均匀耗用，经过时间 T 后，存储量下降到零，此时，开始订货并随即到货，库存量由零上升为最高库存量 Q，然后开始下一个存储周期，形成多周期存储模型，如图 10-1 所示。

经济订货批量的基本模型是建立在一系列严格假设基础上的。这些假设包括：

（1）企业能够及时补充存货，即需要订货时便可以立即取得存货；

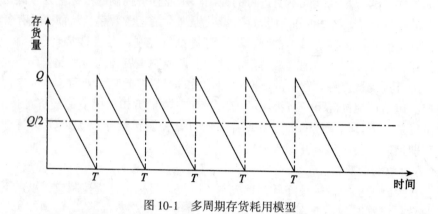

图 10-1　多周期存货耗用模型

（2）能够集中到货，而不是陆续入库；

（3）不允许缺货，即缺货成本为零，这是因为良好的存货管理本来就不应该出现缺货成本；

（4）需求量稳定并且可以预测，即 D 是已知常量；

（5）存货单价不变，不考虑数量折扣，即购置成本为已知常量；

（6）企业现金充足，不会因现金短缺而影响进货；

（7）所需存货市场供应充足，不会买不到所需的存货。

在上述假设条件下，不存在存货的缺货成本，与订货批量相关的成本只有相关订货成本与相关储存成本。相关订货成本与储存成本随着订货批量的变化，呈反方向变动，如图 10-2 所示。

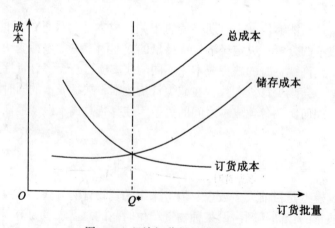

图 10-2　经济订货批量模型图示

存货相关成本（TC）＝相关订货成本＋相关储存成本

$$TC = D/Q \times K + K_c \times Q/2$$

TC 的大小由 Q 决定，为了求 TC 的极小值，以 Q 为自变量，对 TC 进行一阶求导，并且令一阶导数等于零，可以求得经济订货量 Q^*：

$$Q^* = \sqrt{\frac{2KD}{K_c}}$$

当订货量为经济订货批量时，存货相关成本 TC 达到最小值。此时

$$TC = \frac{KD}{\sqrt{\frac{2KD}{K_c}}} + \frac{\sqrt{\frac{2KD}{K_c}}}{2}K_c = \sqrt{2KDK_c}$$

每年最佳订货次数 $N^* = D/Q^* = D/\sqrt{\frac{2KD}{K_c}} = \sqrt{\frac{DK_c}{2K}}$

最佳订货周期 $t^* = 365/N^* = 365/\sqrt{\frac{DK_c}{2K}}$

例1：某企业每年生产需要 A 材料 2500 公斤，该材料的采购单价 30 元/公斤，单位储存成本 4 元/公斤，订货成本 32 元/次。则

经济订货批量为：

$$Q^* = \sqrt{2DK/K_c}$$
$$= \sqrt{2 \times 2500 \times 32/4}$$
$$= 200 \text{（公斤）}$$

年最佳订货次数为：

$$2500/200 = 12.5 \text{（次）}$$

最佳订货周期为：

$$\frac{365}{12.5} = 29.2 \text{（天）}$$

存货相关成本为：

$$TC = \frac{D}{Q*} \times K + \frac{Q*}{2} \times K_c$$
$$= 2500 \div 200 \times 32 + 200 \div 2 \times 4$$
$$= 800 \text{（元）}$$

二、数量折扣条件下的经济批量模型

当存在数量折扣时，购置成本不再是无关因素，因为这时采购批量的大小直接决定采购价格的高低，进而影响到购置成本水平。因此，在存货控制决策中需要综合考虑存货购置成本、储存成本和订货成本来确定最佳的经济订货批量。

当存在数量折扣时，存货决策相关总成本为：

存货相关总成本＝购置成本＋储存成本＋订货成本

在确定数量折扣条件下的经济批量时，通常采用成本比较的方法，其分析步骤是：

（1）不考虑数量折扣，计算按经济订货量订货时存货的相关总成本；

（2）考虑数量折扣，按供应商提出的供货条件，计算在商业折扣各档次采购量临界值情况下的存货相关总成本；

（3）比较上述情况下的存货相关总成本，以存货相关总成本最低时的订货批量作为经济订货量。

例2：某企业全年需从外购入某零件1200件，每批进货费用400元，单位零件的年储存成本6元，该零件每件进价10元。销售企业规定：客户每批购买量不足600件，按标准价格计算；每批购买量超过600件，价格优惠3%。

要求：计算该企业的经济订货量。

具体分析如下：

（1）不考虑数量折扣，按经济订货批量订货时

$$Q^* = \sqrt{2DK/K_c}$$
$$= \sqrt{2 \times 1200 \times 400/6}$$
$$= 400 \text{（件）}$$

存货相关成本总额 = 1200×10+（1200/400）×400+（400/2）×6
$$= 14400 \text{（元）}$$

（2）如果要取得价格折扣3%，则企业最低必须按600件进货时

存货相关总成本 = 1200×10×（1-3%）+（1200/600）×400+（600/2）×6
$$= 11640+800+1800 = 14240 \text{（元）}$$

通过计算比较，进货批量600件的相关成本低于进货批量400件的相关成本，因此，该企业应接受销售企业提出的数量折扣。

三、陆续供货条件下的经济批量模型

在建立经济批量的基本模型时，我们假设存货一次全部到货入库。但在实际工作中，各批存货可能是陆续到货入库的，存货的库存量陆续增加。并且，在存货陆续入库期间，企业的生产连续进行，即存货是陆续供应和陆续被耗用的，在这种情况下，存货的最高库存量显然应该低于每次采购的存货量。因此，需要对经济批量的基本模型进行修正。

假设每天的到货量 t，存货每天耗用量 d，则该批存货全部入库所需要的时间 Q/t，即到货期 Q/t，到货期内存货的耗用量 Qd/t，存货全部入库时的最高库存量 $Q-Qd/t$，存货平均库存水平（$Q-Qd/t$）/2。

在陆续供货条件下，存货相关总成本的计算式为：

$$TC = \frac{D}{Q} \times K + K_C \times \frac{Q(1-d/t)}{2}$$

对上式求导，并令其等于零，则

在陆续到货时的经济批量为：

$$Q^* = \sqrt{2KDt/K_c(t-d)}$$

在陆续进货的情况下，存货相关总成本为：

$$TC = \sqrt{2DKK_c(1-d/t)}$$

最佳订货次数为：

$$D/Q^* = D/\sqrt{2KDt/K_c(t-d)}$$
$$= \sqrt{K_c(t-d)/2Kt}$$

例3：某企业每年生产需要 A 材料3600公斤，该材料的采购单价30元/公斤，单位储存成本3元/公斤，订货成本39元/次，每日送货量36公斤。则

该材料的日消耗量为：$3600 \div 360 = 10$（千克/天）

经济订货批量为：

$$Q^* = \sqrt{2KDt/K_c(t-d)}$$
$$= \sqrt{2 \times 39 \times 3600 \times 36/\left[3 \times (36-10)\right]}$$
$$= 360 \text{（公斤）}$$

最佳订货次数为：

$$D/Q^* = 3600/360 = 10 \text{（次）}$$

陆续进货的情况下，存货相关总成本为：

$$TC = \sqrt{2 \times 3600 \times 39 \times 3 \times (1-10/36)} = 780 \text{（元）}$$
$$\text{或 } TC = 3600/360 \times 39 + 3 \times 360 \times (1-10/36) \div 2 = 780 \text{（元）}$$

四、保险储备与再订货点的确定

（一）保险储备

以上讨论的经济订货批量是基于供需稳定为前提的，然而实际情况并非完全如此，企业对存货的需求量可能会发生变化，交货时间也可能会被延误。在交货期内，如果存货的需求量增大或者交货时间延误，则都可能发生缺货。为防止由此造成的损失，企业应拥有一定量的保险储备。保险储备是企业为应付交货期内的意外情况而持有的超过交货期正常存货需求量的安全存货储备量。这些存货在正常情况下不动用，只有在存货过量耗用或交货延期时才使用。保险储备的公式为：

$$\text{保险储备} = \text{保险储备天数} \times \text{平均每天存货耗用量}$$

（二）再订货点的确定

再订货点是指发出存货采购订单时，企业剩余的存货库存水平；换言之，一旦存货水平降至再订货点，企业必须马上组织订货。再订货点的确定取决于以下因素：

（1）交货期。它是企业从发出订单，到存货验收入库的时间间隔。

（2）存货日均耗用量。它是企业每天存货的平均使用量，一般用企业全年存货总需求除以365天计算。

（3）保险储备量。企业持有的超正常的存货储备，保险储备同样提高了企业的再订货点。

再订货点的计算公式为：

$$\text{再订货点} = \text{交货期内正常存货需求} + \text{保险储备}$$
$$= \text{交货期} \times \text{存货日均耗用量} + \text{保险储备量}$$

例4：某化工企业甲材料的经济批量300千克，可以维持企业15天的生产领用，已知甲材料的交货期一般4天。企业根据历史经验，确定的保险储备天数3天。

要求：计算该化工企业甲材料的再订货点。

具体计算如下：

$$日均耗用量 = 300 \div 15 = 20 （千克/天）$$

$$保险储备 = 3 \times 20 = 60 （千克）$$

$$再订货点 = 20 \times 4 + 60 = 140 （千克）$$

（三）最佳保险储备量的决策

建立保险储备可以使企业避免缺货导致生产中断带来的损失，但是却会使企业必须在正常储备之外，再增加一部分储备量，存货的库存水平提高，从而加大企业的储备成本。较高的保险储备可降低缺货损失，但增加了存货储存成本。因此，最佳保险储备量应该是使缺货损失和保险储备的储存成本之和达到最低的存货储备水平。

通常的做法是，先计算不同保险储备量下的总成本，从中选择使总成本最低的保险储备量，即为最佳保险储备量。

假设单位缺货成本 K_q，一次订货的缺货量 S，年订货次数 N，保险储备量 B，单位存货年储备变动成本 K_c，则

保险储备成本 $C_B = B \times K_c$

年缺货成本 $C_s = K_s \times S \times N$

一次订货的缺货量应该根据订货提前期内存货需求量和保险储备水平确定，订货提前期内存货需求量具有不确定性，其概率可根据历史经验估计。

例5：假设某企业存货年需求量14400公斤，经济订货批量600公斤，交货时间8天，单位存货年储备变动成本5元，单位缺货成本3元，订货提前期内存货需求量及其概率如表10-1所示。

表 10-1 交货期内存货需求量及概率表

需求量（公斤）	260	280	300	320	340	360	380
概率	0.05	0.1	0.15	0.4	0.15	0.1	0.05

要求：计算该企业的最佳保险储备量。

具体计算分析如下：

年订货次数 = 14400/600 = 24（次）

存货的日需求量 = 14400/360 = 40（公斤）

不考虑保险储备的再订货点 = 40×8 = 320（公斤）

不同保险储备量下的总成本为：

（1）不设置保险储备量

此时的再订货点320公斤，当需求量低于320公斤时，企业不会产生缺货成本；当需求量超过320公斤时，就会产生缺货成本。一次订货缺货量的期望值为：

$$\bar{S} = (340 - 320) \times 0.15 + (360 - 320) \times 0.1 + (360 - 320) \times 0.05$$

$$= 10 （公斤）$$

相关总成本为：

$$C_B+C_s = B \times K_c + K_s \times \bar{S} \times N$$
$$= 0 \times 5 + 3 \times 10 \times 24$$
$$= 720 \text{（元）}$$

（2）保险储备量 20 公斤

此时的再订货点 340 公斤，一次订货缺货量的期望值为：

$$\bar{S} = (360-340) \times 0.1 + (380-340) \times 0.05$$
$$= 4 \text{（公斤）}$$

相关总成本为：

$$C_B+C_s = B \times K_c + K_s \times \bar{S} \times N$$
$$= 20 \times 5 + 3 \times 4 \times 24$$
$$= 388 \text{（元）}$$

（3）保险储备量 40 公斤

此时的再订货点 360 公斤，一次订货缺货量的期望值为：

$$\bar{S} = (380-360) \times 0.05$$
$$= 1 \text{（公斤）}$$

相关总成本为：

$$C_B+C_s = B \times K_c + K_s \times \bar{S} \times N$$
$$= 40 \times 5 + 3 \times 1 \times 24$$
$$= 272 \text{（元）}$$

（4）保险储备量 60 公斤

此时的再订货点 380 公斤，一次订货缺货量为零，相关总成本为：

$$C_B+C_s = B \times K_c + K_s \times \bar{S} \times N$$
$$= 60 \times 5 + 3 \times 0 \times 24$$
$$= 300 \text{（元）}$$

以上计算表明，当保险储备量 40 公斤时，相关总成本 272 元最低，因此，最佳保险储备量 40 公斤，即以 360 公斤为再订货点。

由于延迟交货引起的缺货也可以通过建立保险储备量的办法来解决，此时，订货提前期内存货的需求量为：

需求量 =（延迟天数 + 正常交货期）× 存货日需求量

再以此需求量和相应的概率确定不同保险储备量下的缺货量期望值，其余的计算过程与前述方法相同。

第三节 存货的日常控制

一、存货的经济储存期控制

无论是商品流通企业，还是生产制造企业，其商品一旦买进入库或是生产完工入库，就面临着如何尽快销售出去的问题。即使不考虑未来市场供求关系的不确定性，仅是存货储存本身就要求企业付出一定的资金占用费（如利息或机会成本）和仓储管理费。因此，尽力缩短存货储存时间，加速存货周转，是节约资金占用、降低成本费用、提高企业获利水平的途径。

企业进行存货投资所发生的费用支出，按照与储存时间的关系可以分为固定储存费与变动储存费两类。前者包括订货费用、管理费用，其金额多少与存货储存期的长短没有直接关系；后者包括存货资金占用费（贷款购置存货的利息或现金购置存货的机会成本）、存货仓储管理费、仓储损耗（为计算方便，如果仓储损耗较小，则将其并入固定储存费）等，其金额随存货储存期呈正比例变动。

基于上述分析，可以将量本利的平衡关系式调整为：

利润＝毛利－固定储存费－销售税金及附加－每日变动储存费×储存天数

上式稍作变形便可得出存货保本储存天数（利润为零）和存货保利储存天数（利润为目标利润）的计算公式：

$$存货保本储存天数＝\frac{毛利－固定储存费－销售税金及附加}{每日变动储存费}$$

$$存货保利储存天数＝\frac{毛利－固定储存费－销售税金及附加－目标利润}{每日变动储存费}$$

可见，存货的储存成本之所以会不断增加，主要是由于变动储存费随着存货储存期的延长而不断增加的结果，所以，利润与费用之间此增彼减的关系实际上是利润与变动储存费之间此增彼减的关系。这样，随着存货储存期的延长，利润将日渐减少。当毛利扣除固定储存费和销售税金及附加后的差额，与变动储存费抵消到恰好等于企业目标利润时，表明存货已经到了保利期。当它完全被变动储存费抵消时，便意味着存货已经到了保本期。所以，存货如果能够在保利期内售出，所获得的利润便会超过目标值；反之，将难以实现既定的利润目标。倘若存货不能在保本期内售出的话，则企业便会蒙受损失。

例6：某商品流通企业购进 A 商品 3000 件，单位进价（不含增值税）100 元，单位售价 120 元（不含增值税），经销该批商品的一次费用 20000 元，若货款来自银行贷款，年利率 7.2%，该批存货的月保管费用率 0.36%，销售税金及附加 1600 元。要求：

（1）计算该批存货的保本储存期。

（2）若企业要求获得 3.2% 的投资利润率，则请计算保利储存期。

（3）若该批存货实际储存了 350 天，则能否实现 3% 的目标投资利润率？

（4）若该批存货亏损了 3840 元，则请计算实际储存天数。

具体计算如下：

（1）每日变动储存费＝购进批量×购进单价×日变动储存费率

$$＝3000×100×（7.2\%/360＋0.36\%/30）＝96（元）$$

保本储存天数＝（毛利－固定储存费－销售税金及附加）÷每日变动储存费

$$＝[（120－100）×3000－20000－1600]÷96＝400 天$$

（2）目标利润＝投资额×投资利润率

$$＝3000×100×3.2\%＝9600 元$$

保利储存天数 = （毛利-固定储存费-销售税金及附加-目标利润）÷每日变动储存费

$$= [（120-100）×3000-20000-1600-9600] ÷96=300 天$$

（3）该商品实际获利额=每日变动储存费×（保本储存天数-实际储存天数）

$$= 96×（400-350）=4800 元$$

实际投资利润率=4800/（3000×100）=1.6%

差额利润率=1.6%-3.2%=-1.6%

（4）因为，该批存货获利额=每日变动储存费×（保本储存天数-实际储存天数）

所以，实际储存天数=保本储存天数-该批存货获利额/每日变动储存费

$$=400-（-3840/96）=440 天$$

可见，通过对存货储存期的分析与控制，可以及时地将企业存货的信息传递给经营决策部门，如有多少存货已过保本期或保利期，金额多大，比重多高，这样，决策者就可以针对不同情况，采取相应的措施。一般而言，凡是已过保本期的商品大多属于积压呆滞的存货，对此企业应当积极推销，压缩库存，将损失降至最低限度；对超过保利期但未过保本期的存货，应当首先检查销售状况，查明原因，是人为所致，还是市场行情已经逆转，有无沦为过期积压存货的可能，若有，则需尽早采取措施；至于那些尚未超过保利期的存货，企业亦应密切监督、控制，以防发生过期损失。

财务部门通过分析哪些存货基本能在保利期内销售出去，哪些存货介于保利期与保本期之间售出，哪些存货保本期已过还不能销售出去等，掌握产品销售情况，据此调整资金供应政策，调整产品结构和投资方向，以推动企业存货结构的优化，提高存货的投资效率。

二、存货 ABC 管理法

（一）ABC 管理法的思想

意大利经济学家巴雷特在 19 世纪首创了 ABC 管理法，经过不断发展和完善，现在已经广泛用于存货管理、成本管理和生产管理中。存货的 ABC 管理就是按照一定的标准，将企业的存货划分为 A、B、C 三类，分别实行分品种重点管理、分类别一般控制和按总额灵活掌握的存货管理方法。对于一个企业而言，存货品种繁多，尤其是大中型企业的存货往往成千上万种，有的存货品种数量少，但价值很高，有的存货品种数量繁多，但价值较小，如果不分主次、对所有的存货都进行周密的计划、严格的控制，就抓不住重点，不能有效地控制主要存货，因此，对存货的管理不必事无巨细，面面俱到，应当分清主次。对于价值昂贵、占用资金较多的存货应当重点管理；对于价值较低、占用资金不多的存货，可以不作重点管理，实行一般控制即可。ABC 分类管理正是基于这一考虑而提出的突出重点的一种管理方法。

（二）存货的 ABC 分类

存货的 ABC 分类管理要求按照一定的标准，将企业的存货划分为 A、B、C 三类，最重要的存货为 A 类，一般存货为 B 类，不重要的存货为 C 类。通常分类的标准主要有两个：一是金额标准；二是品种数量标准。其中，金额标准是最基本的标准，品种数量标准仅作为参考。

A 类存货一般是种类少，但资金占用较多的存货；C 类存货通常是种类繁多，但资金占用不多的存货；B 类存货是介于 A 类和 C 类之间的存货。如一个拥有上万种商品的百货商场，家用电器、高档皮货、家具、摩托车、大型健身器械等商品的品种数量并不很多，但价值额却相当大，可归为 A 类。大众化的服装、鞋帽、床上用品、布匹、文具用具等商品品种数量比较多，但价值额相对 A 类商品要小得多，可归为 B 类。至于各种小百货，如针线、纽扣、日常卫生用品及其他日杂用品等品种数量非常多，但所占金额却很小，可归为 C 类。

一般而言，三类存货的金额比重大致为 A : B : C = 0.7 : 0.2 : 0.1，而品种数量比重大致为 A : B : C = 0.1 : 0.2 : 0.7。可见，由于 A 类存货占用着企业绝大多数的资金，只要能够控制好 A 类存货，基本上也就不会出现较大问题。同时，由于 A 类存货品种数量较少，企业完全有能力按照每一个品种进行管理，企业可以为 A 类存货分别设置永续盘存卡片，以加强日常的控制。B 类存货金额相对较小，企业不必像对待 A 类存货那样花费太多的精力。同时，由于 B 类存货的品种数量远远多于 A 类存货，企业通常没有能力对每一具体品种进行控制，因此，可以通过划分类别的方式进行管理。C 类存货尽管品种数量繁多，但其所占金额却很小，企业可以采用较为简化的方法进行管理。

（三）存货 ABC 管理的实施程序

运用 ABC 分类法控制存货，一般按照以下步骤进行：

（1）计算每一种存货在一定时间内（一般为一年）的资金占用额。

（2）计算每一种存货资金占用额占全部资金占用额的百分比，并按大小顺序排列，编成表格。

（3）根据事先测定好的标准，把最重要的存货划为 A 类，把一般存货划为 B 类，把不重要的存货划为 C 类。

（4）对 A 类存货进行重点规划和控制，对 B 类存货进行次重点管理，对 C 类存货只进行一般管理。

通过对存货进行 ABC 分类，可以使企业分清主次，采取相应的对策进行有效的管理、控制。企业在组织经济订货批量、储存期分析时，对 A、B 两类存货可以分别按品种、类别进行。对 C 类存货只需要加以灵活掌握即可，一般不必进行上述各方面的测算和分析。

第四节 适时存货控制

一、适时存货控制的基本思想

适时制（Just In Time, JIT）的基本思想是"只在需要的时候，按需要的量，生产所需的产品"，也就是追求一种无库存或库存达到最小的生产系统。适时制（JIT）由日本丰田公司的成功应用而成为举世闻名的先进管理系统。JIT 是一种倒拉式管理，即逆着生产工序，由顾客需求开始，从订单、产成品、组件、配件、零件和原材料，最后到供应商，整个生产过程是动态的，逐个向前逼进。核心是追求一种无库存或使库存最小的生产系统。它通过成本控制、改进送货环节和提高产品质量三个途径来实现增加盈利和提高公司在市场竞争中的地位。事实证明，JIT 存货控制模式的成功实施能够改进产品质量，缩短生产周期，大大降低存货水平，降低生产成本，提高生产效率。JIT 这种管理技术和管理理念已被沃尔玛、英特尔公司、通用汽车公司、福特、摩托罗拉、惠普等国际知名大公司广泛采用。

在适时制下，企业只有在使用材料之前才从供应商处进货，从而将原材料或配件的库存数量减少到最小；只有在出现需求或接到订单时才开始生产，从而避免产成品的库存。适时制存货控制要求企业在生产经营的需要与材料物资的供应之间实现同步，使物资传递与生产加工速度处于同一节拍，最终将存货降到最低程度，甚至零存货。

适时制存货控制与传统的存货控制方法（如经济批量控制等）的主要区别，体现在：（1）适时制的"零存货"理念与传统存货控制理念相悖。传统存货管理提倡持有一定水平的存货，以达到相关成本最低；而适时制存货控制的最终目的是消灭存货，目标是零存货，以实现总成本最低。（2）在使生产准备成本和储存成本最小化方面，适时制存货控制也区别于传统存货控制。传统存货控制是在接受生产准备成本和订货成本存在合理性的前提下，发现了企业存货成本最低的条件；而适时制存货控制是在不接受生产准备成本或订货成本的前提下，试图使这些成本趋于零。措施是缩减生产准备的时间和签订与供应商的长期合同。如果生产准备成本和订货成本能够降低到一个不重要的水平，那么唯一需要最小化的就是储存成本，而该成本随着存货水平的下降也会降到一个不重要的水平。显然，适时制下的成本将大大低于传统存货控制方式下的存货成本。

二、适时存货控制的实现途径

要想顺利实施适时制存货控制，达到"零库存"，必须解决两个关键问题：

第一，如何能够实现很低的存货水平，甚至是零存货？如果企业不能有效地降低存货水平，压缩存货成本，那么适时制（JIT）就失去了意义。

第二，在存货水平很低甚至零存货的情况下，如何能保持生产的连续性？这是实施适时制存货控制的前提条件。如果在生产需要时不能保证供应足够的原材料、在产品，或不能按销售合同规定的时间交付合格的产成品，将置企业于很不利的境地，企业实施适时制则得不偿失。

针对以上问题，以下我们就如何降低存货水平，以及如何在追求"零库存"的同时，保证生产顺利进行进行分析。

1. 改变材料采购的策略

适时制存货控制给企业采购部门提出了很高的要求：一是材料供应的及时性；二是采购的原材料在质量上必须有保证。依据这两个基本要求，在适时制下，企业与供应商必须建立一种全新的利益伙伴关系，要求企业采取以下策略：

（1）在采购上，只与有限数量的比较了解的供应商发展长期合作关系，当企业提出原材料需求时，采购部门就不必为寻找和选择供货商浪费时间，可以直接与长期合作的指定供应商联系，缩短材料订货时间，同时也节约了订货成本。

（2）在选择供货商时，既要考虑其供货价格，也要考虑其服务质量与材料质量。因为，供应商服务的质量，如能否在企业提出需求时快速交货，保证供货的及时性、准确性，以及原材料的质量等是保证适时制存货控制顺利进行的必要条件。

（3）建立生产员工直接向合格的供货商订购原材料的"绿色通道"。企业与供应商签订定期结算方式的条款。当企业需要某种原材料时，生产员工可以直接与供应商联系，供应商直接将材料运达企业，定期持当期累积的原始凭证与企业结算。这样可省去中间环节，节约了订货时间，降低了订货成本，增强了原材料订货的及时性。

（4）将供货商的供货直接送至生产场所。这样做的好处是，缩短了从订货到投入生产的时间，增强了供货的及时性；生产工人直接从车间取得材料，缩短了搬运距离，节约了人工搬运成本；此外，省去了存货储存的资金占用及仓储费用。

2. 采用"拉动式"生产系统

"拉动式"生产系统的思想是，每道工序都按其后一道工序的要求在适当的时间、按需要的产品和数量生产，就可以实现真正的按需生产与"零库存"。"拉动式"生产的实施程序为，企业首先根据订单确定最后一道工序需要生产的数量，再根据最后一道工序的生产数量倒推前一道工序的需要加工数量，一直倒推至第一道工序需要加工的在产品数量，根据生产的进度和原材料需要量，最终确定发送给供货商的订单。

在拉动式系统中，每一道工序的员工致力于补充后续工序的员工耗用掉的存货，绝对禁止生产超量的存货。当存货量达到确定的上限时，该工序要停止工作，直到后续工序从在产品库中取走在产品为止。在这一方法下，存货水平较低，因而需要全体员工的努力。为了避免停工，必须保持均衡的加工速度和良好的设备工作状态。并且，要能及时发现和解决出现的质量问题。

3. 建立无库存的生产制造单元

为了减少存货水平，提高工作效率，需要对车间进行重新布置与整理。其中，一个重要的工作内容就是建立制造单元，一个制造单元可以完成一组相似零件的加工。无库存制造单元，应该具备以下特征：

（1）该制造单元内，工人随着零件走，从零件进入单元到加工完毕离开单元，是一个工人操作，工人不是固定在某一台机器上。

（2）逐次操作多台不同的机器。

（3）制造单元具有很大的柔性，它可以通过制造单元内的工人数量使单元的生产率与整个系统保持一致。

无库存单元在一定程度上起到了仓库的作用。出口存放处放置着本单元已加工完毕的在产品，入口存放处放置着待加工的原材料和在产品。当工人看到他们加工的零件还没有为下道工序取走时，就不会盲目生产。下一步是不断减少工序间的在产品库存，使仓库逐步消失，以实现无库存。

4. 实现产品零质量缺陷

产品零质量缺陷是指产品质量完美无缺，没有任何瑕疵。这是实现适时制的基本条件，否则，因产品质量问题会导致生产程序的紊乱，影响按期交货。零缺陷管理要求产品质量管理从事后控制变为事前和事中的质量控制，将质量控制的责任人落实到生产工人，要求工人在生产过程中适时监控产品质量，一旦发现质量问题，马上加以纠正，实现产品质量的自我监控。零质量缺陷管理特别强调预防系统控制和过程控制，要求第一次就把事情做正确，使产品符合对顾客的承诺要求。加强零缺陷管理可以提高全员对产品质量和业务质量的责任感，从而保证产品质量和工作质量，保证适时制的顺利实施。

5. 快速响应客户需求

在适时制下，客户订单是整个企业开始生产的最原始动力和指令。收到了订单，必须快速作出反应，按照拉动式生产方式，从生产的最后一道工序，通过看板制按工序将生产指令传递到前道工序直至原材料和零部件的采购环节。

快速响应依赖于适时制的生产效率。当企业在材料采购、生产上采用一系列措施，有效缩短了订购原材料时间、等候时间、检验时间、搬运时间等，进而缩短了存货运营周期。企业就可以实现在收到订单后的很短时间内就生产出顾客需要的产品。

6. 消除非增值成本

企业的经营活动多种多样，从总体上可分为两种：一种是在生产经营过程中，使产品实体发生了改变，增加了产品价值的成本，如产品的制造和包装，与这种生产经营相对应的成本即为增值成本；另一种经营活动不改变产品的实体，只是使产品的地理位置发生了变化，且不增加产品的价值，如检验和仓储，与这种活动相关的成本称为非增值成本。非增值成本是一种浪费。适时制肯定增值成本的发生，因为它能增加产品价值，认为它所对应的经营活动是合理的；而非增值成本由于不增加产品价值，企业应想方设法不断减少和消除非增值成本所对应的经营活动的发生。

7. 缩短生产周期

生产一件或一批产品所需的全部时间称为生产周期。缩短生产周期可以有效减少在产品存货，降低成本。生产周期由生产准备时间、加工时间、搬运时间、等候时间和检验时间构成。生产准备时间是为生产特定产品准备机器设备所需的时间；加工时间是生产产品所耗费的时间；等候时间是产品在等待加工、搬运或检验、暂时存储时所耗费的时间；检验时间是产品接受检验耗费的时间。在生产周期的五个构成要素中，只有在加工时间内产生价值，在其他时间内的经营活动都不增加产品价值，应予以压缩。缩短生产周期对连续性生产和批量生产都是适宜的。

三、适时存货控制的实施条件

1. 强化部门间的有效合作

适时制要求采用单元式生产，利用新型按产品或部件组建的生产系统来代替原有的按职能或功能组建的生产组织结构，各个部门生产的是一个产品，而不是一个零件。这种生产模式大大简化了产品在每个工序的传递时间，有效减少了所需设备的数量，提高了员工素质，降低了成品的单位成本。而流畅完善的生产工序是生产正常进行的保证。所以，适时制要求企业改进内部管理机制，将企业各个部门更加密切的联系和协调起来。对产品生产过程的流程再造，使企业的使各个生产部门布置与分配系统更加合理，将生产经营的需要与材料物资的供应实现同步，将销售的需要与合格产品供应实现同步，从而保证了产、供、销业务有计划、有程序地进行。

2. 建立稳定的"供、产、销"存货流转网络

适时制的目标是将存货的数量降至最低，按照市场的需要供货，这就需要企业与其合

作伙伴建立稳定持续的合作关系。一方面，企业必须选择少数优秀的供应商，与他们建立长期可靠的合作伙伴关系，督促供应商在需要的时间里提供需要的数量，同时，要求供应的零部件保证较高质量，以保证最终产品的质量；另一方面，企业要以市场为导向，以销量定产量，不断提高生产调度能力和紧急情况的应变能力，均衡地组织生产，赢得客户的信赖，不断提高产品的市场占有率。

3. 实行零质量缺陷控制

产品零质量缺陷是实行适时制的基本保障。在实施适时制过程中，如果出现大量废次品，会直接导致产品交货时间延迟，在给企业造成收益损失的同时，还可能使企业失去信誉。所以，应实施零缺陷管理，将产品质量控制前移到事前和生产过程中，将质量控制的责任落实到一线工人，加强对整个生产过程的每个环节的产品质量监控，保证每个环节、每道工序的产品质量完美无缺，实现零缺陷目标。

4. 提高信息传递速度和传递质量

适时制的运用不仅要求企业的内部各个部门加强联系与合作，而且还要求企业与外部各经济主体的沟通协作，因此，建立完善的信息管理系统，实现信息交流的便捷、高效是建立适时制的重要保证。首先，企业要积极采用现代信息技术，使各部门共享信息资源，保证企业内部各部门之间信息畅通，使物料信息在供应链各环节、企业内部各工序之间有效严密地传递；其次，充分利用互联网资源，利用网络技术建立与供应商及销售客户的信息联系，以获取及时、有效的供给与销售信息，及时了解彼此的供求情况及市场供求变化，提高企业的经济效益和应对风险的能力。

第五节　存货控制的新思维：约束理论与适时制的融合

一、约束理论的基本思想

约束理论（Theory of Constraint，TOC），是指找出妨碍实现系统目标的约束条件，并对它进行消除的系统改善方法。它是关于进行改进和如何最好地实施这些改进的一套管理理念和管理原则，可以帮助企业识别出在实现目标的过程中存在着哪些制约因素（TOC称之为"约束"），并进一步指出如何实施必要的改进来消除这些约束，从而更有效地实现企业目标。

TOC 具有以下特点：（1）企业是一个系统，其目标应当十分明确，那就是在当前和今后为企业获得更多的利润。（2）一切妨碍企业实现整体目标的因素都是约束。（3）为了衡量实现目标的业绩和效果，TOC 打破传统的会计成本观念，提出了三项主要衡量指标，即有效产出、库存和运行费用。TOC 认为，只能从企业的整体来评价改进的效果，而不能只看局部。库存投资和运行费用虽然可以降低，但是不能降到零以下，只有有效产出才有可能不断增长。

二、约束理论（TOC）与适时制（JIT）相融合的存货管理思维

适时制产生在东方，而 TOC 源于西方，在产生背景的差异下，两者的运用准则和管

理手段也不同。JIT 追求零库存，认为库存是浪费，应当消除一切浪费；TOC 则强调瓶颈，在约束环节要合理的设置缓冲。JIT 采用看板展开计划，各级生产单元依据所需满足的上级需求组织生产，整个生产系统是拉动式的；TOC 以约束环节为基准，把约束环节之前、之间、之后的工序分别按拉动、工艺顺序、推动的方式展开。在能力平衡方式上，JIT 要求以密切协作的方式来保持需求的适当稳定，并以高柔性的生产设备来保证生产线上能力的相对平衡；TOC 则善于不断地寻找瓶颈并消除约束，不断地改善企业链条上最薄弱的环节。

JIT 与 TOC 本质上都内涵了先进的管理思想，对我国企业都可以产生现实的经济效益。JIT 要获得成功对企业的内外部条件都有一定的要求：内部需要企业的生产系统有很强的灵活性、很短的设备调整时间、完善的质量保证体系等；外部要求有完善的市场经济环境、发达的信息技术、可靠的供应商、良好的交通运输条件。但我国企业实际的内外部经营环境却与之有较大的差距。因此，在生产中追求消灭一切浪费，实现零库存的做法是行不通的。而 TOC 约束理论强调的是瓶颈，通过在约束环节合理地设置缓冲来解决问题。因此，将 TOC 的思想方法与 JIT 结合起来，就可以较好地适应企业的内外部环境要求，使企业健康、有序地逐步提高库存管理水平。JIT 与约束理论相融合的存货控制思维体现在以下几个方面：

1. 集成思路

以追求零库存作为企业的长期目标，以寻找并改善瓶颈环节作为企业的短期目标。对于约束环节，在短期通过设置缓冲来解决，在长期要找到问题的根源并从根本上解决问题，即通过改善不断地降低库存。企业以看板作为生产计划和控制的工具和手段，因为应用看板能够有效抑制订货、生产或搬运过多的部件，以免造成浪费，同时，对各环节的进度能有效把握，发现异常。在不断的发现瓶颈设置"缓冲—解决问题—降低库存—发现瓶颈"的循环往复的过程中就可以使企业逐步向低成本、零库存的目标迈进。

2. 识别瓶颈

按 TOC 的定义，所谓瓶颈（或瓶颈资源），指的是实际生产能力小于或等于生产负荷的资源。这一类资源限制了整个企业生产产品的数量。其余的资源则为非瓶颈资源。要判别一个资源是否为瓶颈，应从该资源的实际生产能力与它的生产负荷（或对其的需求量）来考察。这里所说的需求量不一定是市场的需求量，而可能是为保证生产，其他相关资源对该资源的需求量。

寻找系统中的瓶颈有两种方法：一种是工序负荷比较法，负荷最高，最不能满足需求的就是瓶颈工序所在；另一种是考察系统的运行，一般瓶颈工序前存在大量的在制品堆积。

3. 看板管理

看板是实现适时生产的工具，它的主要作用是传递生产和运送的指令，并且可以防止过量生产和过量运送，以防止造成浪费。要有效地应用看板，就必须科学计算看板的各项参数和发行枚数。资材类看板和外协看板略有区别，资材类看板主要适用于仓库资材的管理。以下以资材类看板（简称看板）为例进行库存管理方法的介绍。

看板涉及的参数有最小采购批量、消耗量、采购周期和安全系数。

看板方式中，影响最小采购批量的因素有收容数、运载效率、送货周期、使用量以及供应商的实力等。采购批量越大，库存就大，于是库存成本就越高。而采购批量越大，单件的运输成本越低。从而，总的购置成本曲线上有一个最低点，此时，总的购置成本最低，对应的采购批量就是最小采购批量。

消耗量是指单台的用量，与工艺定额有关。但生产线有时会发生异常消耗现象，如设备故障、操作不当导致资材意外损耗等，这时，应通过发行临时看板来解决，而不应人为增加库存。

采购周期是指从发出采购申请，经各级审核，发出订单直至供应商将货物送到为止（有时还要包括品检）的时间。由于中间环节较多，因此采购周期很难把握。

安全系数就是为对应采购周期、生产异常等设定的安全值。安全系数的设定受采购周期、生产线实力、供应商实力等因素的影响。安全系数值不能设定过大，否则就会增加库存，不利于管理实力的提高。

已知看板的各项参数，就可以计算出看板的枚数。

需要量 = （采购周期÷30）×月产量×消耗量×（1+安全系数）

在计算出需要量之后，看板枚数由收容数和最小采购批量共同决定，但它的计算结果并不是唯一的，在一定范围内，看板的枚数可多可少，实行的效果也不同。若看板枚数少，则最大库存量与最小库存量差额大，库存不稳定；若看板枚数多，则最大库存量与最小库存量的差额小，库存稳定。企业可以采用发行多枚看板的方式使库存量稳定。

思 考 题

1. 存货控制的主要目的是什么？
2. 什么是存货成本？其包括哪些内容？
3. 说明订货成本和储存成本与经济订货量之间的关系。
4. 什么是订货量？什么是经济订货量？
5. 经济订货量的理想模型是什么？其假设条件有哪些？
6. 什么是保险储备量？如何计算存货的保险储备量？
7. 计算保本储存期有何意义？如何计算保本储存期和保利储存期？
8. 什么是存货管理的 ABC 控制法？
9. 适时存货控制（JIT）的主要思想是什么？
10. 适时存货控制（JIT）对管理会计产生了哪些影响？

练 习 题

1. 某企业每年生产需要 A 材料 2400 公斤，该材料的采购单价 30 元/公斤，单位储存成本 4 元/公斤，订货成本 27 元/次。

要求：计算经济订货批量、年订货次数和最佳订货周期以及存货相关总成本。

2. 假设某企业存货年需求量 10800 公斤，经济订货批量 540 公斤，订货提前期 6 天，单位存货年储备变动成本 6 元，单位缺货成本 4 元，订货提前期内存货需求量及其概率如下表所示。

需求量	120	140	160	180	200	220	240
概率	0.05	0.1	0.15	0.4	0.15	0.1	0.05

要求：根据上述资料，计算不同保险储备量下的总成本，并确定最佳保险储备量和再订货点。

3. 某企业生产中全年需要某种材料 2000 公斤，每公斤买价 20 元，每次订货费用 50 元，单位储存成本为单位平均存货金额的 25%。该材料的供货方提出，若该材料每次购买数量在 1000 公斤或 1000 公斤以上，将享受 5% 的数量折扣。

要求：通过计算，确定该企业应否接受供货方提出的数量折扣条件。

4. 已知某公司与存货库存有关的信息如下：年需求存货数量 30000 件（假设每年 360 天），每件购买价格 100 元，库存储存成本是商品买价的 30%，每次订货成本 60 元，订货提前期 20 天。预计每天最大耗用量 130 件，预计最长订货提前期 25 天，订货数量只能按 100 的倍数（四舍五入）确定。

要求：（1）计算经济订货量。

（2）计算再订货点。

（3）计算存货平均占用的资金数额。

5. 若某企业 A 材料年需用量 48000 公斤，年单位储存成本 8 元，单位缺货成本 12 元，每次进货费用 50 元。试计算 A 材料的经济进货批量和平均缺货量。

6. 假设某一包装企业每年需要牛皮纸 8000 吨，每吨牛皮纸的年持有成本 20 元，订货成本 80 元，该企业每年工作 300 天。

要求：计算该包装企业的经济订货批量、每年订货的次数、存货相关总成本。

7. 某电器公司每年需要 4000 只开关。开关的价格为：购买数量在 1~499 之间时，每个开关 0.90 元；购买数量在 500~999 之间时，每个开关 0.85 元；购买 1000 以上时，每个开关 0.82 元。每次订货费用 18 元，库存保管费用率 18%。

要求：计算该公司的经济订货批量和存货相关成本。

8. ABC 公司每年需要某种原材料 50 万千克，该公司采用经济进货批量基本模型进行存货管理。据测算，经济进货批量 20000 千克，每次订货的固定成本 2000 元。另已知交货期内的平均需求 2000 千克。

要求：

（1）计算全年订货次数。

（2）计算全年订货成本。

（3）计算全年储存成本（不包括保险储备）。

（4）计算每千克原材料的年储存保管费用。

（5）公司正在考虑在 0~3000 千克（间隔 500 千克）的保险储备水平，下表为最优保险储备量的比较分析表，请根据有关资料在空白处填上相应的数字，并根据结果确定公司的最佳再订货点、最优保险储备量。

再订货点 （千克）	保险储备 （千克）	平均存货 水平（千克）	缺货成本 （元）	储存成本 （元）	订货成本 （元）	总成本
0			20000			
	500		10000			
	1000		5000			
	1500		2000			
	2000		800			
	2500		100			
	3000		80			

9. 某企业购进甲商品 1000 件，购进进价（不含增值税）100 元。该货款来自银行贷款，年利率 9%，企业月保管费用 8100 元，存货购销的固定性储存费 9100 元。据市场反馈信息表明，该存货日均销售量 8 件，单位售价 180 元（不含增值税），销售税金及附加 6000 元。

要求：（1）计算该存货的日变动储存费。

（2）计算该存货的保本储存天数和实际储存天数，以及经销该批存货的预计利润。

10. 某批发企业购进商品 1000 件，单位进价（不含增值税）90 元，单位售价 120 元（不含增值税），经销该批商品的固定性费用 5000 元。若货款来自银行贷款，年利率 9%，则该批存货的月保管费用率 2%，销售税金及附加 1400 元。

要求：（1）计算该批存货的保本储存天数。

（2）计算在投资利润率 6% 时的保利储存天数。

（3）计算实际储存天数 180 天时的实际投资利润率。

案例分析

嘉农网络超市的存货难题——存货，留多少最好？①

一、案例背景

早上八点半，嘉农网络超市的总经理杨波准时出门，今天上午九点公司要开月度部门主管总结会。杨波一边叫司机开车，一边把要在会议上讲的问题在脑中重新理一遍。

汽车才开过两个路口，杨波的手机突然叫了起来，是仓库经理黄豪的来电。杨波按下了通话键，还未开口，就听到黄豪心急火燎的声音："杨总，快到仓库来一趟，赵董在这大发脾气呢！已经有两个工人被解雇了……"上午应是仓库赶发当天订单的时候，杨波

---

① 根据百度文库《物流库存管理案例：嘉农网络超市的存货难题》一文改编。

赶紧掉头直奔仓库。

"杨总，你可来了！"黄豪一下就发现了站在门口的杨波，像看见救命稻草一样冲了过来。原来一个多小时前，董事长就到了配送中心，查问一张运丰公司的订单，当知道这份订单和其他需要今天送货的订单一样，都还在货架前等着处理后，他就做起了监工，亲自在仓库里指挥工人。

可半个多小时下来，只完成了30%的拣货工作，而且还有不少货品短缺。更糟糕的是核验员还发现不少完成拣货的单子里有错误，根本无法发运，赵董开始暴跳如雷，而货架上的牛奶有一大半都过期的发现更是给他火上浇油。"已经有两个拣错货的工人被他解雇了，从来没见过赵董发那么大的脾气。"黄豪心有余悸，"现在我也得在线上帮着完成订单。"他扭头瞅瞅配送中心经理办公室，"董事长在里面，你去看看吧"。

杨波还没走进办公室，便透过玻璃墙看到董事长铁青的脸。他才推开门，董事长就嚷嚷起来："这怎么行，一笔这样简单的订单都无法完成，这样下去，还说什么顾客至上，服务制胜？"

原来在昨天晚上，客户部接到运丰公司的电话，狠狠的埋怨了嘉农网络超市总不能按时按量送货，给他们带来了很大的麻烦，并威胁如果再发生这样的情况就中止合作。很不巧的是，当时正好客户经理不在，是他这个董事长亲自顶住了运丰公司那个凶神恶煞般的采购经理半个多小时的狂轰滥炸。

二、三月之限

嘉农网络超市是一个组建不到三年的新兴企业，主要经营日用品、食物、饮料等杂货的网上销售业务。嘉农网络超市是几个年轻人集合了民间资本创立的，投资者就是现任董事长董事长的父亲。嘉农网络超市成立以来发展迅速，从十几个人两台电脑，配送小礼品开始，业务范围逐渐扩大，包括了一些对质量及货架管理要求极高的水果、新鲜奶制品、食物等。订单量从几个发展到几百个，配送点覆盖了上海的10个区县，配送量每天达到十多辆货车，业务量突飞猛进。

董事长回到公司后没多久，就给杨波带来了一个噩耗。"我爸刚才来电话了，他的公司经营出现了问题，资金紧张，我们原本谈好的第二笔资金现在没法到位了……"董事长满脸愧色。

杨波一愣，很快他就说："如果暂时没法全部到账，那么是不是可以先注入1/2，或是1/3也行……"董事长摇摇头，脸色凝重。"我已经努力争取过了，可是实在没办法。我爸还说，如果我们不能在3个月内扭亏为盈，他就会把嘉农网络超市出售变现，要我们做好准备……"

这个消息无疑是一记重锤，回想自己和这群伙伴创业三年的艰辛，杨波不知道该怎么告诉其他人这个事实。看到杨波和董事长一起走进会议室，大家都把眼光投到他们身上。杨波清了清嗓子，"如果我们不能在三个月内扭亏为盈的话，那么董事长的父亲会考虑把公司出售。"

"什么？那，第二笔……"急性子的IT部门经理冯维话还没出口，就看到董事长在缓缓摇头。接着是沉默。最后还是财务总监沈亦芸先开口，"杨波，那现在你怎样打算呢？"

"到了现在，我们只能放手一搏，希望能有转机。如今外部的资金支持已经没有了，我们只有从公司内部挤出钱来进行下一步的发展，也就是说，我们的目标是同时改善净利和现金流，至于具体怎样达到个目标，我们现在就商量一下。"杨波说。

三、寻找突破口

会议室里一片安静，杨波首先转向财务总监："沈亦芸，现在我们的财务报表上能透露什么信息？"

沈亦芸随即打开了她的笔记本电脑，熟练地点开费用清单，随之而来的是两个电子表格下的饼状图。管理费用和销售费用都被切成了一块一块的，每片都代表了一个小项目。"大家可以先看看这个，我认为公司在管理费用和销售费用上还有潜力可挖。"

"原来我们每个月有那么多的货物坏掉呢？"董事长指着那块管理费用中的一块黄色的馅饼说，"对了，昨天我去配送中心就看到一大批牛奶过期。是不是我们每次订货订得太多了？"

"可是如果减少订货量的话，那么我们无法得到供货商提供的订货折扣啊！"沈亦芸为现行的订货政策辩护。"而且你们看，由于无法满足顾客订单而导致的缺货赔偿也不少呢！"

杨波有些迷惑了，一边看图一边试图理清自己的思绪。"如果我们减少订货量，就可以减少由于货物过期报废而导致的损失。但是这样，我们势必要损失订货折扣，货物的单价上升，销售成本也跟着上升，而且由于市场需求的不稳定可能会导致某些货物缺货，这部分缺货造成的损失也是不小的。"

"没错！反过来呢，尽管大量的订货可以降低销售成本以及减少缺货现象，可又会使得那些没有及时销售掉的货物过期，增加管理费用。"董事长接着说。

"那么现金方面呢？"杨波问沈亦芸。"恐怕我们的现金都给喂了个大胖子。"沈亦芸微笑着指着资产负债表上的存货数字。

"就是它，存货是个罪魁祸首，"董事长好像发现了新大陆，嚷嚷着，"哪里都有它。"

四、多了还是少了

对于这个存货的问题，嘉农网络超市内部也召开过多次会议研究。各个部门所持的意见大相径庭。销售部的认为货存量不够导致频频缺货，越来越低的订单完成率和糟糕的服务水平限制了销售额的增加。而仓库部门和采购部门则认为现有的库存量已经太高，特别是那些货架期（保鲜要求）比较短的商品来说，过期损失的负担相当大。而财务经理的分析也显示，存货在公司的资产中占用了大量的现金，已经到了警戒水平，而且和业务量的发展相比，成几何级数的增长趋势。杨波的判断也觉得是存货的管理出了问题，但是要证实自己的想法和找到问题的症结所在，他需要更多的数据分析的支持。开完会后，杨波就直奔仓库，他打算跟仓库的经理黄豪先谈一谈。

听杨波说明来意，黄豪叹了口气，说："杨总，我知道缺货对于我们公司来说损失很大，像牛奶、果汁等商品我们现在是每周进一次货，但是有时这些货品的需求量很大，到周五就开始陆续缺货。我经常和采购部说要多进些货，但是每次他们都说不能再多进了。"

然后，他又指着右边几排货架说："右边标着蓝色记号的货架存放的都是冷门商品，那些货品的需求量小，所以周转也慢。我们平均两到三个星期进一次货。但是两个星期前订的货，到今天差不多还有80%剩下。这些货占用了很多地方不说，很多时候由于货品存放时间太长，过了保质期，只好通通扔掉，我也觉得很心疼呢！"

元凶果然是存货！应该从存货量方面着手改进。可又是缺货，又是囤积过多，存货到底是多了还是少了？杨波禁不住在心里打了个大大的问号。

"老黄啊！依你的看法，我们该怎样改进呢？"杨波看着面前的货架问道。

"杨总，照我看来，每次订多少货不能一概而论。对待周转速度快的热门商品和周转速度慢的冷门商品应该有不同的方法。那些周转快同时保质期比较短的产品，如牛奶、面包等，如果采购部不同意增加每次的订货量，那么我们可以增加订货次数，这样的话，既可使平均存货量有所减少，同时又减少了缺货的可能性。"

黄豪接着说，"那些周转慢的商品，那就更简单了，我认为根本一次就不应该订这么多货。占用地方，占用资金之外，还会因为商品过期而造成浪费。"

从仓库一回到办公室，杨波马上叫秘书小章把采购部经理李景请来。"李经理，我想问一下，我们公司现在的商品采购量是根据什么来定的？"杨波一边招呼他坐下，一边直截了当地问。

"通常我们是根据营销部每周的销售记录来预测下个星期的需求量。当然，某些产品如果订购的数量足够多，能够享受到供应商给我们的价格折扣，那么我们就会适当地比预测数目增加一些订货量。"

"有些货老是短缺，这个情况你知道吗？"杨波又追问道。

李景叹了一口气，似乎也有他的难处。"一些保质期短的商品，营销部反映客户的要求很高，都希望是最新鲜的产品。好比牛奶，一旦超过三天，即使还有四天的保质期也得半价出售，那就亏本了。财务部已经和我说了几次了，一定要尽量避免这种不必要的损失。你说我还敢一次订很多货吗？"

"那么你们为什么不试着多订几次货？每次订的量可以少一些，这样既可以保证货品的新鲜，又可以减少缺货。"

李景想了想，把身体往前挪了挪，说道："从道理上讲是可以的。可供应商每次给我们送货，都要收取运输费等不少费用。所以增加订货次数，肯定会增加总的订货成本。其次订货次数一多，我这里的工作量也随之增加，单是加班费这一项的开销就不小了，更不要提目前财务部强调要降低运营成本，已经在抱怨我们采购部每个月的费用。再增加订货成本，恐怕财务部会有意见。"

李景顿了顿，又接着说："营销部经常会做不定期的促销活动，使得某些商品十分畅销。这原本是好事，但他们又没有事先通知我们采购部哪些促销商品应该多进多少，结果反而引起商品的短缺。"

"那么那些堆积在货架上的商品又是怎么回事呢？"杨波又想起黄豪对他讲起的那些周转慢的商品。

"有些商品的保质期比较长。而我们的仓库反正也够大，这些商品进来了，早晚总是可以卖掉的，而且一次进货量大，不仅可以减少订货次数，从而降低订货成本，而且还可以享受到供应商给我们的价格折扣，降低销售成本。"

又和财务部有关。杨波提起话筒，让秘书小章把沈亦芸请到总经理办公室来，想了想又加了句，"叫黄经理也来一趟。"

五、精明的财务总监

沈亦芸不一会儿就进来了。她的办公室就在隔壁。

李景看到沈亦芸，仿佛见到救星一般，对她说："沈经理，关于批量订货，从而享受数量折扣的方案，是不是财务部批准的？"

"是的，为了降低销售成本，我们就要尽量享受供应商的折扣。而且如果我们在一个供货商那里订购的货物足够多，通常供货商还会承担货品的运费。"沈亦芸从容答道。

"可是，这些堆积如山的货物不但占了我们大部分的仓库空间，每月很大一部分人力都花在整理、保管这部分存货上，这也是一块不可忽视的成本。"这个时候，黄豪也到了。

"获得商业折扣直接就能够降低销售成本；反之，如果减少每次订货量，则会大大提高我们的进货和销售成本，而所节省的存货管理成本与损失的销售折扣相比，孰多孰少还不知道。这个道理你不会不清楚吧？"沈亦芸站在了李景一边。

"可你不觉得正是为了享受这个商业折扣，我们过度订货，从而导致部分货品过期，造成浪费么？"杨波反问道。

"即使我们放弃享受订货折扣，完全按照销售预测来订货，就能保证没有存货会坏掉么？"沈亦芸仍是振振有词。

六、旁观者的意见

为了解决这个问题，杨波聘请了供应链学科的研究生王凡兼职进行研究。

在研究了嘉农网络超市的需求数据后，王凡指出嘉农网络超市的需求预测的方法过于简单、主观，缺乏科学依据。王凡对嘉农网络超市的存货管理方法也提出了一些意见，建议引进WMS系统，对存货进行实时管理，可以节省货物过期的成本。

虽然杨波一直对WMS都有留意，不过业界中耗费了巨资而没有收到相应回报的案例也比比皆是。同时，由于网络业务的独特性，使WMS的选择上也很难决定。

在聘请王凡的同时，嘉农网络超市内部也成立了攻关小组进行研究，从另一个角度提出了解决办法。小组主张将嘉农网络超市的几百种存货进行分类，按不同的特性制定订货策略和管理方法。即所谓的ABC分类法。这个建议基本不要求额外的投入资源，而且小组已经选取一些货物，作了小范围的测试，效果非常理想。但是天下真的有如此"免费的午餐"么，为了谨慎起见，杨波要求小组根据前两年的存货数据做出模拟，来证实此项措施的效果。

现在的局势已经到了非改不可的地步了，但是有那么多的建议，公司的资源有限，一着棋错，可能满盘皆输。还剩下不到三个月的时间，面对着办公桌上堆满的咨询报告和建议书，此刻，对于公司是否能够摆脱困境，还是会一步一步陷入泥潭，最终因为无法赢利而难逃被卖掉的命运，说真的，杨波也看不清楚。

要求：

请仔细阅读案例，向嘉农网络超市的总经理呈交一份你的建议。在建议中应分析嘉农网络超市在存货管理方面存在的问题，并给出解决方案。

第十一章 成本控制

第一节 成本控制的意义与内容

一、成本控制的意义

在市场经济条件下，企业间的竞争归根结底是成本的竞争，成本在一定程度上决定着企业的兴衰。开展成本控制是强化企业管理、提高企业效益的重要措施。

所谓成本控制，是企业根据一定时期预先建立的成本管理目标，由成本控制主体在其职权范围内，在生产耗费发生以前和成本控制过程中，对各种影响成本的因素和条件采取一系列的预防和调节措施，以保证成本管理目标的实现。

企业成本控制按成本发生的时间先后不同，分为事前控制、事中控制和事后控制。事前控制主要进行成本预测和成本计划，对控制核算提出要求；事中控制进行成本控制和成本核算，为分析、考核提供依据；事后控制进行成本考核和成本分析，对预测计划提供信息。成本控制按其控制的范围分为广义成本控制和狭义成本控制。狭义的成本控制是指日常生产过程中的产品成本控制，是根据事先制定的成本预算，对企业日常发生的各项生产经营活动按照一定的原则、采用专门方法进行严格的计算、监督、指导和调节，把各项成本控制在一个允许的范围之内。狭义的成本控制又被称为"日常成本控制"或"事中成本控制"。广义的成本控制是指对企业生产经营的各个方面、各个环节以及各个阶段的所有成本的控制，既包括日常成本控制，又包括事前成本控制和事后成本控制，贯穿企业生产经营全过程。

成本控制的过程是对企业生产经营过程中发生的各种耗费进行计算、调节和监督的过程，同时，也是一个发现薄弱环节、挖掘内部潜力、寻找一切可能降低成本途径的过程。因此，加强成本控制对企业来说具有重要意义。

1. 提高企业成本管理水平

成本管理就是对从产品的设计、试制到生产、销售整个过程中发生的费用进行的控制、核算、分析等工作。成本控制是成本管理的重要内容。通过成本控制，对各种劳动消耗实行严格的监督，并针对已发生的各种成本差异进行分析，有效地把握成本的形成，保证目标成本的实现，达到降低成本、提高效益的目的。

2. 推动企业改善经营管理

成本控制的方法之一就是将企业的目标成本指标层层分解，落实到企业内部各部门、单位，形成一个有机的成本控制系统。各部门单位只有不断改善经营管理，才能降低劳动消耗，合理利用资源，从而实现成本目标。因此，有效的成本控制能够推动企业改进各项经营管理工作。

3. 促进企业完善内部经济责任制

为了有效地控制成本，企业要建立内部经济责任制，按责任归属传递、控制、考核和报告成本信息，把经济责任落实到各部门及个人头上，并按照规定的目标进行控制和考核，从而能够正确评价业绩，合理实施奖惩，使企业内部的经济责任制不断完善。

二、成本控制的原则

在成本管理实践中，为了有效地实施成本控制，强化成本管理职能，需遵循以下原则：

1. 全面性原则

成本是一项综合性的价值指标，既受到生产经营活动中众多经济因素的影响，同时，也涉及其他方面的管理工作，因而必须树立统筹兼顾的全面观点，才能使成本得到有效地控制。成本控制的全面性包括全过程的成本控制、全员的成本控制、全部耗费的成本控制。

2. 效益性原则

成本控制不能狭义地理解为单纯对生产耗费的节约，而是通过投入资金的耗费，获得更大的经济效益。因而，应从经济效益最大化的角度来实施成本控制。实际上，成本控制的效益并不仅仅体现在生产经营活动中，而且还蕴藏在生产经营活动之前。因此，不仅需要控制生产过程发生的成本，而且更要从成本事前控制中挖掘不断降低成本的潜力。

3. 责权利相结合的原则

在企业内部，成本控制主体必须拥有在其权责范围内采取有效的管理措施、对发生的资金耗费实施控制的权利，它也必须承担因管理失误导致成本失控而产生损失浪费的经济责任。同时，对成本控制取得成效的控制主体，应当予以肯定和奖励。在成本控制过程中，贯彻责权相结合原则，有利于理顺各成本控制主体的责权关系，调动其成本控制工作的积极性。

4. 及时性原则

企业成本是随着生产经营活动的进行而形成的，它总是处于不断变化之中，为了增强成本控制的时效性，必须运用一定的方法，及时揭示实际耗费与标准成本之间的差异，追查差异产生的具体原因，落实调节差异的管理措施，使成本失控产生的不利后果限制在尽可能小的范围内，并在今后的生产经营活动中消除这种现象。

三、成本控制的内容

企业成本控制应是对成本形成全过程的控制，包括设计成本控制、标准成本控制、生产成本控制、销售成本控制、售后服务成本控制、质量成本控制等。本章主要阐述设计成本控制、标准成本控制、质量成本控制、产品寿命周期成本控制等内容。

1. 设计成本控制

设计成本是指某一设计方案的产品预计发生的成本。不同的设计方案其成本水平、成本构成是不同的，设计阶段形成的浪费是先天性的，因此，选择合理的设计方案对控制成本的发生具有重要的意义。设计成本控制主要是通过对产品设计流程成本降低途径分析、价值分析法等确定最优的设计方案。

2. 标准成本控制

标准成本控制是以标准成本为基础，把实际发生的成本与标准成本进行对比，揭示成本差异形成的原因和责任，采取相应措施，实现对成本的有效控制。其中，标准成本的制定与成本的事先控制相联系，成本差异分析、确定责任归属、采取措施改进工作则与成本的事中和事后控制相联系。

3. 质量成本控制

质量成本是指企业为保持或提高产品质量所发生的一切费用，以及因产品质量未达到规定水平所发生的一切损失。质量成本包括预防检验成本和质量损失成本。质量成本控制的核心在于寻求预防检验成本和损失成本的合理平衡，其基本控制方法为合理比例法、公式法。此外，价值链理论是质量成本控制的最新方法。

4. 寿命周期成本控制

寿命周期成本控制拓展了现代成本控制的内涵与外延，将产品整个生命周期内的成本发生统筹考虑，将成本控制的视角延伸至产品的"研发"与"售后"，是一种兼具动态性与全面性的成本控制方法。可通过寿命周期成本最小化模型、寿命周期成本评价模型等进行寿命周期成本的分析与控制。

四、成本控制的程序

成本控制是一项科学性很强的工作，为了达到预期的效果，需要按照一定的程序进行。成本控制的一般程序如下：

1. 制定成本控制标准

成本控制标准就是在整个生产经营过程中为各部门、单位规定的费用开支和人力、物力消耗的标准。它是衡量、评价实际成本的尺度，是控制成本费用的重要依据。成本控制标准包括直接材料标准成本、直接人工标准成本、制造费用标准成本。成本控制标准的制定应以正常标准为基础。所谓正常标准就是在正常的生产经营环境、良好的管理水平条件下所应达到的标准。在制定时，既要考虑它的先进性，又要顾及它的可行性。如果生产经营条件发生变化，则控制标准也要作相应的调整。实际成本超过标准成本就是浪费，相反就是节约。

2. 控制成本形成过程

在实际生产经营过程中，应根据设计、生产、销售等不同阶段的特点，采取不同的成本控制措施和方法，以提高成本控制效果，实现成本控制目标。

3. 揭示成本差异

将实际发生的各项成本费用与成本控制标准进行比较，计算出节约或超支的差异，同时，对差异形成的原因进行分析。

4. 采取纠正措施

针对成本差异产生的原因，进行责任追溯，以划清责任。同时，采取积极有效的措施予以纠正。对于重大差异应按照例外管理原则进行管理。

第二节　产品设计成本控制

产品成本的绝大部分是由设计过程所决定的，越是业务流程的上游，能决定的成本越大。因为，一旦产品设计确定并投入生产，产品对企业价值和顾客价值的成本效益的影响就基本确定，设计不合理所引起的产品性能和经济性方面的先天不足，是生产过程中采取质量和成本控制措施所无法挽回的，在产品设计定型后再进行价值分析，已经为时太晚。因此，我们应该以研发过程的成本控制作为整个产品成本控制的起点，在设计过程中对产品成本进行有效的估算、预测，这对于企业提高市场竞争力是十分关键的。

一、产品设计成本的含义与内容

大多数企业将成本管理的重点放在生产、销售等环节，而忽视了产品设计成本的控制。学界对于产品设计成本的研究也较少，鲜有学者赋予产品设计成本明确的定义。万寿义教授将产品设计成本定义为："产品设计成本就是根据技术、工艺、装备、质量、性能、功用等方面的各种不同设计方案，核算和预测新产品在正式投产后可能达到的不同成本水平，它是对新产品开发和老产品改造进行可行性分析的重要组成部分，目的在于论证产品设计的经济性、有效性和可行性。"产品设计成本是一种事前成本，并不是实际成本，也可以说是一种预计成本。

（1）从经济内容来看，产品设计成本包括材料（原材料、辅料、外协件、配套件）、人工费用（工资及外加工劳务费）、专项费用、燃料动力费用、固定费用（管理费用、制造费用等）和销售费用等。

（2）从设计工作进程来看，产品设计成本可分为总体设计成本、部件设计成本和零件设计成本。总体设计成本又可细分为成套项目总体设计成本和单台产品设计成本。

二、产品设计成本控制的基本思想

有别于传统的成本控制方法，企业实施产品设计成本控制应秉承以下源流管理的思想和成本筑入的思想。

1. 源流管理的思想

源流管理是指在产品设计乃至开发策划阶段就开始降低成本的活动。源流管理其实只是一种产品观念，引发设计人员对这部分成本的思考。要将观念转化为现实，可能不得不增加材料和技术等方面的投入，这部分要上升的成本能否使它少上升或不上升，或者上升额能在其他方面改变较少或不改变的领域内得以消化吸收，是源流管理的核心。源流管理的特点在于预防，它使大幅度降低成本成为可能。

2. 成本筑入的思想

成本筑入是指将成本作为一种特殊部件，能否将这种部件的一部分乃至全部删除，删除部分又能否装配到其他更重要的功能上去。即在将原材料、部件等汇集在一起装配产品的同时，也将成本一并装配进去。

三、基于设计流程的产品设计成本控制分析

产品设计一般需要经过设计方案、初步设计、深化设计、加工图设计等四个环节。经过这几个步骤之后，产品的设计方案逐步成熟，不但产品的性能等方面会有较大的改善，而且产品的成本水平也会有较大的降低。在产品设计的不同阶段，都应对成本问题进行专题研究。每个阶段都有不同的降低成本的措施。如果这些措施采取得当，就会取得较好的效果。

（一）设计方案阶段的成本控制

在产品设计方案阶段提出设计方案时，企业的成本管理部门应根据企业总体的成本控制目标、产品的市场销售价格、企业的现有生产能力和生产条件等，向产品的设计部门提出具体的成本控制目标，即要求设计部门将产品的设计成本控制在一定的水平上。

在进行产品设计时，成本管理部门应深入到设计部门，对设计人员进行成本管理方面的知识宣传，使产品设计人员摒弃只管设计而忽视成本的现象。如果产品设计人员都来关心成本问题，则会使他们在设计产品时就自觉考虑成本问题，从而使设计的产品在开始时就考虑了降低成本的问题，对日后成本水平的高低会产生重要的影响。同时，将有关市场机会、竞争力、技术可行性、生产需求的信息综合起来，确定新产品的框架，包括新产品的概念设计、目标市场、期望性能的水平、投资需求与财务影响等。在决定某一新产品是否开发之前，企业还可以用小规模实验对概念、观点进行验证，可包括样品制作和征求潜在顾客意见等。一旦方案通过，新产品项目便转入设计阶段。

（二）初步设计阶段的成本控制

在产品初步设计阶段，企业的产品设计部门应根据成本管理部门提出的成本控制目标进行产品的设计。在产品设计时，成本管理部门应积极地予以配合，向设计部门提供新产品所需材料的价格、产品加工工序、每小时的工资及制造费用等资料，便于产品设计部门在进行产品设计时参考，以便在设计时就能大概测算出该产品的设计成本。产品的初步设计是形成产品成本的重要一环，如果初步设计成本较高，则在后期采取相应的措施将其降下来是非常困难的。

在进行产品初步设计时，应运用价值工程的原理。价值工程的基本思想是进行功能—成本分析。这里所说的价值是对于特定功能所要求的成本支出是否合适的评判，也称为价值比率。功能是使人们的欲望、效果或效用得以满足的属性，其具体表现是理想成本、目标成本或消费者对产品的评价值等。实施价值工程的过程，就是设法使价值比率提高的过程，或者说是使低价值比率向高价值比率改善的过程。在采用价值工程进行产品设计时，应根据零部件的重要程度，采用不同的方法。对于重要的零部件、功能大的零部件，应尽量使用好一点的材料，以满足其功能要求。而对于次要的零部件，则可使用一般的材料，以避免其功能过剩。在实际运用时，可采取"零部件功能评价表"的方式，对各种零部件在产品中的重要程度进行分析，并将分析的结果运用于不同的设计方案中。

（三）深化设计阶段的成本控制

产品设计部门在将初步设计方案确定之后，应将其交给有关部门论证，进入产品深化设计阶段，其中还应包括成本管理部门所进行的产品成本的测算。企业的成本管理部门应对产品设计部门提供的设计方案进行审查，并根据设计方案计算产品的设计成本。在计算

产品的设计成本时，应根据设计方案所规定的材料、工时等资料，计算产品投产后可能发生的成本数。对于计算出来的预计成本，应与企业的计划成本进行对比，看其是否超过计划成本规定的指标。若符合成本计划的要求，则该设计方案是可行的；若超过了成本计划指标，则从成本的角度看，该设计方案需要进行修改。这样，产品设计人员就会提高降低产品设计成本的积极性。因此，成本管理部门应根据成本管理的要求，对该项设计方案提出意见。对于不符合成本计划要求的方案或虽然符合成本设计的要求，但仍有需要改进的设计方案，成本管理部门应根据自己所掌握的情况，对设计方案提出改进的意见。由于产品设计部门的人员考虑成本问题不多，所以，成本管理部门应与设计部门沟通，强调成本指标在产品设计工作中的重要性。

（四）加工图设计阶段的成本控制

经过上述三个程序后，产品设计进入了加工图设计阶段，即设计产品生产所经过各道工序的加工方法等。此道工序关键是产品的加工工时及生产工序设计得是否合理。这些项目对成本水平的高低也有重要的影响，如加工工序问题，若产品的加工工序比较合理，则所花费的各工序的结转费用就少；否则，就会增加这方面的费用支出。制造技术部门负责制定制造工艺。制造技术部在确定工艺方案后，应开展工艺成本的预测，并进行工艺成本定量分析。同一产品设计，往往可以采用几种不同的工艺方案，究竟哪种方案能同时满足技术和经济性的要求，就要在成本预测和技术评价基础上，从经济上对各种工艺方案进行比较，从中选择经济合理的方案。制造技术部门应重视工艺成本控制，不仅要重视工艺方案所规定的设备、工艺装备、加工方法和工艺规划能保证产品质量、工作效率达到最高水平，而且要关注工艺成本要下降到最低水平，以便对工艺方案作出正确的决策，达到事先控制工艺成本的目的。技术部门的人员应学习成本管理方面的知识，定期组织相关知识的培训，使他们明确技术部门在成本管理工作中的作用。

四、产品设计成本控制的具体应用：价值分析法

利用价值分析法进行产品设计管理也是产品设计成本管理的重要方面。在开发与设计新产品时，设计人员应运用价值分析的方法，实现技术与经济的最佳结合。价值分析的每一项程序都必须采用一定的技术方法。在这些具体技术方法中，主要有对象选择的方法、功能评价的方法、方案创造的方法、方案评价和选优的方法等。

（一）价值分析的基本原理

价值分析基本原理是在产品的研发设计阶段，通过对产品零部件进行的技术性、经济性和组织性的综合分析评判，利用价值系数指标剔除过剩质量（即多余的不必要的功能）和消除不必要的成本。这一分析方法包含以下四个方面的内容。

（1）价值分析的目的是提高产品的价值。即价值分析应从满足用户要求、不断降低质量成本为前提，力求用最低的成本保证实现产品的功能。这个成本就是产品的整个生产过程与使用过程中所花费的成本之和，它不仅包括产品出厂前的成本，而且还包括出厂后使用中的营运费用、维修费用、停工损失、折旧费、转卖和更新损失等各项费用。

（2）价值分析的核心是功能分析，通过对功能和成本之间的关系进行定性与定量的分析研究，为确定低产品成本和经济有效地开发新产品寻求科学的根据。这里所提到的产品功能，不仅包括产品本身的功能，而且还包括服务、安装、使用维修、拆搬、运输等是否安全、方便、经济等功能。

（3）价值分析是一种依靠集体智慧的综合性分析活动。一个产品从研发设计到制成销售直至用户使用的全过程要通过许多部门的配合，依靠群体才能达到保证产品质量、降低产品成本的目的。根据从事不同工作人员的知识、经验和技能，利用集体智慧共同努力才能实现，对新产品的设计应组织有关人员进行价值分析，把产品质量与成本确定在最优方案的基础上。

（4）价值是功能和成本的比值，它们之间的关系可表示如下：

$$价值 = \frac{功能}{成本}$$

由上述关系式可以看出，价值与功能成正比，与成本成反比。

（二）价值分析法的应用流程

价值分析法是对产品各零部件进行质量与成本的对比分析。其基本流程为：首先，把质量标准数量化，使其能够计量；然后，与其实际成本比较，计算其价值的大小，并确定其成本降低的期望值等。

1. 确定产品功能的重要程度

对于产品组成的零部件来说，可采用一对一的"功能对比打分"来确定各零件的重要程度，即把产品组成的零部件排列起来，逐一和其他零件对比分析，功能重要者，打 1分；功能次要者，打 0 分。在全部对比打分完毕后，把每个零件的得分分别加以累计。此项对比打分工作，应同时由若干与产品相关和无关人员同时进行，然后汇总计算每一零件的平均分数。

某企业选择新产品甲作为价值分析的对象。甲产品由 9 个零件组成，分别用 A~I 表示，现由 5 人采用一对一打分法来确定各零件的重要程度，具体评价结果如表 11-1 所示（系 1 号评分人的评价结果，其余 4 人评价表略）。

表 11-1 　　　　　　　　　　　　　甲产品零件功能对比评分表

评分人编号：1

零件名称	A	B	C	D	E	F	G	H	I	评分值
A		1	1	1	0	1	1	1	1	7
B	0		1	1	0	1	1	1	1	6
C	0	0		1	0	1	1	1	1	5
D	0	0	0		0	1	1	1	1	4
E	1	1	1	1		1	1	1	1	8
F	0	0	0	0	0		1	1	1	3
G	0	0	0	0	0	0		0	1	1
H	0	0	0	0	0	0	1		1	2
I	0	0	0	0	0	0	0	0		0
合计										36

2. 计算功能的评价系数

根据各种零件的平均分数,分别计算功能评价系数(如表 11-2 所示),其计算公式如下:

$$零件功能评价系数 = \frac{某一零件功能评分数}{全部零件的功能评分}$$

表 11-2 　　　　　　　　甲产品零件功能评分汇总表

	1 号	2 号	3 号	4 号	5 号	合计	平均分	功能(质量)评价系数
A	7	7	5	7	8	34	6.8	0.1889
B	6	6	8	6	5	31	6.2	0.1722
C	5	4	5	5	6	25	5.0	0.1389
D	4	5	3	3	5	20	4.0	0.1111
E	8	8	7	8	7	38	7.6	0.2111
F	3	1	3	4	3	14	2.8	0.0778
G	1	2	4	2	0	9	1.8	0.0500
H	2	3	0	1	1	7	1.4	0.0389
I	0	0	1	0	1	2	0.4	0.0111
合计	36	36	36	36	36	180	36.0	1.0000

3. 计算产品成本系数

根据产品成本资料,按每个零件的实际成本与产品总成本之比,计算产品成本系数(如表 11-3 所示)。所谓实际成本,对老产品而言就是实际发生的成本;对新产品而言就是初次设计成本。

4. 计算价值系数

$$价值系数 = \frac{功能评价系数}{成本系数}$$

价值系数是根据功能评价系数和零件的成本系数计算的,根据上面的计算公式,价值系数的计算结果,可能出现三种情况:

(1)价值系数>1,即零件的功能评价系数大于实际成本系数。说明分配在这些零件上的实际成本比重偏低,应检查是否存在功能不足的情况,以便注意加强。

(2)价值系数=1 或接近 1,说明分配在这些零件上的实际成本较为合理。

(3)价值系数<1,即零件的实际成本系数大于功能评价系数。说明分配在这些零件上的实际成本比重过高,应进行重点检查,设法消除过剩质量或多余功能,降低实际成本。

价值系数的计算结果如表 11-3 所示。

5. 计算成本降低额度

根据产品成本标准按各零件功能评价系数进行标准成本的分配，确定每个零件的成本标准，然后再与各个零件的实际成本进行比较，求出每个零件应降低的额度，作为降低成本的标准和要求。其计算公式如下：

某零件成本标准＝产品成本标准×该零件功能评价系数

某零件成本应降低额度＝该零件成本标准－该零件的实际成本

假定甲产品的目标成本660元，则零件成本降低额度如表11-3所示。

表11-3　　　　　　甲产品功能评价与成本系数及成本分配表

零件名称	质量评价系数	实际成本	成本系数	价值系数	按质量评价系数配成本标准	应降低的成本额度
A	0.1889	130	0.1757	1.0751	124.67	5.33
B	0.1722	112	0.1514	1.1374	113.65	−1.65
C	0.1389	103	0.1392	0.9978	91.67	11.33
D	0.1111	80	0.1081	1.0278	73.67	6.67
E	0.2111	131	0.1770	1.1926	139.33	−8.33
F	0.0778	32	0.0432	1.8099	51.35	−19.35
G	0.0500	48	0.0649	0.7704	33	15
H	0.0389	22	0.0297	1.3098	25.67	−3.67
I	0.0111	82	0.1108	0.1002	7.33	74.67
合计	1.0000	740	1.0000	—	660	80

通过上述的计算分析，可以根据新的必要功能要求和质量标准来组织产品的设计和零部件的选择，从而形成合理的设计成本控制指标。

第三节　标准成本控制

标准成本控制系统是为了克服实际成本计算系统的缺陷，尤其是不能提供有助于成本控制的确切信息的缺点而研究出来的一种会计信息系统和成本控制系统。

实施标准成本控制系统一般有以下几个步骤：（1）制定单位产品标准成本。（2）根据实际产量和成本标准计算产品的标准成本。（3）汇总计算实际成本。（4）计算标准成本与实际成本的差异。（5）分析成本差异的发生原因，如果标准成本纳入账簿体系的，则还要进行标准成本及其成本差异的账务处理。（6）向成本负责人提供成本控制报告。

一、标准成本的含义

标准成本是通过调查、分析与技术测定而制订的，用来评价实际成本、衡量工作效率的一种预计成本。在标准成本中，基本上排除了不应该发生的"浪费"，因此被认为是一种"应该成本"。标准成本要体现企业的目标和要求，主要用于衡量产品制造过程的工作效率和控制成本，也可用于存货和销货成本计价。

"标准成本"一词在实际工作中有两种含义：一种是单位产品的标准成本，是根据单位产品的标准消耗量和标准单价计算出来的，准确地来说，应称为"成本标准"。

$$成本标准 = 单位产品标准成本 = 单位产品标准消耗量 \times 标准单价$$

另一种是实际产量的标准成本，是根据实际产品产量和单位产品成本标准计算出来的。

$$标准成本 = 实际产量 \times 单位产品标准成本$$

二、标准成本的种类

（一）理想标准成本和正常标准成本

标准成本按其制订所根据的生产技术和经营管理水平，分为理想标准成本和正常标准成本。

理想标准成本是指在最优的生产条件下，利用现有的规模和设备能够达到的最低成本。制订理想标准成本的依据，是理论上的业绩标准、生产要素的理想价格和可能实现的最高生产经营能力利用水平。这里所说的理论业绩标准，是指在生产过程中毫无技术浪费时生产要素消耗量，最熟练的工人全力以赴工作、不存在废品损失和停工时间等条件下可能实现的最优业绩。这里所说的最高生产经营能力利用水平，是指理论上可能达到的设备利用程度，只扣除不可避免的机器修理、改换品种、调整设备等时间，而不考虑产品销路不佳、生产技术故障等造成的影响。这里所说的理想价格，是指原材料、劳动力等生产要素在计划期间最低的价格水平。因此，这种标准是"工厂的极乐世界"，很难成为现实，即使暂时出现也不可能持久。它的主要用途是提供一个完美无缺的目标，揭示实际成本下降的潜力。因其提出的要求太高，不能作为考核的依据。

正常标准成本是指在效率良好的条件下，根据预期应该发生的生产要素消耗量、预计价格和预计生产经营能力利用程度制定出来的标准成本。在制定这种标准成本时，把生产经营活动中一般难以避免的损耗和低效率等情况也计算在内，使之切合实际，成为切实可行的控制标准。要达到这种标准不是没有困难，但它们是可能达到的。从具体数量上看，它应大于理想标准成本，但又小于历史平均水平，是经过努力才能达到的一种标准，因而可以调动职工的积极性。

在标准成本控制系统中，广泛使用正常标准成本。它具有以下特点：它是用科学方法根据过去实践经充分研究后制定出来的，具有客观性和科学性；它排除了各种偶然性和意外情况，又保留了目前条件下难以避免的损失，代表正常情况下的消耗水平，具有现实性；它可以作为评价业绩的尺度，成为督促职工去努力争取的目标，具有激励性；它可以在工艺技术水平和管理有效性水平变化不大时持续使用，不需要经常修订，具有稳定性。

（二）现行标准成本和基本标准成本

标准成本按其适用期分为现行标准成本和基本标准成本。

现行标准成本是指根据其适用期间应该发生的价格、效率和生产经营能力利用程度等预计的标准成本。在这些决定因素变化时，需要按照改变了的情况加以修订。这种标准成本可以成为评价实际成本的依据，也可以用来对存货和销货成本计价。基本标准成本是指一经制定，只要生产的基本条件无重大变化，就不予变动的一种标准成本。所谓生产的基本条件的重大变化，是指产品的物理结构变化，重要原材料和劳动力价格的重要变化，生产技术和工艺的根本变化等。只有这些条件发生变化，基本标准成本才需要修订。由于市场供求变化导致的售价变化和生产经营能力利用程度的变化，工作方法改变而引起的效率变化等，不属于生产的基本条件变化，对此不需要修订基本标准成本。基本标准成本与各期实际成本对比，可反映成本变动的趋势。由于基本标准成本不按各期实际修订，不宜用来直接评价工作效率和成本控制的有效性。

三、标准成本的制定

制定标准成本，通常首先确定直接材料和直接人工的标准成本；其次确定制造费用的标准成本；最后确定单位产品的标准成本。

在制定时，无论是哪一个成本项目，都需要分别确定其用量标准和价格标准，两者相乘后得出成本标准。

用量标准包括单位产品材料消耗量、单位产品直接人工工时等，主要由生产技术部门主持制定，吸收执行标准的部门和职工参加。

价格标准包括原材料单价、小时工资率、小时制造费用分配率等，由会计部门和有关其他部门共同研究确定。采购部门是材料价格的责任部门，劳资部门和生产部门对小时工资率负有责任，各生产车间对小时制造费用率承担责任，在制定有关价格标准时，要与其协商。

无论是价格标准还是用量标准，都可以是理想状态的或正常状态的，据此得出理想的标准成本或正常的标准成本。下面介绍正常标准成本的制定。

(一) 直接材料标准成本

直接材料的标准消耗量，是用统计方法、工业工程法或其他技术分析方法确定的。它是现有技术条件下生产单位产品所需的材料数量，其中包括必不可少的消耗，以及各种难以避免的损失。

直接材料的价格标准，是预计下一年度实际需要支付的材料单位成本，包括发票价格、运费、检验和正常损耗等成本，是取得材料的完全成本。

直接材料标准成本的计算公式为：

$$\text{直接材料的标准成本} = \text{直接材料的标准消耗量} \times \text{直接材料的价格标准}$$

(二) 直接人工标准成本

直接人工的用量标准是单位产品的标准工时。确定单位产品所需的直接生产工人工时，需要按产品的加工工序分别进行，然后加以汇总。标准工时是指在现有生产技术条件下，生产单位产品所需要的时间，包括直接加工操作必不可少的时间，以及必要的间歇和停工如工间休息、调整设备时间、不可避免的废品耗用工时等。标准工时应以作业研究和工时研究为基础，参考有关统计资料来确定。

直接人工的价格标准是指标准工资率。它可能是预定的工资率，也可能是正常的工资率。如果采用计件工资制，则标准工资率是预定的每件产品支付的工资除以标准工时，或者是预定的小时工资；如果采用月工资制，则需要根据月工资总额和可用工时总量来计算标准工资率。

直接人工标准成本的计算公式为：

$$\text{直接人工的标准成本} = \text{直接人工的用量标准} \times \text{直接人工的价格标准}$$

（三）制造费用标准成本

制造费用标准成本是按部门分别编制，然后将同一产品涉及的各部门单位制造费用标准加以汇总，得出整个产品制造费用标准成本。

各部门的制造费用标准成本分为变动制造费用标准成本和固定制造费用标准成本两个部分。

1. 变动制造费用标准成本

变动制造费用的数量标准通常采用单位产品直接人工工时标准，它在直接人工标准成本制定时已经确定。有的企业采用机器工时或其他用量标准。作为数量标准的计量单位，应尽可能与变动制造费用保持较好的线性关系。

变动制造费用的价格标准是每一工时变动制造费用的标准分配率，它根据变动制造费用预算和直接人工总工时计算求得。

$$\text{变动制造费用标准分配率} = \frac{\text{变动制造费用预算总数}}{\text{直接人工标准总工时}}$$

确定数量标准和价格标准之后，两者相乘即可得出变动制造费用标准成本：

$$\text{变动制造费用标准成本} = \text{单位产品直接人工的标准工时} \times \text{每小时变动制造费用的标准分配率}$$

各车间变动制造费用标准成本确定之后，可汇总出单位产品的变动制造费用标准成本。

2. 固定制造费用标准成本

如果企业采用变动成本计算，则固定制造费用不计入产品成本，因此单位产品的标准成本中不包括固定制造费用的标准成本。在这种情况下，不需要制定固定制造费用的标准成本，固定制造费用的控制则通过预算管理来进行。如果采用完全成本计算，则固定制造费用要计入产品成本，还需要确定其标准成本。

固定制造费用的用量标准与变动制造费用的用量标准相同，两者要保持一致，以便进行差异分析。这个标准的数量在制定直接人工用量标准时已经确定。

固定制造费用的价格标准是其每小时的标准分配率，它根据固定制造费用预算和直接人工标准总工时计算求得。

$$\text{固定制造费用标准分配率} = \frac{\text{固定制造费用预算总数}}{\text{直接人工标准总工时}}$$

确定数量标准和价格标准之后，两者相乘即可得出固定制造费用标准成本：

$$\text{固定制造费用标准成本} = \text{单位产品直接人工的标准工时} \times \text{每小时固定制造费用的标准分配率}$$

各车间固定制造费用的标准成本确定之后，可汇总出单位产品的固定制造费用标准成本。

将以上确定的直接材料、直接人工和制造费用的标准成本按产品汇总，就可确定有关产品完整的标准成本。通常，企业编制"标准成本卡"，反映产成品标准成本的具体构成。在每种产品生产之前，它的标准成本卡要送达有关人员，包括各级生产部门负责人、会计部门、仓库等，作为领料、派工和支出其他费用的依据。

四、标准成本差异的计算与分析

标准成本是一种目标成本，由于种种原因，产品的实际成本会与目标不符。实际成本与标准成本之间的差额，称为标准成本差异，或称为成本差异。成本差异是反映实际成本脱离预定目标成本的程度。为了消除这种偏差，要对产生的成本差异进行分析，找出原因和问题，以便采取措施加以纠正。

直接材料、直接人工和变动制造费用都属于变动成本，其成本差异分析的基本方法相同。由于它们的实际成本高低取决于实际用量和实际价格，标准成本的高低取决于标准用量和标准价格，所以其成本差异可以归结为价格脱离标准造成的价格差异与用量脱离标准造成的数量差异两类。

成本差异＝实际成本－标准成本

　　　　＝实际数量×实际价格－标准数量×标准价格

　　　　＝实际数量×实际价格－实际数量×标准价格＋实际数量×标准价格－标准数量×标准价格

　　　　＝实际数量×（实际价格－标准价格）＋（实际数量－标准数量）×标准价格

　　　　＝价格差异＋数量差异

（一）直接材料成本差异分析

直接材料实际成本与标准成本之间的差额，是直接材料成本差异。该项差异形成的基本原因有两个：一是价格脱离标准；二是用量脱离标准。前者按实际用量计算，称为价格差异；后者按标准价格计算，称为数量差异。

直接材料价格差异＝实际数量×（实际价格－标准价格）

直接材料数量差异＝（实际数量－标准数量）×标准价格

例1：本月生产产品400件，使用材料2500千克，材料单价0.55元/千克；直接材料的单位产品标准成本3元，即每件产品耗用6千克直接材料，每千克材料的标准价格0.5元。根据上述公式计算：

直接材料价格差异＝2500×（0.55-0.5）＝125（元）

直接材料数量差异＝（2500-400×6）×0.5＝50（元）

直接材料价格差异与数量差异之和，应当等于直接材料成本的总差异

直接材料成本差异＝实际成本－标准成本

　　　　　　　　＝2500×0.55-400×6×0.5

　　　　　　　　＝1375-1200＝175（元）

直接材料成本差异＝价格差异＋数量差异＝125＋50＝175（元）

材料价格差异是在采购过程中形成的，不应由耗用材料的生产部门负责，而应由采购部门对其作出说明。采购部门未能按标准价格进货的原因有许多，如供应厂家价格变动、未按经济采购批量进货、未能及时订货造成的紧急订货、在采购时舍近求远使运费和途耗增加、不必要的快速运输方式、违反合同被罚款、承接紧急订货造成额外采购等，需要进行具体分析和调查，才能明确最终原因和责任归属。

材料数量差异是在材料耗用过程中形成的，反映生产部门的成本控制业绩。材料数量差异形成的具体原因有许多，如操作疏忽造成废品和废料增加、工人用料不精心、操作技术改进而节省材料、新工人上岗造成多用料、机器或工具不适用造成用料增加等。有时多用料并非生产部门的责任，如购入材料质量低劣、规格不符也会使用料超过标准；又如，工艺变更、检验过严也会增加数量差异。因此，要进行具体的调查研究才能明确责任归属。

（二）直接人工成本差异分析

直接人工成本差异是指直接人工实际成本与标准成本之间的差额。它包括"价差"和"量差"两个部分。价差是指实际工资率脱离标准工资率，按实际工时计算确定的金额，又称为工资率差异。量差是指实际工时脱离标准工时，按标准工资率计算确定的金额，又称人工效率差异。

$$工资率差异 = 实际工时 \times （实际工资率 - 标准工资率）$$

$$人工效率差异 = （实际工时 - 标准工时）\times 标准工资率$$

例2：本月生产产品400件，实际使用工时890小时，支付工资4539元；直接人工的标准成本10元/件，即每件产品标准工时2小时，标准工资率5元/小时。按上述公式计算：

$$工资率差异 = 890 \times \left(\frac{4539}{890} - 5\right) = 890 \times （5.10 - 5）= 89 （元）$$

$$人工效率差异 = （890 - 400 \times 2）\times 5 = （890 - 800）\times 5 = 450 （元）$$

工资率差异与人工效率差异之和，应当等于人工成本总差异，并可据此验算差异分析计算的正确性。

$$人工成本差异 = 实际人工成本 - 标准人工成本$$
$$= 4539 - 400 \times 10 = 539 （元）$$
$$人工成本差异 = 工资率差异 + 人工效率差异 = 89 + 450 = 539 （元）$$

工资率差异形成的原因，包括直接生产工人升级或降级使用、奖励制度未产生实效、工资率调整、加班或使用临时工、出勤率变化等，原因复杂而且难以控制。工资率差异应归属于人力资源部门管理，差异的具体原因会涉及生产部门或其他部门。

直接人工效率差异的形成原因，包括工作环境不良、工人经验不足、劳动情绪不佳、新工人上岗太多、机器或工具选用不当、设备故障较多、作业计划安排不当、产量太少无法发挥批量节约优势等。它主要是生产部门的责任，但这也不是绝对的，如材料质量不好，也会影响生产效率。

（三）变动制造费用的差异分析

变动制造费用的差异是指实际变动制造费用与标准变动制造费用之间的差额。它也可以分解为"价差"和"量差"两个部分。价差是指变动制造费用的实际小时分配率脱离标准，按实际工时计算的金额，反映耗费水平的高低，故称为耗费差异。量差是指实际工时脱离标准工时，按标准的小时费用率计算确定的金额，反映工作效率变化引起的费用节约或超支，故称为变动制造费用效率差异。

变动制造费用耗费差异＝实际工时×（变动制造费用实际分配率−变动制造费用标准分配率）

变动制造费用效率差异＝（实际工时−标准工时）×变动制造费用标准分配率

例 3：本月实际产量 400 件，使用工时 890 小时，实际发生变动制造费用 1958 元；变动制造费用标准成本 4 元/件，即每件产品标准工时 2 小时，标准的变动制造费用分配率 2 元/小时。按上述公式计算：

$$变动制造费用耗费差异＝890×\left(\frac{1958}{890}-2\right)=890×（2.2-2）=178（元）$$

$$变动制造费用效率差异＝（890-400×2）×2=90×2=180（元）$$

验算：

变动制造费用成本差异＝实际变动制造费用−标准变动制造费用

$$=1958-400×4=358（元）$$

变动制造费用成本差异＝变动制造费用耗费差异＋变动制造费用效率差异

$$=178+180=358（元）$$

变动制造费用的耗费差异，是实际支出与按实际工时和标准费率计算的预算数之间的差额。由于后者承认实际工时是在必要的前提下计算出来的弹性预算数，因此该项差异反映耗费水平，是部门经理的责任，他们有责任将变动制造费用控制在弹性预算限额之内。

变动制造费用效率差异，是由于实际工时脱离了标准，多用工时导致的费用增加，因此其形成原因与人工效率差异相同。

（四）固定制造费用的差异分析

固定制造费用的差异分析与各项变动成本差异分析不同，其分析方法有“二因素分析法”和“三因素分析法”两种。

1. 二因素分析法

二因素分析法是将固定制造费用差异分为耗费差异和能量差异。

耗费差异是指固定制造费用的实际金额与固定制造费用预算金额之间的差额。固定费用与变动费用不同，不因业务量而变，故差异分析有别于变动费用。在考核时不考虑业务量的变动，以原来的预算数作为标准，实际数超过预算数即视为耗费过多。其计算公式为：

固定制造费用耗费差异＝固定制造费用实际数−固定制造费用预算数

能量差异是指固定制造费用预算与固定制造费用标准成本的差异，或者说是实际业务量的标准工时与生产能量的差额用标准分配率计算的金额。它反映实际产量标准工时未能达到生产能量而造成的损失。其计算公式如下：

固定制造费用能量差异＝固定制造费用预算数−固定制造费用标准成本

＝固定制造费用标准分配率×生产能量−

固定制造费用标准分配率×实际产量标准工时

= （生产能量-实际产量标准工时）×固定制造费用标准分配率

例4：本月实际产量400件，发生固定制造成本1424元，实际工时890小时；企业生产能力500件即1000小时；每件产品固定制造费用标准成本3元/件，即每件产品标准工时2小时，标准分配率1.50元/小时。

按上述公式计算：

固定制造费用耗费差异=1424-1000×1.5=-76（元）

固定制造费用能量差异=1000×1.5-400×2×1.5=1500-1200=300（元）

验算：

固定制造费用成本差异=实际固定制造费用-标准固定制造费用

=1424-400×3=224（元）

固定制造费用成本差异=耗费差异+能量差异=-76+300=224（元）

2. 三因素分析法

三因素分析法是将固定制造费用成本差异分为耗费差异、效率差异和闲置能量差异三部分。耗费差异的计算与二因素分析法相同。不同的是要将二因素分析法中的"能量差异"进一步分为两个部分：一部分是实际工时未达到生产能量而形成的闲置能量差异；另一部分是实际工时脱离标准工时而形成的效率差异。其计算公式如下：

固定制造费用闲置能量差异=固定制造费用预算-实际工时×固定制造费用标准分配率

=（生产能量-实际工时）×固定制造费用标准分配率

固定制造费用效率差异=实际工时×固定制造费用标准分配率-实际产量标准工时×固定制造费用标准分配率

=（实际工时-实际产量标准工时）×固定制造费用标准分配率

例5：根据例4资料，计算固定制造费用差异如下：

固定制造费用闲置能量差异=（1000-890）×1.5=110×1.5=165（元）

固定制造费用效率差异=（890-400×2）×1.5=90×1.5=135（元）

三因素分析法的闲置能量差异（165元）与效率差异（135元）之和为300元，与二因素分析法中的"能量差异"数额相同。

第四节　质量成本控制

一、质量成本的内容

质量成本是指企业为保持或提高产品质量所支出的一切费用，以及因产品质量未达到规定水平所产生的一切损失。它按经济内容划分为预防成本（Prevention Costs）、检验成本（Appraisal Costs）、内部质量损失成本（Internal Failure Costs）、外部质量损失成本（External Failure Costs）四类。前两项合称为预防和检验成本，后两项并称为质量损失成本。具体关系如图11-1所示。

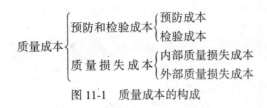

图 11-1 质量成本的构成

预防成本是指为了保证产品达到规定的质量标准和防止质量事故的发生所支出的各项费用，如质量计划工作费、生产工序质量控制费、质量管理人员的培训费、质量奖励费等。

检验成本是指对于从外部企业购入的原材料、半成品等所进行的质量检验，以及为本企业完工产品和零部件所进行的合格检验所发生的费用，如进货检验费、工序检验费、产品检验费、破坏性试验的产品试验费用和检验设备的维护保养费用等。

内部质量损失成本是指生产过程中由于质量问题而发生的损失成本。它包括产品在生产过程中出现的各类缺陷所造成的损失，以及为弥补这些缺陷而发生的各种费用，如废品损失、返修费用、复检费用、因质量问题而使本工序停产所发生的损失等。

外部质量损失成本是指产品售出后及客户在使用过程中因发生质量问题而支付的各项费用，如产品的三包损失、派遣人员赴外地检修产品所发生的差旅费用、因质量问题而发生的降价损失等。

与质量有关的预防和检验成本以及损失成本是两类不同性质的成本，且二者随产品质量水平的变化，此增彼减。预防和检验成本属于不可避免成本，随着产品质量的提高，该部分成本将增加；损失成本则属于可避免成本，随着产品质量的不断提高，这部分成本将不断下降。

二、质量成本控制的内容

处于"买方市场"的现代企业，为了取得竞争优势，不外乎两个选择"高质量"抑或"低成本"。遗憾的是，在"高质量"与"低成本"二者间，"鱼与熊掌"不可兼得！原因在于，一般而言，高质量的产品或服务虽能提高顾客的满意度，提高企业产品形象与市场占有率，增加利润；但同时，高质量的产品或服务意味着企业必须付出高成本。若企业盲目追求产品的高质量，使产品价格因成本的大幅提高而上升，则可能会引起产品需求的萎缩，也是得不偿失的。鉴于此，企业质量成本控制应成为成本控制的关键一环。

质量成本控制包括两个方面的基本内容：一是最佳质量水平，即寻求能使企业经济效益最大化的最适宜质量水平；二是最低质量成本，即寻求在最适宜质量区间内的最小化质量成本。从理论上来说，最佳质量水平与最低质量成本应是对应的。

（一）最佳质量水平

通常用产品合格率来衡量产品的质量水平。根据优质价高原则，企业生产较高质量水平的产品，在产量相同的前提下，可以获得较高的销售收入，但同时也须付出较高的成本。换言之，随着质量水平的提高，销售收入会提高，产品销售成本也随之提高。这种关系如图 11-2 所示。

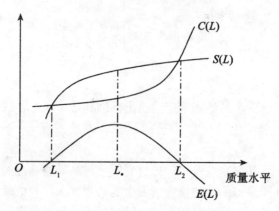

图 11-2　最佳质量水平分析图

其中：L 为质量水平（产品合格率）；

　　　　C（L）为质量成本曲线；

　　　　S（L）为质量收入曲线；

　　　　E（L）为质量利润曲线。

从图 11-2 中可以发现，当质量水平低于 L_1 点时，质量收入低于质量成本，为亏损域；当质量水平高于 L_2 时，质量收入仍低于质量成本，也为亏损域。适宜的质量区间为 L_1、L_2 之间，因为此时，追求质量的收入高于付出的质量成本，此为适宜的质量区间。

如果最佳质量水平应介于 L_1、L_2 之间，那么最佳质量水平如何确定？这可以借助微积分知识来确定。

E（L）$= S$（L）$- C$（L），则当 $\dfrac{dE（L）}{d（L）} = 0$ 时，也就是质量水平处于 L_* 时可实现质量利润最大化。如图 11-2 所示，L_* 即为最佳质量水平。L_* 质量水平（产品合格率）所对应的产品质量总成本达到最低。

（二）最低质量成本

质量成本由预防和检验成本、质量损失成本构成。预防和检验成本越高，产品质量水平越高，损失成本越低；反之，付出的预防和检验成本越低，产品质量越差，损失成本必然增加。两类成本有着"此增彼减"的反向变动关系。设 C_1（L）为预防和检验成本，C_2（L）为质量损失成本，则质量总成本 C（L）$= C_1$（L）$+ C_2$（L），质量成本随产品质量水平（合格率）的变动关系如图 11-3 所示。

根据微积分知识，令 $\dfrac{dC（L）}{dL} = 0$，则可得产品合格率为 L_* 时，质量总成本 C（L）最低。而此时的单位质量预防和检验成本等于单位质量损失成本，总质量成本达到最小化。这便是企业质量成本控制的目标。

三、质量成本控制的程序

（1）确定最优质量成本，并以此作为质量成本控制的总目标。最优质量既不是质量

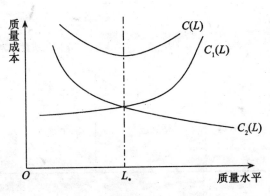

图 11-3　最优质量成本分析图

水平最高时，也不在质量最低时，而是在使得预防和检验成本与损失成本之和最小时的质量水平上。

（2）建立健全质量成本管理的组织体系。有了质量成本的控制目标，还应建立健全质量成本管理的组织体系，以确保目标的实现。由于质量成本涉及企业的诸多部门，如供应、生产、销售、质检、财会等部门。因此，必须划分责任，归口控制。

（3）应坚持预防为主的方针。在质量成本控制中为保证一定的质量水平，应适当增大预防检验成本占质量总成本的比重，这样可以减少损失成本的发生。

（4）计算和分析质量成本差异。企业应及时计算实际质量成本脱离预算质量成本的差异，并对此分项逐一进行分析，寻找原因，以采取相应措施加以控制。

四、最佳质量成本控制模型

最佳质量成本控制实质上就是在两类不同性质的质量成本（预防检验成本和损失成本）之间寻求合理的平衡，以达到总质量成本的最小化。尽管在现实中寻求预防检验成本与损失成本的平衡点是十分困难的，但理论上而言，两类质量成本之间的平衡点是存在的。然而，对于该平衡点到底是一点，还是一个区间，目前尚存在不同的看法。确定最佳质量成本可采取合理比例法和公式法。

（一）合理比例法

质量成本控制的合理比例法是根据质量成本各项目之间的比例关系，确定一个合理的比例，从而找出质量水平的适宜区域。该法认为，最佳质量水平是一个区间，而不是一点。因为，在质量成本控制的实践中，达到某一点的合格率不易保持，而使合格率保持在某一范围内还是容易做到的。

合理比例法将质量成本曲线分为三个区域：质量改善区、质量适宜区和质量至善区，如图 11-4 所示。

如果产品质量处于改善区，则说明产品质量水平较低，损失成本高，这为企业敲响警钟，企业应尽快采取措施，追加预防和检验费用的支出，尽可能地提高产品质量；如果产品质量处于至善区，则说明产品质量水平太高，甚至超过用户的需要，此时，虽然损失成

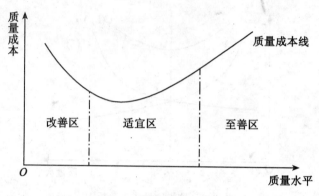

图 11-4　质量成本模型

本很低，但发生的预防检验成本过高，总体而言，质量成本仍然是浪费的，因此也不足取。理想的质量水平区域是适宜区，在该区域，质量适当，成本低，效益高。

根据该模型，当企业产品质量处于改善区或至善区时，企业质量成本控制都是不力的，此时，企业应想方设法使产品质量水平向适宜区回归。那么究竟质量水平的适宜区怎么确定？这需要质量成本诸项目形成一个合理的比例，当达到这一合理比例时，质量水平便可处于适宜区。有关研究者对制造业平均质量成本水平的研究发现：就平均而言，质量成本中，预防成本占 10% 左右，检验成本占 30% 左右，损失成本占 60% 左右，这是一个合理的比例。我国一些企业的实践证明这个比例基本上具有代表性。当然，我们不能对此进行绝对化理解，还应根据企业的具体情况来分析。

（二）公式法

公式法也可称为边际分析法，是一种运用微分极值理论进行质量成本控制的方法。其基本思路是：首先构建质量成本的数学模型，进行模型分析，寻求能够使得质量成本最低的产品合格率，此时的产品合格率代表最佳质量水平，相应地，此时达到了最佳质量成本点。需要说明的是，不同于合理比例法，公式法分析得到的是最佳质量成本控制点。

1. 质量成本公式的构建

令 L 为产品合格率，则（$1-L$）为废品率；I 为单位产品成本的质量损失，则每件合格产品负担的质量损失成本 C_1 为：

$$C_1 = I \times \frac{1-L}{L}$$

产品合格率与废品率之间的比例关系，取决于企业预防和检验成本的水平。设随产品合格率变化需要追加的预防和检验成本的比例为 K，则每件合格品负担的预防和检验成本 C_2 的计算公式可表达为：

$$C_2 = K \times \frac{L}{1-L}$$

这样，单件合格品所负担的质量总成本 C 的公式为：

$$C = C_1 + C_2 = I \times \frac{1-L}{L} + K \times \frac{L}{1-L}$$

2. 最佳质量成本控制点

根据微分极值原理，我们可以令总质量成本 C 函数的倒数为 0，

即
$$\frac{\mathrm{d}C}{\mathrm{d}L}=0$$

便可得到，能使总质量成本最小化的最佳产品合格率（或最优质量水平）为：

$$L_* = \frac{1}{1+\sqrt{K/I}}$$

最优质量成本为：

$$C_* = I \times \frac{1-L_*}{L_*} + K \times \frac{L_*}{1-L_*}$$

例 6：武汉某钢铁厂上年度锻压件合格率 95%，年产量 400 吨，预防检验成本 16000 元，每吨锻压件的废品损失成本 800 元。

要求：计算该厂的最优合格率和最优质量成本。

具体计算分析如下：

依题意，$L=95\%$，$I=800$（元），

$C_2 = 16000 \div 400 = 40$（元）

$$K = C_2 \times \frac{1-L}{L} = 40 \times \frac{1-95\%}{95\%} = 2.10$$

则，最佳合格率 $L_* = \dfrac{1}{1+\sqrt{K/I}} = \dfrac{1}{1+\sqrt{2.1/800}} = 95.13\%$

$$最优质量成本 = 800 \times \frac{1-95.13\%}{95.13\%} + 2.1 \times \frac{95.13\%}{1-95.13\%} = 81.97（元）$$

可见，该钢铁厂最优合格品率 95.13%，此时的质量成本最低，最低单位质量成本 81.9 元。公司应以此作为质量成本控制的目标，进一步小幅提高锻压件的质量。

五、价值链视角的质量成本控制

（一）价值链理论

价值链（Value Chain）的概念由哈佛商学院教授波特在 1985 年提出。波特在研究企业竞争优势时指出，公司的价值创造过程主要由基本活动（含生产、营销、运输和售后服务等）和支持性活动（含原材料供应、技术、人力资源和财务等）两个部分构成，这些活动在公司价值创造过程中是相互联系的，由此构成公司价值创造的行为链条，这一链条就称为价值链。

价值链理论认为，企业的发展不只是增加价值而是要重新创造价值。在价值链系统中，不同的经济活动单元（供应商、企业合作者和顾客）通过协作共同创造价值，而价值已不再受限于产品本身的物质转换。这说明价值链在某种程度上可以看成是一种价值创造形式或方法，同时，这里的价值也不只是有形的顾客价值（如产品或服务），在现代环境下更应该考虑顾客的满足感。

（二）价值链理论与质量成本控制

价值链分析是将从基本的原材料到最终用户之间的价值链分解成与战略相关的活动，

以便理解质量成本的性质和差异产生的原因。这就使质量成本和价值建立起了有机的联系，使质量成本控制和价值链管理建立起了有机的联系，从而使企业有可能运用价值链分析工具从战略高度进行质量成本控制战略决策，从日常价值活动角度进行质量成本控制，从价值链之间的联系和价值活动之间的联系出发寻找"合理成本"控制的方法，从而创造顾客价值，并实现企业价值最大化。

价值链分析将影响企业产品成本的任何一个方面，从供应商、企业自身、购买商到竞争对手，从项目开发、产品设计、生产制造、仓储运输到售后服务都作为降低质量成本的突破点，能够更加全面地分析企业价值活动对产品利润的贡献，有利于培育企业持续降低成本的能力。

所以，通过价值链分析，企业不仅可以将质量成本控制与企业战略有效地结合起来，也可以将质量成本控制扩展至产品的整个生命周期全过程和整个供应链的所有节点，基于价值链的质量成本控制能有效克服现行质量成本控制中存在的不足和困难。

（三）基于价值链理论的质量成本控制对策①

1. 树立正确的价值链质量成本控制观

（1）源头质量成本控制思想。价值链质量成本控制思想的控制重点是企业质量成本发生的"源头"，即企业设计和产品规划阶段质量成本的控制。企业设计和产品规划阶段的质量成本本身在全生命周期成本中所占比重通常不大，但它具有"乘数效应"，对产品或服务生命周期的其他阶段质量成本会产生非常显著的影响。国外统计资料表明，在传统加工制造业中，通过提高产品设计质量获得的节约费用，最大幅度可占生产费用总和的30%，而设计质量的平庸甚至缺陷，在研制过程中通过技术革新等相关手段获得的节约费用，最大程度可占生产总费用的60%。另据统计，设计上的缺陷若能在设计过程中及时发现、修正与更正，比起留待生产加工制造中暴露与解决要节省一倍的力量。

（2）基于价值链质量成本控制的系统思想。企业质量成本控制系统的范围立足于价值链，不仅涵盖生产阶段的质量成本和质量成本控制，而且向前延伸到供应商和合作伙伴及产品规划设计阶段，向后延伸至产品销售和售后服务阶段的质量成本控制。即纵向包括产品规划设计、采购、制造、管理和销售领域的质量成本和消费者的质量成本控制，横向则延伸到竞争者价值链和合作者价值链。

（3）价值工程的思想。根据价值链理论，企业一切价值活动均因顾客需求而生，由此企业的一切成本行为也必然是为了创造顾客价值而发生，从而也就不应首先将价值链成本行为看成只是导致资源耗费，更重要的是必须进行足够的资源投入以创造满意的顾客价值。企业虽应重视质量成本的控制，但更应重视价值的创造、价值的实现和价值实现的时间，从价值工程的角度来看待质量成本与质量价值的关系。

（4）动态控制，与企业环境相适应的思想。企业在实际实施质量成本控制过程中，应因地制宜，不能生搬硬套。同时，企业应不断地创造环境、改进和完善环境，使其与先进的质量成本控制系统和质量控制方法相辅相成。

2. 优化质量价值链

---

① 郭毅. 基于价值链的质量成本控制研究［J］. 经济论坛，2010（1）.

在企业内部，质量链源于市场调查与分析，包括产品设计、工艺准备、采购、生产制造、销售和售后服务等与质量有关的全部过程。正是这些过程在形成产品的同时形成产品的质量。从企业外部看，企业又与供应商、外协厂家、合作伙伴、分销商等实体构成一个控制质量的统一整体，即质量链。质量链上的所有活动都紧紧围绕质量问题而协调一致地工作。因此，对质量链的概念可表述为，在先进制造模式下，质量特性及其影响因素与控制措施沿着供应链的传递、转换以及相互作用使形成最终产品质量表现的相关过程与要素构成的一个有机的整体网络。

通过重构质量链，优化质量价值链，建立协同的质量链不仅意味着企业的内部部门之间，而且还意味着将企业的供应商、分销商和零售商甚至最终用户联系起来，共同满足和挖掘市场需求，形成企业的动态联盟和协同，统一计划，统一数据模式，所有质量链节点上的企业在统一计划的运作下进行产品质量的协同开发，物料的协同采购与协同的物流质量管理，模块化的协同生产，协同的质量改进计划等。同时，把实物质量管理变为质量文化，变为价值质量管理。在这个过程中，质量链管理将帮助企业降低质量成本，提高经济效益，创造竞争优势，推动企业发展新的业务。

3. 基于价值链理论拓展质量成本控制体系

为了有效地控制质量成本，企业应构建以价值链分析法为主线，以目标成本法为主导，以作业成本法为基础的完善的质量成本控制体系。

价值链分析是战略成本管理的重要分析工具，它对从供应商到最终客户形成的供应链进行分析，明确各节点企业内部与企业之间发生的各种价值活动的增值性以及活动之间的联系，并深入到作业层次，通过成本动因分析，从源头上进行分析、控制，致力于消除不增值的质量环节，从而优化整个质量价值链，降低质量成本，提高企业的竞争能力。

目标成本法是从新产品的基本构想、设计至生产开始阶段，为降低成本及实现利润而实行的各种管理活动。它是一种非常适合价值链质量成本控制、并可以帮助企业在满足顾客需求的同时保持成本竞争力的先进成本管理工具。

为了更好地进行价值链质量成本控制，我们必须充分了解供应链上每个环节、每项增值活动的质量成本状况，量化各环节、各活动的质量成本和费用，使管理者可以很容易掌握准确、全面的质量成本信息，而作业成本法恰恰很好地解决了价值链上各环节、各项活动的质量成本计量问题，提供及时相关的质量成本信息。

第五节　产品寿命周期成本控制

产品寿命周期成本控制思想最先在武器装备研制领域应用，后逐步推广到民用工业部门。经过多年的实际应用，其运用领域已十分广泛，逐渐成为大型国际化企业实施成本控制、提高竞争力的有效手段。

一、产品寿命周期成本的含义

产品寿命周期成本最早由美国国防部于20世纪60年代提出，它克服了传统成本控制方法仅注重降低生产制造成本的局限性，将企业成本管理的视角向前延伸至研发设计阶段，向后拓展至售后服务及报废回收处理阶段，拓宽了成本管理的视野。

产品寿命周期成本（Product Life Cycle Costing, LCC）有狭义与广义两种认识。狭义的 LCC 是指在企业内部及其关联方发生的由生产者负担的成本，具体指产品策划、开发、设计、制造、营销与物流等过程中的成本。广义的 LCC 不仅包括企业角度发生的成本，而且要把消费者购入产品后发生的使用成本、废弃处置成本等也包括在内。可见，广义的产品寿命周期成本，不仅包括企业角度发生的成本，而且还包括顾客角度和社会角度发生的成本。本节采用的是广义寿命周期成本。

二、产品寿命周期成本的分类

对产品寿命周期成本的组成众说纷纭，比较有代表性的有以下两种。

（一）"六分法"

在"六分法"下，产品寿命周期成本分为设计成本、制造成本、销售成本、维修成本、使用成本和回收报废成本六部分。从产品的寿命周期过程来看，LCC 就是产品从开始酝酿，经过论证、研究、设计、生产、使用一直到最后报废的整个生命周期内所耗费的研究、设计与发展费用、生产费用、使用和保障费用及最后废弃费用的总和。

具体而言，设计成本包括可行性研究、市场调查、图纸设计、产品试验、修改设计、准备技术说明书等所花费的费用。制造成本包括材料、加工工时、劳动工时、半成品运输、存放以及装配、调试、检验、废品、修复等各种费用。销售成本包括产品包装、运输、储存以及广告等费用。维修成本是在使用期限内，为维护设备进行修理或更换零件所需花费的费用。如果所设计的机器设备是自己使用，或在给使用一方的合同中有提供维修的保证，则它是机器设备总成本的一部分；如果合同中不承担维修任务，则是使用消耗费用的一部分。使用成本是用户使用机器设备期间，需要支付的人力消耗、动力消耗以及维修保养等的费用。回收报废成本是产品报废处理和再生的费用，其中，使用不同的回收和报废方法会对环境产生不同的影响。

（二）"二分法"

在"二分法"下，产品寿命周期成本包括原始成本和运行维护成本两部分。原始成本是指设计成本、开发成本和生产成本。运行维护成本是指售后的与使用该产品有关的消耗成本及维修成本、保养成本、报废损失成本等。一般来说，运行维护成本的高低，常常反映出产品的功能或质量的好坏。凡质量高、功能好的产品，其运行维护成本就低，而其寿命期限较长；反之，质量低、功能差的产品，其运行维护成本必然高，而其寿命期限也相对较短。与此相反，原始成本水平与产品质量呈正向变动关系，即产品寿命周期的原始成本越高，则产品的质量与功能越好。

企业要在激烈的竞争中立于不败之地，不仅要考虑产品的物美价廉，而且还要关注运行维护成本的降低问题。然而，结合以上的分析，我们不难发现，随着产品功能与质量的变动，寿命周期成本的原始成本与运行维护成本呈反向变动关系。

三、产品寿命周期成本控制模型

（一）寿命周期成本最小化模型

寿命周期成本最小化模型的思路是，通过分析产品功能变动与原始成本和运行维护成本的变动关系，寻找能够使寿命周期总成本最低的产品功能水平。那么，此产品功能水平就是企业确定产品原始成本和运行维护成本的依据。

为分析问题的方便，我们将上述 LCC 二分法的思路进行拓展，假定寿命周期成本由原始研制生产成本 C_{L1}、使用维护成本 C_{L2} 和固定成本 G 三个部分组成，并假定产品功能用 F 表示。

可认为原始研制生产成本 C_{L1} 与功能 F 间大致成正比，即线性关系；而使用维护费成本 C_{L2} 与功能 F 间大致成反比关系；固定成本 G 不随产品功能水平 F 变化。从而可将产品寿命周期成本 LCC 表达为：

$$LCC = C_{L1} + C_{L2} + G$$
$$= aF + \frac{b}{F} + G$$

式中：a、b 为常数，其大小与产品类型、性能有关；

G 为固定成本，对于特定产品，其固定不变。

对上式求导数，并使其等于零，便得到 LCC 最小的功能 F_*，即

$$F_* = \sqrt{\frac{b}{a}}$$

最优寿命周期成本：

$$LCC_* = 2\sqrt{ab} + G$$

值得一提的是，此时的原始研制生产成本 C_{L1} 与运行维护成本 C_{L2} 相等，即有

$$C_{L1} = C_{L2} = \sqrt{ab}$$

寿命周期成本最小化模型如图 11-5 所示。

在此，将寿命周期成本最小时的功能称为产品的最适宜功能（F_*），这是寿命周期成本最小化模型的最理想情况。

由图 11-5 可知，对于任何一个产品，若其功能太差，则功能低于最适宜功能 F_*（见图 11-5 中的 F_1），研制生产成本 C_{L1} 小，而使用维护成本 C_{L2} 大；若其功能过强，则功能高于最适宜功能 F_*（见图 11-5 中的 F_3），研制生产成本 C_{L1} 大，而使用维护成本 C_{L2} 小，最终都将使寿命周期成本 LCC 加大。寿命周期成本 LCC 和功能 F 之间的关系曲线为"U字形"。显然，相比之下，功能太差，功能低于最适宜功能 F_* 是不可取的，因为这时不仅功能差，而且寿命周期成本 LCC 也高。

（二）寿命周期成本评价模型

寿命周期成本评价模型作为稀缺资源综合有效利用的系统分析决策方法，是以寿命周期成本效率为标准，而对项目方案评价决策的技术经济评价方法。寿命周期成本评价的关键是产品目标确定之后，如何设计其系统效率（SE）评价指标体系，如何估算寿命周期成本（LCC），并在研制生产成本 C_{L1} 与使用维护成本 C_{L2} 之间进行折中权衡，综合分析。

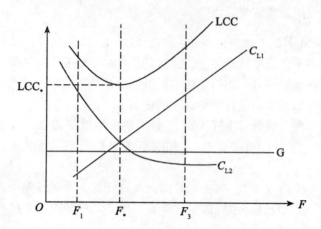

图 11-5　寿命周期成本最小化模型分析图

基于价值工程的基本原理，寿命周期成本评价模型为：

$$CE（成本效率）= \frac{SE（系统效率）}{LCC（寿命周期成本）}$$

式中，SE（系统效率）为产出（输出），由于产品类型的不同，其产出（输出）的表现形式也不同，通常用一个由定性指标和定量指标构成的指标集表示：

$$SE = A \cdot B \cdot C$$

指标集一般由可用度 A、可维修度 B 和运营能力 C 等指标构成，可用度 A 为概率值数列，可维修度 B 为某时间内任务状态条件转移矩阵 $[b_{ij}]$，运营能力 C 为某时间内具备的运营能力大小矩阵 $[c_{ij}]$，则上式变成：

$$SE = [a_1, a_2, \cdots, a_n] [b_{ij}] [c_{ij}]$$

寿命周期成本评价模型变为：

$$CE = \frac{CE}{LCC}$$

单从上式可知，SE 越高，LCC 越低，其 CE 越大。为使 CE 增大，就应想方设法提高 SE 而减小 LCC，并在两者之间进行折中协调，综合分析，最终使产出投入比最大即产品的 CE 最大。

产品也有一个最适宜 SE，即寿命周期成本最小时的 SE。SE 高于或低于最适宜 SE，都将使寿命周期成本加大。因此，寿命周期成本评价模型理论方法应受到寿命周期成本最小化的约束。

寿命周期成本评价的程序步骤大致分为：（1）确定任务目标；（2）设计多种可行方案；（3）设计产品的 SE（系统效率）评价指标体系，确定寿命周期成本组成因素及成本分解结构（Cost Breakdown Structure，CBS）；（4）评价优选方案，先粗评，舍去"无资格方案"；然后再精评，计算或估计有资格方案的系统效率和成本，用固定效率法和固定成本法进行方案试评，最后选出最佳方案；（5）编写评价报告。

思 考 题

1. 什么是成本控制？其包括哪些主要内容？
2. 成本控制的意义是什么？其应该遵循哪些原则？
3. 什么是产品设计控制？其包括哪些内容？
4. 什么是标准成本？其有哪些类型？
5. 什么是成本差异？如何计算成本差异？
6. 什么是质量成本？其包括哪些内容？
7. 阐述质量与成本之间的关系？如何确定产品最佳的质量水平？
8. 什么是产品生命周期成本控制？对其进行控制的意义是什么？

练 习 题

1. 兴皖企业生产 A 产品需要甲、乙、丙三种材料。生产每件 A 产品需要消耗甲材料 5 公斤，乙材料 3 公斤，丙材料 3 公斤。企业各种材料耗损率的上限 10%，即每使用 1 公斤材料，其耗损的最大值 0.1 公斤。甲材料的买价 5 元/公斤，乙材料的买价 4.5 元/公斤，丙材料的买价 2.5 元/公斤。运费和保险费占买价的比率分别为 3%和 2%。直接材料标准成本计算表如下表所示。

A 产品直接材料标准成本　　　　　　　　单位：元

标准	甲材料	乙材料	丙材料
用量标准（单位：公斤） 　产品用量 　正常耗损 　小　计	5	3	3
价格标准（单位：元） 　买价 　运杂费 　保险费 　小　计	5	4.5	2.5
直接材料标准成本			

要求：根据以上资料，计算 A 产品直接材料标准成本。

2. 兴皖企业生产 A 产品需要经过两道工序，生产每件 A 产品需要在第一道工序加工 2 小时，加上必要的职工休息间歇、设备调试时间以及其他必要耗费，每件 A 产品需要 3 小时。同样，生产每件 A 产品需要在第二道工序加工 2.5 小时，加上必要的时间耗费，每件 A 产品需要 3.5 小时。由于生产的劳动强度不同，因此，第一、第二道工序工人工资率不相同。经计算，第一道工序工人工资率 3 元/小时，第二道工序工人工资率 2 元/小时。直接人工标准成本计算表如下表所示。

直接人工标准成本

标准	第一道工序	第二道工序
价格标准（元/小时） 小时工资率	3	2
用量标准（小时） 生产工时 其他损耗 小　　计	2 1	2.5 1
直接人工标准成本（元）		

要求：根据以上资料，计算 A 产品直接人工标准成本。

3. 兴皖企业 2011 年 1 月份生产 A 产品 1000 件，实际耗用材料 3000 公斤。该材料的实际采购单价 2.3 元/公斤，标准单价 2.5 元/公斤。每件 A 产品材料标准耗用量 2.5 公斤。

要求：计算 A 产品所用材料的成本差异总额，并对其差异进行分析。

4. 万龙公司生产 B 产品 2000 件，实际耗用甲材料 5000 公斤，该材料实际采购单价 3 元/公斤，标准单价 3.5 元/公斤。每件 B 产品材料标准耗用量 2.2 公斤。

要求：计算 B 产品所用材料的成本差异总额，并对其进行分析。

5. 已知兴皖企业 2011 年 1 月份生产 B 产品的标准工时 1.5 小时，标准人工工资率 2 元/小时。本月生产产品 500 件，实际工时总额 800 小时，该月支付的工资总额 1680 元。

要求：计算 B 产品耗用直接人工的成本差异总额，并对其差异进行分析。

6. 根据下表资料，计算直接材料与直接人工成本项目的各成本差异数额。

成本项目	标准成本	实际成本
直接材料	4 公斤×3 元/公斤	5 公斤×2.5 元/公斤
直接人工	1 小时×6 元/小时	0.6 小时×7 元/小时
产　量	预计 2000 件	实际 1600 件

7. 九华公司生产甲产品，有关直接材料和直接人工的标准成本资料如下表所示：

成本项目	价格标准	用量标准
直接材料	5 元/公斤	6 公斤
直接人工	18 元/公斤	1.5 工时

本月份实际发生的业务如下：

（1）购进直接材料 21000 公斤，实际支付 108500 元。

（2）所购全部用于生产，共生产甲产品 3450 件。

（3）本期共耗用人工 3000 工时，支付工资成本 55800 元。

要求：计算本月份材料价格差异与用量差异、本月份人工工资率差异与人工效率差异。

8. C 产品变动性制造费用标准分配率 3 元/小时，本月生产产品 400 件，实际发生的人工工时 1050 小时。本月发生的变动制造费用总额 2730 元。

要求：计算 C 产品变动制造费用的成本差异总额，并对其差异进行分析。

9. A 公司运用标准成本系统控制某产品的成本，该产品每月正常生产量 500 件，每件产品直接材料的标准用量 6 公斤，每公斤的标准价格 1.5 元；每件产品标准耗用工时 4 小时，每小时标准工资率 4 元；制造费用预算总额 10000 元，其中，变动制造费用 6000 元，固定制造费用 4000 元。本月实际生产产品 440 件，实际材料价格 1.6 元/公斤，全月实际耗用 3250 公斤；本期实际耗用直接人工 2100 小时，实际支付工资 8820 元，实际发生变动性制造费用 6480 元，支付固定制造费用 3900 元。

要求：计算各成本项目的成本差异（固定制造费用成本差异按三差异法计算）。

案例分析

美菱集团成本管理：成本控制与目标成本管理①

在海尔、容声、美菱三大冰箱巨头中，容声是从乡镇企业发展起来的一个集体企业，海尔也是集体企业，只有美菱是国有控股企业。在国有企业日子普遍难过的今天，美菱为何一枝独秀？况且冰箱行业的竞争早已达到白热化程度，一些前几年还热热闹闹的冰箱企业纷纷落马，美菱这家地处安徽合肥的企业又是凭什么立于不败之地？2000 年，美菱集团销售额利税分别比 1999 年同期增长 11% 和 5%，主导产品电冰箱销售量同比增长 25%，产销率达 103.6%，美菱冰箱的市场份额增长 3.3%，出口量同比增长 107.6%。2001 年，订货会共成交美菱电器 347 万台套，总成交额高达 73 亿元，创造了 16 年来的历史最高纪录。尤其值得一提的是，在大多数知名品牌销量下滑的情况下，美菱却逆水扬帆，成为著名品牌中惟一实现市场占有率持续上升的家电企业，也是绝对增长率第一的企业。

一、美菱集团成本控制机制

美菱成本管理的主要内容可以概括为"一定三全"机制。"一定"就是定目标。美菱围绕企业竞争力和利润这两项总体目标，建立了突出新产品开发、技术改造、新产品销售额、产品利润贡献率等科技驱动和科技贡献目标的企业总目标体系。美菱在设置目标体系时，将成本总额（包括平均单台材料成本和平均单台制造费用）列入了对公司的生存和发展最为重要的 20 个目标的重要位置。每年 10 月，美菱在着手制订第二年的公司经营计划时，成本总额总是争论最为激烈的议题之一。

总目标成本确定之后，会按责任单位进行分解，美菱以竞争性价格为前提，在利润目

① 资料来源：http://doc.mbalib.com/view/cb74c4924b4efa069220471d0648395b.html.

标制约下，确定了92个产品品种的2万多项具体指标和225项费用指标，并对技术开发费用指标和新产品成本指标实行指标单列，重点控制。如设计成本由技术中心负责，制造成本按各车间分厂和自动化生产线划分，质量成本由质保部负责等。各责任单位的子目标按成本的要素进行分解，如技术成本就是按调研费、研制设计、中试试制、产品鉴定等过程分解。

"三全"即全过程、全要素、全员参与。

全过程，即对企业生产经营管理等所有经济活动进行过程控制。

全要素是指美菱将构成成本的八大要素，即研发、采购制造、质量、管理、销售、售后服务和财务进行细化、分解，横到边，纵到底，不漏项，明确各级人员的成本管理责任，所有项目均实施单独控制。除采购费用专题定期研究下达以外，把其他费用分解为166项，分项下达了控制指标，明确归口管理的责任部门，对主要指标确定了管理和控制方法，大到购买设备，小到打电话、发传真都有了指标管制，由此产生了被美菱人称之为"购粮本"的部门费用控制台账，上面表明了一个部门的每一项费用的定额，作为成本管理的基本依据，对费用申请、使用登记、结算严格按计划控制，不得超支，美菱员工戏称这是被戴上了成本的"紧箍咒"。

全员参与是最有效的控制，这是成本控制的精髓。成本控制不是少数管理者的事，而是企业全体员工都必须参与的事，即从董事长到每一位员工都概不例外，一定要形成人人讲成本，事事求效益的管理氛围。

在市场面前，任何企业没有特权，在成本管理面前，任何一个美菱人都没有特权。

董事长张巨声说，成本管理，请自我始。一个来采访的记者在董事长室打了一个长途，后来他在翻看美菱成本管理的有关材料时才发现，董事长办公电话费一项赫然在目，以前的每月定额300元，后来又降到了100元。知道这个情况后，记者风趣地说："张总，看来我如果多来几次的话，那么您就要自掏腰包了。"

员工成本意识的增强使得成本控制成为许多员工的自发行为，现在美菱每月一次的成本分析会成了工作研讨会，成本简报成为员工的学习报，大家关心成本、研究成本、优化成本已经蔚然成风，使许多年来一直都难以解决的因换模、换色、换料而造成的所谓的"合理"损失，也都得到了有效的控制。

箱体发泡是冰箱生产中一项很重要的工序，为了确保不误工，一般在夜里12点就开始对发泡夹具进行预热，在没有实行严格的成本管理之前，大家都认为这是正常的。但成本管理实行以后，车间的一线工人就感觉到，工作虽然确保了，电却浪费了。为了达到成本指标，一位车间技术员对此进行了测算，得出的结论是，冬天预热2.5~3小时，夏天预热1.5小时就足够了。现在美菱的每条冰箱生产线都严格按照这个时间进行，电力消耗大大减少。

二、目标成本的分解与落实

1. 美菱目标成本分解方法

目标成本分解方法有多种，既可以按管理层次分解，也可按管理职能分解，还可以按产品形成过程分解等。

美菱目标成本的分解首先是按产品形成过程进行的，即按照设计、采购、制造、质量、管理、销售、服务、财务等八个方面的成本费用进行全过程的跟踪核算控制。其次，对上述八个方面的成本费用采取全要素分解方法，逐项逐件进行核算控制。

2. 总目标的分解

由公司专业管理部门负责实施，并按成本责任单位进行分解。设计成本由科研部负责；国外采购由涉外贸易部负责，国内采购由物资供应部负责；制造成本按各车间分厂自动化生产线划分；质量成本由质保部负责；费用成本分别按归口管理范围分解。

3. 子目标的分解

各成本责任单位的子目标按成本的要素进行分解。设计成本按调研费、研制设计、中试试制、产品鉴定、批量试制等过程分解；采购成本按材料的分类进行分解；生产成本按产品成本的组成进行分解；质量成本按报废、降等、返修、检验分解；销售费用、服务费用、管理费用、财务费用均按组成费用的明细项目分解。横向是每个部门每年每月每项费用的限额，纵向是每个归口管理部门所管理单项费用的每年每月总额。子目标进行层层分解，直至直接责任人。

4. 目标值

目标的横向归口管理分解和纵向的责任落实分解，既是分解的过程也是验证的过程；既是责任的层层落实也是目标值的控制落实。总目标值的分解应充分留有余地；子目标值的分解应充分考虑目标执行时的弹性；具体执行目标值是静态的，具有刚性。

5. 成本目标的连锁关系

在目标成本分解的基础上，美菱根据成本管理各责任部门的职责，将以上各项子目标具体落实到各个相应的归口部门。

美菱通过责任预算的方法，将总目标成本转化和分解成各相应的归口部门的责任目标。责任预算是与一定职能部门或生产经营单位相联系的落实具体责任的预算，一般以计划的形式表现出来。

美菱的总目标包括总目标成本具体体现在公司年度经营计划之中，是年度经营计划的一项主要内容，各部门、分厂、车间的工作计划依据公司年度经营计划并结合客观实际而展开制订。与各层次生产经营相对应，从总经理到各部门、分厂、车间负责人必须逐级签订经营目标责任书，以层层落实各责任目标。

公司总经理提出本年度经营计划并由公司董事会讨论通过后，由董事会授权董事长与总经理签订《公司经营目标责任书》；总经理则按照各个副总分管职责，与之签订相应的经营目标责任书；各分管副总再将相应的指标、责任落实到下属部门或生产单位，并与其负责人签订经营目标责任书。这样，目标成本的落实与控制就有了可靠的保证。

要求：

(1) 结合本案例，说明全面成本管理的内容和特点。

(2) 请总结美菱集团在目标成本管理方面的经验。

第十二章　责任中心与转移价格

第一节　分权管理的特点与程序

一、分权管理的含义与特点

20世纪20年代以来，特别是第二次世界大战以后，随着社会经济的迅速发展和科学技术的不断进步，市场竞争日趋激烈，现代企业的经营规模越来越大，管理层次愈来愈多，组织结构日趋复杂，分支机构分布广泛。在这种情况下，传统的集权管理模式已无法适应经济发展的需要。为了有效地管理、监控庞大的经济组织，有必要实施分权管理。

所谓分权管理，就是将日常经营管理决策权在不同层次的管理人员之间进行适当划分，并通过相应的授权，使不同层次的管理人员能对各该权责范围内的经营管理活动作出及时有效地决策。分权管理的优点是：（1）分权管理赋予基层管理人员较大的经营自主权和经济责任，使他们能适时、适当地制定决策，开展业务经营；（2）有利于激励各基层管理人员，使他们能充分展示自己的知识与才能，最大限度地发挥积极性和创造性；（3）将日常管理工作交给各基层管理人员处理，可以大大减轻企业高层管理人员的工作压力与决策负荷，使他们能把工作重点放在企业的长远战略规划上。

分权管理通常适用于规模较大、产品品种多、市场变化快、地区分布较分散的产业。评价分权程度的标志主要有四个：（1）决策的频度。若组织中较低管理层次制定决策的频度或数目越大，则分权程度越高。（2）决策的幅度。若组织中较低层次决策的范围越广，涉及的职能越多，则分权程度越高。（3）决策重要性。决策的重要性可以从两个方面来衡量：一是决策的影响程度；二是决策涉及的费用。（4）对决策的控制程度。若高层次对较低层次的决策没有任何控制，则分权程度很高。

实现分权管理的结果，一方面，使各分权单位之间具有某种程度的相互依赖性，主要表现为各分权单位之间相互提供产品或劳务；另一方面，又允许各分权单位具有相对的独立性。正因如此，可能会出现某分权单位为了自身的利益，而损害其他分权单位利益甚至企业整体利益的行为。因此，在分权管理模式下，必须大力协调各分权单位之间的关系，使各分权单位之间以及企业与各分权单位之间在工作和目标上达成一致，防止各个部门片面追求局部利益，而使企业整体利益受到损害的行为发生。为了充分发挥分权管理的优势，并尽可能克服这种管理模式的缺点，就必须加强企业的内部控制。责任会计正是适应这种管理要求而建立起来的一种行之有效的内部控制制度。

二、分权管理的实施程序

为适应分权管理的要求，企业需要在其内部建立若干责任单位，以按分权单位而划分的"责任中心"为主体，每一责任中心都在"权、责、利"三者紧密结合的前提下开展日常业务工作，并依据各责任中心的责任预算对其业务经营过程与结果进行考核与评价。其实施程序通常包括：

1. 划分责任中心，明确权责范围

责任中心，是指承担一定的经济责任，并享有一定权力和利益的企业内部单位。为了实施分权管理，首先就应根据企业内部责任单位的权责范围及业务活动的特点不同，将责任中心划分为成本中心、利润中心和投资中心三大类。各责任中心都具有相对独立的经济利益，为了切实维护其特定的经济利益，必须明确规定它们各自所应承担的经济责任和各自所拥有的经济权力，以充分发挥其生产经营的积极性和主动性。在实际工作中，责任中心权责范围的划分，往往涉及不同部门、不同层次、不同环节之间的相互关系。因此，要在认真进行调查研究的基础上，权衡利弊，取优舍劣，尽量减少冲突，化解矛盾。

2. 确定责任预算

责任预算，是指以责任中心为主体，以其可控的成本、收入、利润、投资等为对象编制的预算。它是企业未来一定期间经营总目标的分解与具体化。责任预算既是各责任中心努力奋斗的目标和控制其经营活动的依据，又是考核各责任中心工作业绩的基本标准。在实施分权管理过程中，必须按照层层分解、落实的原则为每一责任中心确定相应的责任目标，分配一定的责任预算，以使各该责任中心了解它们在实现企业总体目标的过程中所应完成的具体工作任务。一般来说，确定责任预算主要应考虑以下方面的基本要求：各责任中心的责任预算必须反映各该责任中心生产经营的特点，其具体内容必须同各该责任中心所承担的经济责任相协调；所确定的责任预算必须具有指导性、激励性和先进性；各责任预算相互之间，以及它们同企业总目标之间必须保持一致。

3. 建立责任核算系统

为把会计数值同经济责任紧密联结起来，实现经济责任的制度化和数量化，必须建立、健全一整套记录、计算、考核、评价责任预算执行情况的数据与指标体系，以便及时了解各责任中心实地开展经营活动的真实情况，从而为检查、考评各责任中心的工作业绩提供可靠依据。建立、健全责任核算系统，通常应做好以下工作：明确必须记录、计算的有关数据的具体内容；规定对相关信息进行记录、计算、分析、传递、报告的程序、时间、方式、手段和质量要求；配备必要的专门从事信息汇集、加工和反馈的工作人员。

4. 制定合理的内部转移价格

为了正确地考核和评价各责任中心的工作业绩，对企业内部各责任中心之间相互提供的产品或劳务都应进行计价和结算，这就需要对企业内部提供的产品或劳务制定内部转移价格。由于内部转移价格的合理与否直接关系到与之相关的各责任中心的经济利益，因此，内部转移价格的制定要讲求科学性和合理性，必须既有助于及时、准确地反映各责任中心之间的相互关系和责任关系，以便分清各责任中心的经济责任，为考核业绩提供依据；又有助于调动各责任中心的积极性和主动性，保证各责任中心和企业之间目标一致性的实现。

5. 考评工作绩效

为了保证责任目标的实现，必须在计量、分析各责任中心责任预算实际执行情况的基础上，对它们的工作成绩和经营效果进行严格的考核和恰当的评价。只有通过工作绩效的考核与评价，才能充分肯定各责任中心的成绩，及时发现问题，并有针对性地制定修正措施，强化责任控制，进一步做好各项经营管理工作，确保企业总体目标的实现。在对各责任中心工作绩效进行考评时，主要应做好以下两项工作：将各该责任中心的责任预算同其实际执行结果对比，并对实际完成情况进行分析；在对比、分析的基础上，寻找责任预算完成好坏的原因，并按责任归属进行调整、矫正。

6. 编制绩效报告

绩效报告是各责任中心在一定期间内从事生产经营活动的集中反映，也是各责任中心责任预算实际执行结果的概括说明。通过编制绩效报告，可以帮助各责任中心主管人员对其预算同实绩之间的差异进行深入的分析，以使他们能根据本责任中心的特点和条件，按照实现企业总体目标的要求，相应调节和控制自身权责范围内的生产经营活动，共同为最大限度地提高企业生产经营的总体效益而努力。

在实际工作中，任何一个企业都极少采用完全分权管理形式或完全集权管理形式。至于实施分权管理的具体程度，则应通盘考虑该企业的生产经营规模、业务工作特性、经营管理理念和管理人员素质等多种因素。此外，企业管理当局在实地判定或选择分权化程度时，还应贯彻成本效益原则，力求做到花费成本最小，所获效益最大。

第二节 责任中心

一、责任中心的含义与特征

责任中心就是承担一定经济责任，并享有一定权力和利益的企业内部（责任）单位。

企业为了实行有效的内部协调与控制，通常按照统一领导、分级管理的原则，在企业内部合理划分责任单位，明确各责任单位应承担的经济责任，应享有的权利和经济利益，使各责任单位协调配合。同时，为了保证预算目标的落实与实现，还需要把总预算目标按照责任中心进行层层分解，形成各责任中心的责任预算，作为各责任中心的目标和任务。并把各责任中心实际执行的结果与责任预算进行比较，确定各责任中心的工作业绩，作为考核与奖惩的依据。责任中心通常具有以下特征：

（1）责任中心是一个责权利结合的实体。每个责任中心都要对一定的财务目标负有完成的责任，同时，赋予责任中心与其所承担责任的范围和大小相适应的权力，并有相应的业绩考核标准和利益分配标准。

（2）责任中心具有承担经济责任的条件。责任中心应该具有完成其应承担的经济责任的条件和能力，如果不能完成，则应对其后果承担责任。

（3）责任中心所承担的责任和行使的权力都应是可控的。每个责任中心只对其权责范围内可控的成本、收入、利润和投资负责，在责任预算和业绩考核中应明确可控的项目。当然，可控与不可控是相对的，一般而言，责任层次越高，其可控的范围越大。

（4）责任中心应进行独立的会计核算。独立核算是划清责任的基础和保证，只有既划清责任又能独立核算的企业内部单位，才能作为一个责任中心。

根据企业内部责任中心的权责范围及业务活动的特点不同，责任中心可以分为成本中心、利润中心和投资中心。

二、成本中心

（一）成本中心的含义

成本中心是指对成本或费用承担责任的责任中心，即只负责计量和考核发生的成本、费用，而不计量和考核取得的收入、利润等的责任单位。对这类责任中心而言，它们仅仅对有关成本、费用负有控制责任，而对产品的销售或收入的实现等则不负控制责任。作为成本中心，它通常是有关成本、费用发生的责任区域，其工作成果不会形成可以用货币计量的收入，故只需对本责任范围内所能控制的成本、费用负完全责任。成本中心的应用范围广泛，从一般意义上讲，企业内部凡有成本发生，需要对成本负责，并能实施成本控制的责任单位，都可以视为成本中心。工业企业上至工厂，下至车间、工段、班组，甚至个人都可成为不同层次的成本中心。成本中心按其投入与产出之间相互关系的不同而区分为标准成本中心和任意成本中心。

1. 标准成本中心

标准成本中心是指投入量同产出量之间有密切联系的成本中心。在这类成本中心里，每单位产品所需要的投入量是已知的，生产的产品不仅十分明确，而且可以度量。如产品生产过程中所耗用的直接材料费和直接人工费等，同产品的实际产出量之间有密切的联系。又如，服务部门在提供劳务（如餐饮、医疗等）时，所发生的成本费用同进餐或就诊人数的关系也是明确的。因此，这类部门即可视为标准成本中心。

2. 任意成本中心

任意成本中心也叫费用中心，是指投入量同产出量之间没有直接联系的成本中心。在这类成本中心里，所耗费的资源同其所取得的成果之间不存在密切关系，有关产品和劳务并不能用通常的财务指标予以衡量。一般性行政管理部门、销售部门和研究开发部门等可视为任意成本中心。

（二）成本中心考评指标

成本中心绩效考评指标是成本，但它不是一般意义上的成本，而是责任成本和可控成本。

1. 责任成本

责任成本是指以责任中心为对象归集的有关成本。就成本中心来说，责任成本就是某一特定成本中心主管人员必须而且能够负责或控制的有关成本和费用。按照责任会计制度的要求，企业应将未来一定期间的目标成本根据管理需要进行层层分解，具体落实到下属各个责任单位，从而形成各成本中心的责任成本预算，并作为业绩考评的基本依据。

从以上说明中可见，责任成本有别于一般意义上的产品成本。责任成本与产品成本的主要区别表现在：

（1）成本计算对象不同。前已述及，责任成本是以责任单位为对象进行归集的有关成本和费用；而产品成本则是以具体产品为对象进行归集的有关成本和费用。

（2）成本计算原则不同。责任成本是按照"谁负责、谁承担"的原则进行计算；而产品成本却是按照"谁受益、谁承担"的原则进行计算。

（3）成本计算基础不同。计算责任成本时通常要求将全部成本划分为可控成本和不可控成本两大部分，各责任中心的各项可控成本之和构成该责任中心的责任成本；而产品成本计算却是在有关制度规定的成本项目的基础上进行的。

（4）成本计算的目的不同。责任成本计算的主要目的是为了反映有关责任中心责任成本预算的执行情况，为考核责任中心的工作业绩提供依据；而产品成本计算则主要是为了反映有关产品成本计划的执行情况，并进而为确定分期损益提供资料。尽管责任成本与产品成本有明显区别，但对某一企业来说，一定期间的产品总成本应与该期间各责任中心的责任成本之和保持相等。

例1：某企业有甲、乙两个制造部门和丙、丁两个服务部门，该企业在某期间内生产A、B两种产品，其生产数量分别为5000件和3000件，总成本112800元。现要求计算并确定A、B产品的产品成本和责任成本。其计算结果分别如表12-1和表12-2所示。

表 12-1 　　　　　　　　　　　　　　　　　　　　　　　　　　　　　　单位：元

成本项目	成本发生额	产品成本			
		A 产品		B 产品	
		总成本	单位成本	总成本	单位成本
直接材料费	48000	33600	6.72	14400	4.80
直接人工费	31200	19200	3.84	12000	4.00
制造费用	33600	22800	4.56	10800	3.60
合　　计	112800	75600	15.12	37200	12.40

表 12-2 　　　　　　　　　　　　　　　　　　　　　　　　　　　　　　单位：元

成本项目	成本发生额	责任成本			
		成本中心 1	成本中心 2	成本中心 3	成本中心 4
		甲制造部门	乙制造部门	丙服务部门	丁服务部门
直接材料费	48000	43200	4800	—	—
直接人工费	31200	9600	21600	—	—
间接材料费	2880	1200	960	240	480
间接人工费	15840	1440	1920	5040	7440
折旧费	9120	1680	2160	1920	3360
其他	5760	720	1920	1200	1920
合　　计	112800	57840	33360	8400	13200

2. 可控成本

上述所谓责任成本，并不是泛指某责任单位发生的全部成本，而是特指其全部成本中的可控制部分，即可控成本。也就是说，为了核算责任成本，首先必须把企业的全部成本按其可控性划分为可控成本和不可控成本。可控成本是指各该责任中心真正能够实施调控的、受其经营活动和业务工作直接影响的有关成本。一般来说，可控成本具有以下三个方面的特征：（1）可预知性，即有关责任中心或主管人员可以事先知道将要发生什么性质和数量的耗费。（2）可计量性，即有关责任中心或主管人员可以对其所发生的各种耗费进行准确的计量。（3）可调控性，即有关责任中心或主管人员可以对其权责范围内发生的各项耗费主动进行调节和控制。

至于责任中心所发生的全部成本中的另一部分，则通常称之为不可控成本。作为不可控成本，主要是指不能为某个责任中心或主管人员的意志与行为予以制约的有关成本，如同级部门结转而来或上级部门分配而来的劳务费、折旧费等。某一责任中心所发生的各项可控成本之和，构成该责任中心的责任成本。因此，作为责任成本必须是可控成本。成本中心工作成绩的好坏，应以其可控成本作为评价和考核的主要依据，不可控成本只具有参考意义。

值得强调的是，成本的可控与不可控是相对而言的。其原因在于，成本的可控特性不仅同其发生的空间范围有关，而且同其发生的时间界限有关。从成本发生的空间范围来看，甲部门的可控成本，有可能是乙部门的不可控成本。例如，原材料的买价和采购订货费用，一般属于物资采购供应部门的可控成本，但就生产部门或某些服务部门而言，属于不可控成本。同时，某些成本就上一级责任单位而言是可控的，但对其下一级责任单位而言却是不可控的。例如，某工厂向外单位租入一台生产设备并交给某生产车间使用，该设备的租金对某生产车间而言，应属于不可控成本；但对主管设备租入的上级部门而言，则属于可控成本。此外，某些成本从局部来看属于不可控成本，但从全局来看却属于可控成本。又如，每期实际摊配给有关使用单位负担的固定资产折旧费，对接受摊配的使用单位来说，当属不可控成本；但对整个企业而言，却应属于可控成本。从成本发生的时间界限来看，此一时间范围内的可控成本，彼一时间范围内却为不可控成本，反之亦然。再如，某种产品投产前，一切尚未发生的成本均应属于可控成本。该产品正式投产后，在其生产过程中发生的成本（即产品成本）一部分为可控成本，另一部分则为不可控成本。而当产品制成之后，有关成本业已实际发生，其成本均不可控制。正确认识和处理可控成本和不可控成本，有助于科学划分各个责任单位的经济责任，并为严格考评工作业绩和加强成本控制提供重要依据。

另外，在责任成本控制中，应尽可能把各项成本费用划归给各成本中心，使之成为各该中心的可控成本。而对那些难以确认归属的成本，则可以通过协商，在有关责任中心之间进行适当分配，以克服困难，共同承担风险，避免出现相互推诿扯皮的现象。对实在不能确认责任归属的有关成本，则由企业承担。

在成本可控性问题上，还必须正确处理可控成本和不可控成本同其他成本之间的相互关系。一般来说，变动成本大多是可控成本，而固定成本大多是不可控成本。但也不完全如此，还应结合有关情况具体分析。如车间的办公费是固定成本，但其发生额在一定程度上可以为车间负责人所决定或影响，因而，应作为可控成本。一般而言，直接成本大多是可控成本，而间接成本大多是不可控成本。但也不完全如此，同样要依据具体情况进行分析。如某成本中心所使用的固定资产折旧费，虽然是该中心的直接成本，但并不是它的可控成本。又如，某生产部门按其正常或实际耗用量所接受的、由服务部门（如供电、供水、供气）分配而来的劳务费用，虽然属于间接费用，但仍应作为该生产部门的可控成本。

（三）间接成本分配

为了保证对成本中心的工作绩效进行恰当的考评，除正确计量、归集各成本中心的责任成本，正确认识和处理可控成本与不可控成本，以便对其所能调节和控制的直接成本实施有效地监控之外，还应妥善解决间接成本在各责任中心之间的合理分配问题。现举例说明间接成本的分配。

例2：某企业有加工、装配和维修三个生产车间，其中，维修车间主要为加工和装配车间提供服务。假设某期间内维修车间实际发生的成本总额127500元，其中，固定性维修成本45000元，变动性维修成本82500元。该车间维修成本预算额112500元，其中，固定成本预算额37500元，变动成本预算额75000元。另据统计，维修车间为加工、装配车间提供修理作业的总工时12500小时，其中，加工车间8750小时，装配车间3750小时。现要求将维修车间的服务成本在加工和装配两车间之间进行分配。

具体计算、分析如下：

（1）按实际维修工时和实际维修成本进行分配。

这种分配方法的具体步骤是：

首先，确定维修成本分配率。

维修成本分配率 = 127500÷12500 = 10.2（元/小时）

然后，分配维修成本。

加工车间维修成本分配额 = 8750×10.2 = 89250（元）

装配车间维修成本分配额 = 3750×10.2 = 38250（元）

这种分配方法简便易行，但其分配结果有可能把维修车间因浪费和低效率而增加的各种耗费转嫁给加工车间和装配车间。其结果既不利于维修车间积极采取措施节约开支，提高工作效率，又不利于调动加工车间和装配车间进行成本控制的积极性，以致丧失了划分责任中心、分解和落实责任成本预算的实际意义。

（2）按维修成本预算并区分"固定"和"变动"两个部分进行分配。

这种分配方法的具体步骤是：

首先，按加工和装配车间对维修作业的正常需要量分配固定性维修成本预算。

设加工、装配车间对维修作业的正常需要量分别占维修车间服务总工时的70%和30%，则

加工车间固定性维修成本分配额 = 37500×70% = 26250（元）

装配车间固定性维修成本分配额 = 37500×30% = 11250（元）

其次，按加工和装配车间维修作业实际使用量分配变动性维修成本预算额。

变动性维修成本分配率 = 75000÷12500 = 6（元/小时）

加工车间变动性维修成本分配额 = 8750×6 = 52500（元）

装配车间变动性维修成本分配额＝3750×6＝22500（元）

然后，计算加工和装配车间维修成本分配总额，以及维修成本实际发生额同分配额之间的差异。

加工车间维修成本分配总额＝26250+52500＝78750（元）

装配车间维修成本分配总额＝11250+22500＝33750（元）

维修车间维修成本分配差额＝127500-（78750+33750）＝15000（元）

这种分配方法的计算虽然比较复杂，但其优点是相当明显的：第一，它有利于正确考核提供服务作业的维修车间责任成本预算的执行情况，可以促使维修车间努力降低成本，改进经营管理工作，并大力消除不利差异，避免把自身的低效率和浪费现象不合理地转嫁给加工车间和装配车间。第二，它有利于充分调动接受维修服务的加工车间及装配车间加强成本控制的积极性和主动性，并有助于它们将一般意义上的不可控成本（分摊成本）转化为可控成本，从而进一步明确成本责任，不断提高成本管理水平。

（四）成本中心绩效报告

为了正确衡量成本中心的工作成绩，企业内部各个层次的成本中心都应定期编制绩效报告。按照"例外管理原则"的要求，成本中心绩效报告应将可控成本作为重点；而为了反映成本中心业务工作的全貌，报告中也应列示不可控成本。根据绩效报告，可以进一步对差异形成的原因和责任进行剖析，充分发挥信息的反馈作用，从而有助于各个成本中心及时采取有效措施，巩固成绩，消除缺点，促使其可控成本不断降低，以最大限度地提高企业生产经营的经济效益。

成本中心绩效报告的基本内容和一般格式如表12-3所示。

表12-3　　　　　　　　　　　　　成本中心绩效报告　　　　　　　　　　　单位：元

项目	实际数	预算数	差异
可控成本：			
直接材料费	125000	121000	4000
直接人工费	112500	113000	(500)
间接材料费	8400	8100	300
间接人工费	5600	5700	(100)
⋮	⋮	⋮	⋮
合计	263500	265800	(2300)
不可控成本：			
设备折旧	4500	—	—
房屋租金	2800	—	—
⋮	⋮	⋮	⋮
其他摊配费用	3300	—	—
合计	10600		
总计	274100	265800	8300

三、利润中心

（一）利润中心的含义

利润中心是指既考核成本、费用，又考核收入、利润的责任单位。作为利润中心，既要对成本、费用负责，又要对收入、利润承担责任。利润中心往往处于企业内部的较高层次，它适用于企业内部具有较高管理层次、拥有独立收入来源、能够独立进行会计核算的责任单位，如分公司、分厂、有独立经营权的各部门等。利润中心与成本中心相比，其权利和责任都相对较大，利润中心不仅对成本的发生负责，也必须对收入和利润的实现承担责任。因此，利润中心不仅要寻求降低成本的绝对额，而且更要寻求收入的增长超过成本的增长，或者说，利润中心对成本的控制是联系着收入进行的，它强调的是相对成本的节约。

利润中心按其产品或劳务的销售方式不同，分为自然利润中心和人为利润中心两类。

（1）自然利润中心。自然利润中心是指可以直接向企业外部销售产品或提供劳务的责任单位，它类似于一个完整、独立的企业。作为自然的利润中心，其生产经营一般是封闭式的，同外部市场有着比较直接和紧密的联系，它对外提供产品或劳务之后，即可获得相应的收入和利润。

（2）人为利润中心。人为利润中心是指只在本企业内部销售产品或提供劳务的责任单位。作为人为利润中心，其产品或劳务只在本企业内部销售，并按内部转移价格结算，可以获得相应的内部利润。人为利润中心往往可以由成本中心转化而来，因为，企业管理当局为了充分发挥利润中心的激励优势，通常借助制定科学的内部转移价格，将那些不能把自身产品或劳务直接投入外部市场的成本中心"改变"成人为的利润中心，视同完整、独立的企业。因此，人为利润中心的管理人员也就拥有一般意义上的供、产、销的经济权限和相应的经济责任。

（二）利润中心考评指标

前已述及，利润中心是企业内部必须同时对产品的生产和销售负责的责任单位，它既要关注成本的发生，也要关注收入的实现。因此，从总体上看，利润中心应以其可控的收入与可控的成本相互配合而形成的部门可控利润作为业绩考评的依据。基于这种考虑，凡不属于某一利润中心负责的成本和收益，即使已由该利润中心支付或取得，均应加以剔除，将其结转给应予负责的有关责任中心。相反，凡属于某一利润中心负责的成本和收益，即使已由别的责任中心支付或取得，也应如数转入该利润中心。

在实际工作中，考评利润中心工作业绩的指标主要是部门经理可控利润总额和部门可控利润总额。其计算公式为：

部门经理可控利润总额＝销售收入−变动成本−部门经理可控固定成本

部门可控利润总额＝销售收入−变动成本−部门经理可控固定成本−部门经理不可控固定成本

部门经理可控利润总额主要用于评价部门经理（负责人）的经营业绩。按照可控性原则，部门经理应对其可控的收入、可控的成本承担完全责任。为此，必须在各责任单位可追溯性固定成本的基础上，进一步将其区分为部门经理可控固定成本和不可控固定成本，并就部门经理可控成本进行业绩评价。因为有些费用虽然可以追溯到各责任单位，但却不为部门经理所控制，因此，应将其不可控固定成本从中剔除。部门经理可控利润总额反映的是部门经理对其可控资源的有效利用程度。部门可控利润总额主要用于评价利润中心的工作业绩，其反映利润中心在补偿共同性固定成本后对企业利润所作的贡献。

（三）利润中心绩效报告

为了明确揭示利润中心的工作成绩，企业内部各个层次的利润中心都应定期编制绩效报告。利润中心绩效报告既要反映有关收入、成本等项目的实际数、预算额及相应差异，也要反映该期内的销售收入、变动成本、边际贡献、可控固定成本、不可控固定成本和净收益等。

利润中心绩效报告的基本内容和一般格式如表 12-4 所示。

表 12-4　　　　　　　　　　　利润中心绩效报告　　　　　　　　　　单位：元

项目	实际数	预算额	差异
销售收入	1785000	1764000	21000
变动成本	658000	674000	（16000）
变动性生产成本	432000	450000	（18000）
变动性销售费用	119000	120000	（1000）
变动性管理费用	107000	104000	3000
边际贡献	1127000	1090000	37000
固定成本	260000	240000	20000
可控固定成本	150000	140000	10000
不可控固定成本	110000	100000	10000
净收益	867000	850000	17000

四、投资中心

（一）投资中心的含义

投资中心是指既考核收入、成本、利润，又考核资金及其利用效果的责任单位。作为投资中心，不仅在产品的生产和销售上享有较大的自主权，而且能相对独立地运用其所掌握的资金，有权购置或处理固定资产，扩大或缩减现有的生产规模等。因此，它既要对成本、利润负责，也要对资金的合理运用负责。投资中心是企业内部最高层次的责任中心，它拥有最大的权利，也承担最大的责任。大型集团公司所属的分公司、子公司、事业部往往都是投资中心。

（二）投资中心考评指标

同利润中心一样，投资中心也必须衡量其获利能力的大小。为了准确地计算各投资中心的经济效益，首先应对各投资中心共同使用的资产划清界限，对共同发生的成本按适当的标准进行分配。然后，在此基础上，计算出考核指标，据以进行业绩评价。根据投资中心业绩评价的要求，除考核利润指标外，更重要的是要将投资中心所获得的利润同其占用的资产紧密联系起来。这就意味着，对投资中心而言，既要计算投资利润，借以考评它的经营成果；又要计算投资报酬率，借以考评它所从事的投资项目的投资效益。投资中心工作业绩的考评，通常采用投资报酬率和剩余收益等评价指标。

1. 投资报酬率

投资报酬率是指投资中心所获得的利润同该投资中心所占有的净资产之间的比率。其计算公式为：

$$投资报酬率 = 利润 \div 经营净资产$$
$$= 资产周转率 \times 销售利润率$$

该指标考评投资中心运用公司净资产获得利润的能力。为了考核投资中心总资产的运用状况，也可计算投资中心总资产息税前利润率，它是投资中心的息税前利润与其总资产之间的比值。由于分母总资产中包括负债，相应分子利润要加上利息。总资产息税前利润率考评投资中心掌握、运用全部资产的获利水平。

例3：某投资中心经营资产总额200万元，本年度实现销售收入100万元，发生总成本80万元，实现税前利润20万元。

现要求计算投资报酬率及其他有关指标。

具体计算如下：

$$投资报酬率 = 20/200 = 10\%$$

或

$$资产周转率 = 100/200 = 0.5 （次）$$
$$销售利润率 = 20/100 = 20\%$$
$$投资报酬率 = 0.5 \times 20\% = 10\%$$

从以上计算过程与结果可知，投资中心为了对投资报酬率实施有效地控制，以便进一步提高投资报酬水平，可以采取的措施包括增加销售、降低成本、节省投资等。

投资报酬率的计算比较简便，用于衡量投资中心的工作业绩较为客观，既可促使有关投资中心管理人员致力于获利最大的投资，鼓励他们最大限度地运用现有的资产，提高资产的利用效率；也可使企业内部不同规模的责任单位之间乃至不同行业企业之间的绩效得以进行比较，具有相当的普遍性和横向可比性。不过，以投资报酬率衡量投资中心的绩效也有若干不足之处，其中，最突出的缺点是该指标不利于将企业的全局利益或长远利益，同各投资中心的局部利益或短期利益完美地结合起来。

例如，某投资中心目前的税前利润25000元，经营资产100000元，资金成本率15%。该中心现在正面临一个新的投资机会，需要新增投资30000元，预计每年可获利润6000元。此时，以投资报酬率对该投资中心业绩进行考评的弊端就会显露出来。这是因为：

$$新增投资的利润率 = 6000/30000 = 20\%$$

可见，新增投资的投资报酬率大于资金成本（15%），其结论是应进行此项新增投资。但是，该投资中心接受此项投资后的投资报酬率却为：

$$目前的投资报酬率=25000/100000×100\%$$
$$=25\%$$
$$新增投资后的投资报酬率=（25000+6000）/（100000+30000）$$
$$≈23.85\%$$

虽然新增投资后的投资报酬率大于资金成本，但却低于该投资中心目前的投资报酬水平，使该投资中心的投资报酬率从原来的 25% 下降到 23.85%。此时，该投资中心的主管人员可能会拒绝进行追加投资。

出现这种情况的主要原因是在投资报酬率这一考评指标的刺激下，各投资中心的管理者必然十分关注该比率的不断提高。为了提高这一比率，他们往往会采取扩大该比率计算公式中的分子或缩小分母的办法，而后者同前者相比，将会更直接、更快速地提高投资报酬率。一旦将其注意力过度集中于缩小计算公式中分母的话，他们就极有可能考虑如下具体措施：其一，竭力维持甚至设法降低目前的投资水平；其二，尽量放弃虽然高于资本成本但低于本投资中心现有投资报酬率的投资项目；其三，采纳对整个企业并不最为有利而对本投资中心却较为有利的投资项目。

2. 剩余收益

剩余收益也叫剩余利润，是指某投资中心的经营利润扣减其经营净资产与预定最低投资报酬率的乘积后的差额。其计算公式为：

$$剩余收益=经营利润-经营净资产×预定最低投资报酬率$$
$$=经营净资产×（实际投资报酬率-预定最低投资报酬率）$$

如果考核投资中心总资产的运用状况，则剩余收益的计算公式应作相应调整，即：

$$剩余收益=息税前利润-总资产占用额×预期的最低总资产息税前利润率$$

采用剩余收益指标对投资中心的工作业绩进行考评，只要各投资中心的投资报酬率大于预期的最低投资报酬率（或总资产息税前利润率大于预期的最低总资产息税前利润率），该投资项目或资产占用便是可行的。剩余收益指标克服了投资报酬率指标的某些弊端，使投资中心愿意接纳投资报酬率大于资本成本或预定最低投资报酬率的投资项目，使各投资中心的工作目标同整个企业的目标协调一致。

例4：某投资中心目前投资额 300000 元，税前利润 60000 元，预期最低投资报酬率 15%。该投资中心现有一个新的投资机会，经测算，其资金需要量 90000 元，预期可获利润 16200 元。现要求确定，该投资中心应否接受这一新的投资机会。

具体计算、分析如下：

在采用投资报酬率指标评价该投资中心的绩效时，该中心几种不同情况下的投资报酬率分别为：

目前实际达到的投资报酬率=（60000÷300000）×100%=20%

追加投资的预期投资报酬率=（16200÷90000）×100%=18%

接受新增投资后全部资金的投资报酬率=（60000+16200）÷（300000+90000）×100%

$$≈19.54\%$$

从以上计算可知，不论是单独考虑新增投资，还是综合考虑全部投资，它们的预期投资报酬率都要低于目前已经达到的投资报酬率，该投资中心负责人将会放弃这一投资机会。

如果采用剩余收益作为绩效考评依据，则该投资中心接受新增投资机会前后的剩余收益分别为：

目前情况下的剩余收益 = 60000-300000×15% = 15000（元）

新增投资机会的剩余收益 = 16200-90000×15% = 2700（元）

接受新增投资后全部资金的剩余收益 =（60000+16200）-（300000+90000）×15% = 17700（元）

计算结果表明，该投资中心接受新增投资机会之后，尽管投资报酬率有所下降，但其剩余收益将比目前增加 2700（17700-15000）元，意味着该投资中心的绩效有所改善。即以剩余收益作为投资中心的业绩考评依据，将会使投资中心的经理人员乐于接受高于资金成本或预定最低投资报酬率的投资项目，避免了片面强调本部门利益而损害整个企业经济利益的行为。

采用剩余收益指标还有一个好处，就是允许使用不同的风险调整资本成本。从现代财务理论来看，不同的投资有不同的风险，要求按风险程度调整其资本成本。因此，不同行业部门的资本成本不同，甚至同一部门的资产也属于不同的风险类型。例如，现金、应收账款和长期资本投资的风险有很大区别，要求有不同的资本成本。在使用剩余收益指标时，可以对不同部门或者不同资产规定不同的资本成本，使剩余收益这个指标更加灵活。而投资报酬率评价方法并不区别不同资产，无法分别处理风险不同的资产。

当然，剩余收益指标也有它自身的不足之处，该指标的主要缺点是不便于对投资规模不同的投资中心进行业绩评价，因为剩余收益是一个绝对数指标。在实际工作中，往往出现这种情形：投资规模较大的部门，其剩余收益也较大。但是，该中心数额较大的剩余收益并不一定是它加强管理、提高效率的结果，而是由于该投资中心拥有较大的投资规模所致。为了克服这一弱点，企业在采用剩余收益这一指标评价投资中心业绩时，可以事先确定与每个投资中心的资产结构相适应的剩余收益目标，将实际的剩余收益与剩余收益目标相比较来评价、考核投资中心的工作绩效。

（三）投资中心绩效报告

在编制投资中心绩效报告时，除反映一般的收入、成本、利润、资金等的实际数和预算额外，还应反映投资报酬率和剩余收益的实际数和预算额。该报告的基本内容和一般格式如表 12-5 所示。

随着市场竞争的日趋激烈，市场销售工作也日趋重要。为了强化销售功能，及时收回账款，控制坏账损失，在不少企业里设置了以推销产品为主要职能的责任中心——收入中心。这种中心只对产品或劳务的销售收入负责，如公司所属的销售分公司或销售部。尽管这些销售机构也发生销售费用，但由于其主要职能是进行销售，以收入来确定其经济责任较为恰当。

表 12-5	投资中心绩效报告		单位：元
项目	实际数	预算数	差异
销售收入	276000	257000	19000
变动成本：			
变动性制造成本	95500	85000	10500
变动性销售费用	45200	49400	（4200）
变动性管理费用	5000	6500	（1500）
边际贡献	130300	116100	14200
固定成本：			
固定性制造费用	51200	50000	1200
固定性销售费用	9300	9000	300
固定性管理费用	10000	11000	（1000）
净收益	59800	46100	13700
经营资产平均占用额	254000	247000	7000
资产周转率	1.09	1.04	0.04
销售利润率	21.67%	17.94%	5.8%
投资报酬率	23.62%	18.7%	4.84%
剩余收益（资金成本 16%）	19160	6580	12580

第三节　内部转移价格

一、内部转移价格的作用与制订原则

（一）内部转移价格的含义与作用

转移价格是指企业内部有关责任中心之间转移产品或提供劳务时采用的结算价格。为了分清各责任中心的经济责任，正确评价各责任中心的经营业绩，企业内部各责任中心之间相互提供的产品或劳务，均应按照一定的价格进行计价结算。内部转移价格，对提供产品或劳务的单位来说表示其应获得的收入，对购买产品或劳务的单位来说表示其应支付的成本。内部转移价格的高低，直接影响到各责任中心的经济利益，并通过有关评价指标（如投资报酬率、剩余收益等）的计算进而影响到各责任中心经营业绩的大小。因此，如何按照互利互惠、等价交换的原则，科学地制定内部转移价格，正确处理各个责任中心之间的相互关系，已成为现代企业内部管理工作的一项重要内容。由于内部转移价格是企业的内部价格，在其他条件不变的情况下，内部转移价格的变化，会使供求双方的收入或内部利润呈相反方向变化。但从企业总体来看，内部转移价格无论怎样变化，企业的利润总

额保持不变，变动的只是各责任中心收入或利润的分配数额。制定内部转移价格的作用主要是：

（1）有助于明确划分责任中心的经济责任。划分企业内部各部门的经济责任是实行分权管理的重要一环，而制定合理的内部转移价格是划分经济责任的重要手段。因为，要划分各个责任中心的经济责任，首先必须确定各责任中心之间发生业务联系、进行经济往来时所采用的结算价格。因此，只有制定出合理的内部转移价格，才能真正明确各个责任中心的经济责任界限，维护有关各方的正当经济权益，保证责任会计制度的正确进行。

（2）有助于客观评价责任中心的工作业绩。在责任会计制度下，不论是成本中心，还是利润中心和投资中心，它们的业绩考评都直接或间接地同内部转移价格相关。合理的内部转移价格能恰当地衡量各责任中心的工作成绩，准确地计量和考核各责任中心责任预算的实际执行结果，使它们的工作业绩和经营效果能够按照科学的标准进行统一的、客观的评价，将绩效考评工作引向健康的发展轨道。

（3）有助于制定正确的经营决策。通过制定和运用内部转移价格，可以把各责任中心的经济责任和工作绩效加以数量化，使企业最高管理者和内部各业务、各职能部门经理人员，能够根据企业未来一定期间的经营目标、经济资源和有关收入、成本、利润、资金等情况，在计量、分析、比较的基础上，制定正确的经营决策，选择履行经济责任、完成责任预算、实现预定目标的最佳行动方案。比如，借助合理的内部转移价格，各责任中心的主管人员可以决定其权责范围内的生产经营活动是应不断扩大还是应适当缩小，某些中间产品或劳务是应向企业内部有关部门购买还是直接从外部市场购买等。

（4）有助于调动企业内部各部门的生产积极性。科学、合理的内部转移价格，不仅可以作为衡量各责任中心经济责任完成情况的客观标准，而且还可以发挥类似于外部市场价格的辅助调节作用，在相当程度上影响全体员工的劳动态度和工作精神，影响他们从事业务活动的积极性。这是因为内部转移价格的提高或降低，必将导致一部分责任中心比较容易获利，且获利较多；而另一部分责任中心却获利较少，甚至无利可图。同时，如果内部转移价格制定欠妥，则还会促使一部分责任中心乐于在企业内部购买中间产品和劳务，而另一部分责任中心却乐意向外部市场购买所需的产品和劳务。事实上，无论出现哪种情况，都有可能从不同侧面、不同程度上挫伤某些责任中心的积极性，从而妨碍整个企业生产经营活动的正常开展和责任会计制度的顺利施行。

（二）制定内部转移价格的基本原则

制定内部转移价格是一项十分重要的、细致的工作，通常应遵循以下基本原则：

（1）全局性原则。内部转移价格应当既能保证企业内部有关责任中心之间在进行产品或劳务交易时获得最佳的部门经济利益，也能保证整个企业能够获得最佳的总体经济利益，使部门利益同企业整体利益协调一致。

（2）公平性原则。内部转移价格的制定应当公平合理，应能使各责任中心的经营努力与其得到的收益相适应，防止某些责任中心因价格优势而获得额外利益，或其价格劣势而遭受额外损失。

（3）自主性原则。所制定的内部转移价格不应成为限制各责任中心主管人员行动的手段，而应能使他们在实际经营过程中充分行使自主权，能在不受干扰和不被强制要求的条件下自主作出决策。按照这一原则，企业统一制定出内部转移价格后，购买中间产品或劳务的责任中心主管人员有权按较低的价格进行内部转账结算，甚至有权直接从外部市场获得有关产品或劳务；而销售中间产品或劳务的责任中心主管人员则有权按较高的价格进行内部转账结算，甚至有权直接向外部市场销售有关产品或劳务。

（4）激励性原则。所制定的内部转移价格应当具有激励作用，一方面，调动购买中间产品或劳务的责任中心主管人员从事业务经营的积极性，促使他们尽最大努力节约开支，降低成本，以实现成本最小化；另一方面，调动销售中间产品或劳务的责任中心主管人员从事业务经营的积极性，促使他们尽最大努力扩大销售，增加收入，实现收益最大化。

二、内部转移价格的种类

（一）成本类内部转移价格

1. 以成本为内部转移价格基础的条件

在实际工作中，以成本作为制订内部转移价格基础的一般情况是：（1）某种产品虽经某一生产阶段或加工工序进行制造和加工，但不能对外销售；（2）某种产品虽然已经局部完工，但外部并不存在竞争性市场价格；（3）某种产品或劳务难以确定市价，且购销双方在结算价格问题上存在分歧。

2. 常用的成本类内部转移价格

常用的成本类内部转移价格主要包括实际成本、标准成本、变动成本、成本加成等。

（1）实际成本。实际成本是指生产某种产品或提供某种劳务而实际发生的有关耗费。以实际成本作为内部转移价格，容易为人们所理解，且便于实施。但是，这种结算价格既不利于对各责任中心的业绩进行正确衡量，也不利于各责任中心对成本实施有效地控制。因为，第一，当以实际成本进行转账结算时，只有最后将产品对外予以销售的有关部门才可获得利润，而其余部门都将无法取得利润。因此，前述投资报酬率和剩余收益等业绩考评指标对于那些不涉及最终销售业务的部门将毫无疑义，不能用上述指标来衡量这类部门的工作业绩。第二，所谓实际成本，通常是一个比较含混的概念。就某一部门而言，究竟哪些耗费项目应当列入"实际"成本，哪些项目不应列入"实际"成本，某些项目的具体成本数额是否会由于产量变动而各期有所不同，往往难以定论，甚至会由此而引发经济纠纷。第三，在以实际成本作为内部转移价格的情况下，提供部门将其产品或劳务的实际成本全额、如数地结转到使用部门，这样不仅不能调动提供部门加强成本控制的积极性，甚至会促使它们随意放松成本管理；而且会导致最终使用产品或劳务的部门不可避免地承担由提供部门转嫁而来的损失、浪费和低效率造成的恶果，同样会挫伤它们从事业务经营的积极性，并对其业绩评价带来极为不利的影响。

（2）标准成本。标准成本是指在正常生产经营条件下，生产某种产品所应当发生的成本。以标准成本作为内部转移价格，既可以避免将某一部门的浪费和低效率转嫁给别的有关部门，也可以鼓励各个部门不断改进管理工作，加强成本控制，提高经济效益。

（3）变动成本。变动成本是指在某种产品的生产过程中发生的、同其产量保持同方向、等比例变动的成本。以提供部门产品或劳务的变动成本作为内部转移价格，其优点是：第一，可以使接受中间产品或劳务的责任中心准确而快捷地确定本责任中心有关产品的全部变动成本，从而有利于各责任中心经理人员适时、正确地制定短期经营决策（如确定最终产品销售时的价格下限）；第二，可以使各责任中心在排除各种间接费用或固定费用的不利影响的情况下，尽量在企业内部而不是直接从企业外部市场购买所需要的中间产品或劳务，从而避免企业现有生产能力的闲置与浪费。但是，在以变动成本作为内部转移价格的条件下，负责提供中间产品或劳务的责任单位不仅无法获得利润，而且连固定成本也难以收回，不利于企业的长远发展。此外，在这种内部转移价格下，产品或劳务的提供部门有可能在短期内盈利，而就长期观察却有可能发生亏损。

（4）成本加成。成本加成是指在某种产品或劳务的变动成本或标准成本的基础上，附加一定数额的边际贡献或利润，以二者之和作为内部转移价格。采用"加成成本"作为内部转移价格，可以使负责提供中间产品或劳务的责任中心获得一定数额的利润，从而调动它们开展生产经营的积极性。但是，在实际工作中，要确定能使中间产品或劳务的购销双方都十分满意的加成幅度或数额是比较困难的，主观偏差往往无法避免。

3. 以成本为内部转移价格基础应注意的问题

当以成本为内部转移价格基础时，一般要求解决好下列主要问题：

（1）切实保证企业目标同部门目标的协调一致。在以成本作为内部转移价格的条件下，经常会发生这种情况，即接受中间产品或劳务的责任中心把以全部成本表现的内部转移价格作为本中心的变动成本，并据以制定相应的经营决策。此时，有关决策实际执行的结果，极有可能是该责任中心获利或增加利润，而整个企业的利润额却有所减少，致使企业目标同部门目标相互冲突。

例5：某企业现有甲、乙两个生产部门。其中，甲部门生产 A 零件，该种零件单位变动成本 18 元，单位直接人工 1 小时，单位售价 30 元。乙部门现生产某种新产品，其生产中每年需要 B 零件 50000 个。为此，乙部门提出下列两个零件取得方案：

（1）直接从外部市场购买，单位买价 22.5 元。

（2）向本企业的甲部门购买所需 B 零件。甲部门若接受乙部门的零件订购任务，就要停止现有 A 零件的生产。经测算，甲部门生产 B 零件的单位变动性生产成本 15 元，单位直接人工 1 小时。此外，乙部门所生产的某新产品的单位售价 90 元，除零件成本之外的其他单位变动成本 37.5 元。

现要求通过计算，确定乙部门究竟是应从甲部门还是应从外部市场取得所需 B 零件。

具体计算、分析如下：

当乙部门向甲部门购买 B 零件时，甲部门为满足乙部门的零件供应需要，将停止生产目前的 A 零件，以其全部生产能力转而加工 B 零件，数量 50000 个。此时，甲、乙两个部门及整个企业以边际贡献表现的经营结果为：

$$甲部门边际贡献 = 0$$
$$乙部门边际贡献 = 50000 \times [90 - (15 + 37.5)]$$
$$= 1875000（元）$$

计算结果表明，在乙部门向甲部门购买 B 零件的情况下，甲部门必定放弃现有 A 零件的加工任务，丧失了对外销售的机会。因此，该部门将无销售收入，而只有为乙部门加工所需 B 零件的成本 750000 元。乙部门生产的某新产品获得的边际贡献为 1875000 元，此亦即整个企业在现有条件下的边际贡献总额。

当乙部门直接从外部市场购买其所需 B 零件时，甲部门可继续从事现有 A 零件的加工工作，且可实现销售。此时，甲、乙两个部门及整个企业以边际贡献表现的经营结果为：

$$甲部门边际贡献 = 50000 \times (30-18)$$
$$= 600000（元）$$
$$乙部门边际贡献 = 50000 \times [90-(22.5+37.5)]$$
$$= 1500000（元）$$
$$整个企业的边际贡献总额 = 600000+150000$$
$$= 2100000（元）$$

计算结果表明，在乙部门向外部市场购买 B 零件时，甲、乙两个部门均可提供一定数额的边际贡献，两者之和即为整个企业的边际贡献总额。

从本例中两个备选方案的测算结果可见，虽然当甲部门负责向乙部门提供其所需 B 零件，甲、乙两个部门之间以成本作为内部转移价格时，乙部门的边际贡献总额可达到 1875000 元，比它直接向外部市场购买 B 零件所能创造的边际贡献要多 375000 元（1875000-1500000），但整个企业的边际贡献总额仅仅只有 1875000 元。比甲部门继续制造 A 零件、乙部门从企业外部取得其所需 B 零件时的边际贡献总额减少 225000 元。这就是说，当企业内部有关责任中心之间提供产品或劳务而以成本作为转移价格基础时，将有可能促使某个责任中心的经理人员选择对本中心有利的决策方案，但整个企业却可能由此而蒙受一定的经济损失。基于以上计算与分析，正确的解决办法是：甲部门依旧维持原有 A 零件的生产，而乙部门则直接向外部市场购入生产某种新产品所需要的 B 零件。

（2）及时提供维护企业全局利益的经济信息。为了避免发生部门经理人员作出对本部门有利而对整个企业却不利的决策后果，必须给他们提供适时而准确的决策信息，以使各责任中心主管人员在以成本作为转移价格基础的条件下，能够迅速而明确地了解某种中间产品或劳务究竟应当以何种方式和从什么渠道取得。例如，生产中所需要的某种零部件是从企业内部某个部门取得，还是直接从外部市场购买等。在这个问题上，正确的解决办法就是计算、确定该种中间产品在企业内部转移时的最低转移价格。一般来说，某种中间产品的最低转移价格为该种产品的单位变动成本，同负责供应该种转移产品的部门不得不放弃对外销售另一种产品所发生的单位边际贡献之和。各责任中心应以最低转移价格为依据，确定对本责任中心最有利的决策。

（二）市价类内部转移价格

1. 以市价为内部转移价格基础的条件

在实际工作中，以市价作为制定内部转移价格基础的一般情况是：（1）负责提供某种产品或劳务的责任中心乐于将产品或劳务在企业内部进行转移，且其价格与外部市价没有差别。此时，需要该种产品或劳务的责任中心理所当然地承担着内部购买的义务，不应自行从外部市场购买。但是，假如该种产品的价格高于外部市价，则需要这种产品的责任中心可以拒绝接受内部转移，改而向外部市场购买。（2）负责提供某种产品或劳务的责任中心不愿意将产品或劳务在企业内部进行转移，它应有权将产品或劳务对外销售。

2. 常用的市价类内部转移价格

常用的市价类内部转移价格主要有市场价格、协商价格、双重价格。

（1）市场价格。市场价格是指某种产品或劳务在外部市场上的销售价格。从考评责任中心工作业绩的立场出发，中间产品或劳务在有关部门之间转移时，以其市场价格进行转账结算最为合适，即市场价格是一种最理想的内部转移价格。这是因为：第一，采用市场价格可使有关责任中心的工作绩效能够借助利润指标进行合理考评；第二，当以市场价格进行产品或劳务的转账结算时，有关产品或劳务的销售部门并未因"内销"而失去部分收入，而购买部门也未因"内购"而增加额外的成本负担。事实上，以市场价格作为内部转移价格，既可以使各责任中心保持相对的独立性，从而在企业内部形成一种带普遍意义的、具有竞争性的市场态势；又可以充分调动各责任中心的积极性，切实保障它们的经济利益。不过，在企业内部转移的某种产品有时甚至经常是作为企业最终产品的某个组成部分而进行生产的，不一定具有相对应的外部市场价格，即使偶尔有市场价格，往往也不宜直接采用，而须作某种调整。

（2）协商价格。协商价格是指在某种产品或劳务没有相应的市场价格，或者有市场价格但经常变动的情况下，由该种产品或劳务的购销双方共同协商而确定的一种内部结算价格。采用这种内部转移价格，不仅有关产品或劳务的购销双方都应乐于接受，而且要保证维护企业的整体利益。采用协商价格进行内部结算，可以同时满足购销双方的特定需要，适当兼顾不同责任中心的经济权益。不过，在以协商价格作为内部转移价格时，各有关责任中心主管人员必须享有充分的自主权和进行讨价还价的能力。另外，还应注意，在实际工作中，有关产品或劳务协商价格的高低也许会受购销双方主管人员谈判水平和讨价还价能力的影响，甚至会发生某一协商价格购销双方都比较满意，但其实际执行的结果却严重损害企业整体利益的不良现象。

（3）双重价格。双重价格是指在某种产品或劳务存在若干市场价格的情况下，或者为了同时满足不同责任中心的需要，购销双方对所发生的交易活动分别采用不同的计价标准进行转账结算。例如，提供转移产品的责任中心按最高市场价格或者按全部成本加合理利润进行计价，而接受转移产品的责任中心则按最低市场价格或者按变动成本加部分固定成本进行计价。又如，提供转移产品的责任中心按市场价格计价，而接受转移产品的责任中心则按变动成本计价。采用双重价格的最大优点在于：它不仅可以鼓励需要中间产品或劳务的责任中心尽可能在本企业内部购买，而且可以较为有力地反映购销双方的经营业绩。以双重价格作为内部转移价格的不足之处是：其一，双重价格是在企业经营及财务政策的限度内确定的，中间产品或劳务的购销双方实际上并无多大的自主权；其二，因双重价格允许购销双方各自以不同的价格水平计价，故难以推动所有部门主动、积极地进行成本控制。

3. 以市价为内部转移价格基础应注意的问题

当以市价为内部转移价格基础时，一般要求解决好下列主要问题：

（1）积极培育企业内部的竞争性市场状态。在以市价作内部转移价格的情况下，企业应属高度分权化的经济组织，有关责任中心可视为相对独立的经营部门，并按照一般的市场规则从事业务活动。在独立的盈利责任目标的驱使下，各有关责任中心可自主经营，开展公平竞争。只有在企业内部真正营造出这种带普遍意义的市场环境，才能充分发挥以市价为基础的这类内部转移价格的作用。

（2）真实反映企业生产经营情况和各责任中心的实际业绩。尽管人们常把市价作为最佳的内部转移价格，但以一般意义上的销售价格或具有竞争性的市价作为转移产品的内部结算价格并非完美无缺。这是因为，某种转移产品虽然有相应的市场价格，它在企业内部进行转移时，诸如广告宣传费、运杂费、包装费等业务支出，通常都低于外销，个别费用甚至不会发生。显然，假如原封不动地照搬市价作为内部转移价格，必将难以反映实际情况。为此，在给某种产品制订内部转移价格时，应当以该产品的外部市价同其费用节约额之间的差额为准，对市价进行必要的调整，以使整个企业的生产经营活动能够得到客观的反映，使各个责任中心的工作业绩能够进行正确的衡量。

另外，在实施双重价格的情况下，各责任中心计算的利润之和将大于企业利润总额。此时，企业为满足对外报告的需要，真实反映全部经营成果，应对内部利润进行相应调整，以使企业利润总额同各个部门的利润之和保持协调。

例6：江苏省某电机厂股份有限公司下属的几个分部均为投资中心。其中，印机分部专门生产为电脑配套的打印机。它的产品既销售给本公司的电脑分部，也出售给外界四通电子公司。计划年度印机分部准备生产10万台打印机，其中的4万台出售给四通电子公司，销售单价300元；其余的6万台销售给本公司的电脑分部，作为电脑的配套产品。该公司打印机的单位成本数据如下（按照产销量10万台为基础预计）：

单位直接材料	60元
单位直接人工	40元
单位变动制造费用	30元
单位固定制造费用	20元
单位变动推销费用	15元
单位固定推销费用	15元
单位成本	180元

目前该公司财务部提出下列五个标准作为制定内部转移价格的基础：（1）单位变动成本；（2）变动成本加成30%；（3）单位完全成本；（4）完全成本加成20%；（5）市场价格300元。

要求：

（1）按照上述五种标准分别计算印机分部销售给本公司电脑分部的内部销售收入，并确定印机分部销售10万台打印机的全部销售利润。

（2）根据上述计算结果，站在总公司角度，应该选择哪一种结算价格？若站在电脑分部立场，则又应选择哪一种结算价格？

具体计算分析如下：

（1）按照上述五种价格，分别计算印机分部的内部销售收入，并计算印机分部的销售利润。

①采用单位变动成本计价

单位变动成本＝60+40+30＝130（元）

内部销售收入＝130×6＝780（万元）

外部销售收入＝300×4＝1200（万元）

全部销售收入＝780+1200＝1980（万元）

全部成本＝180×10＝1800（万元）

销售利润＝1980−1800＝180（万元）

②采用变动成本加成30%计价

内部销售价格＝130×（1+30%）＝169（元）

内部销售收入＝169×6＝1014（万元）

外部销售收入＝300×4＝1200（万元）

全部销售收入＝1014+1200＝2214（万元）

全部成本＝180×10＝1800（万元）

销售利润＝2214−1800＝414（万元）

③采用完全成本计价

单位完全成本＝60+40+30+20＝150（元）

内部销售收入＝150×6＝900（万元）

外部销售收入＝300×4＝1200（万元）

全部销售收入＝900+1200＝2100（万元）

全部成本＝180×10＝1800（万元）

销售利润＝2100−1800＝300（万元）

④按全部成本加成20%计价

内部价格＝150×（1+20%）＝180（元）

内部销售收入＝180×6＝1080（万元）

外部销售收入＝300×4＝1200（万元）

全部销售收入＝1080+1200＝2280（万元）

全部成本＝180×10＝1800（万元）

销售利润＝2280−1800＝480（万元）

⑤按市场价格300元计价

内部销售收入＝300×6＝1800（万元）

外部销售收入＝300×4＝1200（万元）

全部销售收入＝1800+1200＝3000（万元）

全部成本＝180×10＝1800（万元）

销售利润＝3000−1800＝1200（万元）

（2）站在总公司角度，应该选择市场价格，因为市场价格最公正，获取的利润最大。若站在电脑分部立场，则应选择单位变动成本，使其购入的打印机成本最低。

思 考 题

1. 什么是分权管理？其有何特点？

2. 什么叫责任中心？怎样划分责任中心？

3. 责任中心有哪几种主要类型？各类责任中心的主要控制内容是什么？

4. 什么叫责任成本？责任成本同产品成本的主要区别是什么？

5. 什么叫可控成本？可控成本有何主要特点？

6. 试述可控成本和不可控成本的主要区别和可控成本的相对性。

7. 什么是自然利润中心和人为利润中心？

8. 试述利润中心业绩考评的基本指标及其优缺点。

9. 投资中心业绩考评的主要依据是什么？试比较投资报酬率和剩余收益在业绩考评中的利与弊。

10. 什么叫内部转移价格？为什么要制定内部转移价格？

11. 以成本为基础的内部转移价格通常有哪几种具体计价形式？试比较采用实际成本、标准成本、变动成本和成本加成作为内部转移价格的优缺点。

12. 以市价为基础的内部转移价格通常有哪几种具体计价形式？试比较采用市场价格、协商价格、双重价格作为内部转移价格的优缺点。

13. 分别说明在采用以成本和市价为内部转移价格时应注意的问题。

练 习 题

1. 某总公司下设甲、乙、丙三个分公司，该总公司规定所属分公司的投资报酬率不得低于 25%。有关资料显示：甲、乙、丙三个分公司的投资额分别为 1000000 元、2000000 元和 1250000 元，销售成本率分别为 75%、40% 和 50%，成本费用利润率分别为 20%、25% 和 40%。

要求：分别确定甲、乙、丙三个分公司的资产周转率、销售收入和利润总额。

2. 某公司下设甲、乙两个分厂，上年度的销售成本率分别为 80% 和 50%，成本费用利润率分别为 50% 和 20%，投资报酬率均为 20%。

要求：

(1) 计算甲、乙两个分厂上年度的资产周转率。

(2) 若甲分厂的资产总额 1600000 元，下年度的销售成本率预计下降到 62.5%，则成本费用利润率预计下降到 8%。此时，为保证其投资报酬率不致下降，该分厂下年度至少应实现多少销售收入，其资产周转率又将为多少？

3. 已知某集团公司下设三个投资中心，有关资料如下：

指 标	集团公司	A 投资中心	B 投资中心	C 投资中心
净利润（万元）	34650	10400	15800	8450
净资产平均占用额（万元）	315000	94500	145000	75500
规定的最低投资报酬率	10%			

要求：

（1）计算该集团公司和各投资中心的投资利润率，并据此评价各投资中心的业绩。

（2）计算各投资中心的剩余收益，并据此评价各投资中心的业绩。

（3）综合评价各投资中心的业绩。

4. 某公司下设 A、B 两个投资中心。A 投资中心的投资额 200 万元，投资利润率 15%；B 投资中心的投资利润率 17%，剩余收益 20 万元；该公司要求的平均最低投资利润率 12%。该公司决定追加投资 100 万元，若投向 A 投资中心，则每年可增加利润 20 万元；若投向 B 投资中心，则每年可增加利润 15 万元。

要求：

（1）计算追加投资前 A 投资中心的剩余收益。

（2）计算追加投资前 B 投资中心的投资额。

（3）计算追加投资前该公司的投资利润率。

（4）若 A 投资中心接受追加投资，则请计算其剩余收益。

（5）若 B 投资中心接受追加投资，则请计算其投资利润率。

5. 某厂在其所属分厂均设有经销商店，其中，甲分厂经销商店（简称甲分店）本年度的有关资料如下：该店营业资产 200000 元，营业净利润 60000 元。该厂现有部分资金可用于扩大各经销商店的业务活动，其中，拟于下年度给甲分店增拨资金 100000 元，预计增资后可增加净收益 25000 元。该厂平均投资报酬率 22%，预定最低投资报酬率 14%。

要求：

（1）计算甲分店本年度的投资报酬率和剩余收益。

（2）计算甲分店下年度的投资报酬率和剩余收益。

（3）采用投资报酬率和剩余收益考评甲分店经营业绩的结果，并对评价结果进行分析。

6. 某公司下属一电扇厂，年产定时风扇 14 万台，其所需的定时器原来系从外部市场购入，每台购价 15 元。该公司今年准备成立一家定时器分厂，预计年产定时器 15 万台，其产量除满足电扇厂需要之外，其余的 1 万台则可对外销售。经测算，定时器分厂的年固定性制造费用 30 万元。定时器的单位成本 11 元，其中，直接材料费 5 元，直接人工费 2 元，变动性制造费用 2 元，固定性制造费用 2 元。该分厂经与各方商谈，初步拟定此种定时器的五种内部转移价格，即 16 元、15 元、14 元、11 元和 9 元。

要求：通过计算，分别对上述内部转移价格进行评价，并从中选择你认为合理的内部转移价格。

7. 某公司下设甲、乙两个分厂，由甲分厂制造水泵供乙分厂制造抽水机用。该种水泵单位变动成本 80 元，单位固定成本 25 元，内部转移价格 110 元。现因外部市场上同类水泵供应量增加，单位销售价格已下跌至 100 元，且在短期内无价格回升的可能性。乙分厂准备直接从外部市场购买该种水泵，而甲分厂则面临停产的可能。

要求：

（1）若该公司总会计师劝告乙分厂厂长继续从甲分厂购买水泵，则你认为总会计师的意见是否正确？为什么？

（2）若乙分厂厂长接受总会计师的劝告，同意从甲分厂购买水泵，则你认为应怎样调整、确定其内部转移价格？

8. 某公司下设甲、乙两个分厂，甲分厂生产的半成品 A 不能对外销售，只能专供乙分厂加工、组装成最终产品 B，然后对外销售。半成品 A 按其目前产量计算的内部单位转移价格如下：

变动成本	1800 元
固定成本	1400 元
内部转移价格	3200 元

乙分厂按此内部转移价格购入半成品 A 之后，制造并销售产成品 B 的有关资料如下：

销售价格	8600 元
半成品 A 购入成本	3200 元
变动性加工成本	2600 元
固定成本	1600 元
利润	1200 元

目前，甲、乙两个分厂均有剩余生产能力。此时，有一客户提出以 7400 元的价格订购产成品 B 100 件。

要求：

（1）计算、确定该公司应否接受该客户的这批订货。

（2）你认为该公司下属之甲、乙两个分厂是否应该接受这批订货？为什么？

（3）你认为应当怎样协调或解决公司和分厂之间的矛盾？

9. 某公司下设甲、乙两个分部，有关资料如下：

单位：元

甲分部		乙分部	
		完工产品单价	17
		单位产品变动成本：	14
完工部件外销单价	15	甲分部	6
单位部件变动成本	6	乙分部	8
单位部件边际贡献	9	其中：加工费用	4
边际贡献总和（按 10000 件计）	90000	销售费用	4
		单位产品边际贡献	3
		边际贡献总额（按 10000 件计）	30000

此外，甲分部固定性制造费用 400000 元，预计年产量 100000 件，每件完全成本 10 元，其中，变动成本 6 元，固定成本 4 元。甲分部现有剩余生产能力，且乙分部现正在考虑应否从甲分部购买部件 10000 个进行加工。

要求：

（1）说明当乙分部向甲分部购入该种部件时，是否愿意以甲分部生产此种部件的单位完全成本作为内部转移价格。

（2）说明当乙分部主管人员决定从甲部门购买该部件时，在经济上对该公司是否有利。

10. 某公司下设电冰箱和电机厂，电冰箱厂年产量 10000 台，电机厂年产量 25000 台。电机厂除供应电冰箱厂生产中所需要的电动机外，其余产品可向外部市场销售。本年度有关资料如下：

单位：元

电动机		电冰箱	
单位售价	300	单位售价	1000
单位变动成本	150	电动机单位买价	300
单位固定成本	100	其他单位变动性生产成本	350
单位利润	50	单位固定成本	150
内部转移价格	300	单位利润	200

现因电冰箱市场竞争比较激烈，公司决定将其单位售价降低 100 元，预计下年度销售量可增加 5000 台，且电机厂和电冰箱厂均有剩余生产能力。

要求：

（1）分别计算电机厂和电冰箱厂的本年利润。

（2）预测电冰箱降价、电动机内部转移价格保持不变时电机厂和电冰箱厂下年度利润。

（3）比较电机厂和电冰箱厂相邻两个年度利润的增减变动情况。

（4）提出你对下年度电机厂和电冰箱厂利润发生变化的个人看法和合理化建议。

第十三章　经济增加值与平衡计分卡

第一节　经济增加值

一、传统财务业绩评价指标的缺陷

业绩评价就是通过建立综合评价体系，采用一定的评价方法，对照相应的评价标准，对一定经营期间内特定主体行为所产生的经营绩效，作出客观、公正和准确的综合评价。企业业绩评价应该是在考察企业经营效益的基础上对企业整体运营状况的综合评价。

随着现代企业制度的建立，企业所有权与经营权分离，造成所有者和管理者之间存在着利益不一致、信息不对称、责任不对等的矛盾，存在着管理者利用手中拥有的权力侵犯所有者利益的可能性，这直接阻碍着公司财务目标的实现。而解决这一问题的关键就是要建立起一套有效的激励与约束机制，使管理者能够完全站在所有权的立场上思考问题和制定决策。于是，产生了对管理者业绩评价的需要。

西方发达国家对绩效管理和业绩评价进行了深入研究和广泛实践。20世纪80年代以前，业绩评价以财务指标为主，如利润、销售利润率、投资报酬率、净资产收益率、杜邦分析体系等。20世纪80年代以后，许多公司已意识到，过分强调短期财务业绩是公司在竞争中处于不利地位的重要原因，于是它们把着眼点更多地转向企业长期竞争优势的形成与保持上，更加注重非财务指标在业绩评价中的作用。由此形成了以财务指标为主、非财务指标为辅的业绩评价体系。20世纪90年代以来，经济进入了全球化和信息化时代，企业面临着不断变化的市场环境和更加激烈的市场竞争，如何有效地评价企业的经营业绩及向股东提供最大的投资回报，使管理者的报酬与其真实的经营业绩挂钩，以达到有效地激励和约束管理者、提高经济运行效率的目的，成为理论与实践中一个亟待解决的问题。有很多公司的财务指标均显示出良好的业绩状况，但股东的财富却在下降。显然，传统的财务业绩衡量指标不能很好地显示企业的真实经营业绩。因此，迫切需要有新的评价指标和方法对企业经营业绩进行正确的评价。经济增加值指标就是在这样的背景下产生的。

传统的财务业绩评价指标如利润、销售利润率、投资报酬率、净资产收益率、剩余收益等，具有很强的规范性、可比性，易作为资源配置决策的依据。但这些指标侧重于会计利润的评价，无法准确反映公司为股东真正创造的经济价值。具体来说，传统业绩评价指标的局限性体现在以下几个方面：

1. 会计利润不一定能够反映股东财富

按照公认会计准则（GAAP），在计算会计利润时只扣除了债务资本成本，而未扣除权益资本成本，忽视了对权益资本成本的补偿，使会计利润不能够真实地反映股东财富。当企业的会计利润大于零而又小于权益资本成本时，企业的股东财富不仅没有增加，反而在减少。因此，会计利润与股东财富的变动方向不一定一致。

由于权益资本具有机会成本，其机会成本是一种隐性成本，容易使人误以为权益资本的使用是免费的，可能导致企业管理者不计成本、随心所欲地使用权益资本，其结果造成资本的低效使用和无效使用，从而损害企业的长期利益，损害股东财富。

2. 会计指标容易被人为操纵

由于会计政策和会计方法的可选择性，使得财务报表的编制具有相当的弹性。同一企业选择的会计政策和会计方法不同，导致的经营业绩会有较大差异。公司管理层可以通过选择会计政策和会计方法、控制研发费用、改变经营策略等手段来粉饰甚至美化一些财务数据指标，以达到自己的目的。这种过分追求形式上的业绩使得管理者不能为真正提高公司业绩而全力以赴，而更可能扭曲公司的业绩。

3. 会计指标无法反映企业的真实经济状况

会计指标的计算以财务会计报表信息为基础，而会计核算要遵循稳健会计原则，这一原则成为指导会计人员进行职业判断的重要依据。当面对某项经济业务和会计事项进行处理时，应尽可能选择"高估损失和费用"和"低估收益"的方法，以合理核算可能发生的损失、费用和收入。因此，实行稳健的会计原则低估了公司的业绩，使会计指标无法真实地反映企业的真实经济状况。

4. 容易导致管理者的短期行为

传统的财务业绩指标容易造成管理层短期行为，不利于企业长期战略目标的实现。当业绩评价与利润挂钩时，管理者可以通过减少成本费用，如延长固定资产的折旧年限、减少固定资产大修理费用、减少研发投入等来增加利润，提升当期业绩。同样，当奖金收入与投资报酬率挂钩时，管理者可以通过处理一些资产（即使其在未来可以为企业带来丰厚的收益）或者减少固定资产的投资来提高投资报酬率。所以，传统的财务业绩指标使得管理层只重视当前利益，而牺牲了公司的长期利益。

二、经济增加值的含义

经济增加值（Economic Value Added，EVA）指标是由美国斯特恩公司（Stern & Steward）于 1991 年提出的用于评价企业业绩的指标。在企业所有权与经营权分离的条件下，如何有效地评价企业的业绩以及向股东提供较高的投资回报，使管理者的报酬与其真实的业绩挂钩，以达到有效地激励和约束管理者、降低委托代理成本、提高运作效率的目的，是经济学和管理学亟待解决的一个问题。很多公司的财务报表及财务分析指标均显示出良好的经营业绩，但公司的价值却在下降，显然，用传统的财务指标如利润、每股盈余、投资报酬率等已不能评价企业的真实经营业绩。因此，迫切需要有新的评价指标和方法对企业业绩进行正确、客观地评价。于是，产生了经济增加值。

经济增加值是指企业税后净营业利润与全部投入资本成本（债务资本成本与权益资本成本）之间的差额，是扣除了股东所投入的资本成本后的企业真实利润，也称为经济利润，其不同于会计利润。其基本思想是，一个公司的经营利润只有超过了所有债务资本成本和权益资本成本后，才会为企业创造真正的财富，带来真正的价值。但由于企业权益资金的非偿还性和股利支付的非确定性，使得有些企业的管理者忽视了权益资金的机会成本，误以为偿还了企业债务成本后的利润即为企业创造的财富，结果在经营活动中盲目投资，无形中损害了股东的利益。EVA 的使用使管理者充分意识到权益资金的机会成本，在增加营业收入的同时，尽量减少资金的闲置，提高资金的利用效率，为股东也为自己创造更多的财富。实施 EVA 管理的目的，不仅仅在于评价企业经营业绩，而且更重要的是在于对管理者的引导，从过去只重视会计利润转向持续的价值增值，从而激励管理者作出以提高企业价值和股东财富的决策。因此，EVA 产生后，受到西方企业、投资者乃至政府的广泛关注和应用。《财富》杂志认为 EVA 是当今最热门的财务观念，并将越来越热。著名管理学家彼得·德鲁克认为："作为一种度量全要素生产率的关键指标，EVA 反映了管理价值的所有方面。" 目前，世界 500 强中的近 400 家公司，如可口可乐、IBM、美国运通、通用汽车、西门子公司、索尼、戴尔、沃尔玛等都使用了 EVA 管理体系。中国很多大型企业也在不同程度地尝试采用 EVA 体系。国资委从 2010 年起，对中央企业全面实施 EVA 考核。

经济增加值是指扣除了股东投入资本成本后的企业真实利润。其计算公式为：

$$EVA = 税后净营业利润 - 资本成本$$
$$= 税后净营业利润 - 投入资本 \times 平均资本成本率$$
$$= NOPAT - KW \times TC \tag{1}$$
$$= (ROTC - KW) \times TC \tag{2}$$

其中，
$$KW = KD \times (1-T) \times DC/TC + KE \times EC/TC$$
$$TC = EC + DC$$

式中，NOPAT 表示税后净营业利润，KW 是加权平均资本成本，TC 表示投入资本总额，ROTC 是投入资本报酬率，KD 是债务资本成本，KE 是股权资本成本，DC 是债务资本，EC 是股权资本，T 为所得税税率。

如果 EVA>0，则表示公司获得的收益高于为获得此项收益而投入的资本成本，即公司为股东创造了新价值；若 EVA<0，则表示公司获得的收益低于为获得此项收益而投入的资本成本，则说明股东财富在减少；若 EVA=0，则说明企业创造的收益仅能弥补资本成本本身。因此，EVA 真正反映了企业价值，反映了股东财富，是企业财富真正增长之所在。

经济增加值可以通过对会计报表进行合理的调整和计算得到，它基于会计数据，但打破了会计制度存在的多种弊端和不足，能准确地揭示企业经营的经济效益。

三、对会计报表项目调整

（一）EVA 对会计报表调整的目的和原则

1. 调整的目的

在计算 EVA 时，需要对有关数据作一系列的调整，以消除权责发生制下利润受会计政策限制而产生的不合理性。具体而言，调整的目的是：（1）消除稳健主义影响，真实反映经营状况。商誉、研发支出摊销、减值准备计提等对债权人有利，但对衡量企业价值和股东决策产生不良影响。(2) 消除或减少盈余管理的机会。权责发生制为利润操纵提供了空间，对坏账准备、担保、减值准备的调整，主要目的是消除平滑会计利润的机会。(3) 防止管理人员的短期倾向。研发支出、广告营销支出等处理会使管理人员为满足眼前的利益而牺牲股东长远利益。

2. 调整的原则

从会计项目到真实的 EVA，斯特恩公司认为调整项多达 160 多项。但是，从国内外企业应用 EVA 的实践来看，过多地关注于会计项目的调整不仅成本巨大，大规模的调整也无法保证把被扭曲的会计信息纠正过来，而且缺乏实际操作性，制约了 EVA 的广泛应用。一般而言，一个公司只需进行 5—10 项的调整就可达到相当的准确程度。因此，在选择调整项目时应遵循的原则是：(1) 重要性原则，即拟调整的项目涉及金额应该较大，如果不调整，则会严重扭曲公司的真实情况。(2) 可影响性原则，即管理层能够影响被调整项目。(3) 可获得性原则，即进行调整所需的有关数据可以获得。(4) 易理解性原则，即非财务人员能够理解。(5) 现金收支原则，即尽量反映公司现金收支的实际情况，避免管理人员通过会计方法的选择操纵利润。

(二) 对具体的会计报表项目的调整

1. 研究开发费用、广告营销支出、员工培训支出

根据稳健性会计原则，研究开发费用在发生的当期列作期间费用，只有在研发成功后，按法律程序申请取得无形资产，将依法取得时发生的注册费、聘请律师费等中介费用资本化，并在一定期限内摊销。广告营销支出、员工培训支出也要在发生当期列入费用。

在 EVA 看来，研究开发费用是公司的一项长期投资，有利于公司在未来提高劳动生产率和经营业绩，应该列入资产项目。同样，广告营销支出、员工培训支出也会对公司未来的市场份额、经营管理产生深远影响，也应该属于长期性资产。此类对公司未来长期发展起关键作用的支出，发挥效应的期限并非只在这些支出发生的会计期，全部计入当期损益不合理；管理层可能通过减少对这些费用的投入，使短期盈利情况迅速改观，从而使管理层的业绩上升。

所以，在计算 EVA 时，将当期发生的研究开发费用、广告营销支出、员工培训支出资本化，加入到资产中；同时，在一定的受益期间内将其摊销额加入到利润之中。这样处理，可以鼓励管理人员重视对这些有益于公司长期发展和提高公司发展后劲的费用的投入。

2. 各种准备金

各种准备金包括坏账准备、存货跌价准备、长短期投资的减值准备等。根据我国会计准则的规定，公司要为将来可能发生的损失预先提取准备金，准备金余额抵减对应的资产项目，余额的变化计入当期费用冲减利润。目的是基于稳健性原则，使公司的不良资产得以适时披露，以避免公众过高估计公司利润而进行不当投资。

而实际上，这些准备金并不是公司当期资产的实际减少，准备金余额的变化也不是当期费用的现金支出。提取准备金，一方面低估了公司实际投入经营的资本总额；另一方面，低估了公司的利润；同时，公司管理人员还有可能利用这些准备金操纵会计利润，掩盖真实业绩。因此，在计算 EVA 时，应将企业当年提取的各种减值准备的税

后值加回到税后净利润中；并且将已经从资产总额中扣减的各种减值准备的期末余额加回到资本中。

3. 财务费用

财务费用主要包括利息支出和汇兑损益。负息债务的利息支出属于资本成本的一部分，应从净营业利润的计算中剔除，统一在资本成本中核算，使得税后净营业利润真实体现营业成本，将体现资本所有人对预期回报的要求在资本成本一项中计算，清楚地衡量管理层的业绩。调整方法是将税后负息债务的利息支出加回到税后净营业利润中。

汇兑损益属于企业不可控制的宏观经济因素形成的正常经营以外的损失或收益，不将其剔除会影响企业 EVA 业绩的公正性。

4. 在建工程、工程物资

企业的在建工程、工程物资在转为固定资产之前是不产生收益的，未对公司价值的创造产生作用，对其计算资本成本，会导致此项资本成本无相关的收益相匹配。因此，在计算 EVA 时，应将在建工程、工程物资从企业资本总额中剔除，不计算相关的资本成本。

当在建工程、工程物资转为固定资产开始产生效益时，再考虑投资项目的投入资本及资本成本。这种处理方法扩展了管理者的视野，鼓励其进行重大战略投资，以提高公司的可持续发展能力。

5. 营业外收支

营业外收支是指与营业业务无关的收支及非经常性发生的收支，包括资产处置带来的收益或损失、政府补贴、不可抗力带来的损失等。由于 EVA 衡量的是公司的营业利润，所有的营业外收支均应剔除在 EVA 的核算之外，以保证真正反映公司的营业状况和生产经营能力，使得 EVA 的结果中只体现营业业绩，剔除非营业活动对管理层业绩评价的影响。其处理方法是将当期发生的营业外收支从净营业利润中剔除，同时对所得税进行调整，并从资本总额中减去税后营业外净收益。

6. 公允价值变动损益

公允价值变动损益既不是企业当期损益的现金收支，也不受经营管理者所控制，并且不是企业当期资产的实际增减。因此，在计算 EVA 时，也应该将所有公允价值变动损益从当期利润中予以剔除，并考虑当期公允价值变动收益及其累计金额对投入资本的影响。

7. 递延税款

递延税款是由于采用纳税影响会计法产生的，递延税款分为借项期末余额和贷项期末余额两个部分。递延税款借项期末余额表示期末尚未转销的实际交纳税款多于利润表中的所得税额的数额。会计上它作为资产项目，但它却不能被实际利用发挥资产的作用，这种资产是一种"虚拟"，不能计入投入资本。同递延税款借项类似，一部分公司没有真正支付的税款，计入负债项下，被称为"递延税款贷项"。这部分递延税款实际上和其他股权资本一样加入现金流循环，真正发挥了创造价值的作用。在进行投入资本调整时，应加上递延税款贷项上期增加额（本期期初数减去上期期初数）。

8. 无息流动负债

企业的无息流动负债一般指除短期借款和一年内到期长期负债以外的其他流动负债，

包括预收及应付账款、应付职工薪酬、应交税费、其他应付款等。这些负债不负担资本成本，在计算 EVA 时，应从资本总额中减除。无息流动负债从资本总额中减除，可以鼓励管理层合理管理营运资产，避免占压过多的流动资金。

总之，实施 EVA 的公司，应该对需要调整的会计项目进行分析：调整是否对 EVA 衡量标准（如 EVA 增量）产生重大影响；是否提高了 EVA 对回报和市场的诠释能力；是否会对经营决策的制定产生重大影响。同时，还要考虑成本和收益的比较，调整过于复杂只会增加成本。通过比较分析，确定调整方案。

四、经济增加值的计算步骤

由 EVA 的公式可知，经济增加值的计算结果取决于三个基本变量：税后净营业利润、投入资本总额和加权平均资本成本。

1. 税后净营业利润的确定

税后净营业利润等于税后净利润加上利息支出部分（如果税后净利润的计算中已扣除少数股东损益，则应加回），即公司的营业收入减去除利息支出以外的全部经营成本和费用（包括所得税费用）后的净值。

税后净营业利润是以报告期营业净利润为基础，经过下述调整得到的：（1）加上利息支出的税后值；（2）加上坏账准备和减值准备本期增加额的税后值；（3）加上当期研究开发费用（R&D）摊销额的税后值；（4）加上当期广告营销支出摊销额的税后值；（5）减去公允价值变动损益的税后值；（6）减去营业外损益的税后值等。

税后净营业利润 = 会计净利润 +（利息支出 + 当期研究开发费用（R&D）摊销额 + 当期广告营销支出摊销额 + 当期员工培训费用摊销额 + 坏账准备和资产减值准备的本期增加额 - 公允价值变动收益 + 汇兑损失 + 非营业投资的投资损失 - 非营业投资的投资收益 + 营业外支出 - 营业外收入 +/- 其他调整事项）×（1 - 所得税率）

2. 投入资本总额的确定

投入资本总额是指所有投资者投入公司的全部资本的账面价值，包括债务资本和权益资本。其中，债务资本是指债权人提供的短期和长期贷款，不包括应付账款、应付票据、其他应付款等商业信用（无息流动负债）。权益资本不仅包括普通股，而且还包括少数股东权益。在实务中，既可以采用年末的投入资本总额，也可以采用年初与年末投入资本总额的平均值。

调整后的投入资本总额 = 资产负债表期初与期末平均总资产 + 资本化的研发费用 + 资本化的广告费用 + 各种减值准备余额 - 累计税后营业外净收益 - 平均在建工程 - 平均无息流动负债 +/- 其他调整事项

特别需要提及的是，利息支出是计算经济增加值的一个重要参数，但是我国上市公司的利润表中仅披露财务费用项目，根据我国的会计制度，财务费用中除利息支出外还包含利息收入、汇兑损益等项目，因此不能将财务费用简单等同于利息支出，但是利息支出可以从上市公司的现金流量表中获得。

3. 加权平均资本成本的确定

加权平均资本成本率=债务成本×债务资本占总资本的比重+股权成本×权益资本占总资本的比重

在计算加权平均资本成本时，债务成本的确定比较简单，可按中长期银行贷款利率的平均水平确定。权益资本成本的计算往往较为困难，大多采用资本资产定价模型进行计算。

债务资本成本=平均利率×（1−所得税税率）

权益资本成本=无风险收益率+β（市场平均资本收益率−无风险收益率）

此外，在计算债务资本和股权资本的比重时，不能简单地利用资产负债表右边负债和所有者权益的数值简单地计算。计算 EVA 的总投入资本按前述经过调整的投入资本计算，负债资本中应扣除无息流动负债。

计算 EVA 的总投入资本=债务资本+股权资本−在建工程−免费融资

4. 计算经济增加值

经济增加值=税后净营业利润−投入资本总额×加权平均资本成本率

例1：为了更好地说明经济增加值的计算原理，以 ABC 股份有限公司为例，根据其2011 年度财务数据调整后计算其经济增加值，如表 13-1 所示。

表 13-1　　　　　　　　　　ABC 股份有限公司 2011 年度经济增加值计算表

项目	数值
会计调整后的税后净利润（1）	1.2 亿元
税后财务费用（2）	1.5 亿元
调整后的税后净营业利润（3）=（1）+（2）	2.7 亿元
调整后的投入资本平均数（4）	42 亿元
平均资本成本率（5）	8%
资本成本（6）=（4）×（5）	3.36 亿元
经济增加值（7）=（3）−（6）	−0.66 亿元

根据经济增加值计算原理，尽管 ABC 股份有限公司 2011 年度账面上显示出巨额利润，然而，该公司并没有为股东创造财富，而是在毁灭股东财富。

根据前述 EVA 的公式，EVA=（投入资本报酬率−平均资本成本率）×投入资本，我们更容易理解企业创造经济增加值的途径。只有当企业的投入资本报酬率超过平均资本成本率，即资本效率为正，企业才能真正为股东创造财富。

例2：仍以 ABC 股份有限公司 2011 年数据为例，计算其经济增加值如表 13-2 所示。

表 13-2   **ABC 股份有限公司 2011 年度经济增加值计算表**

项目	数值
会计调整后的税后净利润 (1)	1.2 亿元
税后财务费用 (2)	1.5 亿元
调整后的税后净营业利润 (3) = (1) + (2)	2.7 亿元
调整后的投入资本平均数 (4)	42 亿元
投入资本收益率 (5) = (3) ÷ (4)	6.43%
平均资本成本率 (6)	8%
资本效率 (7) = (5) – (6)	-1.57%
经济增加值 (8) = (7) × (4)	-0.66 亿元

表 13-2 说明，ABC 股份有限公司 2011 年度经济增加值之所以为负值，是因为其投入资本报酬率（6.43%）低于平均资本成本率（8%）。

五、经济增加值的作用

EVA 指标的作用主要表现在以下四个方面：

（1）评价作用。EVA 是迄今为止对企业业绩进行财务评价的较为准确的一种方法。会计利润由于受会计政策的影响，而且不考虑股权资本的成本，不能真实反映企业为股东创造的价值。而 EVA 通过对会计利润进行一系列的调整，在计算时，考虑了包括权益资本成本在内的企业全部资本成本，能更加真实地反映企业经营能力和企业价值，真实地反映管理者的经营业绩，有利于业绩评价。

（2）管理作用。在传统的以利润为基础的评价指标下，评价指标繁多，企业的各个部门会选择不同的评价指标，形成各种不同的目标，如生产部门要求实现产量的增加和成本的降低，营销部门以收入的增长、市场份额的增加为目标，投资部门以投资报酬率为目标等。由于具体目标不统一，评价指标和方法不一致，容易误导管理者做出错误的决策，从而使企业丧失发展或投资机会，最终达不到企业价值增加、股东财富增值的目的。而 EVA 解决了这一问题，仅使用 EVA 这一唯一考核指标，把所有决策过程归结为一个问题——我们怎样提高 EVA？EVA 成为企业各部门乃至个人的业绩考核指标和奋斗目标。各部门乃至个人知道，提高 EVA、增加股东价值有三条基本途径：一是通过更有效地经营现有的业务，提高正常业务的盈利水平；二是提高投资报酬率，如投资那些回报超过资本成本的项目、从那些收益低于成本的项目中撤出；三是加快资本周转，提高资本利用效率。因此，EVA 能够引导各部门进行能给企业带来长期利益的投资，所有的决策都以

EVA 的改进为目标。这样，可以使企业管理目标明确，管理有效。

（3）激发作用。激发也是 EVA 的一个重要作用。目前，许多公司管理者年度奖金的多少是在制订年度计划时讨论协商确定的，因此，公司的管理者将注意力集中在年度计划与协商上，而很少放在激励机制的制定上。这不利于企业激励机制的形成，不利于激发管理者的积极性，最终必将影响经营效果。而在 EVA 指标下，管理者乃至员工奖金的多少直接取决于他们为企业创造的经济增加值的大小，管理者奖金的多少与股东财富增加值的多少紧密相连，与企业经营状况的好坏直接相联系。这使得管理者真正把追求股东财富的最大化作为他们的奋斗目标，使管理者与股东的利益取向趋于一致。

（4）沟通作用。EVA 还起着企业文化语言的沟通作用，是联系管理者之间、管理者与员工之间、计划之间、部门之间的共同语言，起着连接战略计划与经营部门的纽带作用，排除通常存在于各部门之间的误解，有利于公司上下齐心协力为共同的目标和利益而奋斗。因此，EVA 是企业财务业绩的重要评价指标，是公司的管理制度和激励机制的重要内容，是公司的文化语言。

EVA 指标虽然克服了传统利润指标忽略企业资产价值会随时间变化而发生变化，以及所有者权益的机会成本。然而，这种方法也存在以下问题：

（1）一个企业在按照 EVA 指标评价财务业绩时，似乎已为股东创造了财富，但如果按市场价格来计算，则企业并未创造股东预期的收益。例如，某公司没有负债，期初共有股票 10000 股，该股票的市场交易价格 25 元，每股的经济价值 20 元。假定投资者预期投资报酬率 10%。如果该年度企业创造的 NOPAT 22500 元，则该公司当期创造的 EVA 为：

$$EVA = 22500 - 20000 = 2500 （元）$$

如果按市场价值来计算，则：

$$EVA = 22500 - 25000 = -2500 （元）$$

因此，从 EVA 指标的角度看，该企业在当期为股东创造了 2500 元的财富，而从市场价格来计量，则该企业的股东财富在本期减少了 2500 元。

（2）计算 EVA 指标存在一定的困难。无论我们用 NOPAT 和加权平均资本成本计算，还是用 NI（经过调整后的净收入）和权益资本成本计算，结果应当是一样的。然而，当企业资产的市场价值与其经济价值不相等时，按上述两种方法计算出来的结果并不一致。

（3）EVA 指标仅仅关注企业当期的经营情况，没有反映出市场对公司未来经营收益的预测。如果股票市场是有效率的，并且从一个较长的时间跨度来检验，则经营评价法和交易评价法应是吻合的。经营评价法是一种注重企业当期经营情况评价的方法，如利润指标和 EVA 指标采用的均为经营评价法。这种评价方法不能体现市场对公司未来收益预测的调整。而交易评价法是通过公司股价变化对公司的经营情况进行评价的一种方法。这种方法通过在期初买入股票，然后在期末卖出并获得收益，同时，通过领取现金股利和资本利得决定股东财富增加的数额。然而，通常我们是从一个较短的时间跨度（如一年）来评价企业的经营状况。因此，经营评价法与交易评价法的结果会有一定的偏离。这时，就需要对 EVA 指标进行修正和调整，以便克服其不足或缺陷。

（4）EVA 指标的计算存在一定的主观性。在计算 EVA 指标时，需对会计科目进行调整，而对会计科目的选择、调整的幅度因行业、企业而异，复杂的调整多达 160 多项，在实际操作中调整项目也有 5—15 项，不可避免地带有评价者的主观判断，削弱了其有效性。

六、修正的经济增值

（一）修正的经济增值的含义

修正的经济增值（Refind Economic Value Added，REVA）是由 Jeffrey 等人于 1997 年提出的，是以资产市场价值为基础的企业业绩评价指标。其公式为：

$$REVA_t = NOPAT_t - WACC \times (MV_{t-1})$$

其中，$NOPAT_t$ 为 t 期末公司调整后的营业净利润；MV_{t-1} 为 $t-1$ 期末公司资产的市场总价值；WACC 为企业加权平均资本成本。

公司用于创造利润的资本价值总额既不是公司资产的账面价值，也不是公司资产的经济价值，而是其市场价值。这是因为，在任何一个会计年度的开始，投资者作为一个整体都可将公司按照当时的市场价值出售，然后将获得的收入投资到与原来公司风险水平相同的资产上，从而得到相当于公司加权平均资本成本的回报。如果投资者没有将其拥有的资产变现，则这些投资者就放弃了获得其投资的资本成本的机会。在任何一个给定的时期内，如果公司真正为股东创造了财富，那么该公司的期末利润必须超过以期初资本的市场价值计算的资本成本，而不是仅仅超过以公司期初资产的经济价值为基础计算的资本成本，因为投资者投资到该公司资本的实际价值是当时的市场价值，而不是经济价值。

REVA 指标克服了 EVA 指标的缺陷：运用交易评价法反映了市场对公司未来经营收益预测的修正，无论何时，只有 REVA 指标为正值，该企业的股东财富才会增加，企业价值才会增大。

（二）修正的经济增值指标的意义

（1）从市场意义上定义企业利润。考虑资产的市场价值是 REVA 指标最重要的特点。在传统的会计方法和 EVA 指标下，企业是盈利的。但在 REVA 法下，如果盈利小于按资本市场价值计算的资本成本，则企业的财富实际上在减少。

（2）将股东财富最大化与企业决策联系在一起。REVA 指标有助于将理财目标融入到经营决策中。理财目标是股东财富最大化，企业 REVA 持续地增加，意味着公司市场价值的不断增加和股东财富的持续增长。

（3）便于管理者理解财务指标。通过考虑公司使用资本的成本，REVA 使管理者在关心收入的同时，更加注意管理资产，提高资产使用效益，并帮助他们围绕股东财富最大化和企业价值最大化这一共同目标进行正确地决策。

（4）终结多种目标的混乱状况。许多公司用一系列的指标来说明其具体财务目标。对这些目标的衡量与考核方法不一致，可能会导致部门之间的冲突。而使用 REVA 可以排除由于多目标带来的多种分析方法的不一致而产生的矛盾和冲突，使企业所有不同目标的决策集中于一个共同的问题：如何改善企业的 REVA，并使其成为财务管理制度中联系管理者之间、管理者与员工之间，以及所有管理决策的共同语言，从而使企业的目标始终定位于股东财富和企业价值最大化上。

第二节　平衡计分卡

一、平衡计分卡的产生与发展

20世纪90年代以来，人类社会迈入了知识经济和信息经济时代，企业内部经营条件和外部环境发生了深刻变化，有形资产逐渐被无形资产取代，大量生产与标准化逐渐被弹性大、快速响应、创新和优质服务所取代，功能导向的专业化流程逐渐被客户导向的企业内部流程取代，稳定的技术逐渐被持续快速创新所取代。企业要持续而稳定地发展，就必须具有战略竞争优势，要在顾客、供应商、员工、生产流程、技术和创新等方面加大投入；不仅要重视物质资本的经营，更要重视无形资产的经营。在此情况下，财务业绩评价体系包括经济增加值不仅不能反映企业在顾客、供应商、创新、员工技能等方面的投入与效益，而且也不能衡量无形资产在企业价值创造过程中的作用，从而导致企业对这些方面的管理重视不够，削弱企业长期竞争的基础。因此，迫切需要一套新的业绩衡量方法，平衡计分卡就应运而生。

平衡计分卡最初源于1990年美国诺顿研究所主持完成的"未来组织绩效衡量方法"研究计划。该计划的目的在于找出超越传统以财务会计量度为主的绩效衡量方法。Kaplan教授和诺顿对12家公司进行研究，从公司计分卡（财务、交货、开发）得到启发形成平衡计分卡，业绩评价指标包括财务、客户、内部流程，以及学习与成长四个方面。1993年发表的《平衡计分卡的实际应用》，介绍了许多公司实施平衡计分卡的案例。1996年，发表的《平衡计分卡：化战略为行动》，开发出"战略地图"这一战略管理工具，标志着平衡计分卡从一种绩效管理体系跃升为一种战略管理工具。2001年，新作《战略中心型组织：实施平衡计分卡的组织如何在新的竞争环境中立于不败》，将其应用作了总结，提出一整套战略管理工具，包括战略的制定、沟通、执行和调整均能借助这个有效的工具来完成。在过去近20年里，平衡计分卡在理论方面有了极大的发展，在实践领域也得到了越来越多公司的认可。美国一些商学院已将平衡计分卡作为一门单独的课程。世界500强中有80%的企业都应用了平衡计分卡，并且取得了极大成功。如汽车界巨头沃尔沃公司、邮政速递巨头中外运敦豪、石油行业巨头美孚公司等。《哈佛商业评论》评选出了"过去80年来最具影响力的十大管理理念"，平衡计分卡名列第二。

平衡计分卡（The Balanced Score Card，BSC）是一种蕴涵财务、客户、内部经营过程、学习与成长四个层面，且各层面具有内在因果逻辑关系的一种业绩管理和战略执行工具。其核心思想是通过财务、客户、内部经营过程、学习与成长四个方面相互驱动的因果关系，展现公司的战略轨迹，实现业绩评价——业绩改进以及战略实施——战略修正的目标。平衡计分卡将公司绩效管理上升到战略管理的高度，它将企业的远景、使命和发展战略与企业的业绩评价系统联系起来，把企业的使命和战略转变为具体的目标和评价指标，以实现战略和绩效的有机结合。通过从财务、客户、内部经营过程和学习与成长这四个层面向企业内各层次的人员传递企业的战略以及每一步骤中他们各自的目标和任务，最终帮助企业达成一致的目标，成为企业战略的实施工具。平衡计分卡如图 13-1 所示。

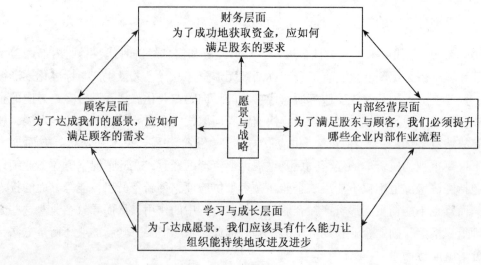

图 13-1　平衡计分卡

二、平衡计分卡的构成要素

平衡计分卡在实践中的表现形式千差万别，但其构成要素基本相同，都包含以下方面的基本要素。

（1）层面（角度）。层面体现了企业战略的基本关注点。一般来说，在进行企业战略的利益相关者分析时可以确认。在最初创建时，平衡计分卡包括财务、顾客、内部流程和学习与成长四个层面。也可以根据企业的行业特点设置不同的层面，如三个层面或五个层面等。

（2）战略目标。战略目标是从战略重点中分解、细化出来的关键性策略目标，每个策略目标包含一个或多个绩效指标。

（3）绩效指标。绩效指标是衡量企业战略目标实现结果的定量（或定性）的尺度，由预先选定的关键性策略目标推导出来。

（4）指标值。指标值是对期望达到的绩效目标的具体定量要求，也是绩效指标实现与否的具体尺度。

（5）行动方案。行动方案是为完成某项战略目标所制定的关键行动计划，由一系列相关的任务或行动组成，目的是实现每个指标的期望目标值。

平衡计分卡的上述各个要素都是一一对应相互支持的。战略目标反映了企业战略的重点与驱动因素，明确了企业努力的方向；绩效指标与指标值是对战略目标的衡量方向和衡量标准，是企业战略目标落实的重要载体；而行动方案则是实现绩效指标和指标值，从而最终保证战略目标实现的重要保证，它将引导全体员工在行动上与企业战略保持高度一致。

三、平衡计分卡的基本框架和主要内容

(一) 平衡计分卡的基本框架

平衡计分卡从财务、顾客、内部流程、学习与成长四个层面说明公司的愿景与战略。平衡计分卡四个层面的内容及各层面内部指标之间均存在一定的联系。四个层面的指标体系中，财务层面的指标是根本，其他三个方面的指标都是为财务指标服务的。企业只有不断地学习和成长，才能使内部经营过程不断改善，员工素质和服务质量不断提高，从而使客户的满意度不断提高，企业的竞争力不断增强，最终实现财务目标。另外，各个评价指标必定与平衡计分卡的某一方面存在着因果联系。因为，企业战略所体现的是一系列因果关系，作为企业战略业绩评价指标的平衡计分卡也体现了这样一种层层递进的因果关系。它以公司的战略和愿景为核心。这四个层面和一个核心构成了平衡计分卡的基本框架，如图 13-2 所示。

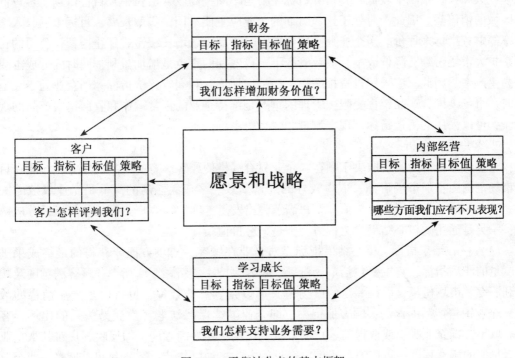

图 13-2 平衡计分卡的基本框架

(二) 平衡计分卡的主要内容

平衡计分卡一般包括财务、顾客、内部流程和学习与成长四个层面，但并不是只包含固定的四个层面，所有对公司战略起着重要作用，且能为公司创造独特竞争优势的因素，都可以纳入平衡计分卡之中。因此，不同的企业编制的平衡计分卡会有所不同。下面仅就平衡计分卡的上述四个主要层面进行阐述。

1. 财务层面分析

虽然财务业绩评价体系存在种种缺陷和弊端，但这并不能完全否定财务衡量指标的作用。因为，企业经营管理活动的最终结果归根结底要通过企业的财务指标来体现，企业经营成功与否，最终都要表现为财务方面的业绩，如果质量、顾客满意度、生产率等方面的改善和提高无法转化为销售额的增加、成本费用的减少、资产报酬率的提高等财务成果，那么做得再好也无济于事。因此，财务业绩评价在平衡计分卡中不仅是一个单独的衡量方面，而且还是其他三个方面的出发点和落脚点。

财务层面的绩效衡量主要包括：（1）收入增长指标；（2）成本减少或生产率提高指标；（3）资产利用或长期投资指标。当然，也可以根据企业的具体要求，设置更加具体的指标，如经济增加值、净资产收益率、投资报酬率、销售利润率、成本降低额与成本降低率、应收账款周转率、存货周转率、流动资产周转率、净利润、现金流量等。

处于生命周期不同阶段的企业，发展战略不同，其财务衡量的重点也应有所不同。当企业处于成长期时，由于企业在提供产品和劳务获得收入方面有着较大的增长潜力，投资规模较大和投资报酬率较低，其财务目标主要是不断提高收入增长率及目标市场、客户群和区域的销售额。因此，对处于这一时期的企业应主要采用销售增长率、目标市场收入增长率等财务指标来评价。当企业处于成熟期时，产品市场增长缓慢或停止增长，公司的目标是扩大市场份额，降低成本，或双管齐下。成熟期的重点是增加盈利，同时降低成本或提高生产率。因此，应采用投资报酬率、经济增加值、利润等评价指标。当企业处于衰退期时，市场萎缩，产品销售受阻，管理的重点是维持企业的正常运作和收回销售产品的现金流，可以采用的衡量指标有现金流量和营运资本等。

2. 客户层面分析

企业财务目标的实现取决于顾客，企业只有提供使顾客满意的产品或服务，才能在目标市场范围内增加市场份额，取得较好的经营绩效。客户满意度的高低是企业成败的关键，企业的活动必须以客户价值和客户满意为出发点。因此，客户方面的绩效指标分成两类：一类是通用的核心结果指标；另一类是顾客价值指标。

（1）核心结果指标。核心结果指标是对企业在顾客、市场方面要获得的最终成果进行度量的滞后指标，它主要包括市场份额、顾客保持率、新顾客增加率、顾客满意度及顾客利润率。市场份额，即在一定的市场中（可以是客户的数量，也可以是产品销售的数量）企业销售产品的比例；顾客保持率，即企业继续保持与老客户交易关系的比例；客户获取率，即企业吸引或取得新客户的数量或比例；客户满意度，即反映客户对其从企业获得价值的满意程度，可以通过函询、会见等方法来加以估计；客户利润贡献率，即企业为客户提供产品或劳务后所取得的利润水平。这五个方面有着内在的因果关系，顾客满意度支持着老顾客保有率、新顾客增加率和顾客利润率，而老顾客保有率和新顾客增加率则支持着市场份额。

（2）顾客价值指标。顾客价值反映企业透过产品和服务所提供给顾客的属性，是核心结果量度的驱动因素和领先指标。在今天的市场竞争中，谁理解了顾客的真正需求，谁就赢得了市场。卡普兰和诺顿总结出顾客价值的通用模式包括产品与服务的特征、顾客的关系、形象及声誉。产品与服务的特征反映产品与服务的属性，包括产品与服务的质量、价格与性能等多个方面的要素；顾客关系要求公司提高交货的速度与售后服务，其中，包括对顾客需求的反应时间、交货时间及察觉顾客购买产品的感觉等方面；形象与声誉则是吸引顾客购买公司产品的两个抽象因素，它除了取决于前面的要素外，还和企业在品牌与形象方面的建设有关。

　　核心结果指标和顾客价值指标可以组成一个因果关系链：客户满意程度、企业的形象和声誉、客户关系决定了老客户留住率和新客户获得率；客户留住率和客户获得率决定了市场份额的大小；客户留住率、客户获得率、客户满意程度和市场份额决定了客户利润率；客户满意程度又源于企业对客户需求反应的时间、产品功能、质量和价格等的重视程度。该因果关系如图 13-3 所示。

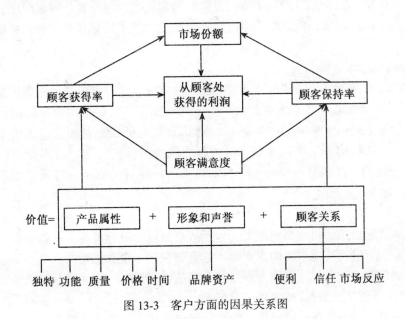

图 13-3　客户方面的因果关系图

3. 内部流程层面分析

企业内部价值链通常包括创新过程、经营过程、售后服务过程，如图 13-4 所示。

图 13-4　企业内部价值链

　　创新过程是了解确认顾客的需求，设计出满足客户需要的产品或服务；经营过程是提供现有的产品或服务给顾客，完美的运作和低成本是重要目标；售后服务过程是在销售后提供服务给顾客，增加顾客从公司产品或服务中获得价值。相应地，平衡计分卡内部经营过程的评价指标划分为创新、经营、售后服务三个方面。（1）创新过程评价指标。如新产品开发所用的时间、新产品销售额在总销售额中所占的比例、比竞争对手率先推出新产品的比例、研究开发费用与营业利润的比例等。（2）生产经营过程评价指标。在生产过程中，日益激烈的市场竞争，要求企业以最低的成本、最高的效率、最好的产品和服务满足客户，因此，经营过程强调时间、质量和成本的统一。时间指标衡量反应速度，可以用如产品生产时间、经营周转时间、准时交货时间等评价；质量指标包括产品合格率、一次性产出合格率、废品率、退货率、返修率等；成本指标如材料单耗、成本降低额、成本降低率等。（3）售后服务过程评价指标。对售后服务过程进行评价也可以用时间、质量和成本指标。时间指标如企业对产品故障的反应时间和处理时间、客户付款时间；质量指标如售后服务的一次成功率、重复维修率、顾客满意度；成本指标如单台机器维修费用、服务费用。

4. 学习成长层面分析

学习和成长方面考评企业获得持续发展能力的情况，学习与成长层面指标主要包括三个方面：（1）评价员工能力的指标，如员工满意程度、员工保持率、员工工作效率、员工培训次数、员工知识水平等。（2）评价企业信息能力的指标，如信息覆盖率、信息系统反应的时间、接触信息系统的途径、当前可能取得的信息与期望所需要的信息的比例等。（3）评价激励、授权与协作的指标，如员工所提建议的数量、建议采纳的数量、个人和部门之间的协作程度等。

（三）战略地图

战略地图就是描述公司战略的地图，包括战略目标、目标市场、价值定位、重要的内部流程、主要能力以及其他重要的因素等。它直观表达了企业主要的战略主题、战略目标以及每个关键角度的重点关注区域。通过把公司战略描绘在一张图里，可以使管理者对组织的战略一目了然，便于对战略的理解和管理。

战略地图根据平衡计分卡的思想，把公司战略分成四个层面：财务、客户、内部业务流程、学习与成长，其中客户是核心。公司战略设计是围绕着如何满足客户的需求来进行的。学习和成长是为了不断地改善内部业务流程，内部业务流程的改善和提升是为了更好地满足客户需求；只有满足了客户需求，才能实现财务目标。战略地图展示了这样一个层层驱动的因果关系，形象地表现了驱动企业绩效的关键目标以及它们之间的重要关系。它强调的是因果关系链和协调一致性。制定企业战略、因果关系分析是绘制战略地图的基础。

1. 制定企业战略

根据企业内部条件和外部因素制定一个适合企业长期发展的战略是实施平衡计分卡和绘制战略地图的基础，可以采用市场环境分析法和 SWOT 分析法等制定企业战略。

2. 因果关系分析

平衡记分卡应当全面反映企业的战略。它应该确认和阐明衡量结果和这些结果的驱动因素之间的因果关系。平衡记分卡中的每一项都应当是因果关系链的组成部分。仅有衡量结果而没有绩效驱动因素，则无法说明绩效结果是如何取得的，这些结果还不能及时反映战略是否正在成功地实施。如果只有绩效驱动因素，虽然可能实现短期业务上的改进，但却不能说明这些改进是否实现了既定的目标。所以，因果关系分析是BSC 提供的一个有力工具，能把战略结果（滞后指标）和绩效驱动因素（领先指标）适当地结合起来，帮助企业管理者确定适合企业战略的具体战略目标，以及实现战略目标的驱动因素。

因果关系分析渗透到平衡计分卡的各个部分。如平衡计分卡四个层面中，学习与成长层面是驱使其他三个层面获得成效的动力。通过学习与成长，企业员工技能上升，生产率改进，员工满意度提升，这使得企业内部流程得到改善，生产效率提高，产品质量改善，顾客满意度上升，最终实现财务目标。又如，企业的财务目标是提高资本回报率，其驱动因素可能是现有客户重复购买和购买量的增加，而这又是由于客户满意程度高所致，预计它将对资本回报率产生很大影响，因此，客户满意度被纳入 BSC 的客户方面。如何才能提高客户满意度呢？通过分析客户偏好发现，客户很重视产品按时交付和产品质量，预计产品的准时交付和质量的提高将使客户青睐度上升，因此，准时交付率和产品质量被纳入BSC 的内部经营过程方面。而要提高准时交付率，需要在企业内部进行各种流程的重组与优化等，要提高质量则需要加强全面质量管理。优化流程和提高质量管理水平的关键是需要加强员工的学习培训，来提高员工技能和水平。因此，提高员工技能被纳入 BSC 的学习与成长方面。正是顺着这种思路，平衡计分卡各个组成部分就建立了垂直的因果关系。这种因果关系在我们面前展现了一幅清晰的诠释战略的画面，它通过产出指标与绩效驱动之间的因果关系，展示了战略如何由理想变成现实，如图 13-5 所示。

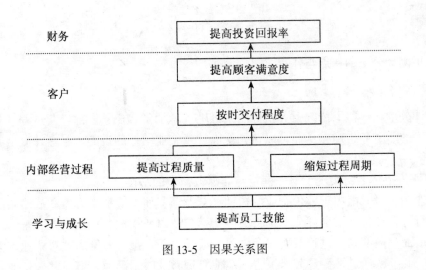

图 13-5　因果关系图

3. 绘制企业战略地图

根据因果关系分析的结果绘制战略地图，如图 13-6 所示。这是一个简略的战略地图，企业的详细战略地图可以直观地表达企业战略的基本要素，即企业战略主题、各层面的战略目标、每个层面的重点关注区域及关键绩效指标。平衡计分卡的一个关键目的是通过战略地图把企业的发展战略明确地描述出来，让企业战略走下高阁，成为实现战略的有效工具。

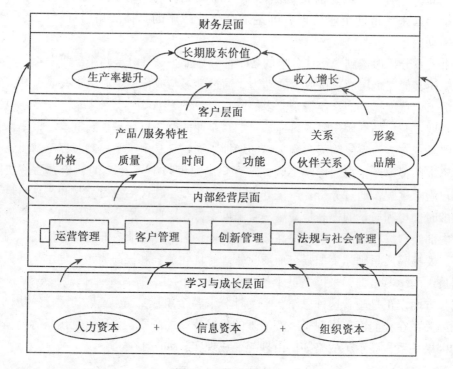

图 13-6　战略地图

四、平衡计分卡的特点与作用

（一）平衡计分卡的特点

平衡计分卡在保留了传统财务指标的基础上，增加了客户、内部经营过程、学习和成长三个方面的非财务指标，从而可以达到全面计量企业绩效的目的。平衡计分卡具有以下特点：

1. 在评价指标上，实现了财务衡量与非财务衡量的平衡

财务业绩衡量只能用于评价企业的短期经营业绩，而不能从全方位和战略角度对企业的业绩进行综合评价。平衡计分卡则将财务指标与非财务指标有机地结合起来，从财务层面、客户层面、内部经营过程层面以及学习与成长层面，综合、全面地对企业的战略业绩进行评价。此外，通过平衡计分卡报告，能使管理者及时正确地了解、掌握企业经营成功的关键因素，及时了解经营过程中存在的问题，并立即采取纠正措施。

2. 在评价范围上，实现了外部衡量和内部衡量的平衡

传统绩效评价通常只注重企业内部评价，而平衡计分卡将评价视野扩大到企业的外部利益相关者包括股东、顾客，关注如何吸引股东、如何令股东满意和如何赢得顾客等。同

时以全新的眼光重新认识企业内部，将以往只看内部结果，扩展到既要看结果，又要注意企业内部经营过程以及企业的学习和成长，把企业管理层和员工的学习与成长视为将知识转化为发展动力的一个必要渠道，从而实现内外部衡量的平衡。

3. 在评价时期上，实现了短期衡量和长期衡量的平衡

传统业绩衡量偏重于对过去活动结果的财务衡量，并针对这些结果做出某些战术性反馈，控制短期经营活动，以实现短期财务成果，这导致公司急功近利，抑制了公司创造长期价值的能力。平衡计分卡的一个重要创新之处在于实现了短期衡量与长期衡量的结合，实现了战略目标的战术转换。平衡计分卡将企业的长期战略目标转化为分阶段的短期目标，从而使长期目标分解为分阶段的、具体的、可操作的指标体系，使各个层次的管理人员和员工能较好地理解企业的目标和战略，明确自己的工作任务。并通过将员工报酬与评价指标联系起来的办法促使员工采取一切必要的行动去达到这些目标。这就使得企业把长期战略目标和短期行动有机地联系起来。

4. 在评价的层次上，实现了结果衡量和动因衡量的平衡

公司应当清楚其所追求的结果（如利润、市场份额）和产生这些结果的原因即动因（如新产品开发投资、员工训练、信息更新）。只有正确地找到这些动因，公司才能有效地获得所需的结果。平衡计分卡正是按照因果关系构建的，同时，结合了指标间的相关性，提供了把战略转化成可操作内容的一个框架。根据因果关系，对公司的战略目标进行划分，制定出实现公司战略目标的分目标。这些分目标是各个部门的目标，同样各个部门可以根据因果关系继续细分直至最终形成可以指导个人行动的绩效指标和目标。

（二）平衡计分卡的作用

1. 提供了业绩评价的新思路

传统的业绩评价，局限于财务评价，无法全面衡量公司的战略业绩。平衡计分卡拓宽和突破了传统业绩评价的视野，为业绩评价提供了新思路。平衡计分卡把实现公司战略目标的行为过程，分成财务、客户、内部流程、学习和成长四个层面，业绩考核不仅包括财务方面，而且包括客户、业务流程、学习与成长方面；不仅包括财务指标，而且包括非财务指标；不仅有结果指标，而且还有驱动指标。不仅有短期指标，而且还有长期指标。它将企业的愿景、使命和发展战略与企业的绩效评价系统联系起来，把企业的使命和战略转变为具体的目标和评价指标，实现战略和绩效的有机结合。

2. 战略管理与执行的工具

平衡计分卡是在对公司总体发展战略达成共识的基础上，通过完美的设计，将四个层面的目标、指标，以及行动方案有效地结合在一起的一个战略管理与实施体系。由于平衡计分卡把公司战略转化为一系列的目标和衡量指标，通过一系列因果关系来展示公司战略，因此，制定平衡计分卡时，管理层需要对战略进行重新的审视和修改。在战略执行阶段，平衡计分卡把公司战略转变为具体的目标和评价指标，变成各部门和个人的奋斗目标，实现战略与行动、绩效的有机结合。在业绩评价阶段，管理层通过了解战略执行情况，从而对战略进行检验和调整。因此，平衡计分卡是战略管理与战略执行的工具。

3. 有效沟通的重要方式

在设计和实施平衡计分卡的过程中，交流与沟通是一项重要工作。不管是平衡计分卡层面的设置还是关键绩效指标的选择及各行动方案的提出，都需要各层级员工的参与和交流，交流的过程本身就是对战略的认识和学习。平衡计分卡要求部门和个人制定自己的平衡计分卡，在此过程中，必然要求组织更多的交流和相互学习，来确立支持整体目标的具体行动方案，确保各层级员工都能理解公司战略和评价标准，从而使部门及个人目标服从公司战略目标，保证公司战略的贯彻执行。

4. 建立了以事实为基础的量化管理

管理大师彼得·德鲁克说过："如果不能衡量，就无法管理。"平衡计分卡对公司战略关注的重点都设计了战略目标和绩效考核指标，并制订了这些指标应该达到的目标数值，将战略落实到了员工的具体行动上。在管理中可以根据指标进行对照、检查、监控、反馈工作的实际情况，强化了公司的量化管理。

五、平衡计分卡的实施程序

平衡计分卡在实际应用过程中，需要综合考虑企业所处的行业环境、企业自身的优势与劣势，以及企业所处的发展阶段、企业自身规模与实力等。企业在应用平衡计分卡来建立绩效评价体系时，一般经过以下步骤：

1. 公司愿景与战略的制定与实施

首先，公司要建立愿景与战略，使每个部门可以采用相应的衡量指标去实现公司的愿景与战略。同时，成立平衡计分卡小组或委员会去解释公司的愿景和战略，并建立财务、客户、内部流程、学习与成长四个层面的具体目标。

2. 绩效指标体系的设计与建立

根据公司的战略目标，结合企业长短期发展需要，为四类层面的指标找出最有意义的绩效衡量指标。并对所设计的指标要自上而下、自下而上进行充分的交流与讨论，征询各方面的意见和建议，使所设计的指标体系能全面反映企业的战略目标。

3. 具体考核目标的确定

确定每年、每季、每月的绩效衡量指标的具体数字，并与公司的计划和预算相结合。注意各类指标间的因果关系、驱动关系与连接关系。

4. 公司内部的沟通与教育

利用各种不同沟通渠道如定期或不定期的会议、公告、刊物等让各层管理人员了解公司的愿景、战略、目标与绩效衡量指标与目标。

5. 公司奖励方案的制定

将公司的报酬奖励制度与平衡计分卡挂钩，根据平衡计分卡对业绩的考核结果，来实施奖励。

6. 绩效指标体系的修正与完善

在设计平衡计分卡时，应重点考察指标体系的设计是否科学合理，是否能真正反映企业实际；在实施后，对其中的不全面之处，应补充新的测评指标；对已设计的不合理的指标，要坚决取消或改进。经过这种反复认真的改进，才能使平衡计分卡更好地为企业战略目标服务。

思 考 题

1. 简述经济增加值的含义和作用。
2. 说明经济增加值的计算原理与调整原则。
3. 说明剩余收益与经济增加值指标之间的关系。
4. 以会计指标为主的传统业绩评价指标有何优缺点？
5. 平衡计分卡的主要思想是什么？其中体现的平衡观点是什么？
6. 简述平衡计分卡的四个层次及其相互关系。
7. 为什么说平衡计分卡是一个战略管理与执行的工具？
8. 战略地图的作用是什么？如何绘制？
9. 平衡计分卡的作用是什么？
10. 试比较经济增加值与平衡计分卡的优劣。

练 习 题

1. 某公司 2011 年的税后净利润 121 万元，债务利息支出 62 万元，债务资本投入 1150 万元，股权资本投入 3500 万元，市场无风险报酬率 4%，市场平均风险报酬率 9.5%，该公司的 β 系数 1.1，所得税率 25%，如不考虑其他调整事项。

要求：

(1) 计算该公司的加权平均资本成本。

(2) 计算该公司的经济增加值。

2. 某公司 2010 年的税后经营利润 800 万元，本年研究与开发费用支出 500 万元，已作为当期费用处理，该项支出的受益期是在明年。债务利息支出 30 万元，在建工程 400 万元，本年的无息流动负债 24000 万元。假设所得税率 25%，期末总资产 38000 万元，资本成本率 8%。

要求：计算该企业的经济增加值。

3. 腾飞股份有限公司主要以生产柴油机为主。公司自创建至今，盈利能力不断增强。腾飞公司的所得税税率 25%，2011 年、2010 年加权平均资本成本率分别为 8%、7.5%。腾飞公司 2011 年、2010 年的简易资产负债表、损益表如下表所示。

要求：

(1) 根据腾飞股份有限公司 2010 年、2011 年的财务资料，分别用净利润和经济增加值评价其经营业绩，并对评价结论进行深入分析。

(2) 根据腾飞股份有限公司的实际情况，你认为作为企业业绩评价指标经济增加值与利润，哪一个评价指标更合理，为什么？

腾飞股份有限公司资产负债表　　　　单位：万元

资产	2011 年末	2010 年末	负债和所有者权益	2011 年末	2010 年末
现金	10	15	应付账款	60	30
短期投资	0	65	应付票据	110	60
应收账款	375	315	应付利息	140	130
存货	615	415	流动负债合计	310	220
流动资产合计	1000	810	长期借款	754	580
固定资产净值	1000	870	负债合计	1064	800
			优先股	40	40
			股本	130	130
			留存收益	766	710
			股东权益合计	936	880
资产总计	2000	1680	负债和股东权益总计	2000	1680

腾飞股份有限公司利润表　　　　单位：万元

项目	2011 年	2010 年
一、营业收入	625	700
减：营业成本	375	420
营业税金及附加	1	1
营业费用	10	6
管理费用	79	95
财务费用（利息费用）	21	25
二、营业利润	139	153
加：投资收益	16	36
补贴收入	0	0
营业外收入	25	9
减：营业外支出	10	18
三、利润总额	170	180
减：所得税	51	54
四、净利润	119	126

腾飞股份有限公司资本情况　　　　单位：万元

项目	2011 年	2010 年
有息债务资本	864	640
权益资本	936	880
投入资本总额	1800	1520
加权平均资本成本率	8%	7.5%
总资本成本	144	114

4. 爱美丽婚纱婚礼用品有限公司是一家私营企业,成立于 1995 年,注册资本 100 万元,投资总额 140 万元,经营范围是生产、销售婚纱礼服。爱美丽公司目前由于经营管理不善,生产远未达到设计的生产能力,长期处于严重的亏损状态。该公司目前的组织结构是总经理下分设设计部经理、剪裁部经理、生产部经理、仓储部经理、业务部经理、门市部经理、财务部经理、办公室主任等。

为了诊断公司经营不善的原因,从而改善管理,扭亏为盈,爱美丽公司总经理决定推行平衡计分卡。为此,公司成立了以财务部经理为小组负责人的平衡计分卡小组,开展实施工作。对该公司而言,能扭亏为盈是成功的第一步。所以,目前成功的关键因素是找到能扭亏为盈的主要因素。对此,平衡计分卡小组成员发表了不同的看法。

财务部经理认为,提高产量、扩大销售是关键。因为销售的限制导致年产量大大低于设计生产能力,产量太低导致分配到单位产品的摊销性成本偏高,单位成本有时甚至高于单价。工资项目偏高也与产量太低有关。因为公司制定了最低工资标准。显然,降低成本,提高产量,充分利用生产能力将是成功的关键。另外,严格执行费用审批手续,控制经营管理费用也很重要。

生产部经理也在抱怨,生产工人任务不饱满,生产有时停顿,生产积极性受到伤害,不时有员工跳槽,而新招工人的技术不如老工人。他认为扩大生产是关键。

业务部经理表明,公司销售萎缩非常严重,业务部形同虚设,业务上的联系全由总经理一手控制。以前的业务员实际上是送货员,由于缺乏业务提成,待遇上不去,都不干了。他认为,公司生产的婚纱做工欠精细,款式陈旧,产品没有吸引力。要想拓展业务,质量、款式上的改进和突破是前提。而这依赖于生产部门和设计部门的努力。

设计部经理认为,业务部的意见很有道理,新颖的款式确实有利于业务的拓展。但一个新颖款式的推出需要灵感。但现在设计的灵感渐趋萎缩。如何激发灵感?需要培训、学习和多渠道的交流。这需要财务上的大力支持。

小组的其他成员也发表了与上述类似的看法。

另外,过去公司并未对客户进行分类,在销售工作中也就未分主次。现在业务部经过分析以后,将公司的客户群分为三类:婚纱影楼、婚纱出租店、举办婚礼的个人。在公司以往的销售中,这三类客户群的比重大概是 70%、20%、10%。业务部在对这三类客户群进行认真分析后,决定把力量集中到对婚纱影楼的销售上,其次是做好对婚纱出租店的销售。至于第三类客户则不去刻意吸引它。

要求:

(1) 请为爱美丽婚礼用品有限公司设计平衡计分卡,并大致描绘出其战略地图。

(2) 通过这一案例,具体说明平衡计分卡有哪些优点?

案例分析一

EVA 在某钢绳公司部门考核中的应用[①]

(一) 公司背景

某钢绳公司是由 A 集团出资组建的国有控股公司。成立于 2000 年,公司拥有资产总

———————————

① 资料来源:黄昌盛.EVA 在某钢绳公司部门考核中的应用.现代经济信息,2009 (11).

额 2.5 亿元,净资产 8000 万元,占地面积 17 万平方米。公司拥有热处理作业线 3 条,热镀及电镀锌生产线 4 条,年产各类金属制品 1 万吨。公司现有工作人员 778 人,就企业规模、年生产能力等综合指标看,公司在全国钢丝绳类企业中排名前 15。公司提供的产品是为许多国内知名企业提供配套服务,有武汉烽火通信科技股份有限公司、湖南浦元机械股份有限公司、成都西门子公司、上海阿尔卡特光缆有限公司、武汉长飞光纤光缆有限公司、克拉玛依油田、大港油田、北京中水远洋渔业公司等。

(二) 公司内部 EVA 的推行尝试

A 集团控股该公司后,尝试推行对公司管理层的 EVA 考核,公司管理层也努力将这一观念在公司内推广。尤其体现在对销售部门的考核上。销售部门共 12 人,其中经理 1 人,业务主管 3 人,业务专员 8 人。企业过去存在的问题是,由于国内钢丝绳行业竞争激烈,存在大量的赊销欠款,由于大部分客户是国有大型企业,所以公司潜意识中对应收账款的管理十分弱化,最高时应收账款余额达 5000 多万元,严重影响到公司的资金周转。另外,公司是"以销定产"与"以产定销"相结合的管理模式,因此销售部门怕断货,经常会根据历史经验,每月底判断下一个月不同系列钢丝绳的销售数量,制订销售计划单递交给生产调度,生产调度根据库存结余情况,并考虑设备的综合生产效率,统筹规划后传给各制造车间排产。借助集团对公司管理层进行的 EVA 考核,钢丝绳公司也努力将EVA 理念向下落实,在销售部体现最为明显。

1. 对内部销售部门的 EVA 考核公式

对销售部门整体的业绩考核薪酬兑现方式为:

(1) 每月发放基本底薪 (800~2500 元不等,根据职位和资历不同来设定)。

(2) 年底兑现整个部门的业绩考核奖金。

部门绩效奖金 = (部门目标业绩贡献 - 部门基准业绩贡献) × 20%

部门目标业绩贡献 = 内销的销售收入 - 内销的销售成本 - 部门费用 (人工、差旅、返利、广告、招待等) - (应收账款平均占用额 - 应收账款核定额) × 6% - (成品存货平均占用额 - 成品存货核定额) × 6%

部门基准业绩贡献 = 过去 3 年的部门业绩贡献合计/3

在 2003 年初实施 EVA 考核的时候,2000—2002 年销售部门平均业绩贡献为 500 万,暂以 2003 年为例,作以描述。

辅助车间和生产车间的所有费用都直接或间接地计入到产成品成本中,随着销售而转入到销售成本中。如果应收账款、成品存货比核定额度降低,则减少部分按照 3% 计为该部门的收益。应收账款、成品存货的核定额度属于公司的正常经营成本,由公司整体承担,超出部分是销售部门的占用资本 (相当于 EVA 中的资本占用),应乘以资本成本率 (内部约定是 6%),得出资本成本费用。

部门的销售毛利扣除本部门的各项杂费 (人工成本、差旅费、返给客户的佣金、广告费、业务招待费等),然后在扣除部门占用资本的成本费用以后,得出的净收益算做其部门业绩贡献。

2. 奖金的分配方式

(1) 部门绩效奖金的 20% 支付给销售部经理。

（2）其余80%分配给部门内其他人员。

其他人员公司设定了系数范围（如销售主管系数1.2~2，销售专员系数0.5~1.5），在系数范围内由销售部的部门经理根据所有人员的年度表现自行设定，对绩效奖金的80%进行加权后重新分配，分配方案报公司人力资源部批准后执行。销售专员业绩的话，收入总额可以超过销售主管。比如，"专员1"全年收入超过了"主管C"。

3. 考核中各项目运用的注意事项

（1）应收账款、成品存货平均占用额按照12个月的月底数平均计算，表外备案登记留做年底考核用。如果应收账款、成品存货比核定额度降低，则减少部分按照3%计为该部门的收益。

（2）应收账款、存货正常额度核定是考虑到历史的遗留问题、公司的市场意图等因素决定的。经过上下几次讨论后，主要由公司高层拍板。

（3）绩效考核协议一年一签，应收账款、存货正常额度一年一核定。

（4）公司出于对业务人员的培养和保护，对业务人员设定系数范围，在系数范围内给部门经理一定的权利，因为作为部门经理最了解一年来下属业务人员的工作态度、开发能力和成绩，部门经理实际操作中会记录台账，分析业务人员各自的回款情况，客户开发情况，总体销售数量，下单排产的认真情况，对公司造成积压的情况，这些指标决定了部门内人员的年底考核系数。

（5）公司的客户管理是通过业务员每周的书面汇报和部门的本月总结、下月计划以及月底报销来控制。

（三）EVA考核推行的效果

金属制品行业特点，赊销比较严重，实施此项EVA考核政策后，通过3年的努力，公司应收账款已经降至2100万元，存货降至1400万元，合计降低了1500万元。通过压降库存与应收账款，公司提高了流动资产周转率，挤出的1500万元浮游资金，公司可以进行技术改造，也可以用来偿还银行借款。单纯从财务费用的角度讲，收效十分显著。

案例分析二

沈阳金杯汽车公司应用平衡计分卡案例①

沈阳金杯汽车工业有限公司是集生产、经营、科研、开发等为一体的大型企业集团。公司注册资金1亿元人民币，总资产54亿元，在册职工15252人。公司占地面积87.5万平方米，关键生产设备3837台（套），主要从事汽车零部件的设计、加工、制造和销售。公司主要产品有各种轻型车变速器、前后桥总成、钢板弹簧总成、扭杆弹簧总成、离合器总成、转向器总成、轻型车架总成、车轮总成、制动泵总成和燃油箱总等共计29类130个品种。上述产品除为沈阳市汽车工业生产的SY6480金杯海狮轻型客车、SY1041金杯轻型卡车和金杯通用雪佛兰越野车配套外，还为国内其他整车生产企业配套，并提供售后市场服务，而且还有部分产品出口到国际市场，显示了公司产品占领国内外零部件市场的强大竞争力。

① 根据霍焱的《平衡计分卡战略性业绩评价的理论与应用与研究》（2006年）一文改编。

（一）金杯公司战略目标的确定

金杯公司在成立之初就确定了企业的使命和价值观。金杯公司的使命是：为用户提供满意的产品和服务；提高员工满意度，使员工在为企业工作的同时，得到物质和精神生活最大限度地满足；为股东创造更好的价值；做负责任的企业公民，对社会尽到企业公民的义务。金杯公司的核心价值观是诚信、沟通、进取、共赢。

根据公司的使命和价值观，确定了公司的远景，即在5~10年内，金杯品牌继续巩固并保持在中国轻型商用车市场上的领航者地位；中华品牌要成为中国乘用车市场的一个重要参与者；华晨金杯要成为国际上的大汽车产业集团在中国优秀的合作伙伴。

金杯公司欲在现在所处行业中求得生存和发展，财务指标所反映的利润等无疑是关键的，但客户、内部业务流程、学习与成长等环节不仅关系到企业的生存，而且也直接维系着公司今后的成长，在企业的绩效评价系统中，也要将这些关键成功因素考虑进去。据此，公司提出并确定了未来战略目标，如表1所示。

表1   金杯公司战略目标

维度	战略目标
财务维度	股东价值的增加
	提高抗风险能力
客户维度	赢得更多的国际性大公司
	市场份额的提高
	品牌知名度的提高
内部流程维度	精益生产能力的提高
	及时提供新产品
学习与成长维度	员工创新能力提高
	员工满意度提高

（二）金杯公司平衡计分卡业绩评价指标体系的建立

1. 战略目标分解——初步确定 KPI 指标

公司战略目标确定后，通过战略目标分解，结合企业的内外部环境，可以初步得到实现目标的关键绩效指标，如表2所示。

表2   战略目标转换表

战略目标	关键绩效指标
股东价值增加	销售利润率
	总资产报酬率

续表

战略目标	关键绩效指标
赢得更多国际大公司	国际大公司销售额占销售额比例
品牌知名度的提高	品牌美誉度
市场份额的提高	市场占有率
精益生产能力	生产率指数
及时提供新产品	新产品个数
	新产品销售额占总销售额比重
员工满意度的提高	员工满意度

通过以上对战略目标的分解，初步获得了业绩评价指标，但由于并不是所有的业绩评价指标都能通过战略目标分解获得，所以还应进一步研究业绩评价指标的设置。

2. 识别因果关系，绘制战略地图——进一步完善 KPI 指标

对于不能够通过战略目标分解而获得相关评价指标的战略目标，可以通过价值树模型进一步确定业绩评价指标。我们选择提高财务抗风险能力及市场份额这两个战略目标进行价值树模型分析，以获得相应的业绩评价指标，如图 1 和图 2 所示。

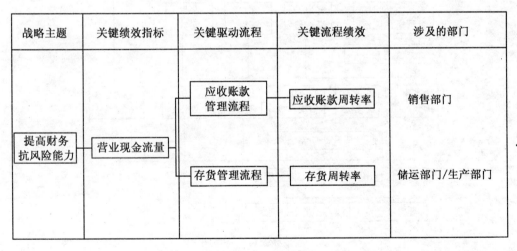

图 1　提高抗风险能力价值树模型

通过战略目标分解以及价值树模型分析，已获得了大部分完成战略目标的关键绩效指标，下面通过绘制战略地图，进一步明确指标之间的因果关系，并进一步补充业绩评价指标。金杯公司战略地图如图 3 所示。

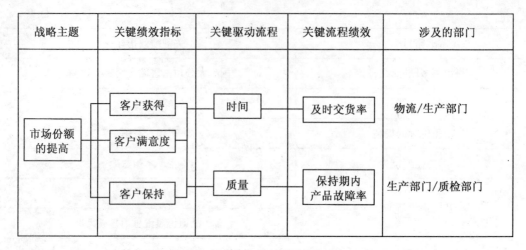

图 2　提高市场份额的价值树模型

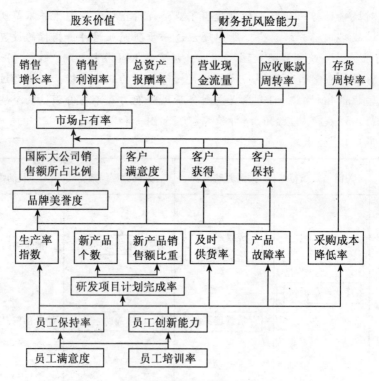

图 3　金杯公司战略地图

3. 业绩评价指标体系的最终确定

通过战略目标分解、价值树模型分析以及战略地图的绘制，已初步得到了业绩评价指标体系，在反复讨论的基础上，确定了金杯公司业绩评价指标体系（如表 3 所示）。

表3 金杯公司业绩评价指标体系表

评价内容	评价指标	评价解释	涉及的部门
财务角度	销售利润率	销售利润率=销售利润/销售收入净额×100%	财务部门
	总资产报酬率	总资产报酬率=利润总额（EBIT）/资产总额×100%	财务部门
	营业现金流量	现金流量=现金流入−现金流出	财务部门
	存货周转率	存货周转率（次/年）=销售成本/平均存货	生产部门/储运部门
	应收账款周转率	应收账款周转率=销售收入净额/平均应收账款余额×100%	销售部门
	销售增长率	销售增长率=本年销售增长额/上年销售收入总额×100%	销售部门
客户角度	市场占有率	市场占有率=某主导产品销量/整个行业同种产品销量×100%	销售部门
	客户满意度	通过访谈、邮寄调查和电话访问获得	销售部门
	客户获得率	新客户数量	销售部门
	客户保持率	客户保持率=保持交易关系的客户/总客户数量×100%	销售部门
	国际大公司销售额占总销售额比率	国际大公司的销售额/公司总销售额×100%	销售部门
内部流程角度	生产率指数	生产率指数=企业销售净额/企业总成本×100%	生产部门
	及时交货率	及时交货率=企业及时交货次数/企业总交货次数	物流/生产部门
	保质期内产品故障率	产品故障率=有故障产品的台数/产品总台数×100%	生产/质检部门
	新产品个数	适销对路的新产品个数	研发部门
	新产品销售额占总销售额比例	新产品销售额占总销售额比例=新产品销售额/企业总销售额×100%	研发/销售部门
	研发项目计划完成率	研发项目计划完成率=研发项目按时完成的个数/研发项目总数	研发部门
	采购成本降低率	采购成本降低率=本年采购成本降低额/去年采购成本×100%	采购部门
学习与成长角度	员工培训率	员工培训率=绩效培训期间参加培训的人次/公司目标培训人次	人力资源部门
	员工满意度	采用员工调查或访谈获得	人力资源部门
	员工保持率	员工保持率=（1−绩效评价期间离开公司的员工数）/公司总员工数	人力资源部门

绩效评价指标体系所揭示的四个方面指标包括财务、客户、内部业务流程、学习与成长之间存在明确的因果关系如图 4 所示。

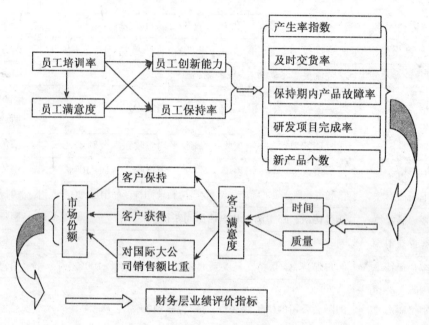

图 4　业绩评价指标间的因果关系

(三) 金杯公司业绩评价过程

1. 业绩评价指标标准的设置

在上述各项指标中，财务指标目标值的确定主要是依据企业的预算和全年同期的水平，而非财务指标目标值的确定则主要依据企业的发展战略规划要求、去年同期的水平以及行业水平，将业绩评价标准定为具有挑战性的目标值。金杯公司业绩评价指标的具体标准如表 4 所示。

2. 业绩评价指标权重的确定

我们采用层次分析法确定指标权重。设企业战略业绩 (目标层) 为 A，平衡计分卡的四个评价维度 (指标层) 为 C_i (i=1, 2, 3, 4)，第二层指标为 C_{ij} (i=1, 2, …, n, j=1, 2, …, n)，现主要确定第一层指标权重。其结果如表 4 所示。

表 4　　　　　　　　　　　　　金杯公司四个指标维度权数分配法

C_i	C_1	C_2	C_3	C_4
权数	0.345	0.370	0.185	0.099

3. 运用灰色关联度评价模型进行业绩评价

业绩评价指标数据的收集也是整个指标体系评价过程中关键工作之一，主要通过公司内部和外部两个渠道收集。财务业绩评价指标数据主要依据财务报表进行数据整理、分析得出初始指标值。非财务评价的信息收集、整理、分析，则根据各类指标的属性分别对待。在这些非财务类评价指标中，一些指标自身即可以数字化表示，如员工保持率、员工培训率、及时交货率、产品故障率等均可用数字直接予以反映，而像员工满意度，客户满意度等指标可采用问卷调查方式进行信息收集，问卷借鉴等级评定法进行设计，给出不同等级的定义和较详细描述，每个等级均有对应的分值，由评价者自主评定。

我们以财务维度灰色关联度分析为例具体说明如何运用灰色关联度分析进行指标业绩评价，其具体计算步骤如表5所示。

4. 评价结果分析

从以上计算可以看出，金杯公司实际综合指标值与最优目标值的关联度0.694，说明企业业绩表现一般，与最初设定的挑战目标相比还存在一定差距。就体现企业业绩的四个主要方面来看，学习与成长维度业绩表现相对较好，其与挑战目标的关联度0.755，大体上完成了企业的战略目标，其他三个方面业绩表现一般，特别是内部流程维度和客户维度，内部流程维度与挑战目标的关联度只有0.643，客户维度与挑战目标的关联度只有0.699。从平衡计分卡业绩驱动关系来看，企业整体绩效表现一般的原因应归因于内部流程维度和客户维度业绩的差强人意，下一步工作须重点关注内部流程维度和客户维度业绩的提高。

就具体指标而言，销售增长率、国际大公司销售额所占比例、产品故障率、新产品个数和新产品销售额占总销售额的比重等指标的完成情况均不是很理想，与挑战目标的关联度都没有超过0.5。销售利润率、存货周转率、市场占用率、客户获得率、采购成本降低率、员工培训率等指标的完成情况也很低，与挑战目标的关联度也都没有超过0.6。特别是国际大公司销售额指标，就目前来说，赢得更多的大公司的订单，对于提升企业的国际地位，提高品牌知名度至关重要，从指标驱动因素来看，大公司注重产品的新颖性、先进性，而从企业内部来看，企业没有对新产品的研发给予足够的重视，员工培训率不高，虽然研发项目的完成情况还可以，但新产品商业化水平还很低，企业还须在研发立项、新产品的市场拓展等方面加强管理。

从另一方面来看，学习与成长维度业绩评价指标没有很好地驱动内部流程业绩的提高，从而进一步影响了客户方面的业绩和财务业绩的提升。因此，企业须进一步挖掘业绩驱动因素，完善平衡计分卡业绩评价指标体系，从而全面提升企业业绩。

此外，从金杯公司业绩评价指标数据模型中可以看出，指标权重对业绩评价结果影响很大，虽然学习与成长维度的灰色关联度很高，但其权重系数只有0.10，其他三个维度的灰色关联度很低，但权重系数却很高，所以企业的综合业绩评价指标值综合来看还是很低。因此，在运用灰色关联模型对企业业绩进行综合评价时应慎重确定各个维度的权重。

表 5　　　　　　　　　　金杯公司业绩评价指标数据计算表

评价内容	第一层指标权重	评价指标	第一层指标权重	目标值	实际值	规范化后的值	关联系数	灰色关联度	得分
财务角度	34.5	销售利润率	20.6	25%	20.1%	0.804	0.559	0.115	
		总资产报酬率	14.5	18%	16.7%	0.928	0.901	0.131	
		营业现金流量	17.5	3100千元	2750千元	0.887	0.749	0.131	
		存货周转率	16.2	3.13	2.52	0.805	0.561	0.091	
		应收账款周转率	15.4	3.3	3.13	0.948	1	0.154	
		销售增长率	15.8	23%	17%	0.739	0.465	0.074	
小计			100					0.696	0.240
客户角度	37.0	市场占有率	20.5	15%	12.5%	0.833	0.555	0.116	
		客户满意度	22.5	98%	95%	0.959	1	0.225	
		客户获得率	14.0	25%	21%	0.84	0.578	0.081	
		客户保持率	17.5	96%	92%	0.968	0.991	0.174	
		对国际大公司销售占总销售额比率	25.5	40%	28.3%	0.708	0.404	0.103	
小计			100					0.696	0.259
内部流量角度	18.5	生产率指数	17.5	115%	111%	0.965	0.915	0.160	
		及时交货率	14.5	99%	98%	0.989	1	0.145	
		保持期内产品故障率	14.4	0.5%	0.9%	0.555	0.376	0.054	
		产品个数	14.0	4个	2个	0.500	0.348	0.049	
		新产品销售额占总销售额比例	15.6	20%	14.6%	0.730	0.502	0.078	
		研发项目计划完成率	13.8	90%	80%		0.889	0.723	0.10
		采购成本降低率	10.2	2.5%	1.95%	0.780	0.555	0.057	
小计			100					0.643	0.119
学习与成长角度	10	员工培训率	33.0	90%	85%	0.944	0.583	0.192	
		员工满意度	35.8	95%	91%	0.968	0.700	0.251	
		员工保持率	31.2	96%	94%	0.979	1	0.312	
小计	100		100					0.755	0.076
合计									0.694

第十四章　战略管理会计

第一节　战略管理与战略管理会计

一、企业战略管理

从一般意义上讲，战略是指一种全局性的、长远性的运筹谋划。就一个企业而言，战略是指为使其所拥有的技能和资源，能同不断变化着的外部环境及其给该企业带来的机遇与挑战保持高度协调统一而进行的谋划。

在长期的管理实践中，管理者的行为无时无刻不涉及战略问题。但是，战略问题真正纳入现代企业管理的范畴，将战略管理提高到决定企业前途、命运的高度，却是从 20 世纪 70 年代前后才得以开始。20 世纪中叶以来，全球性经济竞争已达空前激烈的程度，企业与企业之间不再主要围绕单个产品及其营销问题开展竞争，而是紧紧围绕企业未来发展方向、长期发展目标、总体经营战略等问题开展全方位的、深层次的竞争。此时，谁能在全局上把握外部环境变化的脉搏，谁能从战略高度上洞察世界市场的风云变幻，谁就能占有先机，赢得主动，谁就能在现代商战中立于不败之地。可见，战略管理就是根据一定的战略思想（意图），在对企业内部条件和外部环境进行关联性分析的基础上，确定战略目标，制订并实施战略计划，监控、考评战略业绩并据以拟定战略调整措施的一整套管理程序（或系统）。战略管理过程中的每一步骤和每个环节都需要大量的内部的和外部的、财务的和非财务的、实际的和预计的管理会计信息。正是由于企业战略管理实务的迫切需要，战略管理会计才得以产生和发展。

环境、条件不同，企业战略的侧重点有所不同。在激烈的竞争环境下，能否取得竞争优势关系到企业的生死存亡。取得竞争优势是影响企业全局发展的最核心的问题，企业战略的重点就是确定企业的竞争优势。当竞争足以影响到企业的生存发展，或者竞争均势已经形成，竞争者双方都无法击败对手时，励精图治、积蓄力量、发展壮大自己便成为企业发展的重点，企业战略的重点将转向根据外部环境的变化合理配置企业资源，谋求企业资源的有效利用。不论属于哪一种情况，贯穿于企业战略的主题是确定和实施企业的长期目标。而确定和实施企业的长期目标离不开对竞争态势的判断和对企业资源配置的考虑。在当代社会经济条件下，由于竞争的日益加剧，目前的战略管理理论一般以竞争战略理论为基础，以取得竞争优势为落脚点。

在大中型企业，企业战略可以分为公司战略、经营战略和职能战略。公司战略是确认公司参与竞争的业务、市场或产业的组合以及资源在它们之间的分配，有时也称为业务组合。其所使用的战略通常有集中战略、纵向一体化战略、多元化经营战略、加强型战略、防御型战略等。经营战略是事业部或子公司等经营单位在业务经营中所使用的战略，也称业务战略。对于经营业务单一的企业，公司战略与经营战略往往是合二为一的。经营战略的主要内容是确定企业的主要活动并通过这些活动参与特定行业或市场的竞争。如何配置资源和如何取得竞争优势是经营战略中最为重要的问题。经营战略对于外部环境而言，重点是考虑利用机会，回避威胁，以取得竞争优势；对于企业内部而言，重点是协调各种业务之间的活动，实现资源的合理配置和有效利用。职能战略是为支持经营战略而应用于各职能领域的战略。典型的职能领域包括生产、营销、研究与开发、财务等。职能战略由各职能部门的负责人制定，经由负责经营战略的负责人批准而付诸实施。职能战略的总体目标是支持经营战略，通过协调各职能部门的活动，保证经营战略的实现。

企业基本的经营战略有成本领先战略、差异化战略、目标聚集战略三种。

成本领先战略的目标是使企业成为其产业中低成本生产厂商，以成本优势获取竞争优势。这种成本战略的核心是企业通过一切可能的方式和手段，降低企业的成本，成为市场竞争参与者中成本最低者，即成本领先者。企业成为成本领先者后，以低成本为竞争手段获取竞争优势。实施成本领先战略，加强成本和费用的控制，要求管理当局对成本控制予以高度重视，使企业的成本低于竞争对手的成本。

差异化战略的基本原理是，对于企业所参与竞争的产品和劳务，力求在为客户所重视的产品性能的某一方面独树一帜，突出产品为客户所看重的某一方面的特定功能，以此吸引消费者，增强企业产品的竞争力。差异化战略是建立在产品本身的性能、销售体系、特殊的服务等基础之上的，其核心是使企业的产品与其他企业的产品有所不同。实施差异化战略需要支付额外的成本，如果产品价格的溢价超过了为维持产品的独特性能而追加的额外成本，或者由于市场份额的提高使增加的收入超过为维持独特的性能而追加的成本，那么它便能够获得高于平均水平的利润。判断差异化战略成败的标志之一是实施差异化战略所增加的收入是否超过为此而追加的成本。

目标聚集战略是使企业的产品服务于某一特定的细分市场。这一战略的实质是通过细分市场，将目标瞄准某一特定的消费领域，使企业的产品满足这一消费领域消费者的特定需要，从而赢得市场，排斥其他的竞争者，使企业在某一较为狭小的领域获得竞争优势。目标聚集战略有两种形式——成本聚集战略和差异聚集战略。成本聚集战略是在细分市场的成本行为中挖掘差异，寻求其目标市场上的成本优势。而差异聚集战略则是开发细分市场上客户的特殊需要，追求其目标市场上的差异优势。

这三种竞争战略是企业各种战略中最基本的战略，并且它们之间是相互联系的，一种战略的采用往往需要其他战略的配合。差异化战略带有目标聚集战略的性质，目标聚集战略是差异化战略的深入，成本领先者尽管依赖于成本领先来获得竞争优势，但仍然追求在差异化方面与竞争对手相等或相近的地位。建立在差异化基础之上的成本领先能将成本优势转化为高于竞争对手的收益。差异化基础之上的价值相近意味着为取得满意的市场份额而进行的必要的削价不会降低成本领先者由于成本优势而形成的竞争优势，因此，成本领先者能够获得高于平均水平的利润。

二、战略管理会计的兴起

战略管理会计是在当今企业经营环境更加复杂多变、全球性市场竞争空前广泛激烈的情况下，为满足现代企业实施战略管理的特定信息需要而建立的新的管理会计信息系统。作为为企业战略管理服务的战略管理会计，它之所以产生并得到相应发展，既是当今科学技术突飞猛进和社会经济迅速发展而导致企业管理（尤其是战略管理）理论和实践不断丰富和发展的产物，也是原有管理会计自身基本思想、基本理论和基本方法不断丰富和发展的产物。

20世纪80年代以来，高新技术发展和日益加剧的国际化市场竞争，使人们认识到传统管理会计不能适应市场和竞争环境的变化。这是因为，传统管理会计的理论和方法是以企业内部为视点，没有将企业的内部信息与外部环境的变化联系起来考察，缺少质量、可靠性、生产的弹性、顾客的满意程度、时间等一系列与企业的战略目标密切相关的指标，缺少对企业在竞争中相对地位的分析，不能提供和分析与企业相对地位相关的成本、价格、业务量、市场份额、现金流量以及资源需求等方面相对水平和变化趋势的会计信息。为此，西方管理会计学者在如何使管理会计能够适应战略管理的需要，为企业战略管理提供适当的信息和有效的控制手段等方面进行了大规模的研究。他们把研究重点放在与分析判断企业竞争地位、提高企业竞争优势的会计信息方面，如成本、价格、业务量、市场占有率和现金流量的相对水平和变化趋势的分析与评价等。这些研究拓展了传统管理会计的研究领域，使管理会计所进行的分析不局限于本企业这一单一的会计主体而延伸到竞争对手分析，结合对竞争者的分析来考察本企业的竞争地位，为企业从战略的高度审视企业的组织机构设置、产品开发、市场营销和资源配置，并据以取得竞争优势而提供内部的和外部的、财务的和非财务的、定性的和定量的会计信息，为企业发挥优势、利用机会、克服弱点、回避威胁提供信息，创造条件。这些研究使战略管理会计开始形成，管理会计开始步入一个崭新的发展阶段。

三、战略管理会计的特点

同传统（现有）管理会计相比，战略管理会计主要有以下三个方面的特点：

（1）在立足点上，将企业内部条件同外部环境密切结合。战略管理会计提供并分析同企业战略，特别是同企业竞争战略有关的数据，需要将视野扩大到外部环境，需要充分了解竞争对手。因此，战略管理会计必须突破本企业范围经济活动的限制，大量提供与外部环境和竞争对手相关的会计信息资料，如成本、价格、业务量、市场份额、现金流量等的相对水平及变化趋势方面的有关资料。

（2）在信息来源上，将货币（财务）信息和非财务（非货币）信息密切结合。传统管理会计在提供货币性信息的同时，提供若干非货币信息，但并未将非货币性信息的重要性提高到应有的高度，并未引起足够的重视。战略管理会计，一方面，提供大量的货币性信息；另一方面，也大量提供有关外部环境和内部业绩方面的非货币性信息，如质量、市场份额、核心竞争力、竞争地位等。事实上，此类非货币性信息是企业开展战略管理所不可缺少的，其主要的信息来源就是战略管理会计。

(3) 在目标功能上，将实现企业总体战略目标同取得竞争优势密切结合。战略管理会计从确定战略目标、制订和实施战略计划，一直到战略管理业绩的监控与考评等所有环节，始终都是以形成企业的整体竞争优势为目标，它借助于对竞争对手的分析，综合运用货币性和非货币性指标，力图通过一系列战略性的管理活动而达到整体目标的一致性，并获得竞争优势。

第二节 战略管理会计的内容

从战略管理会计的发展过程和特点来看，战略管理会计的体系内容应是围绕战略管理展开的，主要包括制定战略管理目标、战略管理会计信息系统、战略成本管理、战略性投资决策、战略业绩评价等方面。

一、制定战略管理目标

战略管理会计需要协助企业管理者制定战略目标。企业的战略目标可以分为三个层次：公司战略目标、竞争战略目标、职能战略目标。公司战略目标主要是确定企业经营方向和业务范围方面的目标；竞争战略目标主要是确定产品和服务在市场上竞争的目标问题；职能战略目标所要明确的是在实施竞争战略过程中，公司各个职能部门应该发挥什么作用，达到什么目标。正确的战略目标来自于对内外部环境的综合分析。因此，战略管理会计必须研究企业面临的环境因素，深入了解企业所处的环境特征和发展趋势，从企业内部与外部收集各种信息，提出各种可行的战略目标，供高层管理者选择。

二、战略管理会计信息系统

战略管理会计信息系统是指收集、加工和提供战略管理信息资料的技术和方法体系。它作为战略管理的决策支持系统，所需要的信息来源、数量、特征和加工处理都与传统管理会计有着明显的不同，需要重新对原有的管理会计信息系统进行设计和改进。

战略管理会计信息系统特别重视对竞争对手的分析，也着重反映质量、供应量、需求量和市场份额等战略管理方面的信息。它提供的信息主要包括对本企业分析、预测，以及与竞争对手进行比较的信息；客户方面的信息；对竞争对手的分析、评价及发展趋势进行预测的信息；政府政策、市场情况及可能影响到企业经济发展方面的信息；企业自愿披露的其他信息等。能否及时准确地提供与特定战略决策相关的信息是建立战略管理会计信息系统成功与否的关键。因此，企业信息收集工作不容忽视。

三、战略成本管理

在成本管理中导入战略管理思想，实现战略意义上的功能扩展，便形成了战略成本管理。在战略思想指导下，战略成本管理关注成本管理的战略环境、战略规划、战略实施和战略业绩。它是企业为了获得和保持长期的竞争优势而进行的成本分析与管理，其目的是为了适应企业越来越复杂多变的生存和竞争环境，为企业竞争战略的确定提供帮助，并根据企业的实际情况采取与其竞争战略相符的成本管理制度及方法，寻求长久的竞争优势，使企业立于不败之地。而传统成本管理更多的是要实现"降低成本",增加利润,而不考虑企业的战略目标,只重视成本发生的结果而忽视成本发生的原因。战略成本管理与传统成本管理存在较大差别,其区别如表 14-1 所示。

表 14-1　　　　　　　　传统成本管理与战略成本管理的比较

项目	传统成本管理	战略成本管理
成本的内涵	短期成本:制造成本	多项成本:开发设计成本、制造成本、使用成本、维护保养成本、废弃成本等
目标	降低成本	成本优势
范围	狭窄	宽泛
成本控制	成本节省	成本避免:零库存、零缺陷
时间跨度	短期	长期
频度	定期进行	经常且持续
形式	事后反应式	事前行动式
战略观念	注重内部成本管理	注重企业外部环境
关注点	成本结果信息	成本过程信息

　　战略成本管理关注成本的驱动因素,运用价值链分析工具,明确成本管理在企业战略中的功能定位。价值链分析、成本动因分析、战略定位分析构成了战略成本管理的基本内容。价值链分析主要是从原材料供应到最终产品消费之间一系列相关作业的整合,是从战略层面上分析、控制成本的有效方法。成本动因是指导致成本发生的因素。从价值的角度看,每一个创造价值的活动都有一组独特的成本动因,它用来解释每一个创造价值活动的成本。作业影响动因,动因影响成本。战略定位分析是企业在对其所处的内外部环境进行周密分析的基础上,进行行业、市场和产品方面的定位分析,再确定具体的竞争战略来对抗竞争对手,获取竞争优势。

四、战略性投资决策

　　传统管理会计采用净现值或内含报酬率作为评价投资项目是否可行的标准,但是,战略管理会计认为,这种方法存在以下问题:(1)传统管理会计认为项目的成本或收益是可以量化的,并且可以用货币表示的;但战略管理会计认为有些成本或收益是不能量化的或不能用货币表示的。传统管理会计未将不能够用货币表示的成本或收益计算在内,其对成本或收益的计算是不全面的。(2)传统管理会计没有考虑某个项目的接受与否是否与公司的整体战略相吻合。例如,公司利用剩余生产能力生产一批质量较低的临时订货,尽管这个订单在经济上是可行的,但却可能影响公司的市场形象。(3)传统管理会计没有充分考虑风险在项目执行中的影响,由于风险无处不在,贯穿项目执行的全过程,传统的方法显然考虑得不够全面。

按照战略管理会计的要求，投资评价可以采用一种新方法——战略投资评价矩阵，这种方法克服了传统管理会计的不足，它将项目执行过程中的风险和项目对公司总体战略的影响充分考虑在内。

五、战略业绩评价

战略业绩评价是指结合企业的战略，采用财务与非财务指标相结合的方法来动态地衡量战略目标的完成程度，并提供及时反馈信息的过程。良好的业绩评价体系可以将企业的战略目标具体化，并且有效地引导管理者的行为。战略业绩指标应当具有以下基本特征：（1）注重企业长远利益。（2）集中体现与企业战略相关的内外部因素。（3）重视企业内部跨部门的合作。（4）综合运用企业内、外部的各种货币与非货币的业绩评价指标。（5）业绩的可控性。（6）将战略业绩指标的执行贯穿于业绩评价过程。用于战略业绩评价的有效方法有平衡计分卡法和标杆法等。标杆法是从企业个体的外部寻找绩优企业作为标准，评价本企业的产品、服务或工艺质量，以便发现差距，并持续系统地加以改进。

第三节　战略管理会计的方法

战略管理会计是围绕着战略管理而展开的。战略管理在环节上包括战略的制定、战略的实施、战略的调整等。一般而言，战略管理会计的体系内容是围绕外部环境分析、企业内部条件分析、竞争对手分析展开的，具体内容包括外部环境分析、价值链分析、成本动因分析、竞争对手分析、综合业绩的评价等。

一、企业环境分析

企业战略的制定和实施，不能将注意力全部集中在企业内部，而应该将外部环境因素和企业内部条件的分析结合起来。环境对企业发生双重的影响，一方面，为企业的发展提供机遇；另一方面，又制约着企业的经营活动，甚至会带来风险。企业必须对环境所产生的影响作出迅速的反应，以充分适应环境变化对企业各个方面所产生的影响。尤其在当今高新技术迅速发展、市场竞争异常激烈的情况下，企业对环境变化的敏感程度、反应能力，以及对环境变化的适应程度，从某种意义上讲决定着企业的发展前途。为此，战略管理会计需要关注环境变化对企业发展和企业战略的制定与实施的影响。

企业外部环境的影响因素主要有：（1）经济因素；（2）社会、文化、人口因素；（3）政治、法律因素；（4）技术因素；（5）竞争因素。战略管理会计对与这些环境因素相关的信息进行收集、整理的目的在于，使企业能够根据环境的变化修改原有的发展战略，制定新的发展战略，使企业的战略能够建立在科学合理的基础之上。如战略管理会计通过分析、判断经济周期的变化情况，据以分析投资时机的可行性。又如技术进步既可以创造新的市场，产生大量新型的和改进型的产品，也可以使现有的产品与服务过时。不论属于哪一种情况，技术环境因素的变化会改变企业在产业中的相对地位及其竞争优势。总之，战略管理会计必须根据企业特点及其所在的行业特点，关注宏观环境的变化，研究与判断宏观环境变化可能带来的机会与威胁，提供相关信息和管理措施与建议，以有利于企业选择和调整战略，使企业的战略建立在多方位、多角度、多层次分析的基础之上。

二、价值链分析

企业的生产经营活动是设计、生产、营销、交货等活动，以及对产品起辅助作用的各种活动的集合。企业产品的生产过程既是价值的形成过程，同时，也是费用的发生过程和产品成本的形成过程。企业在将产品移交给顾客时，也就是将产品的价值转移给顾客。价值是一次移交的，但产品的价值却是在企业内部逐步形成、逐渐累积的。企业生产经营活动的有序进行构成了相互联系的生产活动链，生产经营活动链也就是企业的价值链。

企业的价值活动可以分为两大类：基本活动和辅助活动。基本活动是涉及物质生产及其销售、转移给买方和售后服务的各种活动。基本活动可以划分为五种类型，即内部后勤、生产作业、外部后勤、市场销售、服务。内部后勤是与接受、存储和分配相关联的各种活动，生产作业是与将投入转化为最终产品相关的各种活动，外部后勤是与存储和将产品发送给买方有关的各种活动，市场销售是与提供一种顾客购买产品的方式和引导他们进行购买有关的各种活动，服务是与提供服务以增加或保持产品价值有关的各种活动。

辅助活动也可以分为四种类型：企业基础设施、人力资源管理、技术开发、采购。这些活动之所以称为辅助活动，是因为这些活动并不直接表现为产品的生产和销售过程，它们对企业取得竞争优势的影响是长期性的，为企业取得竞争优势奠定了物资的、技术的和人力方面的基础。

企业所处的行业不同，应该重点关注的价值活动会有所不同。分析企业的价值链、分析价值活动，应当在业务单元范围内进行，并且应当尽量将在技术上和经济效果上分离的活动分解出来，对于生产或营销这样一些比较广泛的职能活动，则有必要进一步细分为各种具体的活动，具体的细分程度取决于这些活动的经济性和分析价值链的目的。

价值活动是构筑竞争优势的基石，但价值链并不是一些独立活动的简单集合，而是相互依存的活动构成的一个有机整体，价值活动是由价值链内部的"联系"连接起来的。这些联系是一种价值活动与另一种活动之间的关系。改变联系可以改变价值活动之间的关系，从而改变效率和成本，进而影响到企业的成本地位和竞争优势。对价值链的分析不仅要分析构成价值链的单个价值活动，而且更重要的是，要从价值活动的相互关系中分析各项活动对企业竞争优势的影响。

价值链分析同时也是进行成本分析、实施成本控制的基石。经营活动的进行过程也就是成本的形成过程，生产经营活动依靠资源的消耗来维持。成本发生于各项价值活动之中，每项价值活动有其自己的成本结构。价值链分析为成本分析奠定了坚实的基础，价值链分析的任务就是要确定企业的价值链，明确各价值活动之间的联系，提高企业创造价值的效率，增加企业降低成本的可能性，为企业取得成本优势和竞争优势提供条件。

价值活动不仅与成本相关，而且还与其所使用的资产相关。资产的昂贵性和资产与成本之间所存在的代偿关系，决定了在分析过程中需要考虑资产因素，需要将资产以某种方式分配到价值活动中去。分摊资产有两种做法：一种方法是以账面价值或重置价值来分摊；另一种方法是将资产的账面价值或重置价值通过资本费用转换为营业成本。这两种方法都有一定的难度，账面价值会因为购置时间的长短和会计政策的敏感性而失去意义。而计算重置价值也是一项艰巨的任务，因为不仅对资产的寿命周期和新旧程度的估计存在困难，而且数据本身带有的偏差和收集数据过程中的种种实际考虑会妨碍估价方法的应用。

三、成本动因分析

成本动因是引起成本发生变化的原因，多个成本动因结合起来决定一种既定活动的成本。一项价值活动的相对成本地位取决于它相对于重要成本动因的地位。对成本动因的细致划分难以穷尽，而从战略高度看，影响成本发生深刻变化的是那些具有普遍意义的、更具有战略意义的成本动因，如规模经济、生产能力利用模式、价值活动之间的联系及其相互关系、时机选择、企业政策、地理位置等，这些成本动因对企业的成本发生持久的影响。企业特点不同，具有战略意义的成本动因会有所不同。这些成本动因或多或少能够置于企业控制之下。识别每种价值活动的成本动因能够明确相对成本地位形成和变化的原因，能为改善价值活动和强化成本控制提供有效的途径。由于企业的特点、条件不同，在进行成本动因分析时，除了要识别一般的成本动因外，还需要结合企业的实际情况，分析对企业影响重大的成本动因。

四、竞争对手分析

当今企业之间的竞争已成了全球性经济发展的动力。当代竞争战略是建立在与竞争对手对比基础上的，不能准确地判断竞争对手就无法制定可行的竞争战略。企业要取得竞争优势，就需要了解竞争对手，分析竞争对手。

分析竞争对手首先要明确谁是企业真正的竞争对手。企业实际的和潜在的竞争对手包括向目标市场提供相似产品或服务的企业、经营具有相互替代性的同类产品或服务的企业、在市场上试图改变或影响消费者的消费习惯和消费倾向的企业等。在第一类竞争对手之间，由于产品的性能相同且基本稳定，它们之间的竞争主要表现在价格和服务质量上，竞争的核心是营销手段和成本。第二类和第三类竞争涉及消费者的消费习惯和消费能力，价格的差异会使消费者在不同的消费品市场之间转移。分析竞争对手应该以第一类竞争对手之间的分析为主，其中又以最具有竞争力的对手分析为主。

竞争对手的价值链分析是确定竞争对手在竞争中相对地位的基本工具。在明确所要分析的竞争对手之后，分析竞争对手的重要步骤是识别竞争对手的价值链，判断竞争对手是怎样进行价值活动的。对竞争对手的价值链分析与企业对自己价值链的分析过程相同。在实践中，由于没有竞争对手的直接信息，要评估竞争对手的价值链和成本通常极为困难，这需要采用一定的方法取得竞争对手的资料。一般而言，直接取得竞争对手的有关资料较为困难，往往需要采取一些间接手段来收集信息，如根据竞争对手在公开市场购买中间产品的市场价格评估相对的成本差异；根据汇率的相对变动判断海外竞争对手的成本变动趋势；根据竞争对手生产场所的地理位置和销售渠道，计算其在特定市场的销售成本；根据竞争对手技术设备判断竞争对手的生产效率；根据竞争对手的生产能力和市场份额，判断竞争对手的生产能力利用率；通过与竞争对手的分销商、供应商以及其他人士交谈，来评估竞争对手的某些价值活动的成本；根据竞争对手公开的财务报告、行业分析报告、内部刊物等资料提供的数据，对竞争者的成本和价值链情况作出判断。另外，共同的供应商及顾客、专家顾问、竞争对手的前雇员等，都有可能成为取得竞争对手的信息来源渠道，如有必要，也可以委托专门的咨询服务公司调查评估竞争对手。进行竞争对手分析较为有效的方法是标杆法。标杆法是通过将企业的业绩与业已存在的最佳业绩进行对比，以寻求不断改善企业的活动、提高业绩的有效途径和方法的过程。

在竞争对手分析中，标杆法的方法原理是将企业的活动与竞争对手的活动进行对比，揭示出两者之间的差距及其原因，从而明确不断改进的途径。将企业的经营业绩与表现最好的竞争者相比较，是判断企业竞争能力最重要的指标之一。由于分析所需的竞争对手的资料通常难以取得，标杆分析通常委托第三方来进行，以免敏感的竞争信息难以得到。

标杆分析的用途是多重的：（1）它是进行企业优势与弱点分析的有效手段。企业的优势与弱点是相对而言，特别是相对于竞争对手而言的。利用竞争标杆确认竞争者中的最佳实务者，以及促使他们取得最佳实务的因素，为准确确定企业的优势与弱点提供了有力的方法手段。（2）标杆分析可以用来改进企业实务。标杆分析是模仿成功企业实务的实践。（3）标杆分析为业绩的计量提供了一个新的基础，以最佳实务为标准计量业绩，使各部门的目标确定在先进水平的基础之上，使业绩计量具有科学性及起到指针作用。

五、业绩的综合评价

从战略角度看，企业的竞争能力受到外部环境、内部条件和竞争态势的强烈影响。竞争的加剧是以取得竞争优势和满足顾客需求为导向的经营理念成为企业一切经营战略的核心思想。竞争使企业经营的不稳定因素越来越多，市场的增长、顾客的需求、产品生命周期、技术更新等变化的速度大大提高。如何以最直接、最简便的方式满足顾客需求，如何构造企业的组织体系以便能够对环境变化作出灵敏反应，如何在激烈的竞争中获得优势等是管理当局必须认真考虑的问题。面对这些问题，传统的财务业绩评价受到挑战，需要在财务业绩评价的基础上，对业绩进行综合评价，以便从更高层次对企业的业绩进行更为全面的评价。

传统的财务业绩评价在企业业绩的评价方面占主导地位。然而，当竞争环境越来越需要管理当局重视和进行经营决策时，市场占有率、革新、顾客满意、服务质量、业务流程、产品质量、市场战略、人力资源等非财务计量指标被更多地用于衡量企业的业绩，在企业业绩计量方面起着更大的作用。

与严格的财务业绩指标相比较，非财务指标具有两个优点：（1）非财务指标直接计量一个企业在创造股东财富活动中的业绩，如计量企业在制造、客户、提供优质货物和劳务，以及为消费者提供服务这类活动中的业绩。非财务指标能更好地完成业绩评价的诊断职能。（2）因为非财务业绩指标直接地计量生产活动，所以它们可以更好地预测未来现金流量的方向。非财务业绩评价为管理者改进企业业绩评价提供了一个宝贵的机会，这种评价指导管理当局对企业长远经营评价的注意，比短期的、历史的财务业绩评价能更好地反映企业所创造的效益。

非财务业绩评价指标的设立，必须充分结合公司的目标和发展战略。企业的目标和战略不同，其业绩衡量指标也会有所不同。目前比较成熟且广为采用的包含非财务业绩评价的方法是平衡记分卡。

利用平衡计分卡，企业管理者可以计量他们如何为现在和未来的客户创造价值，他们如何建立和提高内部生产能力，以及如何为提高未来经营而对人员、系统和程序进行投资。平衡计分卡通过将公司战略转化为行动来创造价值。另外，平衡计分卡使财务和非财务指标成为企业各层员工信息系统的一部分。前线员工可以从他们的决策和行动中理解财务结果，高级管理者也可以理解长期财务成功的动因。

平衡计分卡克服了财务业绩指标所存在的缺陷，实现：（1）现实目标与长期目标的统一；（2）反映股东、顾客等利益的外部业绩指标与反映关键业务流程、创新、学习与成长等内部业务业绩指标的有机统一；（3）目标结果与实现目标结果的业绩动因之间的统一；（4）硬性客观性指标与软性主观性指标的有机统一；（5）将业绩指标与企业战略有机统一。

第四节 战略管理会计案例

中国国际海运集装箱（集团）股份有限公司（简称中集集团）初创于 1980 年 1 月，1982 年 9 月正式投产，1987 年改组为中远、招商局、宝隆洋行的三方合资企业，1993 年改组为公众股份公司，1994 年在深圳证券交易所上市，1995 年起以集团架构开始运作。集团致力于为现代化交通运输提供装备和服务，主要经营集装箱、道路运输车辆、机场设备制造和销售服务。中集集团总资产 99.32 亿元、净资产 52.9 亿元，在国内和海外拥有 30 余家全资及控股子公司，员工超过 22000 人。

集装箱制造为集团的主营业务，中集集团拥有华南、华东、华北三大区域 18 个生产基地，产品包括干货集装箱、冷藏集装箱、罐式集装箱及其他各类特种集装箱，中集集团是全球规模最大、品种最齐全的集装箱制造集团，客户包括全球最知名的船公司和租箱公司，产品遍及北美、欧洲、亚洲等全球主要的海陆物流系统。自 1996 年以来，中集集团的集装箱产销量一直保持世界第一，目前，国际市场上的份额超过 50%，中集集团在集装箱行业确立了世界级地位。

一、行业分析

从行业来看，国际上集装箱的供需矛盾严重，甚至达到全球需求和全球供应 1∶2 的比例，集装箱行业的生产能力明显过剩。对于中集集团来说，它的竞争对手都非常强大，欧美、韩国以及中国台湾地区的企业都投资巨大，生产设备好，管理水平高。国内集装箱起步的时候利润巨大，导致多个企业同时仓促上马。但这些企业管理水平较差，发展前景并不乐观，很多企业几乎很少获得订单。

（1）现有竞争者。中集集团在过去的八年中一直保持行业领先地位，目前，集装箱行业内只有十家左右的企业，其中，中集和胜狮两家公司的市场份额超过 70%。除中集集团之外，集装箱业务世界排名第一、第二、第四和第五的企业销量的总和都比中集少 20%，因此在该行业几乎没有强有力的竞争对手。

（2）新的进入者。集装箱是需要大投入和规模经济的行业，进入者微乎其微。同时，国内现有的企业也多数试图跟中集联合，没有企业近期要进入的迹象。

（3）供应商方面。中集的供应商主要是集装箱板材和其他基础原料。这些材料的专业性不强，因此供应商数量巨大，在定价上的话语权不大，中集集团的采购成本也由此大幅下降。

（4）顾客方面。中集集团具有垄断的市场地位，有相对强的议价能力。但该议价能力不足以对定价产生决定性作用。目前，世界上几乎所有的船公司、远洋运输公司都是中集的客户，它们在采购时通常都要求中集作出价格上的让步，但由于选择有限，价格都是在一定的程度范围内协商。由于有长期供货合同的协定，客户相对稳定。

二、战略制定

对中集的 SWOT 分析主要以集装箱行业为例。从内部来看，中集的优势在于拥有尖端的生产设备和最大的市场份额，掌握了行业所有的核心技术，能够提供全系列的集装箱产品。另外，作为行业龙头，中集集团不仅是集装箱行业标准的起草单位，而且也与国家有关主管部门合作，参与制定我国专用车辆标准，这也有利于中集对行业技术的掌控。中集的产品成本远低于欧美和亚洲其他国家的产品成本，拥有较高的行业信誉。

中集的劣势在于业务过于集中。公司九成以上的销售额都来自于集装箱产品，其他产品虽增长迅速，但总量过少。由于中集的业务主要是用美元计价的，企业所面临的外汇风险过大。

从外部环境来看，由于集装箱市场近于饱和，市场拓展的空间不大，因此集装箱市场的挑战多于机遇。近年来，集装箱由于供需缺口过大导致价格急剧下降。另一个不利因素是人民币升值，在汇兑损益上仍然给中集带来了不小的压力。

据此，企业在集装箱行业采取了 ST 战略，利用自身优势，回避当前行业的不景气状况。在"为现代化交通运输提供装备和服务"这一宗旨下，中集将建立和并行发展三个层面的业务：第一层面是现有核心业务集装箱业务；第二层面是中集近期必须扩展的新业务，初步选定厢式半挂车领域为目标业务；第三层面是那些符合中集战略定位而且适合中集五年以后进入并有能力整合全行业、使之成为中集另一主营业务的交通运输装备产品。

三、战略实施

中集的总体战略是成本领先。为了实现成本领先，中集采取了目标成本管理和全面质量管理的方式。

1. 目标成本管理

为了保持成本领先优势，中集建立了严格的成本管理，其目标是生产全行业成本最低的产品。从原料来看，企业从全球寻找廉价的木材和钢铁资源，通过控股和参股来控制廉价原材料的供应。其厂房都建立在国内，从而利用国内廉价的人力资源。合理的避税手段也是企业降低综合税负的途径之一，如很多子公司是在英属维京群岛注册的。经过多方面的努力，中集单位人工的产能全世界第一，其产品成本比以前降低了四成以上。

2. 全面质量管理

中集在 2002 年建立了 ISO9000 集团统一认证质量保证体系，企业还投入大量的资金来进行研发，通过改善产品的设计，提高产品质量。目前，中集已经掌握了自己所生产的

100 多种集装箱制造的全部知识产权，这降低了产品的内部损失成本。在集装箱市场基本饱和的情况下，中集拓展了其相关的增值服务，提高了箱体的维修服务。上海中集车辆物流装备有限公司的落成，大大降低外部损失成本。通过全面质量管理，中集集团产品质量在同行业中处于领先地位，赢得了客户的充分信赖。

四、战略业绩评价

中集的业绩评价采用了多元化的评价体系。这个体系不完全是平衡计分卡，但其中体现了很多平衡计分卡的因素。中集集团的管理层实行年薪制，年薪与绩效挂钩。薪酬的制定由董事会下的薪酬委员会确定标准并负责执行。薪酬与综合的业绩评价挂钩，薪酬的浮动与业绩呈正相关关系，与财务指标和非财务指标都有关联。员工绩效也体现了财务与非财务的结合。中集集团努力把员工的个人职业目标和企业发展目标结合起来，通过为客户和公司创造价值获得个人发展，用中集的表述就是"国强民富、共同发展"。

思 考 题

1. 什么是战略管理？战略管理会计与战略管理的关系如何？
2. 企业基本经营战略有哪些？在制定基本经营战略过程中，战略管理会计可以发挥哪些作用？
3. 战略管理会计与传统管理会计相比较，有哪些主要特点？
4. 战略管理会计中，价值链分析的作用是什么？
5. 为什么要进行成本动因分析？
6. 为什么要进行竞争对手分析？
7. 说明标杆法的一般原理。
8. 如何进行业绩的综合评价？

附　表

一元的终值表

$F = (1+i)^n$

n	1%	2%	3%	4%	5%	6%	7%	8%	9%	10%	12%	14%
1	1.010	1.020	1.030	1.040	1.050	1.060	1.070	1.080	1.090	1.100	1.120	1.140
2	1.020	1.040	1.061	1.082	1.102	1.124	1.145	1.166	1.188	1.210	1.254	1.300
3	1.030	1.061	1.093	1.125	1.158	1.191	1.225	1.260	1.295	1.331	1.405	1.482
4	1.041	1.082	1.126	1.170	1.216	1.262	1.311	1.360	1.412	1.464	1.574	1.689
5	1.051	1.104	1.159	1.217	1.276	1.338	1.403	1.469	1.539	1.611	1.762	1.925
6	1.062	1.126	1.194	1.265	1.340	1.419	1.501	1.587	1.677	1.772	1.974	2.195
7	1.072	1.149	1.230	1.316	1.407	1.504	1.606	1.714	1.828	1.949	2.211	2.502
8	1.083	1.172	1.267	1.369	1.477	1.594	1.718	1.851	1.993	2.144	2.476	2.853
9	1.094	1.195	1.305	1.423	1.551	1.689	1.838	1.999	2.172	2.358	2.773	3.252
10	1.105	1.219	1.344	1.480	1.629	1.791	1.967	2.159	2.367	2.594	3.106	3.707
11	1.116	1.243	1.384	1.539	1.710	1.898	2.105	2.332	2.580	2.853	3.479	4.226
12	1.127	1.268	1.426	1.601	1.796	2.012	2.252	2.518	2.813	3.138	3.896	4.818
13	1.138	1.294	1.469	1.665	1.886	2.133	2.410	2.720	3.066	3.452	4.363	5.492
14	1.149	1.319	1.513	1.732	1.980	2.261	2.579	2.937	3.342	3.797	4.887	6.261
15	1.161	1.346	1.558	1.801	2.079	2.397	2.759	3.172	3.642	4.177	5.474	7.138
16	1.173	1.373	1.605	1.873	2.183	2.540	2.952	3.426	3.970	4.595	6.130	8.137
17	1.184	1.400	1.653	1.948	2.292	2.693	3.159	3.700	4.328	5.054	6.866	9.276
18	1.196	1.428	1.702	2.026	2.407	2.854	3.380	3.996	4.717	5.560	7.690	10.575
19	1.208	1.457	1.754	2.107	2.527	3.026	3.617	4.316	5.142	6.116	8.613	12.056
20	1.220	1.486	1.806	2.191	2.653	3.207	3.870	4.661	5.604	6.728	9.646	13.743
25	1.282	1.641	2.094	2.666	3.386	4.292	5.427	6.848	8.623	10.835	17.000	26.462
26	1.348	1.811	2.427	3.243	4.322	5.743	7.612	10.063	13.268	17.449	29.960	50.950

15%	16%	18%	20%	24%	28%	32%	36%	40%	50%
1.150	1.160	1.180	1.200	1.240	1.280	1.320	1.360	1.400	1.500
1.323	1.346	1.392	1.440	1.538	1.638	1.742	1.850	1.960	2.250
1.521	1.561	1.643	1.728	1.907	2.097	2.300	2.515	2.744	3.375
1.749	1.811	1.939	2.074	2.364	2.684	3.036	3.421	3.842	5.062
2.011	2.100	2.288	2.488	2.932	3.436	4.007	4.653	5.378	7.594
2.313	2.436	2.700	2.986	3.635	4.398	5.290	6.328	7.530	11.391
2.660	2.826	3.185	3.583	4.508	5.630	6.983	8.605	10.541	17.086
3.059	3.278	3.759	4.300	5.590	7.206	9.217	11.703	14.758	25.629
3.518	3.803	4.435	5.160	6.931	9.223	12.166	15.917	20.661	38.443
4.046	4.411	5.234	6.192	8.594	11.806	16.060	21.647	28.925	57.665
4.652	5.117	6.176	7.430	10.657	15.112	21.199	29.439	40.496	86.498
5.350	5.936	7.288	8.916	13.215	19.343	27.983	40.037	56.694	129.746
6.153	6.886	8.599	10.699	16.386	24.759	36.937	54.451	79.371	194.620
7.076	7.988	10.147	12.839	20.319	31.691	48.757	74.053	111.120	291.929
8.137	9.266	11.974	15.407	25.196	40.565	64.359	100.712	155.568	437.894
9.358	10.748	14.129	18.488	31.243	51.923	84.954	136.69	217.795	656.84
10.761	12.468	16.672	22.186	38.741	66.461	112.139	186.277	304.913	985.26
12.375	14.463	19.673	26.623	48.039	85.071	148.024	253.338	426.879	1477.89
14.232	16.777	23.214	31.948	59.568	108.890	195.391	344.540	597.630	2216.8
16.367	19.461	27.393	38.338	73.864	139.380	257.916	486.574	836.683	3325.26
32.919	40.874	62.669	95.396	216.542	478.905	1033.59	2180.08	4499.88	25251
66.212	85.850	143.371	237.376	634.820	1645.504	4142.07	10143.0	24201.4	191750

一元的现值表

$$F = \frac{1}{(1+i)^n}$$

附表(二)

n	1%	2%	3%	4%	5%	6%	7%	8%	9%	10%	12%
1	.990	.980	.971	.962	.952	.943	.935	.926	.917	.909	.893
2	.980	.961	.943	.925	.907	.890	.873	.857	.842	.826	.797
3	.971	.942	.915	.889	.864	.840	.816	.794	.772	.751	.712
4	.961	.924	.889	.855	.823	.792	.763	.735	.708	.683	.636
5	.951	.906	.863	.822	.784	.747	.713	.681	.650	.621	.567
6	.942	.888	.838	.790	.746	.705	.666	.630	.596	.565	.507
7	.933	.871	.813	.760	.711	.665	.623	.584	.547	.513	.452
8	.924	.854	.789	.731	.677	.627	.582	.540	.502	.467	.404
9	.914	.837	.766	.703	.645	.592	.544	.500	.460	.424	.361
10	.905	.820	.744	.676	.614	.558	.508	.463	.422	.386	.322
11	.896	.804	.722	.650	.585	.527	.475	.429	.388	.351	.288
12	.887	.789	.701	.625	.557	.497	.444	.397	.356	.319	.257
13	.879	.773	.681	.601	.530	.469	.415	.368	.326	.290	.229
14	.870	.758	.661	.578	.505	.442	.388	.341	.299	.263	.205
15	.861	.743	.642	.555	.481	.417	.362	.315	.275	.239	.183
16	.853	.728	.623	.534	.458	.394	.339	.292	.252	.218	.163
17	.844	.714	.605	.513	.436	.371	.317	.270	.231	.198	.146
18	.836	.700	.587	.494	.416	.350	.296	.250	.212	.180	.130
19	.828	.686	.570	.475	.396	.331	.277	.232	.195	.164	.116
20	.820	.673	.554	.456	.377	.312	.258	.215	.178	.149	.104
25	.780	.610	.478	.375	.295	.233	.184	.146	.116	.092	.059
30	.742	.552	.412	.308	.231	.174	.131	.099	.075	.057	.033

14%	15%	16%	18%	20%	24%	28%	32%	36%	40%	50%
.877	.870	.862	.847	.833	.806	.781	.758	.735	.714	.667
.769	.756	.743	.718	.694	.650	.610	.574	.541	.510	.444
.675	.658	.641	.609	.579	.524	.477	.435	.398	.364	.296
.592	.572	.552	.516	.482	.423	.373	.329	.292	.260	.198
.519	.497	.476	.437	.402	.341	.291	.250	.215	.186	.132
.456	.432	.410	.370	.335	.275	.227	.189	.158	.133	.088
.400	.376	.354	.314	.279	.222	.178	.143	.116	.095	.059
.351	.327	.305	.266	.233	.179	.139	.108	.085	.068	.039
.308	.284	.263	.226	.194	.144	.108	.082	.063	.048	.026
.270	.247	.227	.191	.162	.116	.085	.062	.046	.035	.017
.237	.215	.195	.162	.135	.094	.066	.047	.034	.025	.012
.208	.187	.169	.137	.112	.076	.052	.036	.025	.018	.008
.182	.163	.145	.116	.093	.061	.040	.027	.018	.013	.005
.160	.141	.125	.099	.078	.049	.032	.021	.014	.009	.003
.140	.123	.108	.084	.065	.040	.025	.016	.010	.006	.002
.123	.107	.093	.071	.054	.032	.019	.012	.007	.005	.002
.108	.093	.080	.060	.045	.026	.015	.009	.005	.003	.001
.095	.081	.069	.051	.038	.021	.012	.007	.004	.002	.001
.083	.070	.060	.043	.031	.017	.009	.005	.003	.002	.000
.073	.061	.051	.037	.026	.014	.007	.004	.002	.001	.000
.038	.030	.024	.016	.010	.005	.002	.001	.000	.000	
.020	.015	.012	.007	.004	.002	.001	.000	.000		

附表（三）

一元的年金终值表

$$F = \frac{1}{(1+i)^n}$$

n	1%	2%	3%	4%	5%	6%	7%	8%	9%	10%	12%	14%
1	1.000	1.000	1.000	1.000	1.000	1.000	1.000	1.000	1.000	1.000	1.000	1.000
2	2.010	2.020	2.030	2.040	2.050	2.060	2.070	2.080	2.090	2.100	2.120	2.140
3	3.030	3.060	3.091	3.122	3.152	3.184	3.215	3.246	3.278	3.310	3.374	3.440
4	4.060	4.122	4.184	4.246	4.310	4.375	4.440	4.506	4.573	4.641	4.779	4.921
5	5.101	5.204	5.309	5.416	5.526	5.637	5.751	5.867	5.985	6.105	6.353	6.610
6	6.152	6.308	6.468	6.633	6.802	6.975	7.153	7.336	7.523	7.716	8.115	8.536
7	7.214	7.434	7.662	7.898	8.142	8.394	8.654	8.923	9.200	9.487	10.089	10.730
8	8.286	8.583	8.892	9.214	9.549	9.897	10.260	10.637	11.028	11.436	12.300	13.233
9	9.369	9.755	10.159	10.583	11.027	11.491	11.978	12.488	13.021	13.579	14.776	16.085
10	10.462	10.950	11.464	12.006	12.578	13.181	13.816	14.487	15.193	15.937	17.549	19.337
11	11.567	12.169	12.808	13.486	14.207	14.972	15.784	16.645	17.560	18.531	20.655	23.044
12	12.683	13.412	14.192	15.026	15.917	16.870	17.888	18.977	20.141	21.384	24.133	27.271
13	13.809	14.680	15.618	16.627	17.713	18.882	20.141	21.495	22.953	24.523	28.029	32.089
14	14.947	15.974	17.086	18.292	19.599	21.051	22.550	24.215	26.019	27.975	32.393	37.581
15	16.097	17.293	18.599	20.204	21.579	23.276	25.129	27.152	29.361	31.772	37.280	43.842
16	17.258	18.639	20.157	21.825	23.675	25.673	27.888	30.324	33.003	35.950	42.753	50.980
17	18.430	20.012	21.762	23.698	25.840	28.213	30.840	33.750	36.974	40.545	48.884	59.118
18	19.615	21.412	23.414	25.645	28.132	30.906	33.999	37.450	41.301	45.599	55.750	68.394
19	20.811	22.841	25.117	27.671	30.539	33.760	37.379	41.446	46.081	51.159	63.440	78.969
20	22.019	24.297	26.870	29.778	33.066	36.786	40.995	45.762	51.160	57.275	72.052	91.025
25	28.243	32.030	36.459	41.646	47.727	54.865	63.249	73.106	84.701	98.347	133.334	181.871
30	34.785	40.568	47.575	56.085	66.439	79.058	94.461	113.283	136.308	164.494	241.333	356.787

16%	18%	20%	24%	28%	32%	36%	40%	50%
1.000	1.000	1.000	1.000	1.000	1.000	1.000	1.000	1.000
2.160	2.180	2.200	2.240	2.280	2.320	2.360	2.400	2.500
3.506	3.572	3.640	3.778	3.918	4.062	4.210	4.360	4.750
5.066	5.215	5.368	5.684	6.016	6.362	6.725	7.104	8.125
6.877	7.154	7.442	8.048	8.700	9.398	10.146	10.946	13.187
8.977	9.442	9.930	10.980	12.136	13.406	14.799	16.324	20.781
11.414	12.142	12.916	14.615	16.534	18.696	21.126	23.853	32.172
14.240	15.327	16.499	19.123	22.163	25.678	29.732	34.395	49.258
17.518	19.086	20.799	24.712	29.369	34.895	41.435	49.153	74.887
21.321	23.521	25.959	31.643	38.592	47.062	57.352	69.814	113.33
25.733	28.755	32.150	40.238	50.399	63.122	78.998	98.739	170.99
30.850	34.931	39.580	50.895	65.510	84.320	108.44	139.24	257.49
36.788	42.219	48.497	64.110	84.853	112.30	148.48	195.93	387.24
43.672	50.818	59.196	80.496	109.61	149.24	202.93	275.30	581.86
51.660	60.965	72.035	100.815	141.30	197.99	276.98	386.42	873.78
60.925	72.939	87.442	126.011	181.87	262.36	377.69	541.99	1311.7
71.673	87.068	105.931	157.253	233.79	347.31	514.66	759.78	1968.5
84.141	103.740	128.117	195.994	300.25	459.45	700.94	1064.7	2953.8
98.603	123.414	154.740	244.033	385.32	607.47	954.28	1491.6	4431.7
115.380	146.628	186.688	303.601	494.21	802.86	1298.8	2089.2	6648.5
249.214	342.603	471.981	898.092	1706.8	3226.8	6053.0	11247.2	50500.3
530.312	790.948	1181.882	2640.916	5873.2	12941.0	28172.2	60501.1	583500

一元的年金现值表

$$F = \frac{1}{i}\left[1 - \frac{1}{(1+i)^n}\right]$$

附表（四）

n	1%	2%	3%	4%	5%	6%	7%	8%	9%	10%
1	0.990	0.980	0.971	0.962	0.952	0.943	0.935	0.926	0.917	0.909
2	1.970	1.942	1.914	1.886	1.859	1.833	1.808	1.783	1.759	1.736
3	2.941	2.884	2.829	2.775	2.723	2.673	2.624	2.577	2.531	2.487
4	3.902	3.808	3.717	3.630	3.546	3.465	3.387	3.312	3.240	3.170
5	4.853	4.713	4.580	4.452	4.330	4.212	4.100	3.993	3.890	3.791
6	5.796	5.601	5.417	5.242	5.076	4.917	4.766	4.623	4.486	4.355
7	6.728	6.472	6.230	6.002	5.786	5.582	5.389	5.206	5.033	4.868
8	7.652	7.326	7.020	6.733	6.463	6.210	5.971	5.747	5.535	5.335
9	8.566	8.162	7.786	7.435	7.108	6.802	6.515	6.247	5.995	5.759
10	9.471	8.983	8.530	8.111	7.722	7.360	7.024	6.710	6.418	6.145
11	10.368	9.787	9.253	8.761	8.306	7.887	7.499	7.139	6.805	6.495
12	11.255	10.575	9.954	9.385	8.863	8.384	7.943	7.536	7.161	6.814
13	12.134	11.348	10.635	9.986	9.394	8.853	8.358	7.904	7.487	7.103
14	13.004	12.106	11.296	10.563	9.899	9.295	8.746	8.244	7.786	7.367
15	13.865	12.849	11.938	11.118	10.380	9.712	9.108	8.559	8.060	7.606
16	14.718	13.578	12.561	11.652	10.838	10.106	9.447	8.851	8.313	7.824
17	15.562	14.292	13.166	12.166	11.274	10.477	9.763	9.122	8.544	8.022
18	16.398	14.992	13.754	12.659	11.690	10.828	10.059	9.372	8.756	8.201
19	17.226	15.679	14.324	13.134	12.085	11.158	10.336	9.604	8.950	8.365
20	18.047	16.351	14.878	13.590	12.462	11.470	10.594	9.818	9.129	8.514
25	22.023	19.524	17.413	15.622	14.094	12.783	11.654	10.675	9.823	9.077
30	25.808	22.397	19.600	17.792	15.373	13.765	12.409	11.258	10.274	9.427

n	12%	14%	16%	18%	20%	24%	28%	32%	36%	40%	50%
1	0.893	0.877	0.862	0.847	0.833	0.806	0.781	0.758	0.735	0.714	0.667
2	1.690	1.647	1.605	1.566	1.528	1.457	1.392	1.332	1.276	1.224	1.111
3	2.402	2.322	2.246	2.174	2.106	1.981	1.868	1.766	1.674	1.589	1.407
4	3.037	2.914	2.798	2.690	2.589	2.404	2.241	2.096	1.966	1.849	1.605
5	3.605	3.433	3.274	3.127	2.991	2.745	2.532	2.345	2.181	2.035	1.737
6	4.111	3.889	3.685	3.498	3.326	3.020	2.759	2.534	2.339	2.168	1.824
7	4.564	4.288	4.039	3.812	3.605	3.242	2.937	2.678	2.455	2.263	1.883
8	4.968	4.639	4.344	4.078	3.837	3.421	3.076	2.786	2.540	2.331	1.922
9	5.328	4.946	4.607	4.303	4.031	3.566	3.184	2.868	2.603	2.379	1.948
10	5.650	5.216	4.833	4.494	4.193	3.682	3.269	2.930	2.650	2.414	1.965
11	5.938	5.453	5.029	4.656	4.327	3.776	3.335	2.978	2.683	2.438	1.977
12	6.194	5.660	5.197	4.793	4.439	3.851	3.387	3.013	2.708	2.456	1.985
13	6.424	5.842	5.342	4.910	4.533	3.912	3.427	3.040	2.727	2.469	1.990
14	6.628	6.002	5.468	5.008	4.611	3.962	3.459	3.061	2.740	2.478	1.993
15	6.811	6.142	5.576	5.092	4.675	4.001	3.483	3.076	2.750	2.484	1.995
16	6.974	6.265	5.669	5.162	4.730	4.033	3.503	3.088	2.758	2.489	1.997
17	7.120	6.373	5.749	5.222	4.775	4.059	3.518	3.097	2.763	2.492	1.998
18	7.250	6.467	5.818	5.273	4.812	4.080	3.529	3.104	2.767	2.494	1.999
19	7.366	6.550	5.878	5.316	4.844	4.097	3.539	3.109	2.770	2.496	1.999
20	7.469	6.623	5.929	5.353	4.870	4.110	3.546	3.113	2.772	2.497	1.999
25	7.843	6.873	6.097	5.467	4.948	4.147	3.564	3.122	2.776	2.499	2.000
30	8.055	7.003	6.177	5.517	4.979	4.160	3.569	3.124	2.778	2.500	2.000